数字经济

科技向善

金融科技创新实践2021

杨涛 马洪杰 / 主编

人民日报出版社
北京

图书在版编目（CIP）数据

数字经济+科技向善：金融科技创新实践：2021 / 杨涛，马洪杰主编. —北京：人民日报出版社，2021.12
ISBN 978-7-5115-7149-6

Ⅰ.①数… Ⅱ.①杨…②马… Ⅲ.①金融—科学技术 Ⅳ.① F830

中国版本图书馆 CIP 数据核字（2021）第 210776 号

书　　名：	**数字经济+科技向善：金融科技创新实践：2021**
	SHUZIJINGJI + KEJIXIANGSHAN: JINRONG KEJI CHUANGXIN SHIJIAN: 2021
主　　编：	杨　涛　马洪杰
出 版 人：	刘华新
责任编辑：	蒋菊平　徐　澜
版式设计：	九章文化
出版发行：	人民日报出版社
社　　址：	北京金台西路 2 号
邮政编码：	100733
发行热线：	(010) 65369509　65369527　65369846　65369512
邮购热线：	(010) 65369530　65363527
编辑热线：	(010) 65369528
网　　址：	www.peopledailypress.com
经　　销：	新华书店
印　　刷：	大厂回族自治县彩虹印刷有限公司
法律顾问：	北京科宇律师事务所　010-83622312
开　　本：	710mm×1000mm　1/16
字　　数：	394 千字
印　　张：	25
版次印次：	2021 年 12 月第 1 版　　2021 年 12 月第 1 次印刷
书　　号：	ISBN 978-7-5115-7149-6
定　　价：	68.00 元

编写委员会

学术顾问：李　扬　郭　为
主　　编：杨　涛　马洪杰
副 主 编：闫文文　章芃今
成　　员：齐孟华　王小彩　韩东妍　张勇华　黄启燕　李彦伯
　　　　　罗丽媛　杨峥峥　宋泽英

学术指导专家：

杨　竑　中国金融学会金融科技专委会秘书长
高　峰　中国银行业协会首席信息官
贲圣林　浙江大学互联网金融研究院院长
张　倩　中国保险资管业协会副秘书长
宋　科　中国人民大学国际货币研究所副所长
刘　勇　中关村互联网金融研究院院长
车　宁　北京市网络法学研究会副秘书长

学术支持单位：

中国人民大学国家发展与战略研究院
中国人民大学国际货币研究所
浙江大学互联网金融研究院
中国社科院产业金融研究基地
北京立言金融与发展研究院
中关村互联网金融研究院
深圳市金融科技协会
广州市数字金融协会
厦门鹭江金融科技研究院
成都市科技金融协会

案例提交单位

中国光大银行股份有限公司、光大云缴费科技公司

中国建设银行股份有限公司、建信金融科技有限责任公司

兴业银行股份有限公司、兴业数字金融服务（上海）股份有限公司

中国民生银行股份有限公司

平安银行股份有限公司

北京银行股份有限公司

浙商银行股份有限公司

广发银行股份有限公司

南京银行股份有限公司

中信证券股份有限公司

海通证券股份有限公司

华泰证券股份有限公司

广发证券股份有限公司

兴业证券股份有限公司

东吴证券股份有限公司

东方证券股份有限公司

易方达基金管理有限公司

中科软科技股份有限公司

国家超级计算长沙中心

中国银联股份有限公司

中债金融估值中心有限公司

中金金融认证中心有限公司

华为技术有限公司

神州数码信息服务股份有限公司

中企云链（北京）金融信息服务有限公司

华控清交信息科技（北京）有限公司

同盾科技有限公司

序1

产业数联网与金融科技场景落地

杨涛　国家金融与发展实验室副主任

当前，中国经济正处在从第一个百年目标走向第二个百年目标，完善金融体系建设适逢关键时刻。与此同时，金融与科技深入结合，金融新业态与新模式纷纷涌现，不断打破旧模式下的边界，塑造出新的边界。在金融科技的冲击下，传统金融机构的金融业态、金融产品、金融功能不断加速革新。而在科技之外，更应关注金融的本质，在探索新边界、新领域的同时，加强监管引导，最大程度降低金融风险。

一、新形势下应以产业数联网为创新抓手

我们看到，当前全球数字化变革突飞猛进，已经成为各国发掘经济社会发展动力的重要着眼点。尤其在我国，经历了"互联网+"的"大干快上"，更需要在新形势下以数字经济为依托，打造互联网新经济"升级版"，努力提升自主创新能力与可持续发展能力，应对我国面临的诸多挑战与难题。

根据国家统计局发布的《数字经济及其核心产业统计分类（2021）》，数字经济是指以数据资源作为关键生产要素、以现代信息网络作为重要载体、以信息通信技术的有效使用作为效率提升和经济结构优化的重要推动力的一系列经济活动。而数字经济产业则包括：数字产品制造业、数字产品服务业、数字技术应用业、数字要素驱动业、数字化效率提升业等5大类。为了更好地认识进入21世纪以来的新经济发展逻辑，我们需要厘清背后的阶段性特征，在此基础上把握未来方向与路径。

Digital Economy + Technology for Good
数字经济 + 科技向善

综合来看，我们认为新经济经历了四个不同阶段。首先是需求拉动的消费互联网阶段，是指以消费者为服务中心，全面提升个人用户的消费体验与生活方式，打造虚拟化的"消费矩阵"。据 CNNIC 数据，截至 2020 年末，我国互联网用户量高达 9.89 亿，渗透率为 70.4%；移动网民规模高达 9.86 亿，渗透率为 70.2%。而 2020 年网络零售在社会消费品零售总额中占比达 30%。由此，这种基于需求端的"流量经济""眼球经济"已经发展到极致，其实质应该是"人联网"+"服务联网"。

其次，是供给驱动的工业互联网阶段，也是互联网、新技术与工业系统全方位深度融合所形成的产业和应用生态，通过对人、机、物、系统等的全面连接，构建起覆盖全产业链、全价值链的全新制造和服务体系。自通用电气（GE）在 2012 年提出工业互联网以来，今天的各国日益成为新工业革命的关键支撑，虽然其概念有广义和狭义之分，但多数还是认为更聚焦于工业制造业变革。

再次，是产业互联网阶段。最早在国内由大型互联网企业提出，着眼于全面的"互联网+"趋势，突出互联网平台对企业与产业的改造。此后，逐渐进一步拓展，不局限于连接互联网，还包括深度融入各产业链和价值链进行重塑和改造，改善管理、流程、制度和工艺，提升产业效率，从而形成新的产业生态，其实质是"人联网+服务联网+物联网"。

最后，则是我们强调的产业数联网阶段，这也是数字化时代对原有理论和实践的全面升级和优化。所谓产业数联网，就是以数据要素与新技术的融合为主线，以数字经济核心产业为驱动力，以三次产业与企业全面数字化改造为路径，以生产、分配、交换和消费的数字化呈现为依托，以优化经济新发展格局和人民群众获得感提升为准绳。

产业数联网之所以代表了未来发展路径，一是因为数据已经成为最重要的增量生产要素，一切现实经济活动都可以同步体现为数字空间的轨迹，从"万物互联"到"万物数联"，事实上融入了更加丰富的技术内涵，如去中心化技术与智能合约的应用。二是在新发展格局下仍应以供给侧改革为核心，辅之以需求侧改革。中长期来看，我们面临的最大挑战仍然是经济增长的内生动力弱化、全要素生产率迫切需要提升，因此首先需要强调数字化对产业新动能的转化，在此基础上，传统的消费互联网才能实现良性发展。三是某种意义上说，产业数联网涵盖了工业互联网与产业互联网的范畴与功能，而且进一步突出了数字产业化与产业数字化的互补创新，能够成为新形势下"加速超车"、"换道超车"的新抓手。

应该说，产业数联网强调的是社会再生产过程的数字化转型、虚拟数字化空间的产业价值落地，以及二者的有效对接，理应成为经济社会边界拓展与融合的加速器。

二、金融科技与数字金融变革应该"正本清源"

首先从实践来看，随着技术的加速迭代，金融要素的复杂化，金融与科技二者的结合有着不同的发展阶段特征。第一阶段，在"互联网金融元年"之前，金融与科技的结合强调的是传统持牌金融机构的 IT 改造，如金融电子化、金融信息化。2013 年前后，行业内涌现出一大批以 P2P、众筹为代表的互联网金融公司，创造全新的组织模式、产品模式成为当下行业热点，不仅可以对传统模式进行改造，还可为新模式进行补充或替代。

第二阶段为 2015 年初到 2016 年，这一阶段是以互联网金融为主的探索阶段。在这一探索阶段，逐渐出现许多重大的金融风险与挑战。此时，金融机构、监管等部门逐渐意识到在互联网金融的探索过程中如若金融监管边界模糊会产生严重的后果。

第三阶段在 2018 年前后，随着互联网金融的整治和改革不断加深，金融科技的发展回到金融科技的顶层设计、发展思路上来。金融科技应用下的金融创新足以改变金融的业务、流程和产品，但更应遵循金融的基本规律。由此，各方达成思想共识，即金融科技的探索是有门槛的、高风险的、有明确边界的。

自 2020 年以来，随着金融科技从业主体的变化调整，金融科技的发展进入第四阶段。通常而言，金融科技从业主体包括四大类：持牌金融机构，大型科技公司，纯技术企业，互联网金融类组织。目前，国家关于金融科技的政策导向越来越明显，即重点支持持牌金融机构的金融科技创新；大型科技公司发展平台经济政策必须合规；科技企业不直接从事金融业务，可通过合规的方式间接进入到这个体系中来；互联网金融组织进入金融领域须持有金融牌照，受到严厉的金融监管，否则只能发展新技术服务金融体系。因此，进入以持牌金融机构数字化转型为核心抓手的阶段。

其次从理论来看,在新形势下,也需要进一步探讨新金融的相关概念边界。众所周知,从互联网金融到金融科技,新金融的概念一直是各方讨论的焦点。此前,金融科技逐渐明确其作为共识的定义,即金融稳定理事会（FSB）所指出的,是指技术带来的金融创新,它能创造新的模式、业务、流程与产品。与此同时,2020年下半年欧盟发布了数字金融一揽子计划,国内也开始全面探讨数据要素与数字经济,与之相应的数字金融的概念也引起了新的关注。事实上,二者都代表了金融演进的新趋势,但后者则更多体现在数字化对于金融活动的全面重构。

在国家统计局的数字经济产业5大分类中,第4类涵盖的"互联网金融",包括网络借贷、非银支付、金融信息等;第5类的"数字金融",则强调银行、证券、保险等持牌金融机构的数字化探索。就此来看,这一分类方式还值得商榷,如非银支付、征信显然也是持牌机构,应纳入产业数字化之中。不管怎样,在金融数字化转型不断深入的时候,亟需形成共识,以防止重现互联网金融认识混乱时期引发负面影响的情况。

最后,展望未来,金融科技或数字金融的生命力应该体现在与产业数联网的密切结合,真正落地更具生命力的创新场景。当然,具体的场景创新路径有两个,一是在边际上改善现有的场景,第二是颠覆式的重构,现在看起来目前大多数创新还是边际上改善。所谓颠覆式重构,则是在数字化背景下实现资金流、信息流、商品流、物流等的"多流合一",打造多层次的平台经济融合模式,实现资金方（各类金融机构）、产业方（核心企业、上下游企业）、平台方（基础设施、金融科技企业、供应链管理服务机构）、监督方（政府与监管部门、行业协会）的有效协调,从而在更大程度上实现产业链与金融链的共赢、共享发展。

总之,虽然存在风险与挑战,但全球金融业都在加快数字化转型步伐,并且已经得到各国政府的大力支持。

为了更好地向政府与监管者、研究者、从业者提供有价值的研究素材与资料,我们每年持续推出金融科技的案例研究成果,旨在坚持"守正创新、安全可控、普惠民生、开放共赢"的原则下促进金融科技场景落地,充分发挥金融科技赋能作用，推动我国金融业高质量发展。当然，受制于种种因素的制约，现有案例成果还有诸多不满意的地方，我们在不断努力坚持完善案例的同时，也以此"抛砖引玉"，并希望促进各界更深入的交流与沟通。

序2

科技创新，重塑产业高质量发展

郭为　神州信息董事长

技术发展的魅力在于其可以在商业和社会应用领域撬动更宏大的创新与变革。

2021年是"十四五"开局之年、建党百年，也是我国开启全面建设社会主义现代化国家新征程的关键时间节点，实现第二个百年目标，科技是支撑，金融是血脉。第二届全球范围内的金融科技创新案例遴选恰于2021年圆满完成。当前，疫情常态下经济全球化受阻，甚至可能出现短期回退现象，同时，新一轮科技革命加速重塑世界，数字经济将成为推动世界经济增长的新动能。

这样的特殊时期，更能突显本书的价值，如何用金融科技重塑产业高质量发展，服务实体经济，助力金融机构、金融科技企业以新思维开新局。其中我们不仅看到了科技创新为金融服务带来的颠覆式改变，更看到了企业在数字化转型过程中所做出的有益探索。协助国家金融与发展实验室收集整理全球金融科技创新案例，推动金融科技的创新和推广活动，是一件非常重要的事情，也是神州数码信息义不容辞的责任。

金融安全关系国家安全，金融的本质是服务实体经济，做到这一点，除了政府的政策引导，更重要的是科技创新。大数据、人工智能、区块链等数字技术正加速与产业应用的融合。数字技术在实现资源配置效率跃升，助推生产力跨越发展的同时，解决了很多过去难以化解的痛点问题。同时，数字技术也成为国家、企业重塑核心竞争力，在相关领域实现反超和引领行业发展的关键。正如习近平总书记强调"我国经济社会发展和民生改善比任何时候都更加需要科学技术解决方案，都需要增强创新这个第一动力。"

如何服务好实体经济，关键是如何利用数字技术重塑产业链，重塑传统产业。国家提出乡村振兴战略，对我们重塑农业或乡村产业提出了新的要求。如何推动资金下乡，更是实现乡村振兴的关键。在历史性解决绝对贫困问题后，乡村振兴成为全党工作的重中之重，成为社会主义现代化强国建设的重中之重。全面推进乡村振兴战略，一方面要加快推动农业农村数字化进程，加快人工智能、大数据、区块链等数字技术在相关农业产业场景的融合应用，推动科技创新，转变农业发展方式，改变传统粗放型增长方式，走高质量集约化发展方式，优化农业产业结构，提高供给体系质量。另一方面要充分释放农业场景数据价值，使其转化为可衡量、可评估的数据资产，为发挥产业数据要素价值夯实基础。同时，以需求为导向，通过科技创新畅通涉农金融服务，引导资金下乡，继而推动农业产业升级和经济增长。

2021年6月，人民银行、财政部、农业农村部六部委联合发布《关于金融支持巩固拓展脱贫攻坚成果 全面推进乡村振兴的意见》提出"加强金融科技手段运用，推出更多差异化金融产品和服务，持续提升农村金融服务质效"。围绕农业农村金融需要，神州信息以金融科技创新为驱动，以释放"三农"数据要素价值为核心，积极探索与银行、保险等金融机构合作，探索"科技＋数据＋场景"的金融服务新模式，助力金融机构推出多样化的农业农村金融产品及服务，包括银农直连、农保直连、三农金融数据服务平台和农村金融风控产品体系等，实现赋能农村管理、农业发展和提升农民信用。先后与中国银行、建设银行、邮储银行、农业银行、江苏银行等100余家银行广泛合作，在河南、山东、江苏、黑龙江等多个农业大省成功应用，已形成可规模化复制的金融服务新模式。例如，在涉农信贷方面，围绕养殖种植业面临的生物资产难评估、难抵押等问题，推出"生物资产浮动抵押"，利用大数据、物联网等技术，与杨凌政府、杨凌农商行合作，将非标准化养殖活体如生猪，转变为银行认可的标准抵押物，解决了生物资产的信贷融资难题。

中小企业作为我国市场的组成主体，是国民经济的晴雨表和吸纳就业的主力军，贡献了GDP的60%，更解决了80%的就业问题，但金融如何更好地服务中小企业也是一个长期难解的问题。国家高度重视中小企业发展，总书记更是强调"中小企业能办大事"。但是中小企业受制于体量规模易受外部环境的冲击和影响，自身承压能力和韧性较差。工信部制定的"专精特新"战略中提出，"十四五"期间不断提升中小企业数字化能力，推动其积极参与产业基础再造工程，使其在制造业补短板、锻长版中发挥重要作用；并针对中小企业融资难题，倡导发挥金融科技作用，推动建立健全中小企业涉企数据信息共享机制，通过供应链金融加强金融机构对产业链上下游中小企业支持力度。在通过科技创新服务中小微场景金融方面，神州信息的"银税互动平台"助力邮储银行、浦发银行、广发银行、富民银行等，开启按实际使用效果进行付费的新模式；打造小微企业信贷解决方案，面向国有、股份制银行、城商行及民营银行等，输出客户画像、评价分析等，支持全面综合风险评估。

基于技术创新，2021年神州信息发布了ModelB@nk5.0，以指引银行未来IT应用架构发展。首先，以往银行系统都是一个个相对独立的，导致其内部系统呈"烟囱式"布局。尽管我们通过构建总线结构，实现了系统间的相互连接，但是在今天以场景、以客户为中心的新金融消费体系下，原有的架构越显笨重和不够敏捷。其次，银行内交易和数据的处理相对割裂，导致数据价值无法快速反馈到业务。银行拥有大量的数据沉淀，在大数据时代如何释放数据价值服务于金融业务、服务于客户体验、服务于金融产品创新，目前在架构方面是缺失的。最后，IT架构的落后制约了银行的综合金融服务能力、产业金融服务能力，特别是对典型产业场景的快速服务能力。数智时代，要实现多元化的金融场景与智能化的金融服务结合，加速推进银行整体IT架构的升级，已成为亟待解决和必须解答的问题。特别是整体IT架构从传统走向云原生和数字原生的新发展阶段，给新银行整体架构构建创造了条件。另外，目前已经有120家银行单位参与到国家信创工程试点中。如何在科技架构下保障国家安全体系建设，也是亟须关注的新命题。基于科技及银行业的变化，神州信息推出了ModelB@nk5.0。

ModelB@nk5.0以数字技术革新技术架构，基于云原生和微服务，结合数据实时分析能力、利用金融超脑全面释放应用系统潜力，支撑数字金融可持续发展；业务支撑方面，以场景化、旅程化以及中台化的系统功能赋能客户生产生活，开创银行从大零售、产业金融到投资领域等不同方向的专业化金融服务模式，帮助金融机构创新业务模型和发挥数据资源价值，更好地服务实体经济高质量发展。神州信息是国内最早从事整体 IT 架构研究的金融科技厂商，ModelB@nk 于 2000 年初始发布，到 2015 年演进到了 4.0 版本。来到 2021 年，历经六年打磨规划的 5.0 版本积极拥抱金融数字化发展新趋势，通过对未来 IT 架构的整体规划设计，帮助银行建立符合自身特点和信创要求的技术和应用体系，助力业务快速发展与安全运行。

最后，我想谈谈数字时代颠覆性的底层逻辑是第一性原理。云原生、数字原生是基于第一性原理的一种颠覆性认知，云原生、数字原生是未来数字技术和数字产业的主要方向。打造安全的云原生数字化底座是金融行业统筹发展与安全的基础。既要顺应技术发展的潮流，又要满足国家对金融安全的要求。在建设科技强国、布局新型基础设施、提升金融科技水平和增强金融普惠价值的过程中，基于云原生、数字原生技术，技术范式的颠覆是第一性原理逐层穿透的必然结果，科技企业更需要随需而变，而软件定义的新范式是云原生的核心。无论是云原生还是数字原生，其物理载体主要是软件，当前是一个软件定义的时代。某种意义上，软件发展的历程和新基建的发展有一定的相似性，要深刻的理解开源和生态的意义。今年，神州数码在数字中国技术年会上发布了"神州信创云"，将为企业数字化转型打造全栈自主可控底座，提供整体信创云规划及建设服务能力，助力企业实现数字化变革和价值创造。"神州信创云"整体能力框架由能力底座、能力杠铃、能力中枢和能力市场四层组成，将持续整合数据化资源，扩展更多的生态和创新。

在数字中国道路上，神州信息一直秉持理念创新、技术领先和实践领先，广泛与行业伙伴携手，通过持续的金融科技创新，更好地服务于国家、服务于行业、服务于用户。我们期望在全球产业链中，一方面要弥补空白、解决卡脖子问题；另一方面要成为不可或缺的创新者、不可或缺的一环，让世界看见中国金融科技的影响力。

第二届"金融科技创新案例（2021）"征集综述

本书遴选于"第二届 NIFD-DCITS 金融科技创新案例征集"的 28 篇入库案例，其中包含了 27 篇国内案例和 1 篇国际实践。本届案例征集、遴选活动由国家金融与发展实验室携手神州信息共同打造，金融科技 50 人论坛具体推动和落实，真实地反映了国内外最前沿的金融科技创新实践，呈现了金融机构、科技企业的探索与成果。本书既可以为监管部门、金融机构和企业提供重要的参考素材，为国内外院校的教学、科研提供鲜活资料；又可有效服务于我国金融科技的健康发展，向国际社会充分展示我国在金融科技领域的优秀实践。

一、金融科技创新案例库基本情况

第一届金融科技创新案例库征集中，共收到来自金融机构、科技企业等全球多家单位，累计 102 个案例。评委会专家从金融科技创新与应用、金融科技行业主体两个类型入手，遴选出 22 个优秀案例，涵盖了人工智能、大数据、互联技术、分布式等新一代信息技术在数字银行、供应链金融平台、分布式交易平台等多个场景的创新应用，为金融科技底层关键技术与金融业务的深度融合创新树立了标杆。

第二届金融科技创新案例库，共收到来自金融机构、科技企业等全球多家单位累计 150 篇案例，其中 139 篇国内案例，11 篇国际案例，国际案例占比 7.3%，收集数量相较于第一届创新案例收集篇数增加了 34%。本届金融科技创新案例库的启动与收集过程经历了后疫情经济复苏、实体经济的缓慢运行直接影响了我国中小微企业的发展能力。在常态化疫情防控的背景下，金融科技助力金融机构不断在"六保、六稳"等重大工作中发挥着重要作用。本书整合 28 篇入库案例真实地反映出国内外前沿的金融科技创新，呈现了金融机构、金融科技企业等对在创新探索中的现状与困惑之处，并通过案例系统地展示了金融科技在赋能实体经济发展的实践与成果。同时，与首届全球金融科技创新案例库入选的 22 个案例内容相结合，两届入选案例所代表的行业动态和企业发展，都代表了当前后疫情时代我国金融科技发展的最新成效。

二、本届金融科技创新案例库数据分析

通过对案例库征集获取的 150 个案例进行了一个三方面的类型划分的统计，第一类是按照技术属性划分，在案例实践中，并非依托单一技术支撑整个项目或者是企业的技术研发，基本都是融合交叉型的应用，因此，剔除了按照技术属性对案例的划分。

第二类按照项目类型划分，我们给予企业 6 个指标，一是面向数字化金融业务的 IT 技术基础重构项目，二是金融风控项目，三是小微金融服务项目，四是延伸金融服务项目，五是提升惠民服务项目，六是助力乡村振兴项目。在收集的 150 份案例里面大多覆盖多类项目，统计结果显示，面向数字化金融业务 IT 技术设施重构项目的数据份数是最多的，达到 63 份；最少的是普惠金融里面的助力乡村振兴项目，为 3 份。

来自监管部门、金融机构、投资机构、金融科技领军企业、高校院所等领域的评审专家从金融科技创新与应用、金融科技行业主体两个类型入手，遴选出 28 篇优秀案例，涵盖了人工智能、大数据、互联技术、分布式等新一代信息技术在数字银行、供应链金融平台、分布式交易平台等多个场景的创新应用，为金融科技底层关键技术与金融业务的深度融合创新树立了标杆。

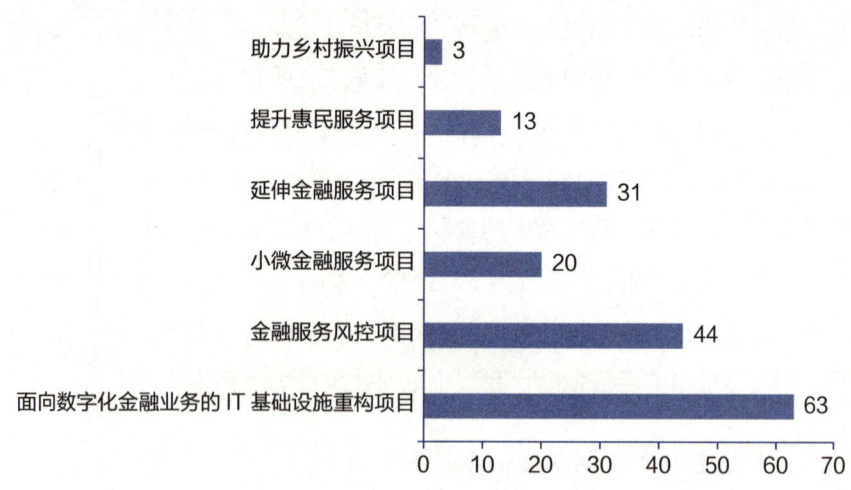

图 1　入选案例涉及的应用场景类型

第三类按照金融业务类型划分，其中按照金融业务类型划分指标比较多，有银行、监管、场景金融等指标，同上原理一样，技术服务的行业领域比较多，最多的是服务于商业银行 71 份，其次是证券 43 份，最少是科技企业服务的一些政务服务，我们归类为其他。对于场景金融、互联网金融的应用也占到比较大的比重。

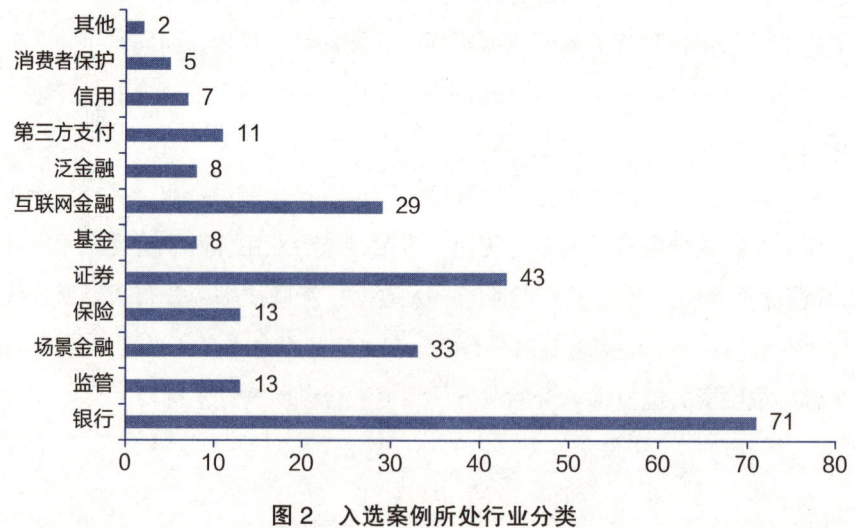

图 2　入选案例所处行业分类

三、总结与展望

从案例创新性、案例覆盖范围、案例写作质量等各个方面，第二届金融科技创新案例库都较第一届有了较大的提升与完善，也是今后金融科技创新案例库建设与努力的方向。

首先，银行业实现金融科技创新是最受关注、成效显著的，但伴随银行业的科技创新发展带动了证券、保险等其他领域的蓬勃发展。2021年10月21日中国证监会副主席赵争平在2021金融街论坛年会上指出："大力发展金融科技和监管科技，加快数字化转型，已成为实现我国资本市场高质量发展的必然选择"。因此，第二届金融科技创新案例库加大了对于证券、保险、基金、第三方支付等行业的关注，更符合未来金融科技的发展趋势。

其次，国外金融科技创新也在蓬勃发展，中国亟需一个途径深入了解国外金融科技创新实践。比如美国金融机构通过收购、控股金融科技公司等方式，金融科技研发与应用处于世界领先地位；英国高度重视监管科技在金融创新中的应用，"监管沙盒"制度已经比较完善；欧盟、新加坡、澳大利亚等地区或国家也已经积累了丰富的金融科技创新实践。在全球金融科技创新案例库不断丰富的过程中，国外案例不断增加，或将成为从业者们了解学习国外金融科技创新实践的重要窗口。

最后，密切关注数字金融等发展趋势，持续提升案例的创新性与引领性。除了金融科技的核心驱动技术之外，量子计算、5G、自然语义识别等新技术也在不断涌现。第二届金融科技创新案例库中，同盾科技申报的"知识图谱平台在银行风控领域中的应用"、Nuance申报的"基于声纹识别的支付解决方案"等案例都代表了新技术的发展趋势。

金融科技创新案例库建设工作任重而道远。未来我们会更加关注金融科技在各个领域、各个国家赋能实体经济发展的优质案例，充分发挥金融科技创新案例库的学术价值与社会价值，为我国金融科技创新提供展示与交流的优质平台。

目录

序1　产业数联网与金融科技场景落地　杨涛 / 001

序2　科技创新，重塑产业高质量发展　郭为 / 006

第二届"金融科技创新案例（2021）"征集综述 / 010

第一篇 | 银行业的创新实践

中国光大银行　　　　光大云缴费搭建中国领先开放
光大云缴费科技公司　便民缴费平台 / 003

中国建设银行　建行惠懂你基于普惠金融渠道服务构建小微企业
建信金科　　　生态体系 / 014

中国兴业银行
兴业数金　　金田螺RPA流程机器人探索流程自动化 / 026

中国民生银行　打造场景金融智能服务平台 / 038

平安银行　发起设计金融知识生产力提升方案 / 051

北京银行　数字化转型背景下的银行数据中台建设与应用 / 062

浙商银行　建设分布式数据平台 / 076

广发银行　打造基于大数据AI技术的智能实时风控体系 / 092

南京银行　鑫微厅构建客户视角的金融服务 / 102

第二章 | 资本市场的创新实践

中信证券　智能云平台布局证券行业人工智能应用 / 117

海通证券　数字化劳动力RPA研究与实践 / 135

华泰证券　"行知"——机构客户专属金融服务平台 / 147

广发证券　贝塔牛智能投顾科技赋能财富管理转型 / 160

兴业证券　基于数据治理的证券公司集团化大数据服务体系构建
　　　　　及创新应用 / 167

东吴证券　证券新一代交易系统 A5 / 181

东方证券　量化投研一体化平台 Orientlab / 196

易方达基金　投顾策略智能管理项目 / 216

第三篇　基础设施建设

中科软科技　全服务化架构的新一代分布式核心业务系统 / 233

国家超级计算长沙中心　基于领域知识学习引擎的互联网舆情预警在银行风控中的应用 / 246

中国银联　云闪付高性能分布式账户体系 / 260

中债估值　Dr.Quant 量化分析工具赋能固收市场 / 276

中金认证　基于国产密码的全行业务场景应用"电子印章、电子签名、电子合同"三电平台 / 288

第四篇　科技企业的创新实践

华为　助力"新零售"大型银行容灾系统建设 / 305

神州信息　BaaS 平台 Sm@rtGAS / 320

中企云链　供应链金融应用中间件的模式创新 / 333

华控清交　PrivPy 金融数据融合基础设施平台 / 344

同盾科技　知识图谱平台在银行风控领域中的应用 / 364

Nuance　创新基于声纹识别的支付解决方案 / 375

第一篇

银行业的创新实践

Innovation Practices
in Banking

中国光大银行
光大云缴费科技公司

光大云缴费搭建中国领先开放便民缴费平台

一、普惠金融与便民服务新模式的诞生

便民缴费产业作为人民群众日常生活运转的关键节点和公共服务的重要组成部分，承担着保障和改善民生的社会责任。近年来，使用智能便捷的移动生活缴费方式已经成为老百姓生活的常态。但追溯到十多年前，移动互联网还远没普及，话费、水费、电费、燃气费等便民生活缴费大多需要在物理网点进行缴纳，十分不便。同时，看似简单的生活缴费代收业务实则并不简单，缴费项目繁杂、收缴机构众多、对接开发复杂、运营维护困难，导致单体成本居高不下是产业发展的突出痛点。

在此背景下，光大云缴费诞生。光大云缴费平台始建于2008年，历经十余年沉淀与三年多来的高速发展，已成为中国最大开放便民缴费平台。作为中国光大集团及光大银行便民服务和金融创新的先行者，光大云缴费创新思维、突破壁垒，以满足用户需求为导向，以深化场景服务为载体，以构建开放平台、共享生态为目标，通过打造既有广度又有深度的"金融+生活+服务"特色普惠便民生态圈，推动银行的服务向更加敏捷智慧、开放普惠的方向转型，秉承"为民服务解难题"的初心使命，不断提高老百姓的幸福感、获得感、安全感，真正助力人民实现美好生活。

二、开放共享的便民缴费平台

中国光大银行作为金融企业国家队，自成立以来，积极贯彻中央精神，落实"六稳六保"政策要求，服务社会民生，助力中国实体经济发展与智慧城市建设。

（一）缴费项目、支付渠道、收费系统有机联动的业务平台

光大云缴费是中国光大集团和光大银行便民服务和普惠金融的金融生态平台，它搭建了一个普惠金融体系，将中国各类缴费服务、各种缴费渠道、支付结算功能整合，逐步将分散在全国各地的复杂繁乱的缴费项目集中上收，汇聚成品种丰富、数量巨大的资源库。同时，制定出统一的输出标准，开放给代理缴费服务的各类合作伙伴，包括金融同业、支付公司、互联网平台等，让用户随时随地通过任何渠道，都可轻松缴费，大幅提升产业链上下游机构办公效能，节约大量社会时间和资源。

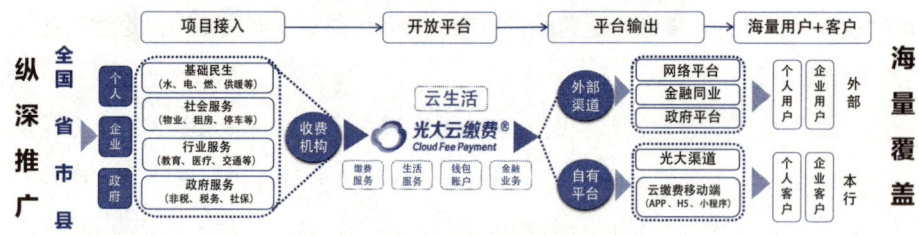

图 1　云缴费业务模式示意图

按照"深耕云缴费、布局新业态、赋能大零售、创造新价值"的发展策略，光大云缴费大力拓展个人、企业、政务三大场景，进一步加大新技术、新场景、新业态跨界赋能力度，加快出行生态、商超付款、医疗医保缴费、教育培训、社区暖心工程等五大新生态工程建设，依托开放的互联网作业模式，持续发力自有渠道建设、产品功能优化、营销方式创新推广以及品牌建设管理等，推动直联客户活跃量快速增长。云缴费积极结合"宅经济、零接触、云生活"的新

生态服务模式与"支付聚合化、服务订单化、流程数字化、功能开放化"的新金融"四化"形势，加速业务升级与模式转型，普惠金融服务优势日益凸显，主要业务指标年复合增长率连续多年达100%以上。

截至2020年末，光大云缴费接入水、电、燃气、供暖、有线电视、通信话费、社保、医保、财政非税、交通罚没、医疗挂号、教育培训、物业费等项目达超万项，输出至微信、支付宝、美团、云闪付、各大电商平台、电信运营商平台、金融机构等各大平台600余家，直联客户突破5000万户，年服务活跃用户5亿户，将云缴费优质、便捷的线上服务惠及上亿个家庭。同时，云缴费也是财政部指定的唯一线上收缴平台。

（二）兼具科技与金融特征的"云缴费平台"

强大的科技能力赋能平台高速发展。坚守"为民服务解难题"初心，坚持"开放、合作、共赢"理念，围绕便民缴费、居民生活、企业生产、公共服务、普惠金融等重点民生领域，通过创新管理机制、深化科技应用，实现光大云缴费转型升级，打造兼具科技与金融特征的"云缴费平台"。中国光大银行积极落实中央精神，通过构建"缴费开放平台""收费托管平台""移动应用平台"三大平台，为全国亿万客户提供综合化便民生活服务，提升公共服务的信息化水平与便捷度，打通政务服务的"最后一公里"，为百姓生活、企业运营与城市公共服务进行科技赋能。

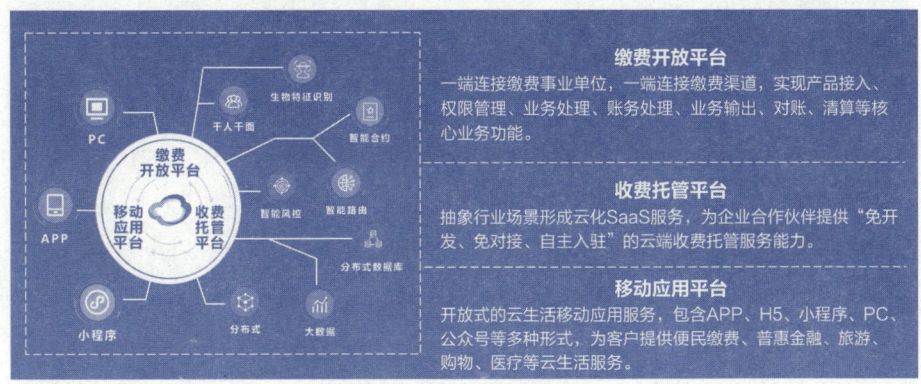

图2　三大平台示意图

Digital Economy + Technology for Good
数字经济 + 科技向善

1. 缴费开放平台

一端连接缴费事业单位，一端连接缴费渠道，实现业务接入、权限管理、业务处理、账务处理、业务输出、对账、清算等核心业务功能。通过整合大量基础缴费资源和渠道，开放收费能力输出给合作伙伴。主要提供水、电、燃气、有线电视、供暖费等基础公共缴费服务。

一方面为服务供应商提供统一的 API，各类服务供应商只需按照标准的 API 进行开发对接，即可将服务接入至开放平台；另一方面，服务渠道商可通过平台提供的统一 API，将平台的各项服务接入自身的流量入口，进而为客户提供综合化的便民与金融服务。平台的主要功能与特性如下：

（1）开放性高

平台将各类服务进行标准化整合，化繁为简，并开放至各类互联网渠道与线下终端，打破了传统的封闭式服务模式，可服务各类型的服务提供者与需求者。

（2）集约性强

各个服务商与渠道商相对比较分散、独立，具有不同的开发语言、数据标准等，单点对接相对复杂，重复投入造成成本上升。而通过一次性与开放平台进行对接，将节约大量的营销成本、系统开发成本、业务运维成本等。

（3）场景丰富

平台将在云缴费平台基础上，通过光大银行搭建的政务云、医疗云、物业云、租房云等专业平台，引入众多合作伙伴，服务内容主要包括水、电、燃气、通信等生活缴费服务，物业、教育、租房、交通等行业化服务，非税、个税、税务、党务等政务领域的综合服务，以及相应衍生的金融服务、大数据共享服务。

2. 收费托管平台

为不具备计算机收费系统建设能力的广大小微企业，提供云化 SaaS 服务，为企业合作伙伴提供"免开发、免对接、自主入驻"的云端服务。以便民缴费为基础，延伸服务至医疗、教育、交通、物业等行业云场景，服务下沉。实现整体收费托管应用服务。一方面，收费企业将收费业务数据托管至收费托管平台，依托光大云缴费的开放输出能力，直接输出至 600 多个全网缴费渠道；另一方面，缴费渠道可以快速无缝对接新的收费功能，实现快速复制、快速拓展。

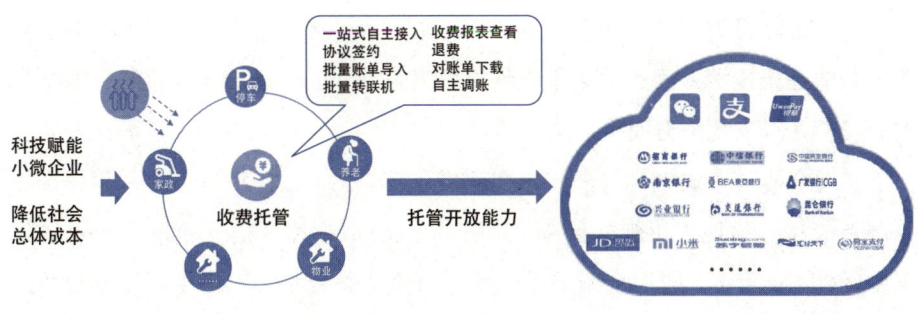

图 3　收费托管业务模型

3. 移动应用平台

提供 API、小程序、H5 以及收银台多种输出模式，为客户提供便民缴费、普惠金融、旅游、购物、医疗等生活服务。以云缴费 APP 为基础，通过门户网站、公众号、小程序等多种应用，构建客户可以随处触达的移动生态。采用生物识别、OCR、大数据、智能风控等先进技术，大幅提升客户交易安全和体验感，同时为客户提供基于历史行为、年龄阶段、地域差异、个性设置等多种风格，实现客户千人千面的效果，针对农村老年人等群体，实现支持代收代缴、超大 UI 设置等多种贴心服务，充分化解"数字鸿沟"。

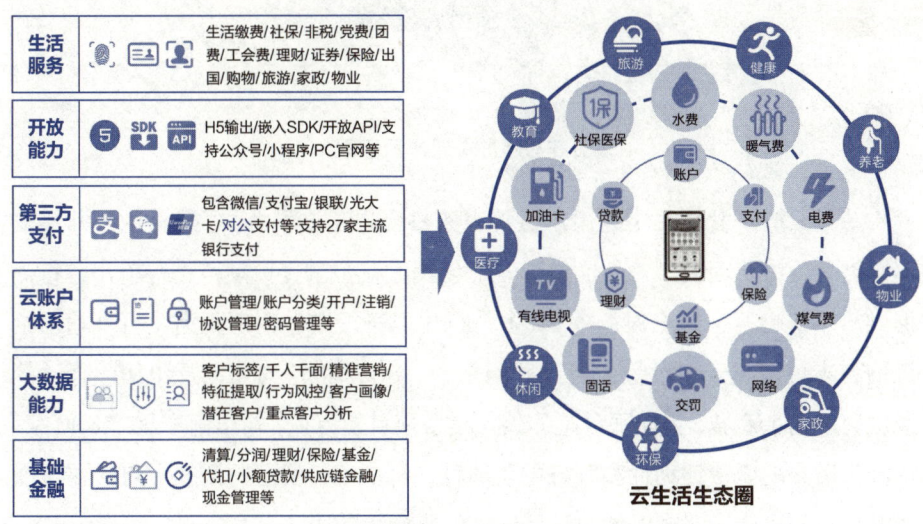

图 4　移动应用业务模型

在项目建设过程中，中国光大银行积极采用分布式、云计算、移动应用、人工智能等新技术，同时优化组织结构，采用 DevOps 敏捷研发机制，坚持自主研发，在以下几个方面重点突破：

实践全栈分布式架构并坚持自主研发：基于光大银行私有云，采用分层分域部署架构，实现应用弹性伸缩，基于 Mysql 数据库，自主研发分布式数据库中间件 EverDb，应用系统采用光大银行集成整合平台和自主研发平台两大平台自主研发。系统整体集群规模超过 200 台，实现系统 7×24 小时应用服务，系统支持最大并发访问量超过 1 万笔 / 秒，实际日交易量超过 1.2 亿笔。

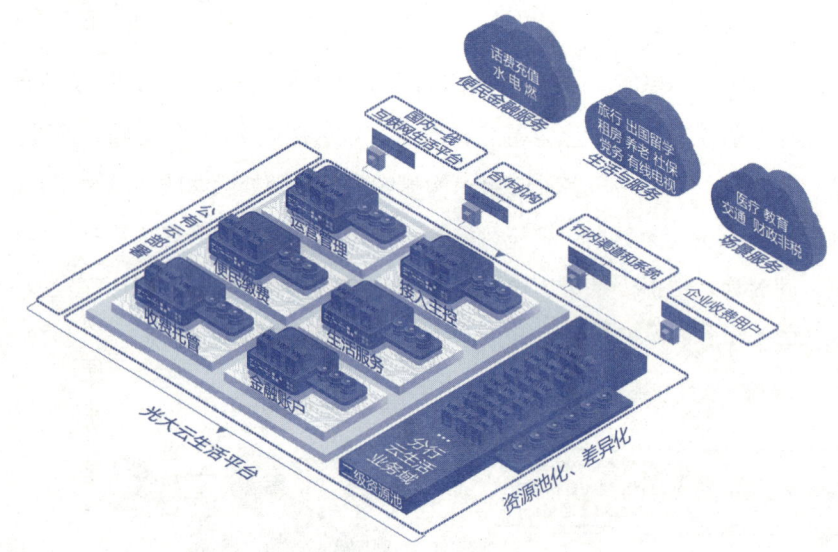

图 5　分布式架构示意图

基于敏捷研发体系快速构建缴费服务整合与开放能力：通过对内不断集成不同类型的缴费项目，对外通过统一的便民缴费金融接口规范进行输出，行内提供给手机银行、网上银行等 10 多个行内电子渠道和物理渠道，行外输出给微信、支付宝、云闪付等大型互联网平台，80 家银行同业以及电信、移动等运营商和网上商城，目前平台整体接入缴费项目超万项，输出商户超过 600 家。提升了民众的缴费便利性和服务的及时性，降低了社会运行成本，打破传统缴费方式，使民众能够随时随地享受便捷的生活缴费服务。

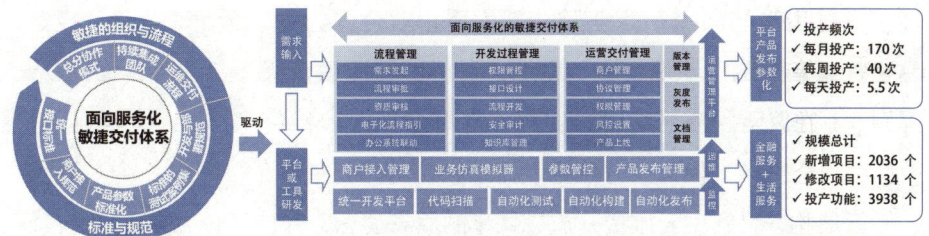

图 6　云缴费敏捷推广示意图

本项目采用 DevOps 敏捷开发流程，支持 12 种通信方式、15 种报文格式、800 多个通信组件，快速接入市场各种差异化的缴费项目。根据业务属性不同，形成统一接入技术标准，并支持每个项目灵活动态参数化调整，向第三方合作渠道进行灵活输出，从而实现了技术复杂度的屏蔽与统一。

三、科技赋能、创新驱动、生态引领的开放缴费平台

作为中国最大的开放缴费平台，光大云缴费已实现"发展速度全国第一、缴费项目全国第一、输出平台全国第一、服务用户全国第一"等多项突破。在深耕业务发展的同时强化品牌建设，光大云缴费连续六年发布中国便民缴费产业白皮书，成为中国国家羽毛球队、中国国家羽毛球青年队首席赞助商。

在光大云缴费的发展过程中，科技赋能、创新驱动、生态引领是凸显竞争优势的重要关键。

一是科技赋能。金融科技力量的不断提升正是支撑云缴费庞大体系、敏捷生态和快速发展的基础。目前云缴费已形成开放式缴费平台、收费托管平台、移动应用平台三大核心系统，拥有完全的自主知识产权。基于光大银行集成整合平台和自主研发平台，采用分布式架构实现应用自主研发；基于 Mysql 数据库，自主研发分布式数据库中间件 EverDb，实现金融级数据库的分布式集群部署；基于光大私有云，部署应用规模超过 200 台，具有良好的弹性伸缩能力。平台日均交易量达 1.3 亿笔，交易处理时间小于 100 毫秒，TPS 达 1 万笔 / 秒，为各渠道合作伙伴提供强有力的系统保障。

二是创新驱动。便民缴费服务通过细微服务创新，不断优化客户体验，提升便捷性和满意度。同时，云缴费正不断向"云生活""云光大"转型过

渡，通过加强与集团子企业及外部优质企业合作力度，运用"流量、极简、黏性、裂变"的"互联网+"思维，在提供便民缴费服务的同时，推出1元理财、1元保险、旅游购物、健康养老等多种云上特色生活服务，满足用户"存""花""贷""保"全方位金融需求。

三是生态引领。云缴费开放、共享的生态理念，开创了普惠金融与便民服务的新模式。通过稳定高效地把缴费项目、支付渠道、收费系统有机联动，打破了以往金融服务中普遍存在的信息孤岛，最终实现行业上下游的信息共享、服务共享、资源共享，从而大大降低了各方运营成本，全面提升了便民服务效率和水平。

四、建成"金融+生活+服务"特色普惠便民生态圈

（一）经济效益：开放共享，降低运营成本

便民缴费产业始于与人民生活息息相关的细碎点滴，满足了人们日常生活、出行、社会、消费、教育等方面的基本需求。便民缴费服务虽小，却发挥着重要的社会价值，连接着中国14亿人民、4亿家庭、4000万注册企业和各级政府服务，构筑起20万亿元的便民缴费市场规模。同时，产业庞大体量的背后沉淀了海量的用户行为数据、交易数据等全量信息，不仅为我们提供了"微观—中观—宏观"洞察经济民生的独特视角，也为丰富社会征信系统贡献了积极的经济价值。

秉持开放、共享、普惠的生态理念，光大云缴费开创了普惠金融与便民服务的新模式。通过稳定高效地把缴费项目、支付渠道、收费系统有机联动，打破了以往金融服务中普遍存在的信息孤岛，最终实现产业上下游的信息共享、服务共享、资源共享，大大降低运营成本，全面提升便民服务效能和水平。

光大云缴费正不断向"云生活""云光大"转型升级，在提供便民缴费服务的同时，推出缴费钱包、财富钱包（银行电子账户），因其良好的客户体验和简单便捷的操作方式，受到用户的广泛好评。同时，保险理财、旅游购物、健康养老等多种云上特色"生活+金融"服务，也给云缴费用户提供了更为丰

富的场景体验。云缴费开放生态体系惠及了更广泛的互联网用户，海量的行为数据也将为丰富征信系统、推出超小额便民消费贷款等贡献价值。

截至2020年末，云缴费服务项目已突破1万项，除水、电、燃气、有线电视、供暖等基础缴费外，已延伸至医疗、教育、非税、社保、税务、交通、物业等各个领域，基本涵盖人民生活、政务服务和企业生产的方方面面。同时，云缴费已经与微信、支付宝、美团、云闪付等600余家大型机构建立紧密合作关系，成为全国便民缴费服务的主要服务合作方。近三年累计服务用户超过7亿户，2020年服务用户超5亿户，缴费笔数超18亿笔，缴费金额突破4000亿元。

基础民生类项目方面，通过接入国家电网、南方电网、内蒙古电力三大电网企业，光大云缴费电力缴费服务已实现全国100%覆盖；水费代收服务地级市覆盖率达73%；燃气费代收服务地级市覆盖率达71%；有线电视费代收服务地级市覆盖率达83%；通信费代收服务已覆盖境内全部地级市；供暖费实现北方供暖区域全覆盖。

政务云、行业云、企业云等快速发展。政务云、行业云、企业云等快速发展。光大云缴费已成功接入山西、河北、江苏等24个省（自治区、直辖市）医保及养老保险代收服务；全面上线北京、内蒙古、宁夏、甘肃、长春等近16个省市交通罚没代收服务；实现包括中小学生学费、餐费等各种学杂费在内的1000余项教育类缴费服务；医疗云缴费已在内蒙古、重庆、兰州、大连、银川等医院正式运行。

（二）社会效益：为民服务，践行普惠金融

利民之事，丝发必兴。便民缴费是民生建设的关键环节，也是践行普惠金融的重要抓手。光大云缴费在服务社会、服务民生方面发挥着积极作用。

中国人民银行副行长范一飞在"深化金融科技应用推动高水平高质量发展"的署名文章中指出：在服务效率方面，借助5G、物联网等手段推动线下实体网点智慧化升级，实现线上线下一体化发展。2018年，我国银行业离柜交易超过2781亿笔，交易金额超1936万亿元，离柜率达88.67%，便民服务效率得到大幅提升。例如，光大银行"云缴费"业务将公共事业缴费时间从"小时"级缩短到"分钟"级。同时,以光大云缴费业务为基础的光大银行智慧云生活生态圈建设项目,荣获 2019 年人民银行科技发展奖一等奖。

特别是疫情期间,光大云缴费快速、精准发力,体现出了"光大责任"、"光大特色"和"光大速度",对防控疫情和推动业务发展均起到积极作用。疫情发生后,光大云缴费积极落实各级政府要加大推动线上化便民服务的力度和线上"一网通办"的服务要求,快速服务国家机关及各级政府的各类需求,保障特殊时期云缴费服务项目高效接入。快速上线湖北省黄冈市交罚代收服务,当地居民通过云缴费 APP、小程序等即可足不出户完成线上缴款,服务覆盖近 500 万户;成功接入重庆三峡集团有限公司燃气费代收服务,助力重庆市疫情相对严重的云阳、奉节、巫山三大远郊区县近 30 万居民实现燃气费线上缴纳,打通金融服务"最后一公里";成功上线湖北省十堰市首创东风水务公司水费代收服务,为十堰市 10 万余户居民解决了缴费难题。2020 年 1 月 24 日至 3 月 30 日,云缴费持续保障完成全国 2 亿多用户的正常生活缴费,保障完成湖北地区 650 万笔的生活缴费,通过"非接触式服务"在防范疫情中切实发挥了重要作用。

自 2015 年起,光大云缴费连续 6 年开展中国便民缴费产业研究并发布白皮书。2020 年 10 月 22 日,在一年一度的中国金融盛会"2020 金融街论坛年会"上,光大云缴费携手国家顶尖智库北京大学国家发展研究院共同发布了《缴出新生活——2020 年中国便民缴费产业白皮书》,为产业链相关机构和企业进一步提升服务效能提供了参考借鉴,获新华社、《新闻联播》、央视新闻直播间、《金融时报》等权威媒体及权威栏目报道,进一步提升了云缴费的品牌知名度和影响力。

图 7 《新闻联播》对云缴费《2020 年中国便民缴费产业白皮书》发布进行报道

五、深入智能精准、开放共享、普惠普及道路

随着技术的进步和市场需求的扩大，数字普惠金融生态系统逐步健全。便民缴费产业作为普惠金融的重要抓手，未来还将在智能精准、开放共享、普惠普及的道路上持续迈进，从基础设施服务领域渗透到人们生活的方方面面。

在《人民日报》刊发的《云端生活更美好　做实做精便民缴费服务》报道中中国光大集团董事长李晓鹏曾表示："智慧城市、智慧医疗、智慧出行、智慧社区等新业态加速迭代，我们希望从'云缴费'出发，努力通过便民服务与普惠金融的深度结合，答好服务民生这张试卷，掀开人们'云端'美好生活新篇章。"

光大云缴费将坚守"为民服务解难题"的初心使命，进一步加大新技术、新场景、新业态跨界赋能力度，加快出行生态、商超付款、医疗医保缴费、教育培训、社区暖心工程等五大跨界生态工程建设，持续打造"金融＋服务＋生活"一体化的普惠金融生态平台，不断做实便民服务和普惠金融基础，真正助力人民实现美好生活。

Digital Economy + Technology for Good

数字经济 + 科技向善

中国建设银行
建信金科

建行惠懂你基于普惠金融渠道服务构建小微企业生态体系

一、小微企业融资难、融资贵成为世界性难题

小微企业融资难、融资贵是一个世界性的难题。2018年初，世界银行发布的一份中小微企业融资缺口评估报告显示：128个国家的中小微企业对资金的潜在需求约8.9万亿美元，但信贷供应仅有3.7万亿美元，资金缺口高达5.2万亿美元，缺口比重58%。世行数据显示，中国中小微企业潜在融资需求达4.4万亿美元，融资供给仅2.5万亿美元，潜在缺口高达1.9万亿美元，缺口比重43%。

2018年5月，中国建设银行全面启动普惠金融战略，用"双小"承接"双大"，致力于依靠科技手段，用更加智能高效开放的方式服务客户。2018年9月，正式上线全国首个面向小微企业的移动融资平台——"建行惠懂你"APP（以下简称"惠懂你"），为小微企业和个体工商户等普惠客群提供全生命周期金融与非金融服务。

战略实施两年多来，建行坚持创新驱动，科技赋能，运用"移动互联网 + 科技 + 金融"模式，立足新金融实践，构建以批量化获客、精准化画像、自动化审批、智能化风控、综合化服务为内容的"五化"新模式，提供贷款额度测算、贷款申请办理、预约开户等一站式综合融资服务。在新冠肺炎疫情期间，为广大受疫情影响的企业提供全流程线上非接触金融服务，有效降低企业融资成本，提高信贷资金的可获得性和便利性。截至2020年底，建行普惠金融贷款余额突破为1.45万亿元，平台访问量超1亿人次，个人认证用户数1200余

万，认证企业数突破 400 万户。

二、"惠懂你"创新技术服务手段

针对小微企业在融资方面出现的新需求，充分运用互联网思维、以客户大数据、生物识别等新兴技术为支撑，进行"惠懂你"产品创新，实现贷款介绍、额度试算、预约办理，实现多渠道、自动化获客等服务，扩宽客户申贷渠道，提升客户申贷体验，精准对接客户需求。同时，面向细分客群，对客群覆盖广、业务规模大、数据质量优、推广价值高的场景进行梳理和识别，进行普惠金融服务场景的应用拓展。"惠懂你"主要从以下四个方面创新技术服务手段：一是"快"，通过简化申贷流程，引导客户自主完成申贷，全流程线上操作，真正做到秒申、秒批、秒贷；二是"易"，支持线上便捷召开股东会，随时随地审议融资提案；三是"准"，通过自动获取企业及个人资产、税务、征信等数据，实时精准测算企业可贷额度；四是"广"，聚焦场景应用，丰富产品体系，拓宽服务范围。

（一）普惠金融渠道服务业务方案

普惠金融渠道服务着力整合银行内部、政府部门及第三方涉企数据，对客户进行立体画像，重构信用体系，破解缺信息、缺信用难题。实施开放式、场景式获客，应用数字化、智能化技术手段，重建信贷业务流程，掌上指尖便捷操作，实现普惠金融"一分钟"融资，打造客户极致体验。其业务方案有以下特点：

1. 大数据多维画像重构信用体系

"惠懂你"坚持内部挖掘和外部共享并重，推动内外部数据规范化、关联化，着力将数据资产转化为信用信息。对内整合小微企业和企业主资金结算、交易流水、工资发放、信用卡消费、投资理财等多维度数据，对外引入政府数据（工商、税务、海关、法院、国土等），专业市场或第三方（农垦、花卉市场、小商品城、ETC、燃气等）外部数据，从企业生产经营的可靠数据中充分挖掘信用信息，突破传统以财务报表评估信用的方式，通过多维数据建模评价其偿债能力，测算能够给予的贷款额度、期限、价格等，形成授信方案，为小微企业融资有效增信，变"依赖抵押"为"数据增信"，有效破解信息不对称难题。

2. 开放式服务变坐商为行商

"惠懂你"按照"移动互联"理念，让金融服务走出物理网点，送产品到小微企业手上。"惠懂你"采用开放的互联网服务方式，小微企业无论是否在建设银行开户，只需下载"惠懂你"APP或使用微信小程序，即可享受贷前测额、预约开户等服务，改变了要享受银行服务，需要先开户的传统做法，极大提升了小微企业对金融服务的获得感。

3. 业务全程上网提速贷款进度

"惠懂你"积极推动身份信息验证、贷款合同签约等业务线上办理，实现各环节办理流程应上尽上。银行后台采用流水线作业，通过系统自动获取行内信息，减少跨层级、跨部门处理环节，保证贷款办理效率；小微企业用一部手机就可以办理贷款申请、签约、支用、还款等手续，大幅减少了跑银行、填材料次数。抵押类贷款，企业只需在手机上填写抵押房产等信息，系统实时反馈评估价格和可贷金额，最快时间响应需求。信用类贷款，系统根据授信方案自动审批，企业只要信息完整，1分钟以内即可完成贷款申请到支用全流程。

4. 平台智能操作提升使用体验

"惠懂你"运用生物认证、人脸识别技术和数据分析模型批量化智能识别客户，通过系统自动导入企业各项基础数据，简化功能操作界面，实现了"可见即可贷"。小微企业点开"惠懂你"，"测测贷款额度""预约开户""我要贷款""进度查询"等功能一目了然。点击测额选项，只需输入企业相关信息，后台将在30秒内自动生成可贷产品和额度。已经在建设银行开户的小微企业，可以直接点击贷款产品在线申贷；没有开户的小微企业，平台提供"预约开户"服务，企业可在线预约开立对公结算账户，自主选择办理时间和网点。通过"惠懂你"申请贷款，平均只需在手机上点击10余次，即可完成"用户注册—企业认证—精准测额—贷款申请—发放贷款"的办理步骤，切实优化了客户体验、提升了融资便利性。

5. 无界布局场景式生态体系

"惠懂你"依托开放银行管理平台，一方面，推进"VISTA"（远景模式）出海服务模式，抓住重点出海场景和头部平台，嵌入企业经营场景，构筑普惠金融开放共享生态圈。另一方面，推动"智慧工商""智慧税服"功能等高频使用服务入海，链接悦生活、投资理财、生活缴费、信用卡、线上菜篮子等生活服务，进一步拓展"惠懂你"服务深度及服务范围，提升用户黏性，让银行"随身而行""随心而在"。

（二）"惠懂你"五层次打造普惠金融渠道服务

普惠金融渠道服务采用微服务架构，连渠道接入在内共分五层次，每一层次以根据用户要求灵活配置，为普惠金融渠道服务的功能裁剪与系统的灵活部署提供了充分支持。逻辑架构图如图1所示：

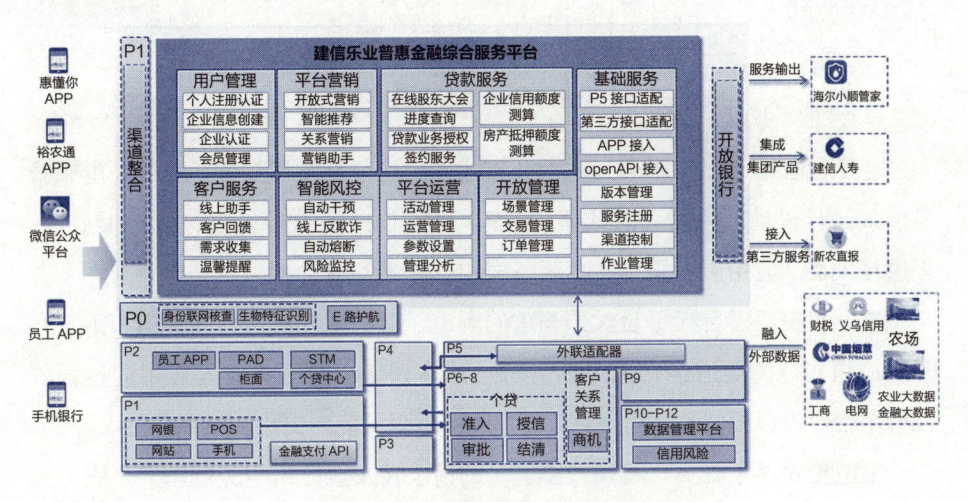

图 1 普惠金融渠道服务架构图

普惠金融渠道服务支持惠懂你APP、微信小程序、复工复产助小微快应用渠道接入，实现用户管理、平台营销、基础金融服务、贷款服务、客户服务、智能风控、平台运营等功能。本着开放共享、合作共赢的目标，通过建行开放银行将平台核心产品能力输出到第三方场景，打造开放式获客、全线上一站式服务、全面互联网风控等平台核心支持能力。普惠金融渠道服务技术架构图2所示。

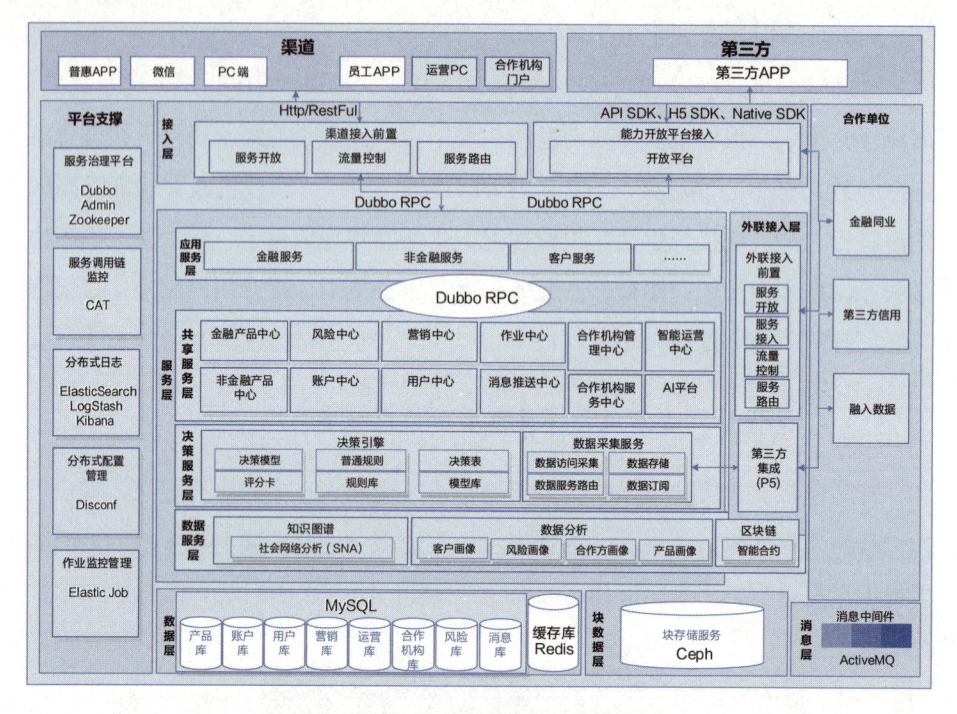

Digital Economy + Technology for Good
数字经济 + 科技向善

图 2　普惠金融渠道服务技术架构图

普惠金融渠道服务采用互联网分布式架构进行开发和部署。服务采用微服务模式进行设计，采用分布式服务 RPC 架构 Dubbo 进行开发，包括渠道层、渠道接入层、应用服务层、共享服务层和支撑服务层。

渠道层主要指目标平台对外开放的渠道，目前主要包括行内渠道和第三方开发应用，行内渠道包括惠懂你 APP、小程序等。第三方开发应用通过开放银行平台对外以 OpenAPI、SDK 的方式进行服务能力输出。

渠道接入层主要负责将接入渠道层的请求转发至应用服务层和共享服务层的服务，渠道接入层实现流量控制、服务路由和服务编排等功能。

应用服务层主要负责与平台业务应用直接相关的业务服务，包括金融服务、非金融服务和客户服务等，随着平台的不断迭代和业务创新，逐渐丰富。

共享服务层主要负责普惠平台基础服务中心能力构建，包括金融产品中心、非金融产品中心、风险中心、营销中心、消息推送中心、运营中心等。

支撑服务层主要包括决策服务支持和数据分析服务支持，为共享服务层提供决策和数据分析支撑。

数据层包括 MySQL 数据库和缓存数据库，MySQL 数据库存储平台中的所有关系型信息数据，基于微服务的设计原则，遵循每个服务组独立数据库，即划分为产品库、账户库、用户库、营销库、运营库、消息库等。缓存数据库使用 Redis 集群，存放产品列表、产品详情和用户信息等热点数据。

（三）业内率先推出普惠金融战略

为落实国家战略，服务社会民生，建行于 2018 年 5 月 2 日，将普惠金融正式上升到全行战略高度，将金融和科技有机融合，设计并实施了包含"增加金融供给""搭建平台生态""赋能多方主体"在内的一整套普惠金融服务手段，积极为大众"安居乐业"探索金融服务解决方案。

建信金融科技公司及时响应客户需求，实施敏捷设计和开发，用时一个半月，2018 年 9 月 6 日率先在同业推出为普惠金融客户打造的"惠懂你"一站式移动金融服务平台，并正式向社会发布，为小微企业客户产品服务提供了强有力的专业力量及技术保障。疫情期间，由国办指导，联合相关方进行"复工复产助小微"快应用建设，采用小步快跑的方式，分阶段实施，于 2020 年 3 月快速上线与推广，让金融服务尽快产生实际效果，助力小微企业复工复产。2020 年 5 月，依托金融科技赋能，打造全新"建行惠懂你"小程序，结合小程序轻量化、低门槛特性及相关设计规范，部署申贷全流程，布放增值服务，为用户提供更高效便捷的普惠金融服务。

"惠懂你"充分用互联网、大数据、人工智能和生物识别等技术，秉承"数字、平台、生态、赋能"的发展理念，搭建了以数据化经营为基础，以智能化科技为支撑，以平台化经营为核心的普惠金融服务体系。目前已上线的主要功能包括抗疫专属服务、全流程信贷融资服务、增值及权益服务和智慧城市等四大类，共计 36 项信贷产品、17 项普惠客群专属功能服务。围绕以下几个方面展开实施。

1. 采用移动互联网、大数据、人工智能等最新科技手段，支持手机 APP、网站、微信公众号等我行及第三方渠道接入，依据平台、行内行外等多维度数据，连接建行公有云、私有云及第三方平台服务，实现用户管理、智能营销、贷前管理、贷后管理、智能风控、金融超市、客户服务、场景服务、开放银行、平台运营等平台功能，打造开放式获客、全线上一站式服务、客户为中心的产品、全面互联网风控的平台核心支持能力。

2. 围绕小微、涉农、双创、扶贫四大板块，重点面向税务、电力、烟草、农户、商户、小微企业供应链等细分客群，对客群覆盖广、业务规模大、数据质量优、推广价值高的场景进行梳理和识别，进行普惠金融服务场景的应用拓展，为不同客群提供创新普惠金融产品。

3. 实现与第三方平台的对接和服务共享，打造金融加非金融合作服务模式。采用轻资产模式方式，进行普惠金融交易和服务流程的创新。构建多渠道的、线上线下融合的服务体系，实现普惠金融服务和政务服务的互联互通。同时，运用数据分析技术构建业务风险控制流程，有效提升普惠金融业务风险控制能力。

普惠金融渠道服务建设项目是一个跨业务领域、部门及技术平台的、工作量庞大且复杂的系统工程，与正常项目开发实施过程相比，会面临更多的挑战和更大的风险。要确保项目成功，首先必须要有强有力的组织和稳定的开发团队，各个协同项目组的任务与责任明确。其次，采用"分步迭代式"开发方法，在明确整体远景目标和建设框架后，设定确实可操作的短期和中期目标，在业务风险与技术实施风险可控的前提下，各分行分批进行流程推广，逐步丰富授信数据与风险防控数据，最终实现项目整体目标和各项业务要求。

三、"惠懂你"技术及业务创新点

"建行惠懂你"APP开发工程师们秉承工匠精神，以建设精品为目标，持续打磨"惠懂你"APP的细节。从界面到功能，从数据整合到按钮摆放，先后经历了上百次更新，反复推敲每一处细节；三天一次小迭代、两周一次大迭代，云电贷、云税贷、云花贷、地押快贷等创新产品层出不穷。如今的"惠懂你"已经形成40余个面向客户的应用场景，为金融服务通向实体经济建立起全新水渠，将金融活水源源不断输送到百姓身边的小微企业之中。"建行惠懂你"APP运行两年以来，得到了社会与各界的广泛认可，主要有以下特点。

（一）创新商业模式，领航同业发展

首创智能化互联网获客及线上业务运营模式。通过 APP、微信小程序和第三方合作平台等渠道，为客户提供贷款额度测算、对公单位账户预约和线上贷款业务办理流程。客户仅需通过一部手机操作即可成功申请贷款，搭建了智能移动金融时代获客与活客新平台。通过建设银行内部系统及流程整合，系统批量自动获取客户相关数据，通过大数据模型算法，实现客户及产品自动化准入，建立了针对小微企业授信的专属业务流程。

（二）创新专属产品服务，提供良好使用体验

针对普惠客群创新专属信贷产品，搭建线上融资产品体系。根据小微企业、个体工商户、涉农客户、供应链上下游客户等客群，利用结算、账户、涉农、供应链和第三方等多种数据开发专属信贷产品，建立相应客群专属产品体系，并在"惠懂你APP"成功部署包括小微快贷、个人经营快贷、裕农快贷和交易快贷等四大产品体系，上线共计 30 余项普惠客群专属信贷产品。

围绕企业生产经营生命周期，提供专属功能服务。通过综合利用内外数据，为用户提供贷款额度测算功能，符合条件的用户可实现"可见即可贷"的测额体验；通过预约业务功能帮助普惠客群实现建设银行对公结算账户的全流程预约管理；通过线上身份认证、生物识别等方式完成实控人选举和业务授权流程，为全线上业务办理模式奠定基础；通过金融科技赋能，实现贷款申请、签约、支用、还款、延期及续贷等全流程线上办理；通过抗疫专区，为受疫情影响的企业提供云义贷、权益保障和防疫课堂等抗疫专属服务。

（三）创新普惠金融新生态，融入多维经营场景

连接国家税务总局、国家电网、知识产权、政府采购系统等 G 端机构，完成总对总的数据直连，通过场景接入实现从源头获取普惠客群经营数据信息，第一时间对接客户需求，通过连接 G 端实现 B 端赋能。建立了"惠懂你"多维经营场景生态建设标准模式，通过扫码链接、手机预置、功能嵌入、产品超市和深度融合等五种标准模式，将"惠懂你"核心功能和建设银行的普惠金融

服务延伸到互联网头部平台、电商平台、核心企业、数据公司等重点平台和小微企业生产经营场景，为客户提供场景化的开放银行金融服务。

（四）创新应用金融科技，构建智能化运营体系

1. 建立全线上自助办理流程

通过新一代核心系统实现客户申请、业务评价、贷款审批、支用和还款的系统化、标准化操作，从而帮助客户实现手机端全流程线上自助办理，保障业务模式有效运行。

2. 建立多维大数据模型体系

运用图像识别和生物检测等技术实现客户非柜面式身份认证，保障线上确认企业客户身份；运用内外部数据，建立小微企业行为的"正面清单"，采用更精准、多维度的大数据模型，对客户进行筛选；运用人工智能技术（向量空间模型、朴素贝叶斯分类器、最大熵分类器等模型算法），为用户提供全流程智能助理服务，打造"最懂你"的客服体验，提升客户融入感和归属感。

3. 建立平台智能风控体系

依托密码管理安全矩阵、交易安全矩阵、安全监测平台和 E 路护航等技术手段，支持多维度、全方位平台风控，形成金融服务全生命周期的平台智能风控体系。

四、"惠懂你"带来经济和社会效益

（一）"惠懂你"普惠成效显著

"惠懂你"支持小微企业在申请的贷款额度下自主支用、7×24 小时随借随还，而且按实际使用金额和天数计息，当天借当天还可免收利息，方便企业自主运用信贷资金。"惠懂你"信贷产品额度最长有效期可达到 3 年，企业申请到额度就相当于拥有了"备用金"，有需要随时使用，不用不付利息。对受疫情影响的小微企业，推出线上贷款延期和无还本续贷服务，最长可延期半年，续贷一年。企业普遍反映，以往贷款需要按月支付利息、到期一次性归还本金，

但在"惠懂你"贷款，用贷金额、还款时限和延期续贷等事项均由企业自主掌握，可节约利息支出、减轻还款压力。

目前已累计为超百万小微企业提供精准测额服务，支持企业在经营过程中随时测算、想用即用；在所有的认证企业用户中，此前未在建行开户，通过"惠懂你"预约对公账户开户，极大提升了小微企业对金融服务的获得感。同时，在线发起股东会服务，大幅提高了认证企业的授权效率。

（二）"惠懂你"带来经济效益

截至 2020 年年末，"惠懂你"访问量破亿次，下载量超 1500 万次，注册用户突破 1200 万人，认证企业 430 余万户，提供授信金额超 4000 亿元。特别是在疫情期间，"惠懂你"为受疫情影响的客户提供"云义贷"专属信贷额度和专项利率优惠支持，为贷款到期的小微企业提供贷款延期、续贷等专属金融服务，为用户提供疫情实时播报、在线问诊、线上菜篮子等专属抗疫服务和防疫课堂、小微企业云课堂等专属增值服务。

（三）"惠懂你"带来社会效益

融合赋能，与小微企业共生共荣。"惠懂你"以金融化方式整合社会资源，对小微企业及企业主赋能，共享科技红利，释放"聚能效应"，从科技成果的应用者转变为协同创新者，从封闭金融体系的参与者转变为开放金融生态的超级合作者。

全面加强对外赋能，与工商部门合作，提供"智慧工商"营业执照预约打印服务，提供"惠企查"企业信息一键查询服务。与税务部门合作，提供"智慧税服"查税、办税类服务。与权威媒体合作，提供普惠金融专属政策信息服务。与研究机构合作，提供"小微指数"普惠金融行业发展趋势分析服务。与医疗机构合作，提供"抗疫服务专区"疫情动态、在线问诊等抗疫服务。利用"建行大学"资源，推出"小微企业云课堂"企业经营管理及个人能力提升等系列直播培训服务，赋能企业成长。

运用开放银行理念，为小微企业提供全链路多渠道普惠金融专业服务。创新优化"惠懂你"微信小程序和"复工复产助小微"快应用，打造"惠懂你"

服务出海标准模式，支持将建行信贷核心功能融入外部合作平台场景，延展普惠金融服务触角，带动合作机构一起做普惠，将优质金融服务无缝嵌入实体经济各领域，拓宽生态服务边界，满足普惠金融客户数字化需求。

五、将"惠懂你"打造成普惠金融头部生态体系

"惠懂你"借助大数据、云计算和人工智能等技术，面向可触达的全量普惠金融客群开展360度精准画像，建立主动授信和风控模型，让众多缺抵押、缺担保、缺银行信用记录的小微企业和企业主通过手机即可获得信贷机会，让贷款服务触手可及。

业内首创精准测额功能，解决企业在大银行"能不能贷，能贷多少"的问题。建行通过内外部海量数据整合应用，利用大数据分析对小微企业进行全息画像，企业主只需轻松点击，系统自动完成额度计算和审批，为企业提供"可见即可贷"的测额体验。

业内首创在线股东会功能，提升小微企业股东授权效率。建行借助数字技术打破企业现场开会的时间和空间限制，运用人脸识别、语义校验等多重生物识别方式，结合人行、工商等数据验证，帮助企业股东在线手机云开会，便捷完成身份认证、线上投票和股东会决议等事项，企业无须跑网点，线上交材料，轻松实现贷款业务授权。

搭建普惠客群专属产品体系，打造"总有一款适合你"的信贷产品。根据小微企业、个体工商户、涉农企业、供应链上下游企业等客群特点，在"惠懂你"推出小微快贷、个人经营快贷、裕农快贷和交易快贷等四大产品体系，开发专属线上信贷产品30余项，满足多类企业群体差异化融资需求。

提供一站式信贷业务办理，有效提高信贷服务便捷性。支持企业主完成贷款申请、签约、支用、还款等全流程线上操作，循环支用，满足小微企业"短、小、频、急"融资需求，实现信贷融资业务的"掌上办""指尖办"。

"惠懂你"的每一次创新升级，是源自一份责任感、一份善意、一份感同身受、一份利他之心，是建行服务普惠金融实践新的里程碑。未来，建信金科将进一步围绕"惠懂你"融资核心功能，扩展服务外延，升级打造综合服务生

态体系，推进线上化、数字化、智能化服务，将"惠懂你"打造成普惠金融头部生态体系，为打造小微企业首选银行奠定基础。建行将在新起点上，为普惠金融客户提供更加智能、专业、便捷的综合金融服务，让"惠懂你"更懂你，以数字金融活水灌溉出新时代新金融的"万亩良田"。

Digital Economy + Technology for Good

数字经济 + 科技向善

中国兴业银行

兴业数金

金田螺 RPA 流程机器人探索流程自动化

一、机器人流程自动化的探索

自 2017 年 9 月，兴业银行便开始对 RPA 流程机器人领域进行探索。兴业银行领导带队考察国内外先进同业数字化创新经验并积极探索，将开放银行和 RPA 技术明确纳入本行金融科技八大技术方向，以兴业数金为主力承担 RPA 技术研究及在集团内开展创新应用与推广的职责。2017 年 10 月，RPA 技术率先在本行信用卡中心投入使用，成功上线第一个流程机器人"信用卡分期业务机器人"，机器人协助信用卡中心客服人员处理客户信用卡分期业务，有效提升作业效率。2017 年 12 月，"信用卡大额现金分期（兴享贷）额度实时审核机器人"上线，通过引入机器人优化人机协作流程，助力此项业务从非实时变成可实时办理，同时协助业务部门在此项业务上实现超 8 亿元的营收规模。2018 年、2019 年，兴业数金在集团内持续推广 RPA 应用，发布了"金田螺"RPA 机器人品牌，累计部署机器人数量超过 300 个，成为国内金融行业应用机器人比较领先的企业。

伴随着全球数字化转型的浪潮，严监管、新客户行为、"互联网+"等环境因素，传统银行业的竞争格局也随之发生深刻的改变，开展数字化创新转型、优化银行业务流程、降低运营成本、提高工作效率，已成为现代银行业最亟须解决的核心问题。面对风云变幻的市场环境，于 2020 年兴业集团金融科技体制改革后的第一年，RPA 作为数字化转型的有力工具，再次确认其重要地位，在集团的同业与金融市场、运营管理等业务领域作为专项工作进行应用推广。截至 2020 年末，集团内累计上线 RPA 机器人流程 135 条，部署机器人近 500 个。RPA 上线流程已覆盖本行零售金融、企业金融、同业与金融市场三大业务条线，以及运营管理、行政保卫、人力资源等中后台场景，为下一阶段全集团更大范围的全面应用推广打下坚实基础。

二、打造以机器人流程自动化为主的数字员工平台

金田螺 RPA 流程机器人是一个主要以兴业银行多年积累的各个不同业务系统为基础，以机器人流程自动化（RPA）为主要技术构建虚拟劳动力（数字员工）平台，并结合 CV、NLP、ML 等 AI 能力，赋予 RPA 机器人感知、认知能力，推进 RPA 向超级自动化演进，打通数字化"最后一公里"，助力银行的数字化转型。

金田螺 RPA 流程机器人项目在兴业集团内的推广建设工作，主要以业务层面由点及面递进推广战略与技术平台搭建同步进行的方式进行项目推广落地。

（一）由点及面，总分行联动

RPA 技术在兴业银行的推广历程可以概括为：案例试点，由点及面，总分联动。

经过咨询分析、场景调研，该项技术率先在兴业银行信用卡中心投入使用，2017 年成功上线第一个流程机器人"信用卡分期业务机器人"，后又推出"信用卡大额现金分期（兴享贷）额度实时审核机器人"，此后信用卡中心积极推动 RPA 应用，共上线流程 13 条，部署机器人过百个。RPA 流程机器人在提高作业效率、降低操作风险等方面发挥显著效能，也为该项技术在集团内的广泛推广做出了示范性的作用。

2020 年，兴业银行启动 RPA 应用推广专项工作，首先在总行零售金融、企业金融、同业与金融市场三大业务条线，以及运营管理、行政保卫、人力资源等中后台场景，进行需求调研、场景分析、RPA 技术宣讲等工作。通过对收集到的流程进行需求分析、架构设计、技术验证，针对适用的业务场景进行针对性、个性化开发、部署。截至 2020 年末，上线流程已涵盖 6 家子公

司、境内外全部 45 家分行、12 个总行部门，集团内累计上线 RPA 机器人流程 135 条，部署机器人近 500 个。

2021 年，金田螺 RPA 流程机器人项目的战略部署，除继续做好总部机构的 RPA 应用推广外，将重点加大分行 RPA 应用推广力度。引导分行积极挖掘典型场景，加快分行普用的 RPA 标准化产品打造，使 RPA 技术更广泛地应用于分行的作业处理、业务管理、风险管控等生产环节中，更大范围地发挥 RPA 有效提升服务效率、提升数据质量、降低操作风险的优势，使得 RPA 技术更多赋能于一线的经营管理。

除总分联动的整体战略布局外，根据 RPA 技术的特点，在业务流程推进方面，金田螺 RPA 流程机器人主要针对三类场景进行流程自动化改造：

第一类是人工和信息系统大量交互的场景。RPA 可以替代人完成大量简单重复、规则明确的人机操作，通过 RPA 技术替代人工操作，不但效率高，而且差错率几乎可降到 0，可以解放大量人力资源，投入更有价值的工作中。

第二类是内部系统和外部系统之间的交互场景。银行等金融机构出于信息安全保护的需要，在网络设置上严格规划，导致内部系统和外部系统之间有时产生无法逾越的鸿沟。在这类场景中，RPA 可以通过搭建桥梁，安全合规地跨越这个鸿沟，完成内外系统间的交互。

第三类是系统与系统之间的交互。系统和系统之间的交互可以通过改造系统打通连接，但众所周知，改造系统是"伤筋动骨"的事，操作难度大，时间战线长。尤其在国外，很多银行或者企业系统都是使用几十年的老系统，改造难度很大。RPA 的出现，让这些系统能够快速实现交互，而无须进行改动。

（二）技术平台搭建

在金田螺 RPA 流程机器人应用的业务场景、部署的规模数量逐步扩大的同时，对机器人的管理、控制、统计需求的重要性逐渐凸显。金田螺 RPA 流程机器人除扩大总、分行业务部门的应用场景和上线流程数量外，还致力于通过金田螺流程机器人平台，统筹管理 RPA 在全集团的应用部署、落地运营等工作。通过对流程机器人平台的管理，让企业把宝贵的人力资源从繁重枯燥的操作工作中解放出来，助力金融行业数字化转型，搭建可靠、高效的数字化技术工具与解决方案，全面提升企业效率。

金田螺流程机器人平台是以机器人流程自动化（RPA）为技术，构建的虚拟劳动力平台。目前系统功能模块包括业务管理模块、行内系统对接模块、RPA机器人客户端调度模块和权限管理模块，为进一步在全行推广落地RPA+AI提供了业务和技术支撑。通过建立集中分布式RPA CoE（卓越协同模式），充分发挥总分联动、集中分布式RPA CoE的能力优势，将先进技术合理布局到各种金融服务场景中，为传统金融注入活力，发挥金融科技创新应用示范作用，同时结合业务流程再造完善业务流程，突破传统运营管理模式，将业务部门、科技部门、服务提供商、合作伙伴汇集到管理体系及平台之中；创新运营科技，提高自动化、智能化运营管理水平，提高业务处理效率；拓展线上业务，降低线下运营压力，融合线上线下协同发展，助力科技赋能数字化转型目标实现。流程机器人平台的建设主要从以下三方面进行发展。

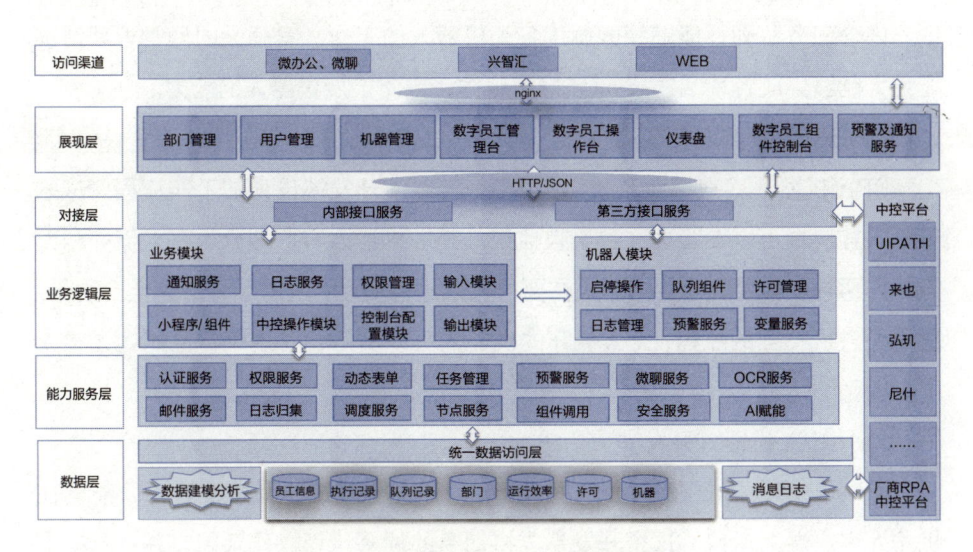

图1 金田螺流程机器人平台逻辑架构

1. 知识库中心建设

知识库中心是收集、处理、分享组织中全部RPA的信息系统，可以对已上线流程中大量有价值的方案、策划、成果、经验等知识进行分类存储和管理，积累RPA资产避免流失，促进集团内部学习、共享、培训、再利用和创新。第一，系统整理已上线RPA流程的应用和部署模式，采用规则化、知识图谱类的存储方式。第二，在中心展示结果中加入机器人价值分析，确保高复用高价值的机器人可被更多业务直接使用。

2. 管理平台建设

搭建一个标准、简便、安全的统一管理平台，实现机器人动态调度、任务发布、组件管理、流程管理等功能，同时为运营人员及管理人员提供高效可视化的大屏界面，对当前平台运营情况有快速直观的了解。整合已经成型的各类业务技术组件和业务资源库，通过机器人管理平台接入网关进行 API 调用和流程版本管理，向外提供基础服务。

（1）RPA 机器人控制台

这个平台部署在云端服务器上，可以把机器人运行结果展示在 Kibana、Tableau 等 BI 工具上。能够良好地管理不同流程的代码发布与下发。能够检测上千个机器人的运作，远程调度客户端的机器人，管理流程相关的资产与凭证。内含任务队列，能够智能调度各个机器人的工作。有强大的异常处理情况能力，能够集成各种 API 与封装好的组件，方便扩展机器人的能力。

（2）RPA 机器人客户端

RPA 机器人客户端负责执行在 RPA 机器人开发端设计的工作流程。这些机器人客户端可以在管理平台里被监控。其中机器人客户端分为有人值守和无人值守两种。有人值守的机器人需要由人来进行启动，适用于无法完全自动化，或需要人机交互的流程；无人值守的机器人可以由后台管理平台控制，无须人工介入。

（3）RPA 机器人开发端

RPA 机器人需要在开发端进行设计、开发、调试并且发布后，才能够在机器人客户端上运行。这个开发端支持简易的屏幕流程操作录制，并且具有丰富的操作控件，可赋能机器人完成不同的流程自动化。

3. 数字化员工组件

通过 RPA 整合兴业银行集团的业务流程，将上中下游业务进行颗粒化，由数字化员工组件组合，使其业务能力更广泛，从而实现流程自动化。每个数字化员工组件具备各项不同职能，可通过灵活组合进行各类业务流程自动化。

三、金田螺在技术、管理和场景的与众不同

金田螺 RPA 流程机器人项目在集团广泛应用体现出的价值，不仅是业务效率的提升，解放重复劳动，降低操作风险等，更是围绕该项目从技术平台、管理模式、应用场景三个方面为兴业集团带来突破性金融创新。

（一）技术平台创新

1. 分布式服务架构

金田螺 RPA 流程机器人采用了 B/S 架构的分布式服务框架，具备高可靠性、高可扩展性的特点。首先，通过不同流程组件的拆分，金田螺 RPA 流程机器人可以根据各流程的负载情况进行有选择性的横向扩展，提升资源使用效率；其次，由于用户与机器人之间可以通过平台直接实现机器人运行状态监控维护，遇到问题时空闲机器人可以快速接上，避免了单点故障，有效提升了系统可靠性；最后，利用任务队列实现的异步服务和消息驱动功能，可以做到削峰填谷，有效避免业务波动引起的系统问题。

2. 面向多用户可复用设计的机器人

由于一个流程可能会有多个业务人员参与，甚至是这些业务人员分布在不同的地理位置。机器人在完成一个流程的时候可能事实上在为不同的终端用户服务。这就要求对于负责某一特定流程的机器人来说，需要能够被不同的用户调用，或者任务完成后给不同的用户汇报，RPA 流程机器人系统就可以实现该功能。通过云端部署机器人的方式，让终端用户通过与机器人通信或远程连接的方式获得服务。

3. 灵活的分布式事务控制机制

根据不同的业务场景需要，分布式系统带有工作队列机制，可以支持上千个流程的调度，解决了不同场景下的分布式事务控制问题，有效保证了平台应用的业务稳定和安全。

4. 业务规则引擎

本技术平台具有工作队列机制，可以支持上千个流程的调度，解决了不同场景下的分布式事务控制问题，有效保证了平台应用的业务稳定和安全。

5. 安全保障

由于涉及众多金融业务场景，RPA 流程机器人系统采用了机器码校验机制、超文本传输安全协议、非对称加密算法、服务接口授权认证等多种方案和机制来确保机器人调用过程中的安全可靠。具有防篡改、防伪造、防窃取、防抵赖的特性。同时，利用自研的日志分析平台和开源应用监控平台等技术，有效提升了平台运行安全保障能力。

（二）管理模式创新——卓越协同管理模式

金田螺 RPA 流程机器人围绕兴业银行金融科技战略，遵从数据统一、技术统一管理原则，在管理模式上建立卓越协同模式，由兴业数金 RPA 团队负责技术研究、引入，并在培训、开发、运维管理等方面建立标准、规范，总分行共同遵照执行，推进 RPA 技术平台化，为 RPA 全集团全面大规模应用奠定坚实基础。

通过 RPA 卓越协同模式，分行、子公司科技部门作为业务分析及受理单位，统筹分行、子公司 RPA 需求，兴业数金 RPA 作为技术统筹单位，与分行、子公司科技协同实施与运营，扎实推进 RPA 应用总分、母子联动。引导各分行积极挖掘分行典型场景，总分配合，使 RPA 技术更广泛地应用于分行的作业处理、业务管理、风险管控等一线业务环节中，更大范围地发挥 RPA 有效提升服务效率、提升数据质量、降低操作风险的优势。

（三）应用场景创新及业务创新

RPA 作为兴业银行金融科技八大技术方向之一，在提升服务效率、降低操作风险、提升数据质量等方面发挥了重要作用。对业务流程进行优化或改造的典型案例可以分为提升业务效率、满足业务处理及时性、连通孤立系统、辅助数据处理等四个方式。

1. 专注业务效率提升，从解放重复劳动、提升业务效率角度发掘流程。解放重复劳动、提升业务效率是 RPA 流程机器人应用的重要出发点，对于规则明确、流程繁多且操作重复的工作，最适用 RPA 实现流程自动化，可大幅提升业务处理效率、降低操作风险。

2.应对业务处理时效要求高的场景，降低单笔业务处理时间，提升服务效率，满足业务处理及时性要求。利用机器人业务处理速度快的优势，且不会出错的特性，处理及时性要求高的业务，必要时还可提高并发度，很好地满足对业务处理时效性要求高的场景。

3.桥接内外部互相独立的系统，打造全新的自动化业务流程。在互相独立的系统之间搭建桥梁，建立信息纽带，串联内外部系统，对原有业务流程进行创新再造，优化流程体验，敏捷速赢。

4.发挥机器人大量数据处理优势，且不惧流程环节多，功能性替代系统建设，提高数据处理的及时性和准确度。

四、金田螺为效率提升和自动化流程打造做出贡献

金田螺 RPA 流程机器人是以 RPA 为主要技术进行项目开展，因此项目的典型案例将针对 RPA 技术非侵入式、低代码开发、扩展性强、高效速赢、无须改动现有系统即可完成流程自动化等的应用特点，进行有针对性的项目成效分享。

（一）专注业务效率提升，从解放重复劳动、提升业务效率角度发掘流程

解放重复劳动、提升业务效率是 RPA 流程机器人应用的重要出发点，对于规则明确、流程繁多且操作重复的工作，最适用 RPA 实现流程自动化，可大幅提升业务处理效率、降低操作风险。类似的场景包括系统录入、下载、上传及打印等，报表整理、制作，邮件发送与提醒，系统状态监控等。例如，香港分行的 SWIFT 自动打印机器人，每 2 分钟轮巡 OCBS 系统，对新收到的 SWIFT 报文内容进行打印；资金营运中心的自贸区监管报送机器人，每日检查、复核需报送的数据，并自动完成报送，避免误报、漏报；债券通交易日报机器人，每日从本币交易系统导出数据，与 Murex 系统比对后，再通过 STL 系统录入；以及资产管理部信息披露文件批量上传机器人等，都属于这类机器人。这类 RPA 机器人替代人工完成大部分常规操作类工作，极大解放重复劳

动、促进工作效率提升，让我们的员工可以专注于更专业化的工作。机器人助手、数字员工，给我们的工作带来极大的想象空间。

（二）应对业务处理时效要求高的场景，降低单笔业务处理时间，提升服务效率，满足业务处理及时性要求

利用机器人业务处理速度快的优势，且不会出错的特性，处理及时性要求高的业务，必要时还可提高并发度，很好地满足对业务处理时效性要求高的场景。例如，资产托管部清算提款机器人，每天下午3点到4点须集中处理2000笔以上划款指令，有效提高了业务操作准确率、服务效率，降低了指令没按时处理的业务风险。目前此类机器人已经在集中交割、缴款单录入、登记过户、押金退款等场景中应用，涉及TA系统、O32系统、统一报表系统、OPENCMS系统等。又如，资金运营中心的Murex系统数据补录工作，根据监管部门检查整改意见，需在一周内维护、补录几千项客户单项信息，人工处理难以在监管要求时限内完成，兴业数金一天内开发出Murex系统数据补录机器人，一天内完成了全部数据补录工作，且在数据准确性上同步得到提升；交易银行部企业网银客户转账限额治理机器人，帮助所有分行在限定时间内完成15万个企业网银账户和1.5万个兴业管家账户的转账限额调额工作，大幅减轻了分行一线员工的工作量，且大幅降低操作风险。

（三）桥接内外部互相独立的系统，打造全新的自动化业务流程

在互相独立的系统之间搭建桥梁，建立信息纽带，串联内外部系统，实现对原有业务流程进行创新再造，优化流程体验，敏捷速赢。例如，银行合作中心通过微信聊天机器人把小米、京东的客户端串联起来，让第三方渠道的客户在原客户端APP上，将针对钱大掌柜上的理财产品问询自动转发至银行合作中心客服团队，并双向互通，该RPA机器人桥接了内外部多个服务渠道，优化了服务流程，很好地提升了银行客服人员的服务效能、提升了服务广度；兴业理财子公司应用RPA机器人每日从代客资产管理系统、上海清算所综合业务系统、中债综合业务平台下载前一交易日持仓，比对并处理持仓交易，大幅提升工作效率及数据处理准确性。

（四）发挥机器人大量数据处理优势，且不惧流程环节多，功能性替代系统建设，提高数据处理的及时性和准确度

相比人工操作，RPA在大量数据处理方面具有明显优势，已经应用在贷后资金监控、动态信息更新、对账、信息提取、数据补录等场景。例如，同业金融部代理行反洗钱风险筛查机器人，结合人工智能知识图谱技术，对与兴业银行有业务往来的近1400家代理行，进行客户尽职调查及洗钱风险评定和重检，实现应检尽检，免受监管处罚；上海分行贷后资金监控机器人，通过对海量流水信息进行筛查，发现可疑资金流向数据；香港分行对账机器人，每天从上千份SWIFT中提取流水信息，与海外核心系统中收到的流水信息进行比对，对有差异的流水进行标注；系统群监控机器人，对托管部多个系统进行实时监控，监测系统并对多项数据进行维护。

（五）辅助运营管理，创造社会效益

2020年新年伊始，突如其来的新冠肺炎疫情席卷全国，导致很多员工在返回工作岗位时，需要关注返程交通上是否存在疫情风险，居住的小区附近是否有发生疫情。同时也给企业管理者带来了极大的挑战。复工后大量的工作也聚焦在员工和企业整体的防控防疫上，企业在收集员工返程信息、健康状况、居住地址等信息，核对数据真实性，筛选信息，每日监测等方面，花了大量的时间和人力。

面对此次突发疫情，兴业数金RPA团队结合自身防疫防控工作部署，快速推出RPA"战疫"机器人，大幅提升企业疫情防控效率、减少重复劳动、降低操作风险，提升企业内控能力。RPA"战疫"机器人将政府相关疫情信息、疫情路线、医院疫情数据、个人健康数据等信息结合大数据分析技术，除了为个人及机构提供疫情风险信息预警外，还可实现个人线下通行的线上化认证。上线以来为集团内78个机构，集团外25家公司提供疫情信息查询服务。RPA机器人在实现企业价值提升的同时，也创造了社会价值。

金田螺RPA流程机器人自投入运行以来，已上线机器人流程135条，部署机器人近500个，成为业务人员的高效数字帮手，也是科技人员的得力数字干将。

五、金田螺未来向体系化、标准化和人工智能迈进

金田螺 RPA 流程机器人在兴业银行总、分行各业务部门都已展示出降本增效、控制风险、创造效益等经济价值，同时在全球疫情的特殊时期也展现出特有的社会价值。RPA 流程机器人作为兴业银行数字化转型的有力抓手，接下来兴业集团、兴业数金公司将继续加大 RPA 技术研究、资源投入及分行推广力度。具体将从以下几点入手：

（一）践行平台战略，遵从技术平台统一管理原则，建成体系化、标准化的 RPA 技术体系

围绕兴业银行金融科技战略，遵从数据统一、技术统一管理原则，在总行信息科技部指导下，由兴业数金负责 RPA 技术研究、引入，并在培训、开发、运维管理等方面建立标准、规范，总、分行共同遵照执行，推进 RPA 技术平台化，为 RPA 全集团全面大规模应用奠定坚实基础。

（二）落实 BA+SA 机制，推进 RPA 应用总分、母子联动

兴业数金公司将进一步落实兴业银行的 BA+SA 机制，分行、子公司科技部门作为大 BA，统筹分行、子公司 RPA 需求，兴业数金作为 SA，与分行、子公司科技协同实施与运营，扎实推进 RPA 应用总分、母子联动。

（三）加快标准化产品打造，做好全行应用推广工作

加快分行普用的 RPA 标准化产品打造，引导各分行积极挖掘分行典型场景，总分配合，加快打造标准化产品。加大标准化产品的全行推广力度，使 RPA 技术更广泛地应用于分行的作业处理、业务管理、风险管控等生产环节，更大范围地发挥 RPA 有效提升服务效率、提升数据质量、降低操作风险的优势。

（四）融合人工智能技术，在更多领域投产智能 RPA 机器人

目前兴业数金在人工智能技术方面已有一定积累，其中，OCR+RPA 已经有较为广泛的应用，NLP+RPA 也有了在不同场景的尝试；后续须继续加大在

知识图谱、智能决策、机器学习、智能语音方面的研究，持续为 RPA 进行智慧赋能，助力业务运营智能化，使 RPA 向超自动化 iRPA 方向演进。

（五）加快 RPA 数字员工管理平台建设，推进 RPA 一体化运营

金田螺 RPA 数字员工管理平台的建设，将为 RPA 机器人的使用人员及管理人员提供高效可视化的操作面板，并提供标准化的 RPA 服务，可实现数量庞大的机器人统一运营管理。同时为全集团提供 RPA 信息共享平台、实现需求统筹管理，为大规模应用、管理 RPA 打下坚实基础。

（六）持续加强集团层面的宣传和培训，打造全行学习和应用 RPA 的生态部落

搭建业务人员和技术人员共同参与的集团 RPA 学习生态部落，持续推进专业化的知识培训，加强基层业务单位、技术单位的宣传普及与掌握；组织集团层面的"RPA 应用创新劳动竞赛"，打造全集团学习和应用 RPA 的生态圈，为 RPA 技术在集团内全面应用推广创造良好的发展土壤。在保证 RPA 应用、推广氛围的同时，加大对全行专业技能人员的培养，形成学习、培养、应用、建设的良好的闭环。

兴业银行将持续响应全球数字化改革的浪潮，有针对性、逐步稳健地推动传统银行业的数字化创新转变，紧密围绕兴业集团的科技战略布局，引入人工智能的技术，结合现有的金田螺 RPA 流程机器人研究技术及成果，向超自动化发展，为业务流程的优化提供更高效、更有价值的解决方案，继续为兴业银行数字化转型赋能，持续保持 RPA 技术在国内金融业的领先地位。

Digital Economy + Technology for Good

数字经济 + 科技向善

中国民生银行

打造场景金融智能服务平台

一、打造懂客户、懂场景的智能化银行

当今零售银行业务经营，金融产品和工具同质化严重，原有产品创新驱动经营的模式已渐失优势。在建设新零售银行的背景下，每家银行依托各自差异化优势，纷纷转型做客群细分经营。而客群细分经营与不同类别客群的具体场景息息相关。因此，场景成为连接客户与银行的纽带。银行创新发力点转型为客群细分和场景经营两大领域。

在客群细分方面，科技系统应满足不同客群的个性化需求，具备类电商的客户经营能力，完成客户画像，做到懂客户；在场景经营方面，希望系统可以应对复杂多变、实时突发的场景，同时又能达到场景标准化、客户服务综合化能力，做到懂场景。

民生银行的目标是为客户提供综合化的服务和极致的客户体验，做客户"最懂你的银行"。基于此目标，民生银行信息科技部打造了场景化金融技术架构体系，并构建了场景金融智能服务平台（Personal Financial Platform，PFP）。其中包括构建场景服务层，强化场景捕获能力，打造场景金融标准化建模能力，灵活快速适应客群经营和场景金融业务模式；将共性业务能力抽象沉淀至服务中台和管理中台，赋能业务快速交付与创新；数据中台构建实时、在线的数据服务能力，加快数据价值变现。通过上述平台和能力，实现民生银行新零售客群经营和场景金融战略转型，驱动民生银行从传统金融领域向场景化金融的智能银行转型。

二、落地场景金融、丰富场景广度、细化场景深度

（一）民生银行场景金融智能服务平台

民生银行场景金融智能服务平台主要基于场景金融以及中台战略思想进行构建，构建了场景服务层、服务中台、管理中台以及数据中台，本平台的业务应用架构体系如图1所示，我们称之为场景化中台应用架构体系[①]。

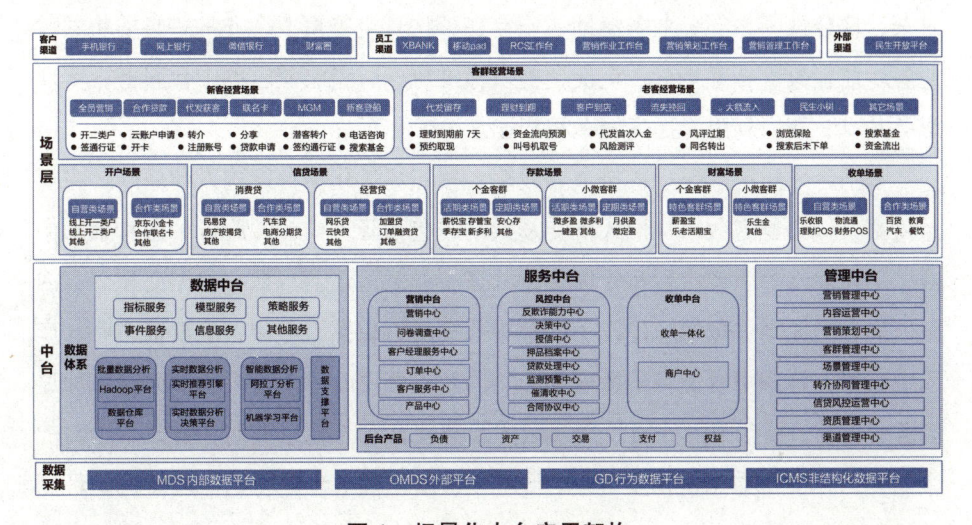

图1　场景化中台应用架构

其中场景金融（此处主要指的是商业银行零售业务场景）是指，根据银行零售板块业务经营策略和客户需求，主动实现银行服务供给侧改革，与客户生活生产场景融合，为客户提供"衣""食""住""行""存""贷""汇""企业经营"等个性化、精准化、智能化和场景化的金融、非金融综合服务。这就要求平台能够，整合大零售条线的业务资源与技术资源，通过"科技和数据"双轮驱动，提供强大的场景识别与处理能力，做到懂客户、懂场景。

本平台场景服务层承载了场景金融的落地实施，将客户需求场景化匹配银行供给，为不同零售客群（小微企业客群、大众财富客群、私人银行客群等）提供精准、智能的综合场景化服务，搭建渠道系统至产品后台之间的桥梁。在

---

① 钟华. 企业IT架构转型之道——阿里巴巴中台战略思想与架构实战[M]. 机械工业出版社，2017.

场景层我们构建了两层场景，第一层是基于不同客群生命周期及银行经营策略构建的综合性场景，丰富场景广度；第二层是按照产品领域构建场景，细化场景深度。同时，我们基于持续积累的场景，进一步提炼场景模板并实现场景的配置化，将一定主动权交给业务，赋能业务场景快速迭代和创新。

中台，起源于阿里巴巴集团"小前台，大中台"企业级中台战略，理念是"前台做薄，中台做厚，后台稳定"。通常企业的早期业务较为简单，单体应用即可满足，随着企业不断扩展，业务规则不断扩充且交叉关联，单体应用日渐复杂，耦合性高，部分业务落地实施存在架构真空等情况，非常有必要将共性业务功能抽象、合理拆分、沉淀，提供标准统一、稳定兼容的中台服务，实现服务共享、能力复用，提高效率和产能。

本平台依托民生银行科技金融战略，按照场景化中台架构设计原则，主要是将银行核心能力数字化形式沉淀及共享，包括管理中台、服务中台和数据中台。平台建设的服务中台和管理中台，基于业务可运营、核心数据完整、高内聚低耦合的原则，按领域建设了各个中心模块，包括服务中台的营销中心、产品中心等，管理中台的营销管理中心、内容运营中心等，支撑前端渠道敏捷适应业务变化；数据中台完成数据模型的服务化，对外输出实时、适时、全时的数据能力，加快数据价值变现。"服务＋数据"双中台驱动，构建数据闭环运转的共享服务体系。

引入场景和中台建设思路后，银行科技应用架构从原有的"渠道、产品、数据"的三层体系，演变为"渠道、场景、中台、产品＋数据"的四层体系架构。银行核心差异化竞争力，进一步体现在场景和中台建设的广度、深度。

（二）场景金融技术架构

1. 场景金融解析技术

场景金融解析技术是场景服务层关键能力，其通过标准化的 5W1H 场景画像建模方法及场景解析四步法，各团队在场景画像与思维模式方面达成共识，将传统业务需求场景化、数据化，系统自动解析场景画像，并进行智能决策。整个场景管理生命周期包括"预定义态"、"开发态"、"运行态"和"监控态"。"预定义态"对场景模型、加工因子、场景数据源和场景动作等数据资产进行积累沉淀，以便后续复用，供后续进行快速迭代、创新；"开发态"基于预定义态场景资源，进行规则配置，生成场景部署文件；"运行态"即为场景解析运行，依托场景部署文件实现场景接入、场景还原、规则决策和动作执行四大步骤；"监控态"即场景运行视图的监控、预警，便于场景持续迭代升级。

（1）场景画像

"场景"是一个较虚的概念，基于5W1H场景建模，场景具像化。5W1H具体指Who客户画像、Where位置画像、When时间画像、What目的、Why理由及How方式画像，通过6个维度进行场景画像建模，为业务人员提供创新的思维方式，将业务描述性需求数据化，构建切实有效的个性化场景，每一个维度均可深入探索客户诉求，进而提供有价值的综合服务。如：

表1 场景画像数据化

场景分析	客户到店	大额来账
场景描述	存量"卓然"客户提前预约取现，已到达网点，曾经客户电话失联，当前网点前面有10人排队	存量小微客户从行外向行内进行大额转账
Who	存量"卓然"客户，今年是客户开户10周年，曾经电话失联，有个儿子上高中，曾经汇过外汇准备出国求学，有一笔理财即将到期，风评即将到期	➤ 收款方：小微客户，有存量逾期贷款逾期10万元 ➤ 付款方：同名客户
Where	安定门支行，客户的主办行	未知（无法自动捕获）
When	今天是客户生日，上午10点，目前网点10人排队	收款方的贷款逾期一天
What	到店叫号	来账100万元
Why	预约取现	未知（无法自动捕获）
How	开了一辆宝马五系来店（目前只能人工补充）	从工商银行通过大额通道
综合服务	**财富管理：** 1. 准备一份财富规划方案 2. 基于理财即将到期，推荐我行理财 3. 基于客户历史行为，推荐出国留学贷款 4. 基于客户风评即将到期，提示客户重新风评 **人文关怀：** 准备客户开户10周年历程报告和小礼品	**风险类：** 逾期贷款自动还贷款 **营销类：** 1. 通知95568客服，进行理财产品营销 2. 通知客户经理，营销为我行主办行 3. 短信营销

（2）场景建模

场景建模所涉及的要素包括5W1H元数据（画像元素数据）、数据源（元数据来源提供方）、加工因子（元数据加工整合）、规则脚本（场景决策）和动作服务（场景执行）等。5W1H元数据是指场景对象具体元素数据，如Who客户画像中手机号、金融资产等；数据源是指元数据来源提供方，如客户手机号查询服务；加工因子指元数据加工整合函数，如客户各类金融资产汇总；规则脚本由场景对象、加工因子、规则及动作服务组成，供场景决策使用；动作服务是场景决策后提供给客户的综合服务，如产品推荐、风险预警等。

场景建模时，基于三类业务驱动方式进行了精细化管理，包括交易驱动场景、事件驱动场景和管理驱动场景。交易驱动场景是指在现有交易（如转账、开户、签约等）过程中嵌入某类金融服务（如产品推荐、销售引导等）的场景，该金融服务跟交易过程是强关联的，直接体现在交易过程中，此类场景服务属于被动型场景服务；事件驱动场景是指在某一类事件（可以是交易，如转账、开户、签约等，也可以是事件，如排队叫号、登录手机银行、有一笔来账发生等）发生后，系统主动进行某类金融服务（如产品推荐、销售引导等）的场景，该金融服务跟事件本身是弱关联的，此类场景服务属于被动型场景服务；管理驱动场景是指业务管理人员主动对客户/客群发起某类金融服务，比如主动进行产品、服务推荐，销售引导等的场景，此类场景服务属于主动型场景服务。

一个标准的场景建模，我们分为了五大标准过程：场景定义、元数据选取、数据源映射、规则编写、动作配置。这五大过程可由业务和开发人员在场景金融智能服务平台上协同开发，快速完成业务需求基于标准化场景建模进行场景配置与迭代。

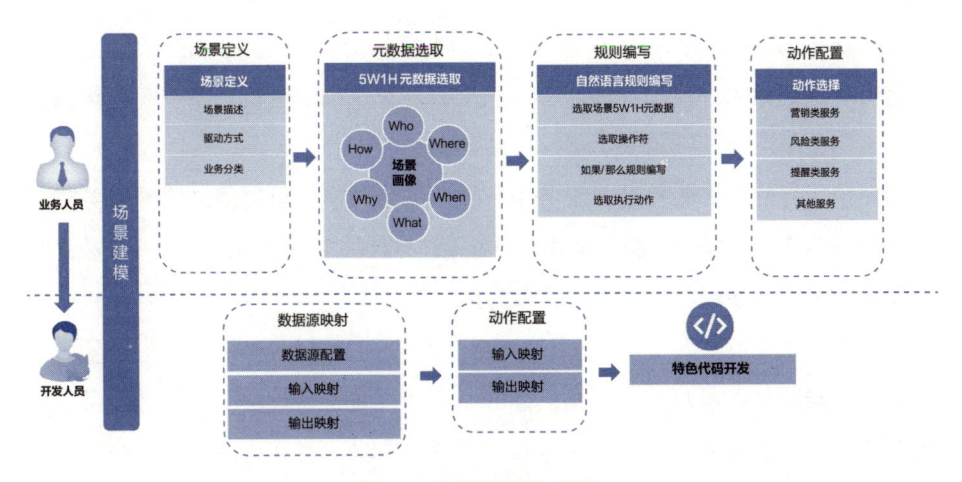

图2　场景标准化建模

（3）派迪（PADDE）场景感知响应模型

PADDE场景感知响应模型应用于场景"运行态"，是对场景建模后生成的场景部署文件进行解析，为客户提供综合服务的过程。主要分为五大步骤：场景感知（Perceive）、场景解析（Analysis）、场景决策（Decision）、场景执行（Do）和场景评估（Evaluate）。如图3所示。

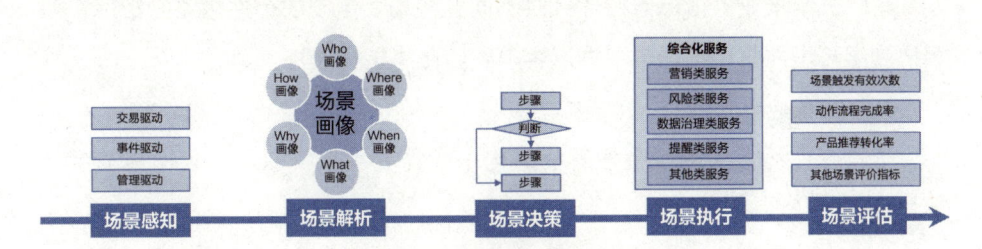

图3　场景感知响应模型

其中，场景感知（Perceive）主要进行事件与场景的映射、驱动方式识别、场景数据的采集；场景解析（Analysis）主要是基于场景接入采集的数据对应到5W1H模型，还原场景画像；场景决策（Decision）是以场景画像为输入素材，基于预先编写的规则脚本经过决策得出后续场景执行方案；场景执行（Do）是以规则决策结果为输入素材，给客户提供综合服务；场景评估（Evaluate）是基于场景运行结果量化，指标化，供后续迭代优化。

场景决策是基于Drools规则引擎在场景模型上的规则运用。在平台建设初期，决策的依据是根据经营策略制定的专家规则；后期，根据持续沉淀的海量运行实例的效果评价与反馈，引入人工智能算法自动进行场景规则优化与迭代，从而使得场景规则更科学化、自动化和智能化。

场景执行的综合服务是由服务中台提供的可共享、可复用的原子服务或组合服务。服务中台基于微服务＋组件化的架构建设，提炼输出微服务领域架构，具体见服务中台微服务领域架构章节介绍。

（4）场景监控

场景监控是场景监控态功能，针对场景运行时、运行后的实例进行可视化流程监控。主要包括：

其一，场景实例可视化监控，包括运行场景画像、命中规则、触发动作、动作节点数据详情；

其二，场景运行统计视图，包括场景触发次数、有效场景次数、命中规则执行次数以及规则决策后服务执行次数等；

其三，场景异常监控功能，包括场景执行失败告警、流量异常监控预警、异常并发控制、运行阻断等功能；

其四，场景业务指标监控，针对不同业务场景定制的个性化监控指标，如客户到店（事件驱动）场景中重点客户到店比率指标监控。

（5）场景仓库

场景仓库涵盖了场景金融解析架构中所需要场景资源及持续积累的金融场景。

其中场景资源主要包括5W1H元数据、数据源、加工因子、动作以及规则等场景相关资源的管理功能。5W1H元数据借助大数据客户标签体系和中台共享服务，支持业务可以快速地配置和组装场景；加工因子则在平台内部持续积累，包括基本函数、时间、地理等函数加工因子；存量动作也纳入场景仓库，供后续新建场景共享。

对于已积累的金融场景，提供快速检索功能，为场景的快速迭代和创新提供积累资源和资料。

2. 服务中台微服务领域架构

在中台战略实施过程中，我们基于民生银行自主研发 Tesla 云平台构建出

mService（micro-Service）微服务领域架构，赋能共享服务中心快速裂变和搭建。服务中台共性能力集中共享，各中心按领域模块化集成，纵向垂直解耦，横向水平扩展，弹性伸缩。

mService 微服务领域架构封装了应用服务中各层次的通用逻辑，包括服务接入层、应用服务层和数据访问层和外部服务访问层。同时建立服务中台代码结构规范，约束服务中台各中心的统一开发，让开发人员只专注于业务代码的开发，提高开发效率，减少出错概率。具体见下图。

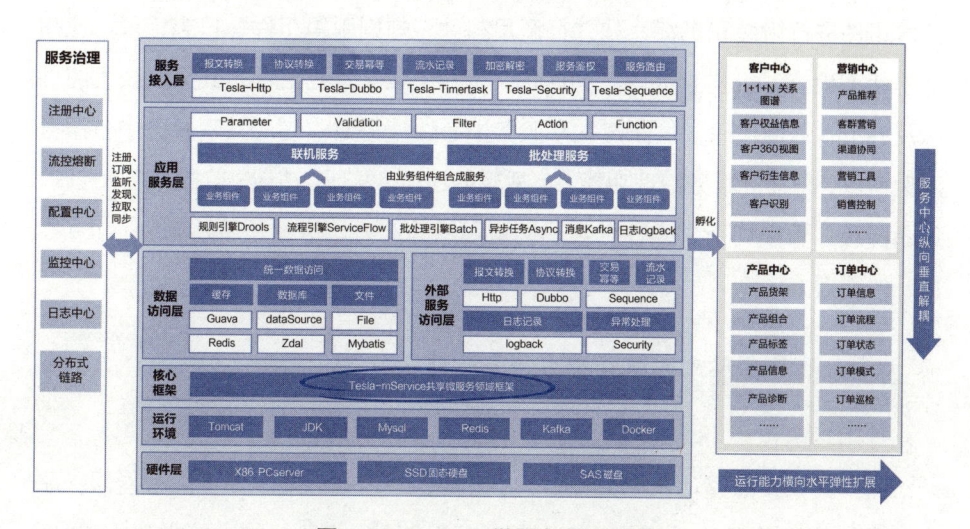

图 4 mService 微服务领域架构

这四个层次详细说明如下：

第一，服务接入层：服务接入层主要包括报文转换、服务鉴权、协议转换、交易幂等、服务路由等功能，通过服务接入层屏蔽渠道端访问本系统的入参报文、服务协议等差异，并做交易流水幂等校验等操作，保证交易的幂等性等。

第二，应用服务层：应用服务层是对基础技术组件的集成，包括 Drools 规则引擎、流程引擎 service Flow、批处理引擎 Batch、日志组件、异步消息组件等。开发人员主要在此层次上进行业务代码开发，形成业务组件，对外输出标准化中台服务。

第三，数据访问层：数据访问层对系统内部数据底层数据资源访问进行统一封装，包括数据库存储（Mysql）、分布式缓存（Redis）和批量文件（File），对应用服务层屏蔽了数据存储方式，简化开发。

第四，外部服务访问层：外部服务访问层封装了对外部系统访问的报文转换、异常处理、日志记录、流水处理等基础能力，屏蔽访问外部服务的差异；同时对外部服务访问过程进行标准化封装，包括服务初始化（报文组装和转换、心跳检测、幂等校验）服务执行、服务事后处理（异常处理等）整个过程。

此外，mService提供公共组件库，将服务中台可能使用到的通用业务、技术组件进行封装和沉淀，如并行调用组件、规则引擎组件、日志记录、应用部署状态检查、机构查询等。同时提供mService基线工程，其集成技术组件以及demo示例代码，供新建共享服务中心快速搭建。随着共享服务中台服务数量增多，需具备服务治理功能，包括服务注册、发现、注册、监控、流量控制、熔断降级、负载均衡、弹性扩容、链路跟踪等能力。这也是后续mService需提升的能力方向。

（三）场景金融智能服务平台体系构建进程

1. 项目历程

民生银行按照整体架构建设规划，于2017年启动了场景金融智能服务平台体系架构讨论及设计工作，2018年初完成平台业务架构、技术架构设计，技术选型及方案评审，并于2018年4月初完成技术平台上线，5月开始陆续投产各类业务场景，并且在后续的迭代优化中完善场景金融智能服务平台的建设。针对场景金融智能服务平台的发展规划主要分为如下四个阶段：

第一阶段，2018年2月至7月，完成场景金融智能服务平台选型，并基于技术选型完成民生银行小微3.0新模式相关项目的开发上线，实现小微金融的"五个转变"，全面提升客户体验与市场品牌，推进小微业务持续、快速、健康发展。

第二阶段，2018年8月至2019年7月，在场景金融智能服务平台上线后一年内，迭代和优化场景金融和服务中台体系，包括PADDE场景感知响应模型以及场景开发模式的演进，服务中台如营销中心、产品中心等中台的迭代，并支撑业务项目快速迭代创新。

第三阶段，2019年8月—2021年7月，基于业务项目需求，完成构建100个场景的目标，同时业务重点项目不断推进，将场景定义开发能力逐步开放至业务人员，助力业务场景的快速迭代。

第四阶段，2021年8月至今，按照场景金融的宏伟目标和愿景，不断稳固银行内部场景，逐步扩充与第三方的合作场景，构建整个场景金融生态体系。

2. 关键技术

本平台作为服务执行体系的业务中台，是一个提供综合金融的场景服务、场景金融的共享服务，以可扩展、高吞吐的统一零售业务服务为技术目标的业务中台。采用如下关键技术：

（1）微服务领域架构：基于民生银行自主研发的微服务及分布式开发框架Tesla，构建微服务领域架构Tesla-mService，支持服务中台各中心采用微服务+组件化设计模式快速搭建、标准化开发，提升交付质量和效率。

（2）服务治理：基于Tesla云平台以及民生银行服务治理体系，做到服务发现、订阅、自动发现，服务消费者负责负载算法，服务监控治理，服务调用链跟踪，服务流量控制，服务熔断降级处理等能力。

（3）容器化能力：基于Tesla4.0和docker，对应用进行容器化封装，能快速部署多个应用实例，具备弹性伸缩、服务器资源合理分配的能力。

（4）规则引擎：采用业界流行的开源规则引擎Drools Engine作为场景决策的主要组件，提供规则可视化、规则转换和存储、规则执行引擎等功能，并能够集成jbpm规则流以及通过Drools-pmml支持机器学习模块，为后续场景决策增加人工智能相关决策能力提供基础支撑。

（5）缓存机制：采用本地缓存和Redis分布式缓存相结合的方式，减少系统物理访问，大大提升系统的处理能力。并基于Tesla缓存管理器同Zookeeper结合，解决了集群条件下本地缓存的版本控制和主动刷新问题。

（6）批处理：采用民生银行自主研发的批处理框架Tesla-Batch技术组件，对标Spring Batch，负责场景金融智能服务平台所有批处理任务，并提供友好的可视化监控功能。

三、场景金融智能服务平台技术创新

（一）场景建模标准化

通过 PADDE 场景感知响应模型（场景感知、场景解析、场景决策、场景执行、场景评估）建立场景运行标准流程。整合场景定义、执行及评估各阶段数据及服务资源，标准化、格式化沉淀至场景仓库，使得各类场景可以快速建模。

（二）场景画像数据化

通过 5W1H（Who、When、Where、Why、What、How）场景画像模型使得场景画像能够数据化，构建统一的场景解析技术，让计算机理解场景；借助大数据平台的标签体系和指标体系，可以快速扩充 5W1H 各个元数据的维度，支持业务可以快速地配置和组装场景。

（三）场景决策智能化

通过场景画像，借助大数据模型及算法、推荐引擎等实现智能决策；在场景层建立统一的场景智能决策引擎，使得同一时间、同一客户在同一场景下的金融服务变得更加有序和智能；将场景细分为管理驱动、事件驱动和交易驱动，利用各种驱动模式的特性进行智能的场景流转和运行。

（四）共享服务中台化

打造共享服务中台，共性业务抽象与沉淀，并通过业务需求进行滋养，能力复用，降低成本，提高效率和产能；通过事件驱动中心支撑企业级实时事件应用，协同任务中心支撑企业渠道协同应用。

四、场景金融智能服务平台落地成效

（一）运营数据

截至 2020 年底，基于客户事件、交易、管理策略固化沉淀了 75 个场景。

被动营销中，客户到店场景营销有效触发次数为 3420 万次，大额资金流入场景营销次数为 2864 万次，大额资金流出场景营销次数为 1483 万次；主动营销中空中客服转介协同作业，转介线索 14.5 万，营销线索抢单完成率 90%；服务中台的共享工具使用效果良好，跨屏销售订单转化率 3.98%，峰值达成销售比例 11.2%，及时锁定营销成果；微口令上线一个月使用超过 5 万次，上线以来微口令触达客户次数 944 万次。平台支撑的各类产品应用带来显著的业务提升，包括小微红包权益应用、存款差异化定价等，其中红包发放超过 40 万个，使用率 32%，有贷户签约小微红包渗透率 16.1%，日均结算提升增幅 28.4%。

（二）项目成效

自场景金融智能服务平台项目上线以来，对接小微、个金、私银等多个部门的业务需求，为民生银行零售业务提供场景化的智能服务。系统的经济效益和效能主要从如下几个方面体现：

（1）简化业务需求流程，赋能新场景快速创新。通过场景金融驱动模式，借助场景分析四步法和 5W1H 场景建模方法，改变传统业务需求落地流程，赋能业务快速创新。

（2）缩短开发周期，减少开发成本。通过服务中台共享服务的架构模式，沉淀共享服务，构建垂直领域的共享中心，使得前台能够复用服务中台的共享能力，敏捷适应业务变化，支持低成本的业务探索。

（3）提升客户体验，形成差异化竞争。整合实时、适时、全时大数据能力，跨渠道协同能力和个性化营销、推荐等智能化客户综合服务，提升客户体验。

场景金融智能服务平台，以"功能＋场景＋体验"为依托，通过场景将银行经营策略与客户需求有机结合，塑造"极简＋智能＋共情"的客户体验，为客户提供千人千面的综合化金融场景服务，达成民生银行"懂你的银行"目标。

五、场景金融智能服务平台未来发展

场景金融智能服务平台，后续能力建设主要分两个维度展开。一方面，场景深度及广度建设：重点围绕客户旅程建设场景策略图谱，依托银行自有渠道、第三方渠道，结合金融产品和非金服务，结合大数据能力实现全渠道、全场景行内客户及外延客户的综合服务。另一方面，场景平台能力建设：进一步提炼标准化、流程化场景引擎、编排能力，精细化管控能力，策略规则、中台服务，以组件化、插件化无缝嵌入场景。

平安银行

发起设计金融知识生产力提升方案

一、金融知识生产力提升方案的提出与使命

随着互联网巨头竞争的集中化,特别是在金融领域中,营销流量越发紧俏,用户对金融知识内容需求不同且分层,并没有得到良好地满足。网络信息鱼龙混杂,如何用专业金融知识对广泛投资者进行高效的教育,是全行业共同面临的问题。近年来,平安银行坚持"科技引领、零售突破、对公做精"十二字战略方针,实现了飞跃式发展。在这一过程中,平安银行沉淀了大量的知识资产和数据资产,让这些知识和数据在组织中高效沉淀和复用,提升组织效率、服务更多客户成为平安银行关注的焦点。平安银行正在全面推进 AI 化战略。在这个战略背景下,我们重新讨论了金融知识生产力的议题,需要一整套包含且不限于产品、运营的解决方案。AI 知识库中台承担着支持全行各 AI 项目生产、共享和应用知识的这一使命:一是在内部知识生产力上,建立全行统一的知识管理平台,支持各团队之间共享机器人沉淀、标注的知识以及训练成果,可以显著降低学习成本;二是在外部知识生产力上,对用户个性化问答的需求处理是行业 AI 应用的难题,对长尾需求的覆盖程度也成为衡量 AI 智能化的重要指标。

基于此,平安银行发起设计金融知识生产力提升方案,包括三个目标:一是从产品层面,平安银行 AI 知识库中台与市场上的知识管理平台不同,定位是新型知识平台;二是从模式层面,针对 AI 应用的 NLP 长尾效应,解决长尾需求的训练人力不足且人工作业质量参差不齐的金融知识问题;三是从运营层面,平安银行是行业内甚至国内少数将知识管理作为全行重要战略的企业,以软硬件结合的形式构建知识型组织。经过两年的积累,AI 知识库广泛影响 1.63

亿人次互联网用户，服务超 7789 万个银行客户，推动行内外更多用户和员工参与知识生产，用专业金融知识服务提升居民金融素养。

二、以"12345 关键动作"为核心的金融知识生产力提升方案

（一）金融知识生产力提升方案总体思路

平安银行以打造知识型组织，搭建支持全行知识生产、分发、共享、应用的知识管理中台为目标，实现平安银行显性和隐性知识从生产到应用的全流程管理。在内部降低组织学习和培训成本，提升组织数字化效率；在外部提升企业知识内容影响力，给用户带来更多价值。平台沉淀全行各部门产生的规章制度、培训材料、业务知识等主要供"人能读懂"的复杂多媒体知识和机器人运营过程中产生的各种"机器能懂"知识如 FAQ、脚本等的分发和共享。

平安银行同时秉持着"碎片化"中台的理念，企业从业务顶层规划开始，梳理出各业务领域的边界、服务能力，进而指导系统的服务化建设，并且完成对业务中台、数据中台的打通和微应用。在产品设计过程中，充分利用人工智能技术和大数据分析技术，搭载意图识别、决策引擎等，涵盖营销、服务、管理等关键业务能力，以及 OCR、人脸识别、自然语言处理、语音识别等前沿技术成果，提升产品的易用性和智能化水平。

（二）金融知识生产力提升方案关键动作

项目围绕"平台、产品、内容、运营、技术"，规划了"12345 关键动作"，具体包括以下 5 项。

"1"是指一条知识总线构建，具体来讲就是构建一条整合全行知识、全行数据（客户 KYC 和产品 KYP）、客户行为数据，以及决策模型、智能搜索、标签系统、推荐系统等智能化系统的知识总线，搭建智能化知识管理平台；

"2"是指两大知识分类，项目支持全行"人能读懂的知识""机器人能读懂的知识"两大类知识的存储和管理；

"3"是指三层知识运营，AI知识库中台推进全行知识的标准化、体验化和智能化；

"4"是指四大功能运营，实现全行知识的共创、分发、共享和应用；

"5"是指五大自研算法（文本校验、相似校验、意图校验、扩展问挖掘、知识发现），代替部分可标准化的知识运营动作，提高效率。

三、金融知识生产力提升方案强化数据安全与隐私保护

（一）推行知识型组织理念

推行知识型组织理念，不仅需要从组织战略高度进行知识管理，也需要设置良好的运营机制。平安银行将创建知识型组织作为全行战略性项目，组织专职管理团队，并在总行、分行、片区各部门设置"知识联络人""知识专家"等角色，将推送项目在全行落地。目前已经覆盖总行所有部门和全行36家分行。

（二）严格保护客户信息数据安全

公域知识和内部知识的边界设计需要紧紧围绕"权限最小化"原则，严格保护客户信息，维护数据安全，将机器人和知识库权限分离。平安银行知识库中台严格执行监管部门对银行信息安全和保密性的要求，把个人信息和数据保护放在优先地位，谨慎处理当前知识库和机器人管理平台，遵循权限分割和权限最小化原则。

知识库和机器人平台分属两套系统。用户提问后，问题首先进入知识库进行检测，识别到问题所属的知识库ID，再识别机器人模型内知识库进行问题答案检索，再返回答案给前端客户。这样做的目的，一是分割各个业务方的权限，把权限控制在自己的范围，实现权限最小化；二是能够实现机器人知识的共享，把知识库和机器人功能独立开来，那么知识包就可以进行灵活共享和分发，最终所有的权限都归入知识库中台和机器人中台统一管控。

（三）合理处理监测冲突知识

知识共享的另一面必然会有冲突，合理处理监测冲突知识，才能确保客户服务营销的合规性、准确性。平安银行知识库各平台间数据加密传输，7×24小时监控，利用大数据对敏感词进行实时监控，确保问答合规安全。同时积累和沉淀各机器人业务领域知识，各机器人可一键共享平台内其他机器人业务领域知识，平台建立知识冲突检测机制，利用算法模型检测出文字和语义冲突知识，保证各机器人问答准确性。

（四）严格的身份核验和信息保密机制

知识应用于客服体系，必须执行严格的身份核验和信息保密机制。具体包括：

一是身份认证机制，针对登录/非登录状态客服显示结果不一致，对非登录状态用户提示和进行身份认证流程。

二是座席权限控制，座席登录系统均需要账号、密码、声纹等验证，座席只能登录经授权的系统。

三是身份校验机制，座席不可在无客户进线情况下查询客户信息，只能在客户进线通过 IVR 自助验身后才能查询其账户信息。

四是信息保密机制，遇个案客户需进一步查询信息，邮件智能内部发送，不可外发且采用保密表格发送。

四、以科技手段构筑银行知识中台

（一）率先搭建并推出全面支持"人能读懂的知识"和"机器人能读懂的知识"的知识中台

通常情况下，目前市场上的知识管理平台只支持其中一种类型的知识存储，有的仅支持文档型的知识管理平台，有的知识库集合在机器人中的"机器人知识库"。

平安银行知识库率先实现了全面支持"人能读懂的知识"和"机器人能读懂的知识",主要包含多媒体知识(例如文档、视频、音频)、半结构化(例如FAQ、剧本)和结构化知识(例如知识图谱)。

(二)用AI训练AI,构建机器自主学习闭环,助力AI智能训练、知识挖掘"两步走"

首先,制定QA审计标准,检视问答场景下的数据质量,通过自研专利技术,将人为主观判断转化为客观技术能力。

针对知识库中标准问和扩展问不一致的问题,使用Bert深度模型,对匹配错误的扩展问进行过滤。平安银行在标准问和扩展问相似性判断中,设计孪生Bert作为模型,模型的输出预设两个节点作为类别,有效解决二分类问题中阈值选取的问题,平均准确率达到83%,高于行业平均准确率(70%)。

在知识挖掘层面,构建Auto-regressive+seq2seq算法模型,对用户问数据进行学习,自动编写扩展问;基于机器阅读理解算法,自动从业务文档中抽取新的FAQ。

同时,基于业界领先的Bert模型,训练NER模型,依托塔架系统中的数据标注平台,训练基于Bert的NER深度神经网络模型,自动识别标准问的意图个数,自动检测出意图不合格的数据;使用标注平台代替线下用Excel人工标注的工作模式,有效提升工作效率,便于监控全流程质量。

(三)首创"数据沉淀+运营平台+培训赋能"解决方案,实现知识在人与人之间、机器人之间的秒级共享

平安银行知识库中台搭建了从机器人创建到知识导入和共享的全流程,基于中台思维还实现了开包即用,无须开发人员介入即可实现自主创建机器人、自助进行知识选择和共享。

更为创新的是,除了单条知识外,平安银行知识库还实现了机器人知识配套的交互模板共享。也就是说,当一个机器人共享了平台知识后,将该知识推送给客户时会配适友好的交互形式,通过视频、图片、卡片式、列表式等模板,显著提升客户体验。

（四）实现知识与数据的嵌入和融合，推动知识的体验化以及智能化推送

平安银行知识库中台将知识、客户行为数据、客户和产品数据、智能化系统等系统地整合在一起，支持机器人问答，实现知识的个性化和智能化生成。

以 AI 客服为例，将知识库中的知识与客户时光轴、客户画像等数据结合。一方面，预判客户咨询问题，实现提前提醒。例如理财到期前提醒，客户进线后自动提示客户的异常触点，预判客户需要解决的问题。另一方面，自动推荐最优答案给服务人员，为人工客服快速找到答案，迅速回答客户问题，在提高服务效率的同时，也提升了客户体验。

（五）高效构建海量级企业泛金融知识库，用科技手段构筑知识生态，践行提升金融素养的社会责任

平安银行建立统一的知识运营流程，从新增业务，到知识运营团队提取知识，到专家质检和业务部门确认，各方合力输出高质量的知识。同时，培养专业的 AI 训练师，提升知识运营成果质量，在 AI 运营工具的辅助下更高效运营知识，节省人力成本。

在统一的知识运营方法指导下，平台可以输出一套可共享、有人情味、场景化的知识内容，并通过百度等互联网渠道向超过 1000 万的互联网用户提供金融知识服务，减少金融不平等问题。

五、金融知识生产力提升方案赋能平安银行智能化

（一）应用情况

目前平安银行总行所有部门和 36 家分行已经全面接入金融知识生产力提升方案，积累了覆盖零售、公司、资金同业、风险等不同业务场景、超过 221 万条知识，全面覆盖 3 万 + 条多媒体知识，9 万 + 条 FAQ 和 209 万 + 条语料。

平安银行超过 2 万名行员、1900 位服销座席通过 AI 知识库中台查阅知识，

AI机器人平均每周调用知识150万次以上。知识库中台每个月都在敏捷迭代，为业务中台场景提供微服务。

在应用层面，目前已将AI知识库嵌入36个业务场景中，接入了18个面向客户、行员的在线问答类机器人，还为IR等垂类场景提供能力支持。与此同时，在基金、保险、线上网点、咨诉、总集、电话客服中心等业务场景中，平台支持以灵活多样的形式在多种应用前端或平台上方便地调用知识库中的知识。

在互联网用户侧，平安银行已解决超过8万个用户提问，其中70%的回复被用户自发选为回答首位。AI知识库年知识调用量5704万，服务客户7796万，专业问答浏览量超过5500万，向1.63亿人次互联网用户传递权威金融知识。

本项目获得深圳市地方金融监管局评选的2019年度"深圳金融创新奖三等奖"以及2020年"百度知道合伙人"特殊贡献奖。

（二）项目成效

1.搭建全行知识管理制度及平台，全行客服知识及时上传率稳定在98%以上，切实高效保证了金融消费者的知情权和受教育权

金融知识生产力提升方案将与客服相关知识，通过知识库上传，并实时同步至人工电话座席，解决了过去通过邮件传输容易漏发、知识无法及时沉淀的痛点。同时知识库可以记录知识上传时间、有效期、知识属主、上传更改记录，确保每一条知识传输责任到人。2020年，全行客服知识及时上传率稳定在98%以上，客服满意度显著升高。

2.金融知识生产力方案显著降低了客服渠道运营成本，提升非人工占比近20%，年度运营成本节约超过2.63亿元

后疫情时代，便捷高效的线上服务越来越受大众群体青睐。作为金融科技领域的先行者，平安银行围绕"增加场景覆盖、提升服务解决"两大目标，升级全天候、一站式智能客服体系，为客户带来更加触手可及的服务体验。

平安银行AI客服打造全天候、无差异的咨询服务。一方面，通过引入"人脸识别技术"，打破在线客服瓶颈，为客户提供一致化的服务内容；另一方面，启动7×24小时快速响应机制，为客户带来"随call随应"的服务体验。简单

Digital Economy + Technology for Good

数字经济 + 科技向善

来说，就是当大家有问题需要咨询时，可以任意一个时间点，通过平安银行任意一个客服渠道获得帮助，并且服务内容没有任何区别。

为让客户享受到更加便捷、高效的服务，平安银行 AI 客服上线了智能追踪功能。当识别到客户在线咨询的问题较为复杂时，系统将无缝转入人工服务，缩短不必要的沟通时间。平安银行旗下的任意一个客服渠道，都可以同时接受不同的业务咨询。比如客户咨询了网银操作后，还需要了解贷款服务，同一位客服就可以接着解答。这样高效的衔接，让客户真正感受到了平安银行的便捷服务。

2020 年平安银行 AI 客服服务的客户数量近 1.4 亿人次，非人工服务占比 90%，小安客服机器人的问题解决率高达 98%。在业务量提升的前提下，平安银行零售客服运营成本连年下降。截至 2020 年末，平安银行客均运营成本较项目初期直降 57%。

通过知识管理体系，对知识进行了治理和优化，显著提升了知识的体验性。平安银行客服体系通过知识调用，用户解决率保持在 90% 以上。随着在线客服用户体验提升，过去客户咨询服务的习惯从首选人工电话逐步转变为首选在线搜索和在线客服机器人，2018 年平安银行节省运营成本 1.15 亿元，2019 年节省运营成本 2.63 亿元。

3. 支持平安银行智能咨诉系统上线秒答 TIPS 功能，客户咨询投诉处理时效提升 30%，满意度从 89% 提升至 95%

AI 知识库中台沉淀了大量优秀的咨诉处理案例、话术，通过与平安银行智能咨诉系统对接，结合咨诉客户画像、全行投诉热力图，上线最佳案例、秒答 tips、智能工单等功能，为全行咨诉团队（含分行咨诉团队）提供智能化的支持，实现客户咨询投诉处理时效提升 30%，满意度从 89% 提升至 95%。

智能的核心，不在于"科技感"，而在于用户体验。平安银行认为，最好的客户服务应该是像空气一样，自然无感却又无处不在。充分洞察客户需求之后，平安银行 AI 客服通过"更懂你"的服务，为智能注入了温度。

不局限于单一的金融场景，平安银行主动延伸服务边界，围绕客户的"吃喝玩乐"需求，提供暖心关怀与陪伴。如客户王女士在上午 11 点进入平安口袋银行咨询业务问题，服务界面上会智能出现"午餐时间到了"的温馨提醒，并通过"周边美食福利"入口,为王女士解决"吃点啥"的烦恼。精准化、场景化的服务细节,让平安银行的超凡服务真实地落到了客户身边。

"碎片化"的移动互联网时代,为知识的提炼及展示带来更高的要求。平安银行 AI 客服细耕各大业务场景,通过创新交互形式,为客户带来文本、图片、视频等多元化的回复形式,最大限度满足客户的不同需求。例如,不少朋友遇到的过取款限额、不明原因扣款、转账操作失败等问题,而传统的操作指引往往都是密密麻麻的文字。平安银行客服为了帮助客户轻松愉悦地解决烦恼,贴心提供了剧情化的操作视频、有趣的漫画图文帖,以及人性化的语音指引形式,瞬间就让乏味的内容生动起来。

4. 赋能行员助理类营销服务机器人快速上线及海量知识共享,显著释放 30%—50% 的人力资源,提升业务效率

AI 知识库全面赋能行员助理机器人,例如综拓 SAT 经理、信用卡问答机器人、IT 助理机器人和项目经理机器人。在员工赋能上,上线时即可秒级共享知识库中海量知识,节约了机器人训练及标注成本,提高了员工管理和培训的效率和质量。

六、未来金融知识生产力提升方案将精耕数据

(一)高度重视金融消费者数据隐私安全,推进安全的数据协同应用

数据驱动数字经济蓬勃发展,数据安全合规成为焦点议题。伴随着云计算、大数据、人工智能等新一代信息技术的落地应用,数据已然成为具有极高战略地位的基础资源。数据成为数字经济体系中技术创新、需求挖掘、效率提升的重要动能。但数据在不断创造价值的同时,其安全保护、合规应用等问题成为各界关注的焦点。[1]

政府部门和监管机构也非常重视隐私计算技术的发展,一方面希望能够通过隐私计算技术推进安全的数据协同应用,推动数据经济发展;另一方面也积

---

[1] 腾讯公司:《腾讯隐私计算白皮书(2021)》,2021 年 5 月。

极制定规范和指导意见，促进隐私计算技术及产业健康发展，推动合法、合规的数据协同应用。①

多方主体的数据协作成为趋势，但数据安全合规风险亟须消除。当前，全球数据总量高速增长，海量数据散落于不同的组织和机构，即使是企业内部也仍存在严重的"数据孤岛"问题。

随着全球数据保护法规的成熟，各地区首席信息官面临的隐私和违规风险超过了以往任何时候。不同于常见的静态数据安全控制，隐私增强计算（Privacy-Enhancing Computation）可在确保保密性或隐私的同时，保护正在使用的数据。

全球领先的信息技术研究和顾问公司 Gartner 发布企业机构在 2021 年需要深挖的科技战略趋势。Gartner 认为，到 2025 年将有一半的大型企业机构使用隐私增强计算，在不受信任的环境和多方数据分析用例中处理数据。企业机构应在开始确认隐私增强计算候选对象时，要求进行个人数据转移、数据货币化、欺诈分析和其他高度敏感数据用例的数据处理活动。

（二）不断丰富提高知识数据生产力，优化 AI 应用水平和场景

AI 发展需要三个要素——算力、算法和数据。其中算力属于基础设施能力，算法是在算力基础设施之上运作的工作方法，而数据则是用来指导算法运作的依据。从 AI 应用的闭环来看，没有算力则算法和数据跑不起来，没有算法则数据没有执行通道，没有数据则算力和算法就成了摆设。而目前人工智能发展的阶段算力和算法相对充足，AI 数据却十分缺乏。如果没有高质量的数据，人工智能将很难实现真正的应用。

数据量并非数据质量，只有高质量的数据才能对算法起到关键作用，进而产生生产力。而质量一般的海量数据对 AI 不但无利反而有害，数据清洗过程反而还要增加去噪的流程。

金融机构在 AI 浪潮中并非第一波红利受用者，基于监管对隐私风险数据安全的要求，AI 应用采纳速度也相对较慢。一方面，AI 可解释性是难题。当

---

① 腾讯公司：《腾讯隐私计算白皮书（2021）》，2021 年 5 月。

一个企业级的算法或工具出炉，监管机构通常需要将规则剖解清楚，但AI算法的打分对大众来讲像"黑盒子"，很难解释清楚，且容易产生纠纷。由于数据的偏差，AI算法还可能做出有偏见、歧视性的决策。另一方面，AI隐私保护具有矛盾性。由于AI算法训练需要大量数据，因此许多用户行为数据都会被拿来用作训练。一些不当的应用过程会让许多人面临个人隐私泄露的风险，因此也会受到监管和大众的阻力。

（三）不断提高知识管理水平，对隐性知识进行精细化运营提升

人工智能技术能解决隐性知识与显性知识转化的相关问题，能进行语言的转化，能识别基本数据、表情甚至是情绪等，能将固定的流程性经验转换为标准的工作流。但在组织内、人际交流中，还存在大量隐性知识值得挖掘，这些知识的量化、复制和转化依然是难题。

一方面，银行具有独特的经营业态，无论是客户还是员工都可以从线上线下获取所需要的金融知识内容，还可以利用知识管理工具，如智能投顾等形式决策金融需求。另一方面，虽然人们可以在网上搜索到很多相应的数据，但是有些隐形的、经验性的知识还是很难找到。如何将经验性的隐性知识转化为显性知识，再转为自己的知识，这是一个复杂的过程。而人工智能技术，不可能完全解决这样的问题。

Digital Economy + Technology for Good

数字经济 + 科技向善

北京银行

数字化转型背景下的银行数据中台建设与应用

一、银行数据中台建设的缘起

随着大数据技术、人工智能技术、移动互联网、云计算技术的日益发展，各大商业银行都在积极进行自身业务和科技的转型，实现科技赋能。本项目旨在构建全行级数据基础云平台，通过该平台，可实现全行数据标准化、数据生产服务自动化、数据支撑持续化、数据运营智能化，对提升北京银行金融科技的产品创新能力和业务竞争能力具有重要的意义。

依据 Dataops、数据中台理论体系及我行大数据研究和建设成果，并结合全行数据建设现状和我行科技规划，以市场和业务需求为导向，在符合监管合规要求的前提下，北京银行确定了数据中台的建设目标。

一是大数据平台及云化基础设施建设，包括基于 Hadoop+Mpp 生态体系及云化体系建设；二是数据生产中心建设，包括数据资源申请、数据开发引擎（规则引擎、模型引擎、标签引擎、编排引擎、调度引擎等）、自动化测试、数据发布等组件的建设；三是数据服务中心建设，包括数据服务封装、服务及数据治理、指标体系、多租户管理、运营分析、数据安全等；四是数据运维中心建设，包括日志采集及监控、告警管理及分析、链路追踪、事件中心、故障自愈、运维知识图谱等；五是数据资源中心建设，包括模型资源、标签资源、知识图谱、数据资产体系等。

二、金融科技在银行数据中台建设中的应用

（一）业务方案

1. 业务服务对象

本项目面向全行所有业务线的业务运营人员和科技研发人员，总体用户量在 1000 人以上。项目投产后，作为北京银行新一代数据基础设施，将为智慧营销、智慧风控、智慧运营等方面提供有效的数据支持。

智慧营销方面，以客户为中心，提供全方位、多维度的数据服务。平台整合了行内外数据资源，从客户、账户、交易、产品、互联网征信、互联网消费、物联网等多个方面，对客户价值和潜力进行深度挖掘。利用人工智能技术，提供智能化、个性化的数字化营销方案。平台支持 150 多种机器学习算法，采用拖拉拽的建模方式，覆盖全场景，可以根据业务需求，形成快速、高效、智能化的营销方案。

智慧风控方面，采用实时计算的风控引擎，支持贷前、贷中、贷后的全流程线上风控管理。平台根据线上风控的业务场景，打造了可以拖拽开发、一键部署、实时计算的风控引擎，平均 1.2s 就能完成一笔业务的风险识别，为网贷、信用卡、小企业网络融资等线上业务提供了高效可靠的风控解决方案。

智慧运营方面，建立天眼可视化平台，全面洞察和管控数据背后价值。平台运用"时、地、业、财"大数据接入和处理能力，实现机具、商圈、网点的数字化运营。

2. 业务设计创新

为了提升业务项目的交付效率，本项目通过建立数据中台，创新交付模式，加快释放数据价值。大数据中台打造了一站式多元化的数据服务体系，全面提高了数据开发、数据服务、数据分析等各个环节的效率，并保障数据质量和数据安全，支持平台的运营和运维，使得企业能够更快、更稳定、更安全地使用数据，帮助数据团队进行数据协作，助力企业数字化转型和决策分析。平台为各业务部门及分支机构使用数据提供更加自由、开放的环境，使业务人员或数据开发人员可直观地、在线地针对全行所有数据产品，使用在线编辑开发及发

布功能，平台将传统的数据需求科技定制开发模式转变为平台提供统一开发环境的自助模式，极大提高数据需求响应效率。

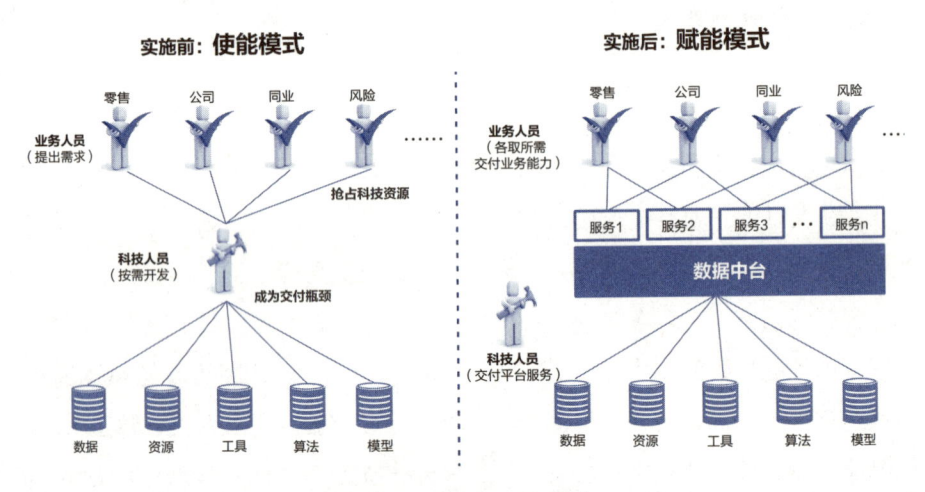

图 1　数据中台开发模式

（二）技术方案

1. 系统逻辑架构

大数据云平台综合运用大数据、人工智能、微服务、容器云、流计算等多种技术手段，自主设计并实现了以"4个应用中心（资源中心、生产中心、服务中心、运营中心）和16项核心数据能力"为支撑的数据中台云化技术架构，并基于敏捷开发思想，提出了一种"Dataops"模式及其在商业银行数据类开发场景的可行落地方法，通过数据的敏态开发模式，有效提升银行科技的交付能力。平台聚焦"数字化营销、数字化风控、数字化运营"三大关键场景，有效支撑了北京银行数字化转型战略的实施。

大数据云平台将现有每一个服务抽象成一个单元，并逐步完善系统与业务服务应用间的日志留存功能、平台管理功能与监控功能，引入能力开放展现、三库服务、监控服务、风险监控引擎、流程引擎、调度引擎、检索引擎、日志采集引擎等一系列增强组件，增加接口报文配置、日志全文检索、日志统计、应用服务监控、菜单权限等功能，无论是对开发流程还是行内人员管理统计均有大幅度的便利提升。

现有架构分为三层：数据存储层、基础组件层、应用服务层。三层架构体系相互依赖同时也相互解耦，平台支持分层管理，通过能力开放，可实现大数据云平台数据、服务、资源的开放，从而支持分行特色业务的开展。

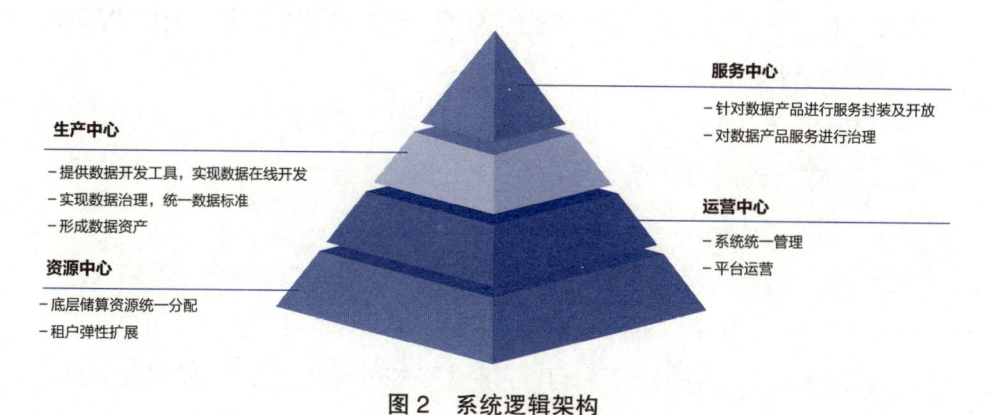

服务中心
- 针对数据产品进行服务封装及开放
- 对数据产品服务进行治理

生产中心
- 提供数据开发工具，实现数据在线开发
- 实现数据治理，统一数据标准
- 形成数据资产

资源中心
- 底层储算资源统一分配
- 租户弹性扩展

运营中心
- 系统统一管理
- 平台运营

图 2　系统逻辑架构

2. 系统物理架构

数据云平台主要分为三层：底层为 IaaS 层，提供基础物理资源服务支持，通过租户租用的方式使用行内存储及计算资源；中间层为 PaaS 层，提供数据云的运化容器以及数据库和数据开发及技术引擎支持；上层为 SaaS 层，提供四个中心（资源中心、生产中心、服务中心、运营中心）功能服务。整个架构可横向扩展和动态分配资源，从而在最大限度上节省行内硬件开销和合理使用分配资源。

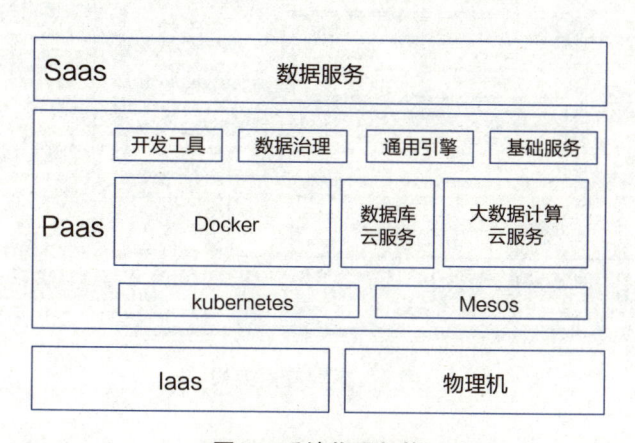

Saas	数据服务			
Paas	开发工具	数据治理	通用引擎	基础服务
	Docker		数据库云服务	大数据计算云服务
	kubernetes		Mesos	
	Iaas		物理机	

图 3　系统物理架构

3. 系统应用架构

大数据云平台分为服务中心、生产中心、资源中心及运营中心。其中：

资源中心负责统一管理及调配储算资源，使得数据云平台的基础资源可以按照租户的模式进行动态、弹性分配，即充分满足各租户开发者的使用需求，也节省资源开销的成本。

生产中心负责数据开发全生命周期支持，包括数据开发工具、数据治理管理、数据资产梳理以及数据安全保障，充分满足各数据开发者对全行数据的开发要求，形成各式各样的数据产品。

服务中心为数据云统一提供对外服务的窗口，将数据开发者开发的数据产品进行服务封装并进行发布和管理，可实时、动态提供对外 API 服务支持。

运营中心为保证数据云平稳运行，提供监控及管理支持，包括对各类开发者的统一管理及系统全维度的监控支持。

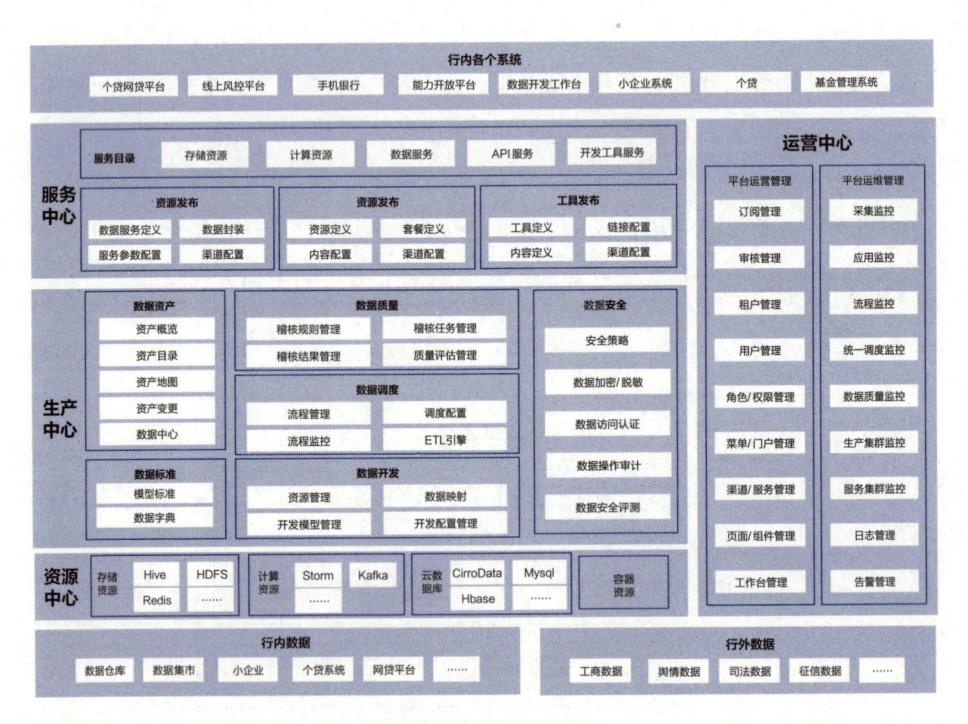

图 4 系统应用架构

（三）建设与实施

1. 可行性调研及需求分析阶段

此阶段起止时间为 2017 年 10 月至 2018 年 1 月，其间主要完成的工作有：行业模式调研、项目可行性分析、需求分析、系统功能和技术构架的概要设计；提交了项目调研及可行性分析报告、系统规划方案、需求分析报告、各功能模块概要设计、技术架构概要设计等文档。

2. 系统详细设计阶段

此阶段起止时间为 2018 年 1 月至 2018 年 3 月，其间主要完成了系统详细设计工作，提交了数据中台系统详细设计说明书、项目实施计划等文档。

3. 系统编码、测试和上线准备阶段

此阶段起止时间为 2018 年 4 月至 2019 年 2 月，其间完成了数据中台开发的编码、测试以及试点行上线准备工作，提交了系统测试报告、上线方案、系统操作手册等文档。

4. 系统上线阶段

此阶段起止时间为 2019 年 2 月至 2019 年 3 月，其间完成了系统上线，并进行全行数据对接和数据服务封装，并实现平台服务对接部分业务系统，为系统推广打好基础。

5. 推广实施阶段

此阶段起止时间为 2019 年 4 月至 2019 年 8 月，分两批实现对各业务系统的数据服务对接，并分两批实现对各机构的数据能力开放，使各业务部门随时使用各类数据。

数据中台项目实施过程严格按照总行项目管理相关制度，从计划、质量、财务等多方面进行规范化管理，项目最终如期完成。至 2019 年 8 月底，系统推广完毕，正式投入运营。

三、基于云架构思想的"一个平台、四个中心"体系

（一）技术创新点

本项目基于云架构思想，利用大数据分布式、流计算、微服务、NoSql等成熟的技术框架，针对大数据中台数据和服务对专业技能要求高、业务和数据开发人员无法直接面对数据开发、多套环境不便于统一管理等痛点，搭建服务中心、生产中心、资源中心与运营中心，建立"一个平台、四个中心"的体系，构建北京银行私有数据中台，提供全行级的资源、技术共享能力。

从技术角度，北京银行数据中台以云架构为基础，以大数据+MPP混搭框架为底层数据存储架构，并结合数据开发、数据治理、数据监控运营、数据能力封装等工具，将传统的数据加工模式转变为Dataops模式，从而真正实现全行级数据的在线开发和实时开放。

从数据资产角度，北京银行数据中台真正使全行数据得以汇集，结合大数据租户概念，从总行、分支行或合作伙伴各个维度，将数据资产进行统一管理和隔离，使北京银行数据资产得以积累并传承。

1. 支持基于多租户的云化平台

一是支持多租户模式，融合云计算。北京银行数据中台采用多租户技术将资源进行虚拟分区，使系统的每个租户或组织都能够使用一个单独的系统实例，并且每个租户都可以根据自己的需求对租用的实例进行个性化配置，同时资源按需伸缩实现资源的共享和最大化利用，并保障各租户之间数据的隔离，实现应用一点部署、多点使用。

二是采用计算存储分离架构，资源弹性伸缩扩展。数据云底层采用CirroData分布式数据库，该数据库采用计算存储分离的技术架构，计算资源与存储资源能够各自实现动态弹性扩展。数据存储基于分布式文件系统HDFS，新增节点无须大规模迁移数据，横向扩展能力强。高并发时酌量限制计算节点个数以提高并发数，执行过程中出现一个执行节点宕机或出现错误，执行引擎将会分配资源继续执行任务。

2. 基于 GPU 的高可用人工智能建模平台

一是基于 GPU 对深度学习算法进行优化。平台的人工智能模块采用基于 GPU 的分布式集群服务器，兼容 tensorflow、caffe 等主流开源机器学习框架，实现底层框架管理对算法的透明化，满足大规模深度学习模型训练对性能的要求。平台对 GPU 分布式集群服务器上的深度学习模型训练算法进行优化，能够大幅提升训练速度，从而缩短模型训练时间。与原生 tensorflow 框架相比，平台的训练速度能提高 1—3 倍。

二是基于 SaaS 的模型服务，支持 AI 模型一键部署。基于容器云和 Kubernetes 打造的人工智能模型服务模块，对 Kubernetes 在 HA、Quota 准入和管理机制、资源管理纬度和方式、应用类型、RBD Plugin、日志管理等方面都做了完善和改进。基于该服务模块，模型应用可发布为 API 服务，还可管理 API 的调用状况、性能指标等。如要将模型部署成在线服务，可无缝部署到独立的容器云平台，资源隔离，可灰度部署。

三是基于结构熵的非法资金社团识别模型。依托数据中台进行人工智能建模，引入信息网络、结构熵理论[①]，识别非法集资交易欺诈行为。抽象欺诈环节中的"点"和"边"，利用结构熵理论挖掘银行交易网络中的可疑节点、团伙和模式，预测账户之间的隐性关联。再利用分类算法和基于历史数据建立分类预测模型，对挖掘出来存疑的节点、团伙和模式进行分类预测。[②]

四是利用 AutoML 自动化机器学习，助力业务 AI 转型。平台利用自动特征选择、超参数搜索等 AutoML 方法，实现了自动化特征工程和自动化模型训练，提高了机器学习建模自动化水平和效能，降低了人工智能技术的使用门槛。

3. 数据治理 Dataops

一是集成调度编排工具，支持智能化调度。平台搭载智能化的数据任务调度工具，使其能根据数据资源、任务依赖具体情况给出合理调度编排，不但能做到任务执行的实时监控，还可以利用人工智能技术对历史任务执行信息进行

---

① 吕林涛，李婉荣，王锦辉，谭芳.基于信息熵的金融网络异常交易社区发现方法：陕西，CN104199832A［P］.2014-12-10.

② 孙景，陈婧，万红.基于复杂网络的可疑金融交易识别研究［J］.数字技术与应用，2013，(04)：206-207.

机器学习，从而增强平台推算任务可能延迟、延迟影响后果等能力，为数据中心的健康运行提供更超前、更有效的控制手段。

二是支持可插拔的智能计算引擎。平台实现基于内存的快速通用计算引擎Spark/Spark2x的异构数据加工处理，支持多种数据源、三种运行模式，提高了跨库异构的数据处理能力，轻松支持海量PB级异构数据源的数据处理任务，保障数据处理的最优执行效率分配，可以根据数据所处存储主体、中心根据已有计算资源合理地选择最优计算引擎，完成最终计算任务。

三是支持数据流、工作流在线设计独创的思维导图模式。在操作模式下数据流、工作流设计工具极大地提高了业务人员工作效率，规避操作中可能出现的不必要错误，提升整个数据中心的建设运维水平。实现从数据加工逻辑处理到数据流程统一调度，完全替代传统手工编码的数据开发模式，提供托拉拽免编程的操作方式，大大降低了对数据开发人员的技能要求。

四是引入地图瓦片技术，创新性数据血缘三维展示。平台支持通过词法分析技术和可视化数据加工直接生成数据对象血缘关系，清晰展示数据治理平台数据对象的脉络关系，通过血缘关系快速洞悉数据流转链路上数据对象之间的影响分析。创新性地将地图瓦片技术运用到数据关系图中，根据展示分辨率自动将数据粒度切片，全方位展示数据中心所有数据间的脉络关系、数据特性及质量情况。[1]同时结合3D引擎技术，将传统的2D数据视图自动转化为3D展示，十分适合用于智慧大屏或领导驾驶舱等场景。

（二）业务创新

1. 集成智能化规则引擎，实现可视化规则配置

规则引擎主要适用于规则类校验和评分类需求，能帮助客户将业务规则从应用程序代码中分离出来，通过简单组合预定义的条件因子即可灵活编写业务规则，并根据业务规则做出业务决策。规则引擎支持规则可视化编辑配置，能够将复杂的规则逻辑简单而清晰地展现在页面中。维护人员使用服务框架平

---

[1] J. Leskovec, J. Kleinberg, and C. Faloutsos, "Graphs over time: Densification laws, shrinking diameters and possible explanations", in Proc. ACM KDD, 2005, pp. 177–187.

台，实现免开发部署规则；业务人员使用业务配置平台，基于规则服务框架，完成业务内容配置。

2. 集成数据开发流程引擎，提升交付效能

流程引擎设计器提供了建立映射和映射组件的工具，这样便可以指定如何在源和目标之间移动和转换数据。在流程引擎设计器中可以创建源定义、目标定义和转换以建立映射。内置丰富的转换组件，封装了近百个函数和参数调用规则，极大地提高了计算表达式的灵活性，同时可调用外部的过程和程序，实现复杂的转换逻辑。

3. 提供核心业务能力输出，完成大数据能力开放

平台整合各个系统接口，提供统一、安全的输出接口，实现"对外能力开放，对内服务集成"，以云 PaaS 架构，面向企业运营、系统运维、合作伙伴以及最终用户，提供核心能力运营、系统自动化运维、外平台合作伙伴和最终用户自服务等多维支撑能力，助力北京银行在互联网领域进行业务拓展。

四、银行数据中台助力智慧营销与风险控制

（一）应用情况

1. 深入洞察客户，助力智慧营销

平台通过引入外部数据、整合行内数据，实现行内存量客户的可视化多维标签分析。利用客户标签进行宏观客户分析，了解业务、产品的用户结构，进行客户特征及偏好洞察，实现目标客群的快速筛选。

平台提供所见即所得的 AI 模型训练和服务发布模式，提供了可视化的操作界面和拖拉拽式的任务流，集成了大量的算法模型，将算法结果具象化，支持工程分享、协同调试，与业务深度融合释放平台价值。依托数据中台，我行建立了千人千面产品推荐、贵宾客户流失预警、手机银行客户价值提升等 10 余个 AI 模型，支持移动端线上精准营销。

2. 赋能智慧风控，提升风控效果

平台已广泛应用于北京银行线上、线下业务场景，部署风控模型近百个。

平台的建成投产改变了目前客户数据分散以及线上业务贷前、贷中、贷后校验和审批的手工操作模式，实现流程自动化，节省了人力成本，提升了工作效率。

通过平台的开发创新，综合降低线上风控模型30%的开发周期，项目开发、测试工作量降低40%。作为全行风控模型的"服务平台"，2020年，服务调用量达2.35亿次，有效实现了普惠金融风险管理和业务服务支撑的升级，提供了高效率、高可用、高可靠的智慧风控服务，在10余个场景中释放业务价值，提升业务交付能力。

在贷前环节，平台可对业务申请的潜在风险隐患进行实时排查，准确判断"客户是否本人，提交的信息与贷款的需求是否真实有效"，进而对疑似欺诈的客户申请进行预警。在贷中环节，采用规则引擎、基于深度学习技术的预测模型与黑名单相结合的方式，对客户的信用风险进行实时研判，提升审批质效。在贷后环节，依托内外部数据对司法风险信息、企业重要变更等信号进行自动化监控和实时预警。

（二）运营情况与系统效能

1. 建立了先进的云化服务架构体系

通过统一的大数据能力开放服务平台，提供了数据流转过程中的全系能力和服务，提高数据从基础设施到数据资产、从数据服务到数据分析等各个环节的效率，并保障数据质量和数据安全，支持平台、租户的运营和运维，打造一站式、多元化的数据服务体系，使得企业能够更快、更早、更稳定、更安全地使用数据，帮助数据团队进行数据协作，从而助力企业数字化转型和决策分析。

2. 大大缩短业务使用数据的响应周期

平台为业务人员或数据开发者提供有效的工具，生成分析程序，作为提供大数据流水线的工具，并提供消费数据和结果的方法。通过Dataops模式及数据云提供的服务能力，提供离线及实时数据服务，使数据开发人员能够快速响应数据需求，使开发、运营线上一体化和流程化。

3. 建立了标准化的数据治理平台

平台提供了从数据采集到数据服务的"端到端"的数据统一安全管控，监管一切非法与异常的数据请求访问。通过完善的数据治理体系，定义数据稽核标准规范，数据处理全流程实现在线数据核查，保障海量数据加工透明化，促进数据资产价值创造。满足北京银行大数据中心（数据湖）海量数据治理、运维及管理需要，满足现代化数据中心数据管理要求。

4. 实现了科技能力输出

平台具有自主产权的数据开发引擎，包括规则引擎、模型引擎、标签引擎、编排引擎、调度引擎等。将这些工具在线开放给业务数据开发者使用，不再依据业务需求定制化开发，使得总行科技不再仅仅满足各业务部门提出的分散需求，而是更加专注于数据云产品服务化和技术组件化，以科技赋能思路提供科技服务。

5. 满足行内各类业务灵活开展的需要

平台实现了银行将数据资源、存储资源、计算资源统一管理，并通过云化方式，以租户形式开放给各使用成员部门或机构使用。各部门或机构可按需实现数据、存储、计算的灵活配置，并根据自身业务需要进行自助式数据开发和对接，有效提升北京银行在市场的竞争力、在资本市场上的形象，获得更好的价值认可和广阔的发展空间。

（三）项目成效

1. 经济效益

数据中台从投产至今，已经在总行16个业务部门、7家分行、10余个场景中帮助业务释放价值。基于微服务框架管理与云化资源部署，为业务层提供了快速转型的技术支持，其产生的直接和间接经济效益十分明显。

从直接的经济效益来看，数据中台投产至今，支持了银税贷、京e贷等项目开展，帮助全行个人普惠金融贷款余额突破500亿元。截至2020年末，全行存款余额1.64万亿元，同比增长7%；贷款余额1.57万亿元，同比增长8.4%。零售存、贷款均实现全国市场份额以及行内占比的双提升；零售AUM余额达到7748亿元，同比增长612亿元，零售贷款规模达5050亿元，较年初增长14.1%，零售利润占比持续增长，科技金融、文化金融特色业务占公司贷款25%，普惠金融贷款增长30%。

从间接的经济效益来看，数据中台通过释放实时计算、分布式存储、自然语言分析、机器学习等多种数据能力，完善了风险防控策略，加快了风控数字化转型，强化了风险控制能力。借助机器学习，智能识别疑似非法集资社团，利用模型排查非法集资风险，降低人力分析成本的同时也提升了北京银行品牌信誉。在2020年世界品牌实验室品牌价值排行榜中，北京银行品牌价值达到596.75亿元，品牌价值增长47.2亿元，总排名上升2位。数据中台提供的数据服务能力加快推进了理财推荐、知识图谱、风险滤镜等人工智能项目，将服务拓展至240项，实现了线上业务规模快速增长，成为高质量发展的新引擎。

2. 社会效益

一是满足监管要求与国家政策，坚决贯彻落实国家战略，擦亮科技金融、普惠金融品牌，强化业务模式创新、服务方案创新、渠道合作创新"三项创新"，为北京银行数字化转型赋能。

二是支持业务线上化需求，加快金融产品和服务创新。告别传统交易流程，立足于普惠金融和小微企业，提升服务效率的同时也满足了网贷、网商贷、花呗、借呗等线上业务创新需求。2020年，数据中台的服务调用量达2.35亿次，为北京银行线上化转型提供了技术基础，实现了线上业务规模快速增长，成为高质量发展的新引擎。

三是提升客户满意度，改善客户受理业务流程处理能力、业务处理效率，服务便利度大幅提升，满足高并发场景和实时分析需求，极大地降低了客户的等待时间，提升客户体验。[①]

四是夯实全面风险管理体系，强化金融科技对风险防控的有效赋能，实现对重点领域风险的前瞻防控和妥善应对，确保全行资产质量保持上市银行良好水平。2020年全行不良贷款率1.57%，拨备覆盖率215.95%，关注贷款率1.14%。

五、加强大数据、人工智能技术在银行数据中台的应用

随着数字化转型加速，北京银行将持续增强科技赋能业务能力，完善数据

---

① F. P. Brooks, Jr., "Three great challenges for half-century-old computer science", J. ACM, Vol. 50, No. 1, pp. 25–26, 2003.

中台建设。一是持续加强北京银行数据云体系建设，打通数据项目交付各个环节，提升交付效率，从技术工具、计算存储能力、数据服务应用三个层面提升数据中台能力，形成覆盖"准实时数据计算、离线数据计算、实时数据服务、外部数据接入、AI模型训练"等五项关键能力的大数据技术体系。二是加大人工智能技术的研究与应用，运用图计算、自然语言分析技术，充分挖掘外部数据价值，充分挖掘内外部数据，通过智能化和自动化方式识别潜在优质客户，有效提升普惠业务拓客能力。

Digital Economy + Technology for Good

数字经济 + 科技向善

浙商银行

建设分布式数据平台

一、数据快速累积导致传统数据处理平台存在瓶颈

近年来，随着我行业务的高速增长，相应数据快速成倍增加，依赖于传统数据库技术的数据处理平台存在技术瓶颈，较难满足内部管理类数据处理的需求（如管理会计、电子报表等）。传统数据处理平台主要存在两个主要问题：一是原有IBM传统数据仓库性能瓶颈明显，管理会计、电子报表等内部管理的报表时间越来越滞后，无法满足业务时效要求；二是单表TB级大数据无法处理的问题突出，对十亿、百亿级别的大表传统数据仓库基本无能为力。此外，浙商银行暂未形成完全的数据资产统一管理体系，数据源出处多（有ODS、标准集市、ODPS平台等），可能造成数据口径不一致。因此，建设分布式数据平台，构建统一的数据平台，能够支持统计分析应用和提供辅助决策，实现整合、一致、共享、实时的数据应用服务，为内部管理数据化提供更好的支撑。

建设浙商银行分布式数据平台，主要实现三个目标：一是构建浙商银行数据资产的统一积累、存储、计算和管理平台，形成浙商银行统一的数据管理体系，实现对内外部数据的离线批量整合处理，实现全渠道、全业务、多类型、实时的大数据采集；二是实现对源数据集中统一的数据标准化、模型化处理及共性数据加工，规划数据分层存储，集中进行批量数据计算，沉淀公共指标数据，统一为下游风险管理、管理会计、监管报送等系统提供完整一致的数据；三是构建数据管理小组，对数据标准、存储、使用进行统筹管理，打造浙商银行开源分布式数据库的技术团队。

未来，浙商银行将持续提升自主可控能力，迭代完善分布式数据平台，逐步打造浙商银行开源分布式数据库的技术团队，打造DT（Data Technology）

技术支撑的信息系统。

二、分布式技术赋能数据平台优化升级

（一）技术方案

分布式数据平台总体架构（如图1所示）以OLAP分布式数据库为核心计算引擎，配套模块或工具包括数据交换、任务监控、任务调度、数据服务与可视化BI。分布式数据库作为高可扩展的数据仓库，按照分层规划存储结构化数据，并支持数据计算加工。分布式文件存储作为分布式数据库底层存储引擎，具有高可扩展性，分布式数据平台由批量库、查询库、灾备库组成，其中批量库为批量数据加工的集群，负责运行全行每日批量任务；查询库存储历史数据，分为历史查询区和分析查询区，为数据索取及个性化业务场景的数据探索提供数据，其中历史查询区积累全行的历史数据，分析查询区存储业务需求的最小必需数据；灾备库前期定位为数据级灾备（远期目标为同城双活），实现批量库重要应用数据的备份用于灾难恢复。

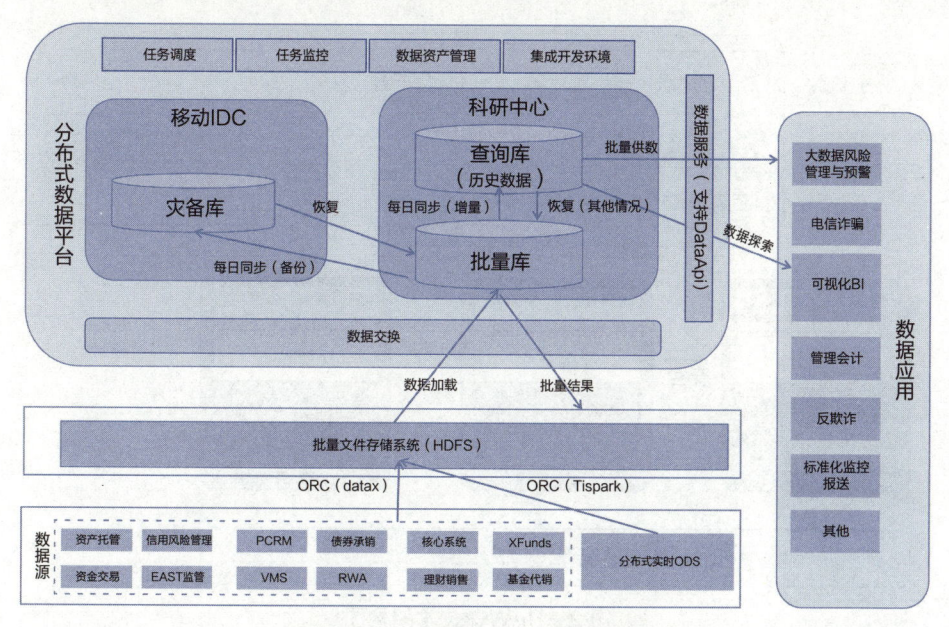

图1　分布式数据平台总体架构图

分布式数据平台以开源 Apache HAWQ 分布式数据库为基础，不断进行功能完善、性能优化和架构演进，进化成具有 Hadoop 可扩展性和 MPP 数据库的大规模并行、存储与计算分离等特性的云原生数据库，技术架构如图 2 所示。在此基础上，浙商银行自主设计、集成多种开源框架，包括 Flink、TiDB、MySQL 等，丰富基础工具生态。

HAWQ 技术架构（如图 2 所示），主要由主节点（Masters）和计算节点（Segment）两部分构成。Masters 内部组件包括查询解析器（Parser/Analyzer）、优化器、资源管理器、资源代理、HDFS 元数据缓存、容错服务、查询派遣器、元数据服务。Masters 负责将 sql 语言解析、优化生成执行计划，并通过指派器（Dispatcher）把任务分发给 Segment，最后收集计算结果，而计算任务由各个 Segment 完成。Segment 在查询执行时，针对一个查询，弹性执行引擎会启动多个虚拟 Segment 同时执行查询，节点间数据交换通过 Interconnect（高速互联网络）进行。由于查询的并行度是由弹性执行引擎根据查询大小以及当前资源使用情况动态确定的，因此虚拟 Segment 数表明了查询的并行度。

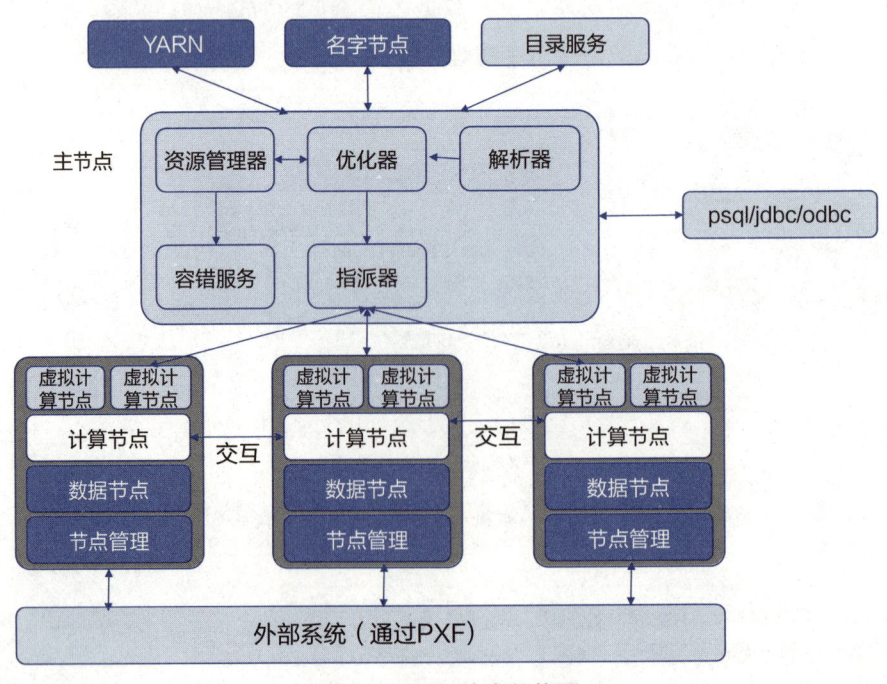

图 2　HAWQ 技术架构图

（二）建设与实施

1. 查询任务流程

一个查询任务流程如图 3 所示。用户提交查询之后，查询解析器（Parser）得到查询树，然后优化器（Planner）根据查询树生成查询计划，派遣器（Dispatcher）和资源管理器交互得到资源，分解查询计划，然后派遣计划到 Segment 的执行器上面执行，最终结果会传回给用户。

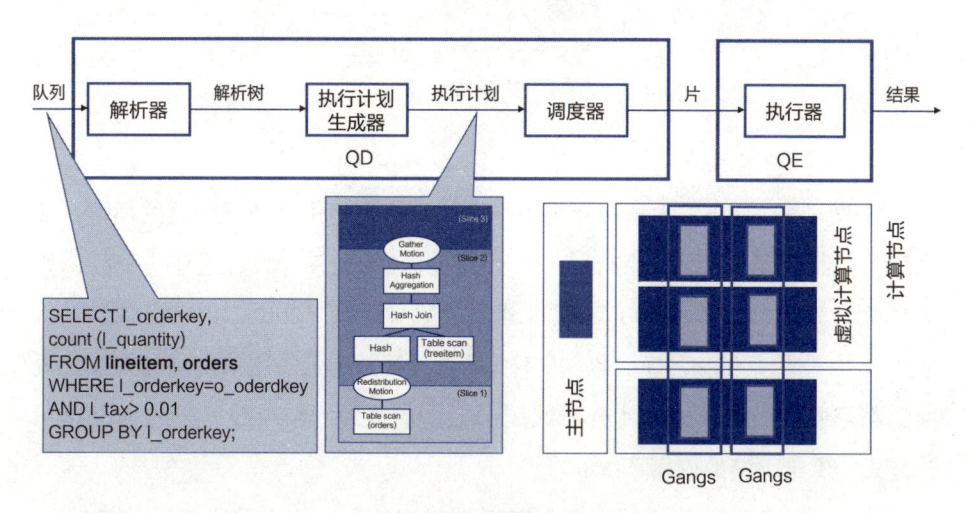

图 3　查询任务流程示例

2. 数据交互模块

数据交互模块支持数据加载／导出分布式数据平台，以文本数据的形式出入库，其主要功能特性包括：支持外部表、支持多种文本格式（如 CSV、Text）、支持文件 Copy、支持标准 SQL Insert（不推荐）、并发高效入库、支持 ODPS 兼容的格式、支持 GBK/UTF8/ISO8859 字符集。

3. 数据加载／导出模块

如图 4 所示，数据加载／导出采用基于外部表的形式执行数据操作（加载／导出），具有两个方面的优点：一是利用并行数据流引擎，直接使用 SQL 操作外部表；二是数据加载完全并行。

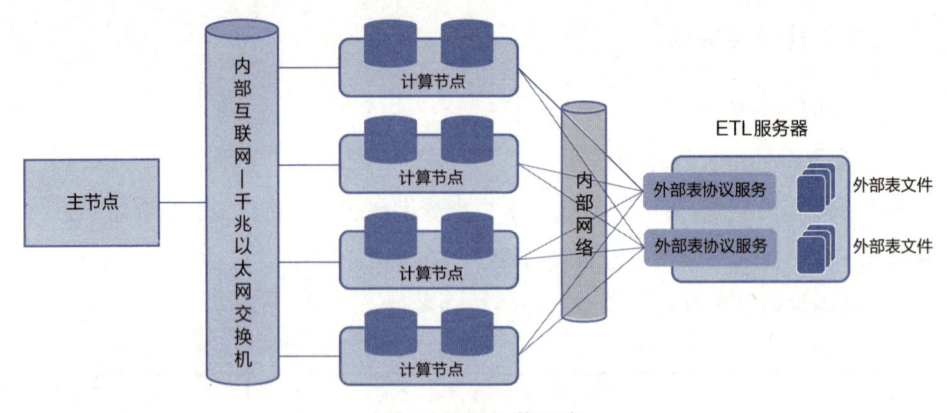

图 4　数据加载导出

4. 数据服务模块

数据服务是分布式数据平台为下游系统和应用提供高质量数据的模块，数据服务包括批量数据服务和 Data API 服务。Data API 服务通过 RESTFUL 的形式对外提供数据服务（可通过分布式服务框架 dubbo 支持高并发访问、通过 ESB 支持系统集成），数据库不直接对外开放，通过接口提供高并发快返回的数据服务场景，比如将分布式数据平台加工后的结果数据通过 API 调用的方式提供给下游的应用系统。

数据服务支持配置化的方式提供数据服务 API，可以无编码地配置数据源，配置生成 API，管理员对 API 进行发布。用户可以对 API 市场上的 API 进行申请，管理员审批，授权后用户对 API 进行调用。管理员及用户均可通过概览及 API 详情了解使用情况。

数据服务主要包括六个功能栏展示，分别是概览、API 市场、我的 API、API 管理、授权审批以及数据源管理。其中"概览"显示所有 API 的调用统计，包括总调用次数及各维度的 top10 API 等。"API 市场"提供对外服务的 API，支持 API 申请调用及查看 API 信息，通过查看 API 详情判断是否申请，申请选项需要填写申请周期及原因等。"我的 API"是在提交 API 申请后，用户可查看 API 的审批状态及详情，API 详情显示该 API 的基本信息及申请等内容。"API 管理"展现所有生成的 API，包括已发布、待发布的 API，提供 API 的发布、编辑操作，同时，可查看 API 详情、API 调用情况，API 管理还包括 API 的生成（API 生成需要编辑 API 的名称、路径、请求方式、请求协议、返回类型等信息），支持配置 API 的参数并连接测试。API 生成后发布，使用者可进行申请。"授权审批"是 API 管理者对 API 进行授权审批的页面，API 管理者可查看申请者申请的 API，进行审批，并管理申请者对该 API 的使用权限（包括时间和次数等）。"数据源管理"支持 HAWQ、MySQL、TiDB 等多种数据源，支持数据连通性测试，将数据源配置完成后，可编辑生成 API。

5. 数据存储

分布式数据平台按照数据的加工角度或深度将数据分层存储，由数据获取层、主题模型层、汇总数据层和数据应用层组成（如图 5 所示），进而能够为各类上层应用提供数据。

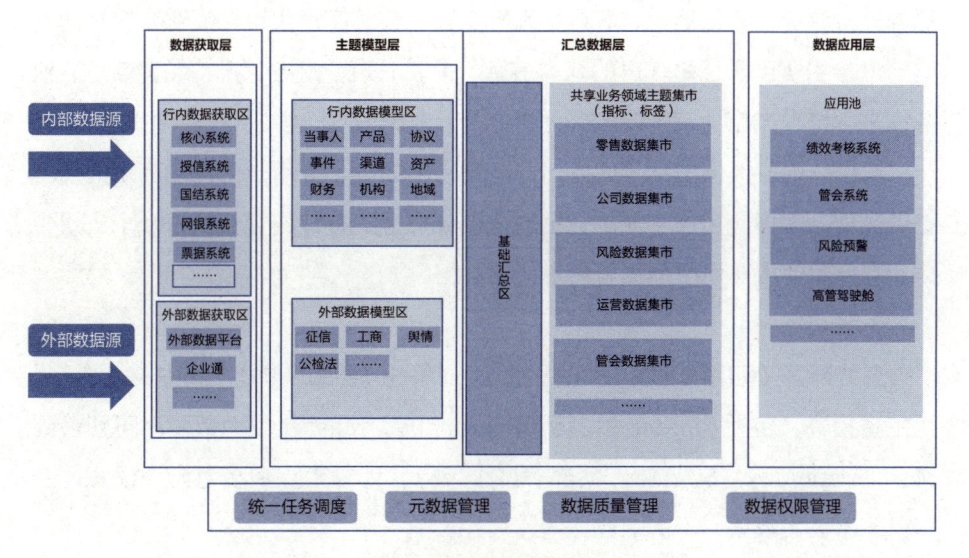

图 5 数据分层存储

数据获取层（贴源层）存储源数据，数据来源包括行内数据和外部数据，包括内部数据区和外部数据区。外部数据来自外部信息系统和其他第三方数据，内部数据源系统为行内系统数据。

主题模型层包括行内数据模型区与外部数据模型区。行内数据模型区主要包含当事人数据、地域数据、协议数据、机构数据、交易数据、产品数据、资产数据、渠道数据、财务数据、营销数据、标准代码等主题。

外部数据模型区[①]主要对各类外部数据源进行预处理，便于下游使用。目前设置了征信数据、工商数据、舆情数据、公检法数据、税务数据等主题。

汇总数据层提供具有业务意义的加工数据，将公共指标类数据沉淀，可供上层应用公共使用，包括基础汇总层、标签、指标。其中基础汇总层，用于汇总层自身的前期数据加总或者轻度汇总，基础共性数据的加工。基础汇总层的数据由标准集市的主题数据导入，主题规划与行内数据模型层的主题一致，包括当事人、地域、产品、协议、交易、渠道、资产、财务、机构、营销等10大主题。指标和标签区存放零售、公司、风险、运营、管理会计等数据集市的指标或标签数据。零售客户集市存放个人客户的各类信息，主要包含个人客户的基本信息、关联关系、财务状况、经营信息、业务往来、持有产品、风险信息、分析评价、营销信息、客户管理等主题。公司客户集市存放对公客户的各类信息，主要包含公司客户的基本信息、关联关系、财务状况、经营信息、业务往来、持有产品、风险信息、分析评价、营销信息、客户管理等主题。

数据应用层提供满足具体应用分析需求的数据，应用层为前端应用的展现提供数据。数据应用层存储的数据对应具体应用，存储内容包括每一个应用生成、存储和使用应用空间权限内对应的数据。

6. 系统部署

系统部署（如图6所示）包括Master和Segment部分。其中Master采用主备模式，包括Master和Master standby，Master发生故障时可切换到Master standby。Segment共部署多个节点，计算节点最多可允许任意两台宕机，不丢失数据，不影响业务的连续性。

全系统分为两个物理网络：数据网络和管理网络。Master与Segment之间及各个Segment之间数据交互采用独立的内部数据网络（高速互联内网），保证数据内部网络的稳定性。Master与客户机（Client）的应用相关指令采用管理网络通信，两个网络之间保持互通。

---

① 如果外部数据源本身数据质量较高并且相对完善，可以不进入外部数据模型层直接通过获取层给下游供数。

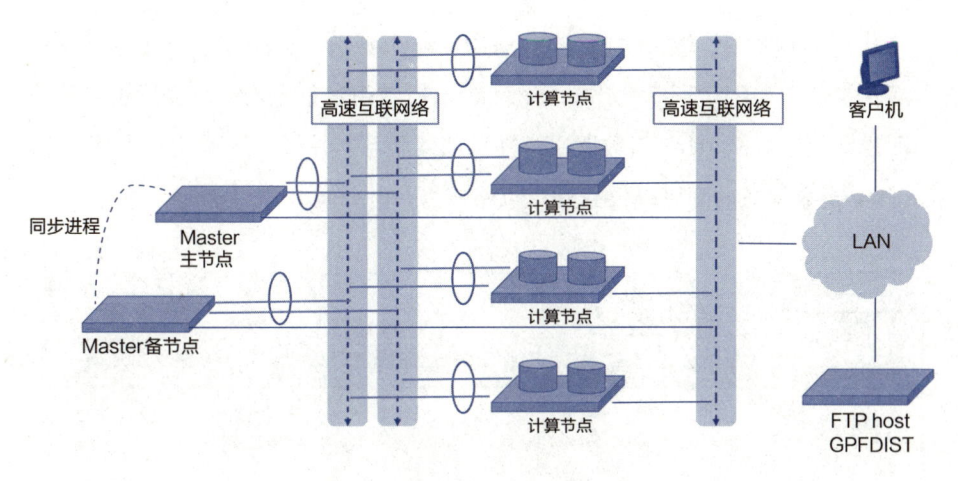

图 6　网络拓扑图（部署架构）

三、分布式数据平台助力数据积累与数据自主分析查询

分布式数据平台，是具有 Hadoop 的可扩展性和 MPP 数据库的大规模并行、存储与计算分离等特性①的云原生数据库，能够支持 PB 级数据交互式秒级查询能力，有效满足总分行查询需求，为分行提供高可用的数据生态。分布式数据平台是自主可控的、全行级的统一数据平台，该平台实现了数据积累与数据的自主分析查询，并将所有数据服务基于其上，为流计算、人工智能、BI 分析等创新应用提供强大的数据中台支撑，有力支持了流计算、人工智能、商业智能等技术应用。例如，基于此创新构建的分布式自助 BI（Business Intelligence，商业智能）平台，实现了数据管理、自助分析报表等自助查询需求。创新点主要包括：

一是存储和计算的分离。存储采用 HDFS 作为原生的分布式存储引擎，接入 Hadoop 生态，可以独立存储集群部署，同时存储和计算的分离使得我们可以动态地启动任意多个虚拟 Segment 来执行查询。

二是采用并行加载技术。将文本数据入库，支持高性能大批量数据加载和

---

① 存储和计算的分离使得我们可以动态地启动任意多个虚拟 Segment 来执行查询。无状态 Segment 使得集群更容易扩展。

持续化的数据加载。并行加载利用 Scatter-Gather Streaming™技术提供性能线性扩展（如图7所示），Scatter/Gather 流引擎是专为并行数据加载和导出而设计。其中 Scatter 指数据通过并行加载服务器并行分散到各个数据节点，Gather 指数据在内部可以根据分布策略按需并行分发。

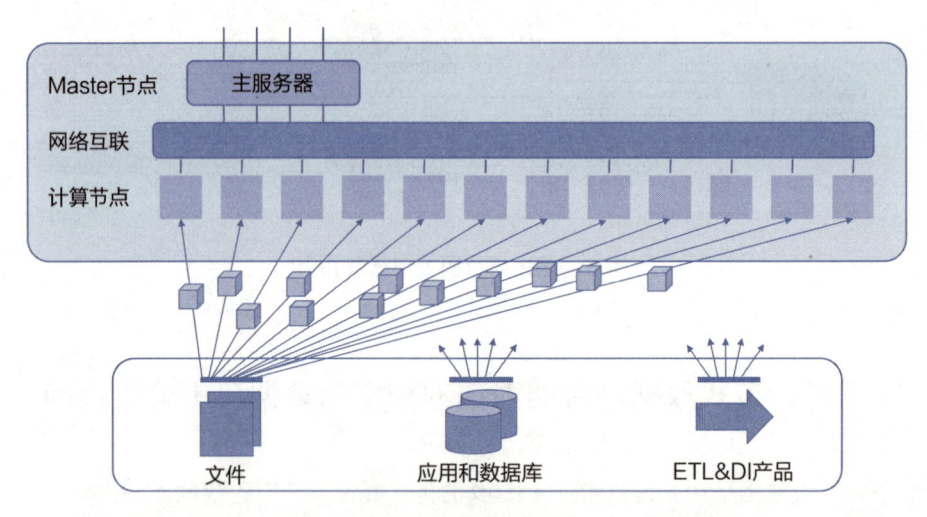

图7 并行加载技术

三是采用动态流水线技术自动弹性并行计算。该平台基于代价优化器（Costed-based Optimization），可以根据数据统计信息（如表大小、行数、单号长度、索引情况和数据分布式情况）和 SQL 执行情况动态优化生成执行计划，并采用动态流水线技术自动弹性并行计算。弹性执行引擎可根据查询大小来决定执行查询使用的节点及计算节点（Segment）个数，优化资源利用率和执行效率。

四是支持秒级动态扩容。分布式数据平台支持动态按需扩容，按照存储大小或者计算需求，在线添加节点。如图8所示，计算与存储分离架构保证底层数据块重平衡，不影响业务接入计算节点。如果集群中添加新的数据节点，当出现不平衡状况的时候，可以支持手工或者动态重平衡，并且不影响应用。[1]

---

[1] 扩容机制：加入计算节点后，集群通过配置、心跳机制将计算节点动态注册进集群。加入存储节点后，通过 Balancer 完成存储数据块重平衡。

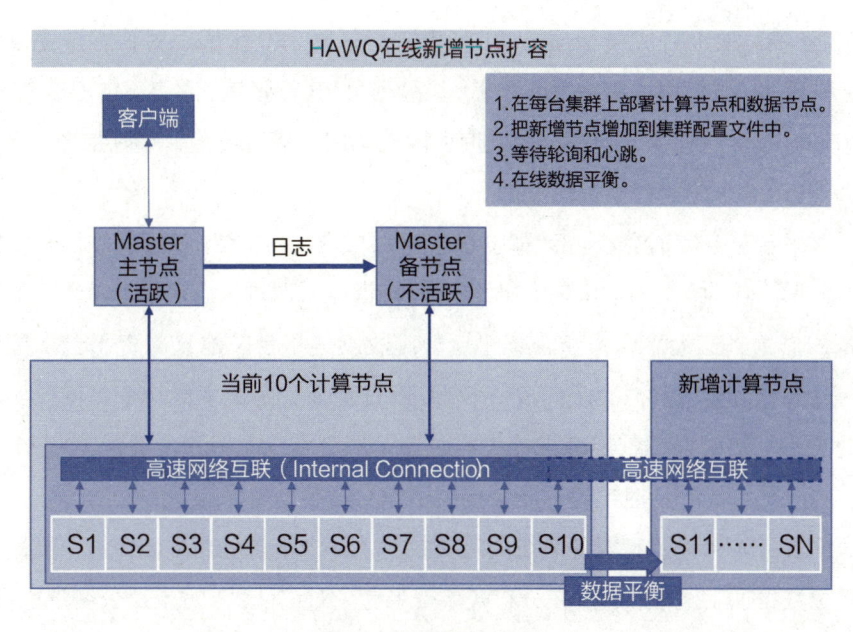

```
                HAWQ在线新增节点扩容
                                    1.在每台集群上部署计算节点和数据节点。
   客户端                             2.把新增节点增加到集群配置文件中。
                                    3.等待轮询和心跳。
                                    4.在线数据平衡。

   Master     日志     Master
   主节点    ──────>    备节点
   （活跃）             （不活跃）

   ┌──────当前10个计算节点──────┐  ┌──新增计算节点──┐
   │ 高速网络互联（Internal Connection）│ 高速网络互联 │
   │ S1 S2 S3 S4 S5 S6 S7 S8 S9 S10 │ S11 …… SN  │
                                      数据平衡
```

图 8　秒级动态扩容

五是支持事务的所有 ACID 属性。大部分 Hadoop SQL 引擎不支持事务，事务由 Master 节点协调和控制，采用的是"泳道"模型，并发插入时每个任务会使用各自的"泳道"，互不冲突，在事务提交的时候通过记录文件逻辑长度的方式来保证一致性。

六是内部数据交互采取高速互联网络。节点之间基于 UDP 协议传输数据。UDP 协议无须重复建立连接，每个节点上就会有上百万个连接，从而可以避免 TCP 高并发连接数的限制。

七是支持可插拔存储框架。只需编写几个函数就可以添加一个外部数据源，开发的存储接入接口可在不进行数据迁移的情况下整合异构系统的数据。

四、分布式数据平台大幅提升银行经营管理质效

（一）分布式数据平台整体成效

目前分布式数据平台已上线运行两年多，数据量超过 920TB，运行情况良好。贴源层已接入核心、信用风险管理系统、CIF、网银等 135 个源系统的

2433 张表，加工完成模型层 2461 张表、汇总层 880 张表、对公客户主题集市 276 张表、监管报送集市 384 张表、风险预警 2530 张表、零售集市 192 张表，为下游对公客户画像、管理会计、询证函电子化、贷后预警、事后监督、电信诈骗等近 50 个应用提供批量数据。

该平台整合实时分析流计算引擎 Flink，并自主搭建了管理驾驶舱与实时数仓雏形，在业务发生的同时实时统计分析指标，通过核心流水、总账、集市数据、借据、三大平台（易企银平台、应收款链平台、池化融资平台）等近 40 张表的数据，建立模型 42 个，满足 T+0 查询。系统上线一个月便已实现实时总账、实时存贷款规模指标、实时三大平台用户规模和金额等 30 余个指标，为分支行高管及时准确的决策提供了有力的数据支撑。

平台有效积累了我行各系统的历史数据，并为下游应用系统提供了更高效的批量数据加工途径，通过在分布式数据平台中对询证函电子化、公客户画像、贷后预警、EAST 等项目索取数据进行加工整合，有效满足了下游近 50 个应用系统的数据需求，其中标准数据集市对比原系统加工时效大幅提升，大部分任务性能提升约几倍到几十倍，解决了传统数仓性能和数据量处理瓶颈问题，提升了数据时效性，并实现了数据共享。

（二）数据治理成效

浙商银行在分布式数据平台中开展数据积累、模型层建设、内外部数据整合，建设全行可共享的指标和标签建设，丰富我行数据资产。2020 年整合加工了对公客户 120 个指标标签（共 178 个），对私客户 355 个指标标签（共 538 个），为浙商银行商圈画像、金融客户画像、集团画像的进一步应用打下基础。新增了平台化、重点创新场景、国际业务等相关经营指标 39 个（共 138 个），为浙商银行高管驾驶舱系统应用、平台化战略业务推广提供数据基础。建设全行统一的黑名单，整合了司法、征信、欠费欠税、行内黑名单、行外风险评分、电信诈骗等 263 个黑名单指标（其中对公 110 个，个人 153 个）。

EAST 监管报送批量迁移至分布式数据平台后，大大提升了数据补报效率，并可保留足够的历史数据。原来 EAST 的批量在 DB2 数据库中，每次补报都要花费大量时间恢复历史数据，并准备若干 DB2 的数据库服务器用于补报数据。分布式数据平台上足够的历史数据和高效的批量数据加工能力，可大大缩短数据恢复和历史数据补报的时间成本和人力成本。

标准数据集市的批量作业迁移至分布式数据平台后，批量效率大大提升，解决了在 DB2 数据库中，每日批量数据时效性不高、影响下游数据加工时效的问题。相比于原来只能保留三个月历史数据的原平台，分布式数据平台可以保留所有批量结果数据，无须担心数据库存储空间问题。

为规范函证业务管理，实施电子改造，提高函证工作效率与数据精准度，强化函证工作内部控制。全浙商银行实施新增函证业务电子化处理流程，其中询证函的批量作业就是在分布式数据平台上加工，在分布数据平台的对公客户主题集市中，为询证函加工了包括存款、借款、注销、委托贷款、信用证等 17 张表，并补跑了询证函近三年每月月末的历史数据，满足询证函近三年查询需要，为询证函电子化处理实现提供了数据支持。

基于分布式数据平台，建立了数据检核平台，通过"数据检核平台灵活配置检核规则，分布式平台执行大数据量检核任务"的方式，高效实现了对全行数据的真实性、准确性、连续性、一致性、完整性和及时性等方面的检核，有效提升全行数据质量。截至目前已经纳入监控范围的，包括为本行绩效、风险监测、流动性等管理工作开展的系统间主要科目账务一致性监控，为反洗钱开展的交易对手完整性、客户关键要素完整性、自然人身份唯一性监控，为防范业务敞口风险开展的应收款链平台、池化融资平台以及 e 家银等系统内资产与资产池内资产一致性监控，以及对公客户统一社会信用代码、客户建立机构等其他公共数据的质量校验，共计 3000 多个检核规则。

（三）上层应用成效

基于分布式数据平台，构建了大数据智能内控平台、事中风控系统、客户画像模块等多个上层应用，为各层级管理者提供精准管理支持，为我行高质量发展提供坚实保障，有效防范各类风险。

1. 大数据智能内控平台

基于分布式数据平台构建大数据智能内控平台，借助大数据进行数据整合应用。通过运用大数据技术，将原有相对独立、分散的各类内控系统数据进行有效归集，打通系统底层数据，实现信息有效整合及应用。运用人工智能提升决策效率，依托 NLP（自然语言处理）、OCR（光学字符识别）、机器学习等核心技术，实现从其他系统自动抓取数据的功能，智能解析监管文件，根据语义识别自动对问题进行分类处理，减少人工投入，极大地提升工作效率。通过建设平台风险地图及风险树模块，用绿、蓝、黄、橙、红 5 种颜色对分行进行全面、动态"画像"，实现对分行线上化监测与动态预警管理。系统运行效果如下：

一是管理评价可视化。大数据智能内控平台通过风险地图、风险树、人员画像等可视化形式展示各分行内控合规管理情况。以 5 种颜色区分风险等级，全国地图显示各分行实时内控合规管控情况，风险树管理模块显示各分行管理的优势板块及薄弱板块。通过图示化的形式更加直观展示分行内控合规管理情况、优弱势板块及重点关注人员等信息，为各层级管理者提供决策支持。

二是问题分析精细化。风险树由若干管理模块组成，每个管理模块又作为小风险树由细分指标组成，大、小风险树构成"风险森林"，作为对分行的全面评价指标体系。每个指标下对应分行存在的具体问题，通过指标体系的方式更易进行精准的分析，找到分行存在的问题。

三是考核管理线上化。一方面节省人力，在原有考核模式下，大部分指标需要人工计算、汇总，花费大量人力，且易发生数据错误。另一方面，实现按季考核，便于过程管理。在大数据智能内控平台中可实现按季考核，替代原有按年考核模式，便于分行在年中了解问题症结，及时纠偏。

四是总分行互动常态化。通过系统自动采集、总行录入等方式展示分行存在的问题，分行对问题进行整改反馈，增强总、分行内控合规管理工作互动性、及时性。

五是技术中台统一化。以大数据智能内控平台建设为契机，整合搭建了浙商银行统一的 NLP 及 OCR 中心，作为浙商银行中台技术支撑。现 NLP 及 OCR 中心已接入浙商银行多个系统，包括手机银行、极简报销、信用风险管理系统等多个系统，实现了浙商银行 OCR 及 NLP 的标准化、统一化建设，为浙商银行系统智能化发展奠定了基础。

2. 事中风控系统

事中风控系统利用分布式大数据平台的复杂风险指标计算能力，结合批流一体的方法，实现了用户风险指标的准确高效计算。主要应用内容包括反欺诈黑灰名单的整合和日更新、交易行为和客户风险画像的历史指标的计算等工作，并将结果存入 TiDB 组件供实时调用。

自 2020 年 6 月 5 日上线以来，事中风控系统已对接手机银行、企业手机银行、企业网银、个人网银、收银台等交易系统，提供实时事中风控服务。经统计，截至 2021 年 3 月底，各渠道调用交易反欺诈事中风控接口总计 19174233 笔，总计命中 161269 笔疑似风险交易，系统平均响应时间约为 59 毫秒。命中情况经与业务部门核实分析，线下抽样调研，确定存在风险的业务。其中收银台黑名单命中 335 笔，涉及 50 个客户；手机银行反欺诈，命中 788 笔，涉及 31 个客户；企业网银反欺诈，命中 5206 笔，涉及 5 个客户。

事中风控项目通过研发交易反欺诈专家策略和模型，实现网络金融交易事中风控，覆盖个人/企业手机银行、网上银行、收银台等渠道，识别拦截了存在交易风险的疑似空壳买卖账户、电信诈骗交易，初步形成有效的交易风险拦截机制，解决了事中风险通过事后监督管控的问题。

3. 客户画像模块

客户画像模块包含三大特性。一是整合数据资源，构建企业级数据库。按照"以客户为中心"的原则，整合行内外客户信息，建立了包括数据获取层、主体模型层、汇总数据层和数据应用层等四层架构的分布式大数据平台（企业级数据库），提升数据库基础支撑能力和效率。并配套建立元数据管理、数据质量管理等数据治理工具，提升基础数据质量，保证客户信息的准确性、唯一性、完整性及时性。二是挖掘数据价值，构建客户标签体系。以企业级数据库为基础，运用大数据技术，充分挖掘数据价值，将客户属性及行为特征信息标签化。建立包括客户标签的全生命周期管理，为不同应用场景下开展客户细分奠定良好基础。三是共享全景信息，构建对公客户画像。将对公客户标签（指标）以列表、图谱等组合形式进行模块化、可视化呈现，实现了包括客户轮廓、风险概率、业务情况、账户分析、风险预警、财务分析、工商信息、绩效信息、关联分析等多视角的全景对公客户画像。并通过在业务系统嵌入对公客户画像，全面共享客户信息，为用户减少认知成本，提升业务决策效率。

系统运行效果主要包括以下四个方面：

一是提升平台化信息处理效能。随着分布式数据平台建设的推进，浙商银行基础数据质量和运行效率明显提升。以日间数据批量处理为例，采用分布式数据库技术能够支持大规模数据并发运算，这是传统关系型数据库不具备的，日前数据批量处理作业可以在每天早上 8 点前完成。

二是提升平台化信息价值挖掘。基于用户需求，结合具体业务场景，对内外部数据进行系统性梳理，并运用大数据技术分析挖掘重要关键信息，明确加工标准，建立统一规范的客户标签（指标），进一步释放数据价值。目前从基础信息、财务信息、业务信息、账户信息、关联信息、风险信息等维度已落地约 300 个对公客户画像指标。

三是提升平台化信息窗口服务。采用模块化技术方案，连通行内外数据资源，建立全方位、多视角的对公客户画像，为用户提供"一站式"全景客户信息窗口服务。通过多渠道开通、全流程嵌入方式，全面提升客户信息综合化服务能力及效率。

四是提升平台对客服务内涵。借助自身人才、技术、数据等优势，延伸客户画像服务，丰富对客服务方式，增强客户黏性，协助客户分析经营状况等。

五、分布式数据平台未来将打造多场景计算能力

分布式数据平台建设之初即定位为全行级数据资产积累、存储、计算和管理平台，在建设过程中通过不断探索实践，优化完善平台，创新打造多个上层应用，包括风险管理、决策分析、商业智能、人工智能、管理驾驶舱、数据可视化等，大幅提升全行经营管理质效。

后续，浙商银行将深入研究和自主掌握分布式关键技术，形成"开放化 + 易扩展"、适应业务敏捷迭代的信息技术基础，持续构建并完善分布式大数据平台、实时数据仓库、数据服务总线、流计算平台等数据基础平台，形成统一的数据底座，全面形成数据统一积累汇聚、集中加工计算、高效服务调用的大数据架构体系，提升数据处理效率，重构数据应用开发模式，激活数据价值流动。

在技术发展方向上，浙商银行将基于分布式数据库构建新的分布式实时 ODS，作为对接后续的分布式数据平台和流处理平台统一接入层。在完善现有

OLAP分布式数据库计算引擎的基础上，引入OLTP分布式数据库的高并发数据读写能力，提供多场景计算能力，一定程度上减少跨系统跨平台的数据移动。同时，将进一步扩展分布式数据平台流数据的接入和处理能力，使批流融合计算能更好地赋能金融场景。通过不断探索学习、系统培新、开发实践、经验积累，持续提升自主可控能力，逐步打造浙商银行开源分布式数据库的技术团队，打造DT（Data Technology）技术支撑的信息系统。

Digital Economy + Technology for Good

数字经济 + 科技向善

广发银行

打造基于大数据 AI 技术的智能实时风控体系

一、互联网时代下客户资金迎来新挑战及产品目标

伴随着云计算、大数据、社交网络、搜索引擎等技术的快速发展，银行业务的经营发展进入全新的移动互联网经营模式，银行的金融服务不仅突破了时空的限制，更是融入各类场景之中，客户可以便捷地享受金融服务。但是，在传统金融机构业务互联网化和新型互联网金融模式快速转型的同时，受利益诱惑，互联网上也存在利用非法手段进行欺诈的黑色产业，其运用各种手段窃取客户信息，对客户的资金安全构成威胁。

广发银行大数据智能实时风控平台（简称智能风控平台）以统一规划、联防联控为建设目标，基于大数据 AI 技术，融入流计算平台、机器学习、图谱分析等技术，引入弹性时间窗计算及客户行为习惯预测等方法，提升风控决策引擎的处理时效和准确性，实现风控交易的实时拦截，使平台向着更智能、更完善、更高效的全渠道、全场景、全时段的实时智能决策系统演进，并且通过智能识别自动触发差异化的风险处置策略，实现了跨客群、跨业务、跨场景交易风险动态防控、分类处置，积极打造广发银行的数字风控安全生态圈。

二、打造全行级多维度的风险控制平台

（一）业务方案

智能风控平台作为面向客户的跨渠道、跨产品、全流程的广发银行全行级

的风控平台，为业务提供多维度的风险分析决策，实现了事前的客户准入控制、事中的交易预警和拦截、事后的批量侦测及风险分析。

智能风控平台通过统一的身份认证体系，建立了各部门共同参与、协同工作的反欺诈平台，横跨零售银行、网络金融、零售信贷等多个前台业务部门，法律合规及运营管理等多个中台部门，为总行提供风险管理及决策手段。

目前，智能风控平台已覆盖全行最主要的线上线下交易，如注册、登录、转账、现金分期、消费、取现、理财、贷款等交易，实现了跨渠道、跨业务、毫秒级的实时交易风险决策；同时，通过大数据平台，整合基础数据、交易数据以及行内外的名单数据，实现跨渠道的风险信息的共享。

（二）技术方案

1. 系统逻辑架构

智能风控平台，主要由风控前置服务、交易风控中心、决策引擎、风险大盘、模型中心、权限中心等核心模块组成。采用 drools 规则引擎、Elastic Search 全文搜索引擎、MySql 关系数据库、Aerospike 内存数据库等作为技术支撑，应用流式计算、大数据、人工智能技术、行为特征学习等技术实现实时和批量交易数据的萃取、存储和计算；通过终端风险识别、可视化规则管理、实时指标计算等核心功能构建多层次、全场景的智能风控体系。

（1）风控前置服务

负责对接业务渠道系统，整合各类交易数据和名单数据等上送风险决策引擎，并将风险决策结果返回给业务渠道系统，保证了接入数据的规范性以及返回结果的统一性。

（2）交易风控中心

交易风控中心分三个子模块，如下：

其一，事件中心：涵盖了交易事件流程化处理过程，包括对事件的处理过程进行存储和管理；对事件进行审核和状态的管理以及日志审核记录。

其二，案件中心：提供对风险核查流程自定义，业务人员按照风险核查及处置流程开展风险核查，并跟进核查结果进行电话确认、人工上标等。

其三，数据中心：汇集整合反欺诈内外部各种数据，包括内外部征信数据、客户数据、设备数据，为智能风控决策引擎系统提供数据支撑。

（3）决策引擎

支持可视化决策流配置，业务人员可灵活配置策略、规则、指标等信息，并且支持动态编译实时生效。通过服务化方式对外提供统一规范的接口服务，实时毫秒级反馈交易对应的所有规则、策略和模型的决策结果。配置指标回溯和规则回测模块，指标回溯支持长周期指标和规则的准实时配置上线，规则回测可让业务人员在上线规则时，通过回测快速评估规则的效果。

（4）风险大盘

业务通过风险大盘可展开高效的风控运营，风险大盘涵盖了系统渠道交易量、风控处置、风险类型的实时结果，支持概览最多30天的交易走势；各交易场景规则触发排行；实时风险大屏；以及用于感知交易态势与规则触发变化的风控大脑预警功能。

（5）模型中心

模型中心是一个用于管理、查询、运行模型的平台。模型中心支持python模型、评分卡模型、PMML模型、决策树、决策表和决策矩阵，支持模型的实时预测，并监控模型的稳定性和模型性能。

（6）权限中心

实现权限的管理，通过参数配置实现不同机构、不同角色对各菜单、交易、规则、指标及数据的访问控制权限，可实现各业务部门对指标和数据的隔离和共享。

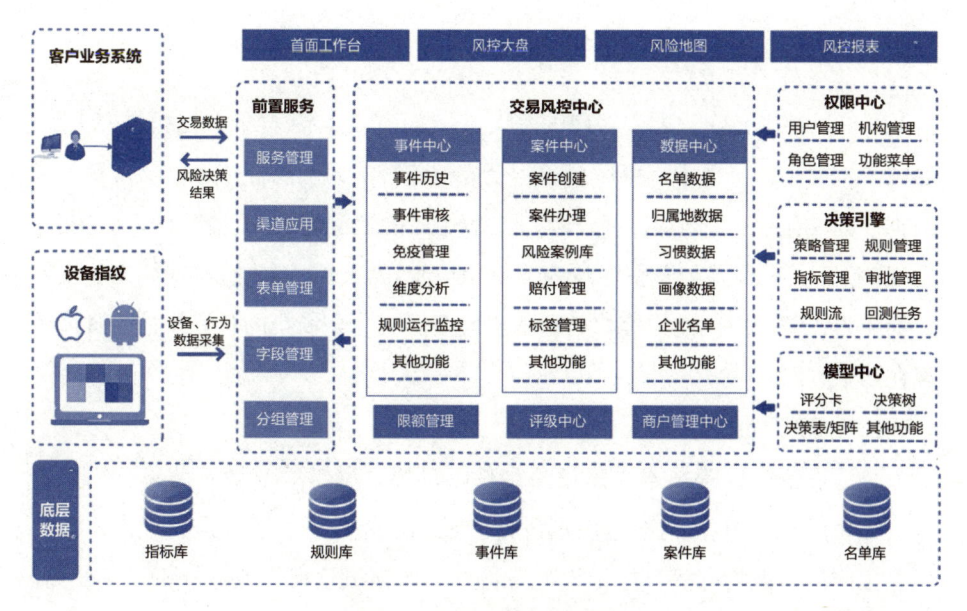

图 1 系统功能全图视图

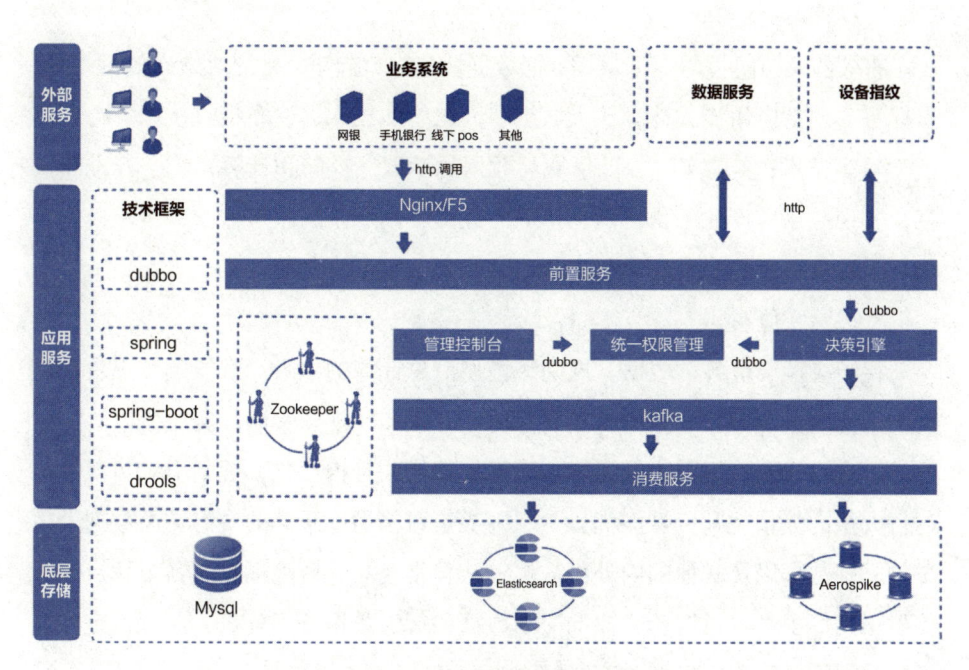

2. 系统应用架构

图 2 系统应用架构示意图

（三）建设与实施

智能风控平台作为面向客户的跨渠道、跨产品、全流程的全行级风控平台，建立了贯穿事前、事中、事后全流程全方位的智能风险防控体系，实现事前风险管理标准化、主动预防、准入管理；事中风险监测智能化、精准打击、实时反馈；事后关联风险处置快速反应、批量排查。通过终端风险识别能力、实施计划能力、智能决策能力等核心功能实现多层次、全场景的智能风控。具体体现在四个方面：

1. 终端风险识别

通过设备指纹等技术采集设备硬件、环境、网络等非敏感信息，为每一台设备生成唯一ID，精准地识别设备。除此之外，还能智能识别异常设备环境，生成设备风险标签，标记该设备潜在的欺诈风险，供业务分析决策使用。同时，智能风控平台使用了防破解、防调试、防重放等多种安全手段，动态持续与欺诈行为进行对抗。

2. 指标实时计算

有效的风险防控得益于数据，把数据快速汇集起来，是应对欺诈的第一步。指标平台创新应用流式计算、大数据、人工智能技术、设备指纹技术、行为特征学习等技术；实现实时、批量交易数据的萃取、存储和计算，统一标准和口径，实现数据资产业务化，满足不同时效、不同场景的服务需求和策略模型需求。为决策引擎的决策效果和决策速度提供了重要的支撑。

3. 风险智能决策

智能决策层是各种数据、规则和模型汇总计算的中心。智能风控平台支持规则策略的灵活配置和模型的实时部署，并且实现规则策略的实时修改、实时生效。在设计上，规则决策引擎与指标计算模块互相独立，规则引擎可以并行运行大量的复杂规则且性能优异。规则决策引擎通过采集的实时交易数据、相关的基础数据以及其他的内外部数据，从异常交易、风险标签、名单库、关键信息识别等多维度对银行客户的交易数据和行为数据进行分析，通过设定相关名单、规则、策略和模型对交易过程中存在的风险交易进行筛选、识别、预警和阻断，并实现毫秒级实时风险决策，全方位保护客户资金和信息安全。

4. 风险信息共享

智能风控平台与行内其他系统实现了数据的互通和信息的共享，包括与95508客服系统、柜面终端系统、反洗钱系统等外围渠道实时联动，对高中风险交易进行预警，与客户进行智能化实时核实和提示，降低交易风险，提升风险应急处理效率，及时核实疑似风险交易，从而保障客户及金融机构的资金安全。

三、新技术的应用以及多业务创新大大提升风控能力

（一）技术创新点

1. 微服务架构设计

本系统采用分布式架构及微服务框架，实现了风控前置、决策引擎、模型运行、管理控制台等各个产品组件的灵活扩展，同时采用负载均衡部署和高速缓存机制来支撑超高并发量的请求。

2. 流式处理技术

本系统使用自研的流计算技术，实现每秒百万笔计算任务，同时通过可计算缓存和特定的数据结构，实现了按照滑动窗口及时间分片的实时指标计算方式，极大提高指标计算速度，全交易的风控决策，从数据采集、计算到结果输出整个流程在毫秒级内完成（平均响应时间35毫秒）。

3. 大数据计算技术

本系统与大数据平台深度对接，将指标回溯计算任务结合大数据计算技术，通过回溯历史交易数据快速计算长周期指标，做到"指标配置即生效"，极大地节约了指标累计时间，提高了风控策略的反应速度。

4. 实时指标分片计算技术

本系统为了确保指标计算的高性能，将源数据的指标按照时间分片进行预计算，将计算好的历史时间分片和当时时间分片聚合，快速完成指标计算。例如某指标时间跨度是1小时，时间分片是1分钟。那么当规则引擎获取该指标时，前面59分钟的指标结果已经提前计算好，只需计算当前1分钟的指标，再将两者的数据做聚合即可。

5.动静分离技术

本系统采用 nginx 动静分离技术，对高并发的访问提供支撑。前端使用 react 开发框架，性能好，支持跨浏览器，可维护性高。后台使用 springboot+dubbo 实现分布式接口服务。

6.数据存储技术

本系统存储及管理着风控交易流水、实时指标、规则配置等多种数据，针对不同数据的特点有针对性地采取了不同的存储技术。

（1）Elasticsearch 存储

风控流水需要满足业务员的快速检索需求，采用了 Elasticsearch 存储，基于 ES 的倒排索引技术能够实现多条件的快速检索。

（2）Aerospike 存储

实时指标数据需要满足规则引擎的高并发低延迟读写，系统采用了分布式内存数据库 Aerospike。在 Aerospike+lua 脚本的组合使用下，实现了指标数据过万 TPS 的读写。

（3）Hive 存储

实时指标回溯功能需要基于超大数据量的存储，系统采用了 Hive 作为数据仓库存储指标回溯的原始数据。基于 HQL 实现了指标数据的多种方式的灵活统计。

（二）业务创新点

1.建立全行统一的智能风险决策平台

智能风控平台覆盖全行各个渠道及交易场景，通过整合交易数据，实现了跨渠道、跨业务的用户行为追踪，综合评估用户行为风险。智能风控平台具备事前、事中、事后交易风险识别、分析及控制能力，实现跨业务场景的风险横向识别，打破业务边界；同时建立风险防控策略的统筹管理，规范欺诈风险分类和定义，提升全行欺诈风险联防联控管控的水平。

2.构建集指标、规则、策略、模型于一体的策略中心，建立风险指标与特征体系

通过策略中心建立强大的智能风控规则策略管理模块，采用可视化、界面

化管理方式，风控策略可随时调整并及时生效，极大缩短调整时长，减少开发成本，提升平台风控的动态调整能力。结合构建的卡户人风险视图，整合内外数据、关联关系，构建以卡户人为中心的风险指标与特征体系，同时对各维度进行风险预测能力分析和预警规则设计。

3. 建立多维度反欺诈 AI 风控模型，实现主动防御和及时拦截

以欺诈场景的特点为依托实现风险的等级划分及精细化风控，大幅提升风险防御的深度，弥补反欺诈策略滞后性、识别精度低、易被攻击等不足。利用机器学习算法组合多维弱特征，使欺诈识别更为精准。建立多维度风控模型组合，整合全渠道交易数据和多维特征，建立场景化的丰富风控模型，有效提升风险交易决策能力，并预测风险发生趋势，实现主动防御和拦截。

4. 提升多渠道多级管控工具的联动能力

整合全渠道、多口径联防联控处置措施，设计多元化策略处置矩阵，进行智能化预警信号的实时处置，进行跨条线跨部门告警及调查处理结果的信息共享，实现包括预警队列灵活配置、可疑事件及案件的自动化分配、一键管控等欺诈识别应用，规避了多平台、跨系统的烦琐操作，提升全行案件核查及风险处理的运营效率。

四、低成本高效率全方位的风险控制保护客户资产

（一）全面风险防控，保护客户资产

智能风控平台提供的风险防控覆盖事前客户准入、事中风险侦测、事后风险核查，全方位守护客户账户资金安全。欺诈案损持续下降，截至 2020 年底，2020 年度拦截注册 / 登录交易超 10 多万笔，拦截转账交易超万笔；拦截Ⅱ、Ⅲ类账户开户交易超万笔。

（二）风险联防联控，降低业务成本

智能风控平台一方面打通全行 9 个总行业务部门 70 多个金融与非金融交易场景，降低了风险业务的沟通和探索成本。系统通过实现风险案件联防联控，

从客户为维度展示风险案件完整链路，为业务提供客户风险全景视图；并从指标层面实现可用不可见的数据共享，便于不同条线风险策略人员综合客户行内行为指标对风险进行全面侦测。在风险运营层面，大大降低了风险案件发生后的跨部门的沟通排查成本；在风险策略层面，节省了跨部门取数进行策略制定的流程。

另一方面，对异常交易的侦测，有效节约了行内的服务资源与营销资源。对非人为操作的机器自动批量登录风险，通过对批量交易的识别，果断采取实时阻断处置措施，维护客户信息安全并有效节约行内服务资源。截至2020年底，仅个人网银登录机器批量登录场景，风控平台实时识别并且阻断超十万次。同时面对"羊毛党"大量抢兑等情况，及时拦截异常交易，有效分配行内营销活动资源，守护了金融业务活动的正常开展。

（三）策略快速迭代，提高工作效率

系统通过分布式技术与模块可视化配置的设计方式，支持名单管控、规则策略、AI模型的便捷配置及实时生效；支持历史累计指标实时配置、且能够快速回溯；支持规则策略的案例回测，评估规则效果，通过上述三方面节省了大量系统开发的流程，极大地节约了策略迭代时间，提高了风控策略的反应速度。

（四）维护社会金融秩序，保护人民财产安全

智能风控平台通过有效识别各类风险，实时采取风险防控措施，进一步维护社会金融秩序，保护人民财产安全：一是通过对客户行为习惯的分析、对高风险地区、设备的判断、交易特征的抓取，实时识别风险并增加对可疑交易的核验，及时保护客户的资金安全；二是通过结合外部数据信息识别异常交易，确保全行营销资源精准触达目标客户，保障金融与非金融业务正常开展，维护社会金融秩序。

五、向生态化、智能化风控平台前进

智能风控平台在未来的发展重点是提升主动防御能力和运营效率，做到生

态化、智能化。

在平台功能建设上，持续推进功能智能化、流程线上化建设。结合前沿技术，做到以技术对抗黑产；将业务流程线上化，提升风控运营效率。在风控策略方面，做到工具和数据能力助力提升策略迭代优化和风险高效识别。在场景数据接入方面，持续推动风险场景和数据的接入补充，做到联防联控，打通业务壁垒。

Digital Economy + Technology for Good

数字经济 + 科技向善

南京银行

鑫微厅构建客户视角的金融服务

一、鑫微厅全渠道触达全员营销

随着互联网的高速发展，银行传统的高成本、大众化、机械化的营销模式产生低效率、低产出、难以迭代的营销结果，日渐乏力的营销模式正在被各类互联网金融公司灵活多变的线上营销模式吞噬，抢走了大量的金融资源和客户。各家银行都亟需突破转型，思考如何用好现有资源、选对营销模式，以数据驱动、精准营销实现高效率、规模化的获客与销售转化；基于已有的营销经验，快速搭建营销活动、复制营销活动，实现更多渠道、更大范围的传播及裂变，提升客户在线转化率；随着线上化的发展，客户很难触达银行，加之客户量的急剧增长，使客户与客户经理之间搭建起双向沟通的在线触达服务，让客户经理的营销方案第一时间触达目标客户群体，实现从单一产品销售到全员综合化营销，寻求线上营销的突破已势在必行。

为了解决以上难题，"鑫微厅"秉承敏捷营销的理念应运而生，构建"客户视角"的金融服务，凭借微信的私域流量和存量客户的社交圈，将各大平台的公域流量汇集到私域流量中，搭建千人千面的线上线下的裂变活动，满足客户的个性化诉求。秉承"全域渠道触达 + 全员营销 + 合伙人分销"的理念，信息科技部牵头完成客户侧鑫微厅、员工侧鑫掌柜、产品经理侧活动搭建的营销平台，项目历时三个月完成了项目可行性论证、需求调研、项目设计、开发、测试、内测试运行、正式上线。"鑫微厅"项目充分利用敏捷的项目管理模式，每日站会实时了解项目进展、阻碍项目进程的关键问题，每日例会实时掌握项目缺陷情况并完成测试缺陷的日清。

"鑫微厅"旨在触达全渠道，利用微信私域流量和激励玩法，将活动传播到用户社交圈中，完成公域裂变传播，构建了为客户提供个性化服务的"鑫微厅"。银行业务范围涉及较广，包括个贷、理财、贵金属、基金等业务条线，"鑫微厅"为帮助产品经理提供统一的活动管理，为帮助一线客户经理提供统一的活动推送渠道，进而建设了精准化的营销工具"鑫掌柜"，无论是产品经理还是客户经理，或者行内其他行员，都可以通过社交圈完成触达客户的裂变，构建了更多营销手段与工具，实现真正的全员营销、奖励和运营，实现营销转化和有偿的裂变式传播；数据驱动是零售营销的基石，利用现有客户标签数据，结合活动特性以及产品属性，精准匹配活动传播客群，提供个性化的营销方案，包括创意营销、会员权益、积分激励、合伙人机制等多种营销方式，通过全员营销直接触达客户，第一步完成获客引导客户注册，第二步完成活客引导销售转化，同时再利用客户心理，完成线上线下的多级裂变传播，构建了海量营销模板库、正版素材库、优质活动快速复用的"营销平台"，简单易用的搭建模式，生动的交互场景，实现活动的快速迭代上线，同时，解决原有的线下传销营销方式主要靠经验引导转化，即使线上活动也无法有效收集活动数据并与业务数据相关联，导致营销效果难评估、难改进、难迭代，营销平台全程监控营销活动的关键数据指标，通过 AI/BI 的算法模型及分析能力，快速优化活动，提升转化效果，以较低的营销成本和投入，获得更多的收益。

二、鑫微厅全域助力营销服务

（一）获客与营销——客户侧鑫微厅、员工侧鑫掌柜、产品经理侧营销平台

1. 鑫微厅

专属 VIP 服务：灵活的营销人员分配，支持一键拨号及私信可以快速联系专属客户经理、理财经理，一键推荐客户经理及其微厅，实现客户拉新。

业务功能：十宫格业务功能入口，提供基础业务和金融业务快捷入口，包含贷款、理财、信用卡、贵金属、存款、ETC、金融钱包、鑫 e 商城等功能，满足客户的金融服务场景。

营销活动：支持多楼层组件化配置活动，活动类型包含签到、拼团、注

册、邀约拉新、抽奖、沙龙、助力等，以任务、转推荐、爆款活动、直播专区、福利合集等楼层模式为客户提供权益奖励，实现长中短期客户的促活、留存与转化。

自定义小店：支持客户经理根据其所管户客户的偏好自行配置完成首页内容的"千人（客户经理）千面"展示；同时，支持基于客户活动偏好、客户画像、客户行为特征等数据通过 AI/BI 能力计算完成"精准化"匹配，自动搭建"千人（客户）千面"的微厅。

2. 鑫掌柜

员工侧的鑫掌柜从营销角度去获客和经营客户，实时了解客户动态，进而促成业绩指标的达成。

营销工具：客户经理自行选择营销模板库的营销活动，增进管理的客户提供"鑫微厅"的专属营销活动，利用自有流量进行初步的引流获客；通过丰富的营销工具，利用多样化的营销素材模板一键转发分享给客户，直接触达客户，给客户提供多样化的营销体验，提高员工和客户的积极性和游戏体验。

我的客户：根据落地的营销归属和业务系统的管户，实现客户与专属顾问之间的关系，进而为客户提供专属的 VIP 服务；客户经理可以通过分组标签识别客户，同时结合行内客户的业务数据和风险动态，便于精准化营销推荐。

实时驾驶舱：每日获取最新的客户核心动态数据，从客户量、活动量等纬度进行数据统计、分析与展示，支持自定义配置数据看板展示内容。

3. 营销平台

海量营销模板库：抽象化了营销模板，包含且不限于抽奖（福袋、大转盘）、签到、拼团、邀约、注册拉新、通用活动等，为产品经理提供海量的营销模板工具，业务人员通过简易的活动搭建即可实现活动的快速迭代上线发布，为总分行产品经理提供便捷营销工具，实时上线特色活动。

标签化客群管理：整合行内业务数据和埋点数据，聚合客户活动偏好、客户画像、客户行为特征，提供灵活的标签配置功能和标签筛选功能，利用大数据实现千人千面的精准化营销服务。

权益中心：构建了以"小鑫星"为核心的权益体系，通过"小鑫星"实现了与行内综合积分权益的兑换、鑫 e 商城的兑换等，利用"小鑫星"的概念实现鑫微厅自身的权益内循环，也便于与后续其他生活服务场景打通和接入。

渠道中心：营销平台构建了多样化的活动，以 H5 的形式发布出来，实现多个渠道端的嵌入，对接行内的"鑫微厅"、手机银行、蓝鲸灵、普惠之家等渠道，为产品经理提供灵活化的功能配置，实现营销活动触达的多样化和保证营销活动的实施性。

数据支撑：埋点采集实现客户行为的实时收集和活动特征分析，实时掌控活动在各渠道的执行和完成情况，进一步分析和改进活动；结合行内业务数据和客户画像，实现个性化的精准营销服务，接入实时营销引擎，根据客户的实时动向触发下一步营销任务，实现多波段的营销触达；实时驾驶舱，便于一线客户经理、产品经理和管理者实时了解客户、活动动态，及时调整活动的执行、指标完成情况，实时调整活动策略和客户策略。

（二）鑫微厅技术方案与实施

1. 鑫云 + 技术平台

（1）鑫云 + 技术平台

南京银行"鑫云 +"互联网金融平台具有极强的业务处理能力，可以降低运营成本，实现核心技术自主掌控，同时在业务模式上，开创了"1+2+3N"的互联网合作新模式。南京银行以此为依托，做中小银行和行业平台的连接者，共同构建中小银行线上金融生态。

"鑫云 +"互联网金融平台是通过 OPENAPI、SDK、H5 等方式，整合南京银行直销银行、网上银行、网络贷款、统一支付网关、现金管理等产品资源，搭建集账户、支付、投资、融资、数据、企业服务等金融服务能力于一体的综合化开放平台。基于开放平台所提供的所有接口，外部开发者可根据客户个性化需求自行定制相关应用并发布。

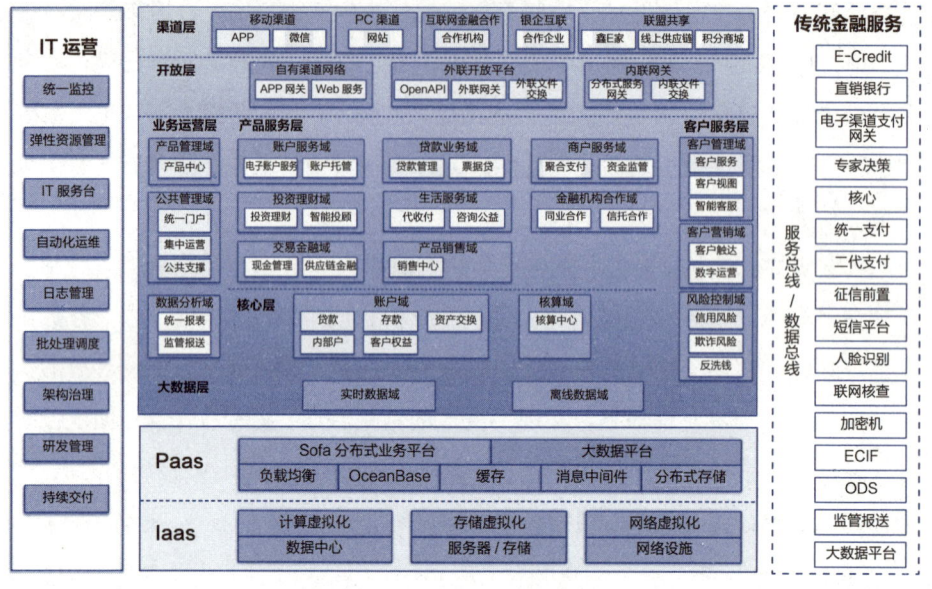

图1 鑫云+平台蓝图

（2）鑫云+平台的商业价值

"鑫云+"互联网金融平台开创"1+2+3N"的互联网合作新模式。"1"代表南京银行；"2"代表了阿里云和蚂蚁金融云；"3N"分别代表的是医、食、住、教、产、销等N个场景，旅游、电商、快递等N个行业平台，以及N家中小银行。

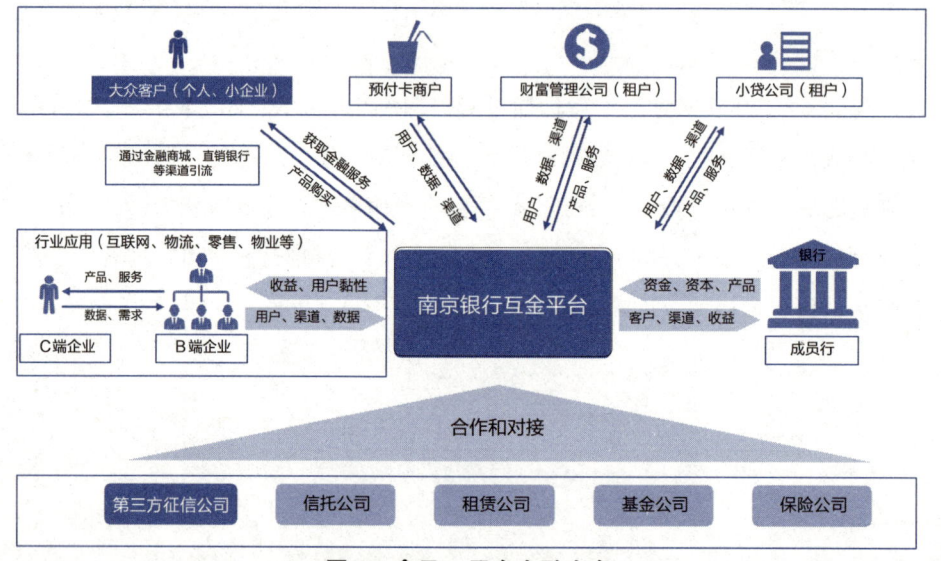

图2 鑫云+平台金融生态

南京银行致力于做中小银行和行业平台的连接者，打通中小银行和行业平台两个生态圈。在行业平台方面，"鑫云+"平台已经完成了与小米、360、万达、支付宝、腾讯、百度等近20家互联网平台的对接和合作，在消费金融、小微贷款、聚合支付、账户服务、理财供应链等多个领域开展密切合作。在中小银行方面，"鑫云+"平台为多法人架构，与参与行系统技术连接少，同时该平台为开放共享的平台，每个成员行都可以将一些产品和场景在该平台上与参与行进行共享。南京银行为参与行提供四种类型服务：其一，全托管模式，为参与行提供全套托管模式的解决方案，如直销银行等；其二，业务导流，将互联网流量导流给参与行，平台提供技术支撑，参与行无须和互联网平台逐个对接；其三，能力共享，南京银行将自己在线上的业务能力分享给参与行，如理财资管能力、线上风控能力等；其四，产品合作创设，包括联合贷款、供应链、理财代销等。南京银行为参与行提供服务，收取少许服务费。由于包括南京银行在内的平台合作行均为区域性中小银行，在地域上具有天然壁垒，合作行无须担心对方行侵占本行线下业务，具有一定的竞争壁垒。

接入"鑫云+"意味着一次性接入多家互联网平台，意味着能快速开展理财代销、供应链等多种业务，同时参与行联合起来提升了规模效应，对互联网平台的吸引力加强，增加了对平台的议价能力。将复杂的技术实现交给"鑫云+"，将广阔的业务机会留给成员行。

（3）鑫云+前沿技术

南京银行"鑫云+"互金平台选择阿里云的IaaS平台和蚂蚁金服PaaS平台，基于X86服务器来构建分布式基础平台，使用国产分布式关系数据库OceanBase，南京银行是首家构建互联网分布式核心业务系统的传统商业银行，也是首次使用OceanBase数据库的商业银行。

该架构以分布式计算框架和分布式数据存储为基础，可根据业务量规模灵活伸缩，非常适合大规模、突发性、高并发场景。基于分布式日志，通过系统数据化运营组件，实现对分布式系统的每一个组件和服务进行精细化的监控和跟踪，并可自定义业务和运维的可视化指标监控。同时使用DevOps平台云效，实现了多发布环境的隔离和多应用的自动化发布和升级，将项目迭代更新周期从传统的月提升到天。

2. 系统集群部署架构

鑫微厅是分布式应用，此平台具有良好的弹性伸缩能力和健全的监控体系，如容器、调用链、日志等；具有完整且自动化的开发、上线套件，如 git 代码管理、ci、cd、代码质量管控（sonar、findbugs）、灰度发布等。

3. 核心技术

（1）研发平台核心技术

鑫微厅在互金开发平台研发、推进，此平台具有良好的弹性伸缩能力和健全的监控体系，如容器、调用链、日志等；具有完整且自动化的开发、上线套件。

（2）营销平台核心技术

整个系统架构方案采用前后端分离、分布式的部署结构，明确地分离了前端展示层和后端业务逻辑层，能够保证应用服务逻辑的一致性和稳定性、结构的开放性、功能的可扩展性和可维护性、开发的可并行性。

图 3　鑫微厅营销平台

4. 核心功能

活动搭建：以图层管理组件，其中包含基础组件，如文本、图片、热图、按钮等；业务组件，如签到、轮播图、快速入口等。

互动活动配置：大转盘、嘉年华。

数据源 api 配置：http 和 sofa 服务配置及绑定授权模块。

裂变计划：通过互联网思维及灵活配置化利益诱导达到引流、拉新、留存、促活、复购等一系列目的。

权益中心：抽象出小鑫星虚拟货币，更好地配合营销活动。

埋点：提供小程序、H5 上报 SDK，支持灵活且规范化的埋点定义方案，为营销活动提供数据动力支持。

（三）建设与实施

1. 项目历程

"鑫微厅"项目历时三个月，2020 年 3 月规划产品原型、确定产品定位和业务需求，逐渐明确项目定位和业务规则，再经过多轮的设计和开发，逐步迭代于 2020 年 6 月底正式上线了鑫微厅项目，明确业务规则和开发时间短是项目建设过程中持续存在的风险。

为确保整个项目研发工作的顺利推进，专门成立了南京银行鑫微厅项目组，团队包含产品组、宣传规划组、技术平台组、应用开发组和质量测试组等几个团队，见表 4。

表 4　鑫微厅项目团队表

小组	主要职责
产品组	负责微厅的产品规划、产品定位和产品原型设计
宣传规划组	负责产品的推广和营销工作
技术平台组	负责产品基础技术框架和业务框架的研发，配合应用开发组完成产品的业务实现
应用开发组	完成产品的各个模块的设计和开发工作
质量测试组	负责产品的功能性、压力性、安全测试工作

2. 风险控制方案

在技术风险控制方面，鑫微厅使用蚂蚁金融云技术栈，经历 10 年金融实践的磨炼，具备符合金融级 IT 系统安全标准的技术能力，天然拥有金融级安全、可靠、一致的服务能力，同时能快速交付、零停机维护升级。

在业务风险控制方面，一是用户准入使用腾讯灵锟大数据平台，基于腾讯全球最大的黑产知识图谱，构建金融、公安经侦、市场监管等行业监管系统，提升行业监管效率，通过 20 年的黑灰产对抗经验积累，沉淀海量企业及黑产团伙信息，通过多维的知识图谱的构建，通过机器学习方法识别互联网上的恶意数据，服务 99% 中国网民，腾讯安全能力已覆盖超过 80% 的手机设备。二是在金融业务和交易方面，使用反欺诈仿冒他人申请、黑中介包装材料、逾期黑名单、多头借贷、借漏洞批量申请等反欺诈解决方案，基于黑产作案链条进行逐个击破，解决盗刷、养卡、数据泄露的金融风险，同时利用营销反欺诈解决方案，精准识别营销活动中的羊毛党团伙，识别率高达 99%。三是在应用过程中可能存在信息泄露与不当使用等问题，需通过试点探索数据安全管理长效机制，在风险可控的前提下实现数据有序流转和融合应用。

同时，鑫微厅还采用以下风险补偿机制保障客户权益，一是因平台的缺陷导致客户合法权益造成损害，南京银行将依据相关法律法规对客户进行赔付，降低客户损失；二是健全合规审核机制，保障客户信息安全；三是在退出机制方面，平台提供相应注销机制，确保用户退出后，业务信息和身份信息清除；四是通过应急预案，加强营运管理，对突发事件进行分析与研判，建立健全应急处置机制和业务恢复机制，根据《南京银行运营中断事件总体应急预案》规定执行。

三、平台与内部获客创新

（一）获客渠道裂变，应用场景千人千面

鑫微厅从客户视角出发，一是打造了"客户视角"的服务场景，转变了现有以"银行"视角、"产品"视角的业务模式与服务场景，提供便捷性良好的、个性化的用户体验场景。二是借助私域渠道，通过权益激励培养 KOC 完成裂变，获取更多公域流量。三是借助存量客户的社交圈，传播裂变到更广阔的互联网主流生态圈。在降低营销成本的同时，实现品牌宣传、拉新获客的目标，

实现促活转化，形成指数级的增长。

从营销人员角度考虑，一是为营销人员提供个性化营销获客工具，增加获得机会，降低获客成本，提升客户转化效率，扩展营销渠道，数据驱动营销。打造营销模式"千人千面"的业务能力与营销场景。充分利用现有的大数据资源，精准匹配客群，提供业务能力与营销转化。

从产品经理端角度出发，可以为营销产品经理提供快速创建营销活动的能力，提供可视化数据看板支撑活动全流程监测。全程监控营销过程中的关键数据指标，通过 AI/BI 技术能力快速分析、智能决策、优化迭代营销活动。

南京银行鑫微厅助力银行便捷的实在综合化营销、全员营销、客户辅助营销的目标。通过敏捷地触达客户的方式、任务活动实现客户裂变，实现促活转化形成指数级增长。

（二）高并发、高可用、高流量创新

"鑫微厅"项目构建于南京银行"鑫云+"平台，借助"鑫云+"平台的技术支撑，在互金平台上搭建 SaaS 层应用，采用微服务的模式支持微厅项目的高并发、高可用、高流量，图 5 为"鑫云+"平台的逻辑架构。

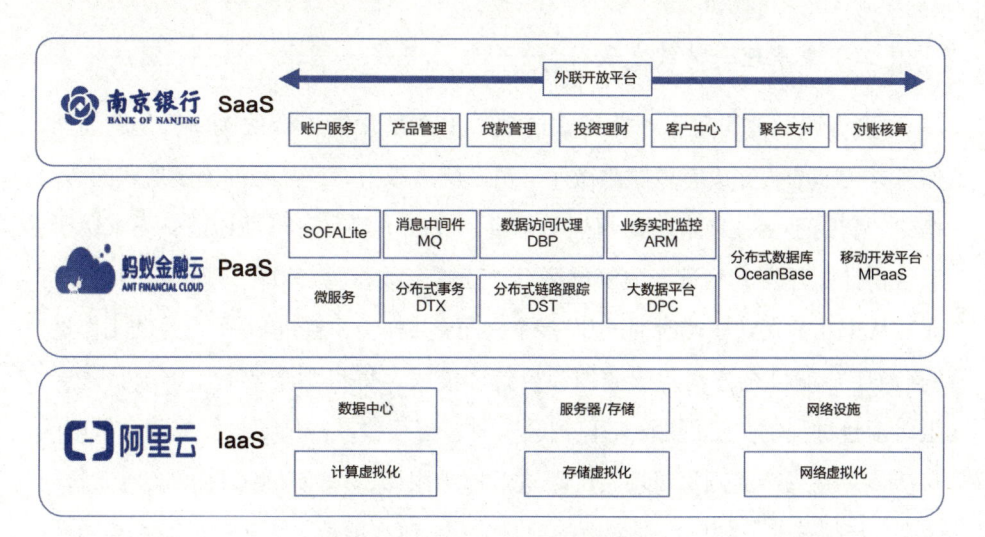

图 5 "鑫云+"平台逻辑架构

四、鑫微厅全域渠道触达，搭建简易化场景平台

（一）获客增强，场景化功能持续深挖

"鑫微厅"项目在2020年6月26日完成项目上线，截止到2021年1月1日，六个月的时间，注册客户数实现了从0到52万的突破，其中非行内存量客户占比高达75%，微厅引流了大量的互联网客户，使用较低的营销成本提高了获客的能力；营销活动和业务功能也逐步推广开来，引入了大量的客户浏览和访问活动，完成金融交易的闭环。

"鑫微厅"项目作为南京银行轻量级触达客户的营销工具，为客户提供了个性化的金融服务，为全员提供了口袋式的营销利器，利用微信私域流量形成了客户与员工之间的纽带，逐步将私域流量通过社交圈的形式引入公域流量中，为南京银行提供更加便捷的获客渠道。后续逐步接入生活服务，涵盖水电煤缴费、停车缴费、生活商圈等，为客户打造"最后一公里"的生活服务，深挖金融营销场景。目前项目人员紧张，远期的接入生活服务的场景化功能，暂时进展缓慢，需要增加人员进行这块的场景化金融服务。

（二）秉承理念持续发展

"鑫微厅"项目秉承"全域渠道触达+全员营销+合伙人分销"的理念，信息科技部牵头完成客户侧鑫微厅、员工侧鑫掌柜、产品经理侧傻瓜式的活动搭建的营销平台，项目历时短短三个月，完成了项目可行性论证、需求调研、项目设计、开发、测试、内测试运行、正式上线，"鑫微厅"项目组初期参与人数从十几个人到巅峰时期的50多个人员，共耗费了接近80个人月的工作量。"鑫微厅"项目充分利用敏捷的项目管理模式，每日站会实时了解项目进展、阻碍项目进程的关键问题；每日例会实时掌握项目缺陷情况、完成测试缺陷的日清，并完成产品侧每日项目的跟进、需求跟踪，保持项目目标的初衷；每周例会，与相关业务部门汇报最新的项目情况，梳理项目过程中的风险点和问题；每月例会，及时跟行领导汇报项目最新的进展和完成情况，得到行内各种资源的支持，确保项目有条不紊地进行。

（三）上线成效

"鑫微厅"项目在2020年6月26日完成项目上线，截止到2021年1月1日，注册客户数实现了从0到52万的突破，其中非行内存量客户占比达75%，微厅引流了大量的互联网客户，使用较低的营销成本提高了获客的能力；"鑫微厅"利用其组件化搭建裂变活动的能力，在2020年度已开展超过20余个，活动参与人次达85万，引入了大量的客户浏览和访问活动，完成金融交易的闭环，支撑业务快速开展营销活动。

"鑫微厅"项目作为我行轻量级触达客户的营销工具，为客户提供了个性化的金融服务，为全员提供了口袋式的营销利器，利用微信私域流量形成了客户与员工之间的纽带，逐步将私域流量通过社交圈的形式引入公域流量中，为我行提供更加便捷的获客渠道。后续逐步接入生活服务，涵盖水电煤缴费、停车缴费、生活商圈等，为客户打造"最后一公里"的生活服务，深挖金融营销场景。

"鑫微厅"作为南京银行轻量级营销利器的工具，可以迅速迭代开发推进到同业中，同业申请微信公众号，借助营销平台搭建活动的能力，完成微厅的功能搭建和活动搭建，同时接入同业的数据源，可以实现微厅的迅速上线运营。

（四）经验总结

"南京银行鑫微厅"秉承着轻量级拉新获客的目标，利用微信朋友圈的私域流量进行裂变营销和场景化营销，进而私域带动公域，让"客户"变成"客户经理"，打破固有的银行营销模式，帮助银行提升敏捷营销获客能力。保持项目的目标，基于项目的目标进行产品化的实施，保持互联网化产品思维，是项目建设的基石。

项目上线后，需要通过不断的快速迭代，构建更多的营销活动，触达客户，引来客户的关注和浏览，促进客户的活跃；接入行内客户标签，构建千人千面的营销活动，知客户所想，推客户所需，构建千人千面的营销场景，促进线上线下的营销联动；进一步提升营销平台的能力，多渠道接入营销活动，进行素材的管理和素材标签化，提升营销平台的能力，为产品经理提供简易化的营销活动搭建。

五、鑫微厅链接互金赋能生态

鑫微厅采用新的理念来应对传统金融所面临的挑战，在进一步实现银行业务线上化的同时，将互联网行业和金融行业相结合，将新的活力注入传统金融行业，以持续提升金融产品的核心竞争力。展望未来，鑫微厅任重道远，今后的重点研究方向主要有以下三方面：

第一，以客户为中心。鑫微厅不同于基于单一金融产品、人工线下服务的传统营销方式，其以先进的互联网思维，线上化极致的用户体验作为终极目标。通过内部运营数据和外部大数据分析，持续洞察客户的痛点和需求，持续跟踪客户行为偏好，以客户为中心，满足客户的金融和非金融服务需求。

第二，以创新为动力。持续将模式创新、场景创新和技术创新注入鑫微厅，以技术创新赋能业务创新，将产品和服务嵌入生活场景。发展零售金融业务的同时，积极探索对公业务及其他金融业务在互联网端的普及，使创新成为业务发展的动力。

第三，以共赢为目标。未来鑫微厅将积极拓展业务渠道、开放技术能力，与更多合作伙伴和生态关联方在深入合作中共同创造、分享价值，践行开放银行的理念，触达长尾用户群体，赋能生态合作伙伴，实现协同共赢。

第二章

资本市场的创新实践

Innovation Practices of Capital Market

中信证券

智能云平台布局证券行业人工智能应用

一、智能云平台的兴起

随着数据科学与人工智能算法的发展，人工智能技术给我国各行业带来了诸多改变，科技手段促进了行业的发展。证券行业天然积累了海量金融数据，为人工智能技术的发展提供了良好的条件。

为响应中信集团双创号召，中信证券鼓励开展人工智能内部双创项目，中信证券人工智能团队成立于2017年初，致力于打造证券行业领先的人工智能应用研发、部署、运行统一云平台。并在此智能云平台基础上，与公司客户、公司内各业务部门、合作厂商一起共生共享、协同合作，打造行业领先的人工智能金融科技产品，产品涵盖各方面，涉及智能投资、智能投顾、智能算法交易、智能客服、智能舆情、智能风控等重要领域，为客户和公司提供稳定、准确、高效、便捷和多样化的全面服务。

二、行业领先的人工智能金融科技产品

（一）一站式人工智能应用研发、部署、运行统一云平台

1. 人工智能云平台——开放共享，降门槛，降成本，提效率

实现任何一个人工智能应用需要三类最基础的资源：数据、算力和研发运行环境。人工智能云平台的核心功能就是针对这三类资源进行搭建、整合和维护，以满足客户研发和运行人工智能应用的需求。

Digital Economy + Technology for Good

数字经济 + 科技向善

数据—过往数据散落在公司各个部门，互不相通，基本针对单个业务场景去处理数据，没有统一的规范和规划。人工智能云平台将各部门的数据源整合起来，进行数据治理，制定数据规范，特别是制定适合人工智能算法的数据格式。给客户提供准确、高效、稳定、全面的金融数据服务。大大节省客户的人工智能应用数据开发、处理、维护成本。

算力—人工智能对计算的需求非常大，因此需要花大价钱购买高性能计算芯片提升算力。如果各部门单独采购算力资源，成本高，安装维护使用门槛高。而且由于每个应用场景不一样，有些只需交易时段使用，有些收盘后才使用，每个应用单独部署一套算力资源会十分浪费。智能云平台提供统一的算力资源，所有应用按需、按业务优先级共享云平台的算力池，应用开发人员不需要关心算力资源的搭建、维护和升级。

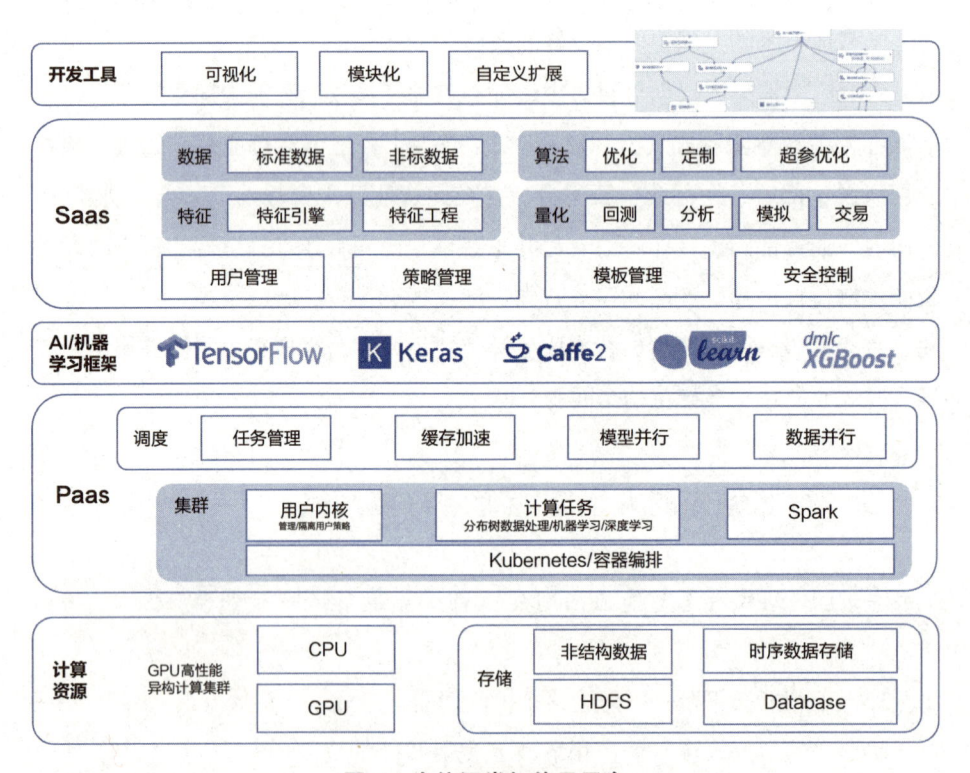

图 1 中信证券智能云平台

研发运行环境—人工智能作为一项前沿科技，即使有了数据和算力资源，搭建和维护一套人工智能应用研发运行环境也不是件简单的事情。智能云平台提供各类主流的人工智能，机器学习研发框架，提供一站式人工智能应用研发、部署、运行方案。目的就是让人工智能应用研发人员只需要关心业务逻辑，脱离环境搭建的繁重枷锁。

人工智能云平台的核心功能就是针对这些资源搭建了相应的服务跟模块，并进行整合和维护以满足客户研发和运行人工智能应用的需求。

（1）金融数据服务

对接内部所有行情源及各历史行情数据、历史宏观数据源，提供因子研究工具及自定义的因子数据定时维护与共享服务。

（2）研发平台

支持各种机器学习算法及多种深度学习模型和框架（LSTM 模型、Tensorflow/Keras 等框架）的运行，提供开发工具和模型代码生成工具。

（3）多租户算力平台

共享多 GPU 计算资源，支持多租户的云服务调度系统。支持多机多卡并行训练，提供超参搜索功能。

（4）策略回测

支持对训练出的模型进行历史数据回测及实盘模拟交易（完全仿真中信证券的交易场景，防对敲、模拟撮合及滑点）。

（5）绩效分析

对训练后的模型进行回测及实盘交易绩效评估和风险度量，提供绩效评估基准和风险度量指标的计算分析报告。

（6）交易接口与模型推理执行框架

提供将平台训练、回测并优化好的策略打包提交到生产环境并与交易系统对接的 API。

2. 智能投顾——实现普惠金融的好途径，与中小客户共享共生

目前国内市场上的智能投资投顾产品以传统量化模型为主，资产配置或者交易决策以人工专家经验为主，机器为辅，将投资自动化当成投资智能化。智能投资投顾策略实际上可以扩展到所有的策略类型和证券类型；业务类型涵盖财富管理、资管、自营交易等业务；服务客群包括长尾客户、高净值个人客户

和机构客户。

人工智能团队自主研发的一套通用人工智能投资框架，旨在运用深度强化学习理论，通过学习历史市场数据，训练机器进行二级市场投资，实现无人投资（无投资经理、无交易员、无研究员）。投资全流程没有人工干预，所有投资交易决策由机器独立完成，并且机器会根据当前市场环境和账户资金持仓情况自主持续学习调整策略以适应新的市场环境。

3. 智能投资——跨部门协调合作研发智能投资策略

智能算法交易：信息技术中心人工智能团队与股销部一起合作研发智能算法交易策略。借鉴股销部专家在算法交易领域的经验，依托人工智能团队智能在智能投资领域的专业能力，智能算法交易致力于为客户提供稳定、优质的交易执行服务。

智能资管产品：为丰富资管部策略类型，为客户提供多样化的投资选择，信息技术中心与资管、合规、风控部一起协同合作打造智能资管产品。该产品结合资管部在合规、风控、投研、产品设计、渠道销售方面的专家经验，秉承人工智能团队致力于打造无人投资的理念，实现投资全流程机器自主决策，无人工干预。

智能自营交易策略：智能云平台为股衍、另类、证金等自营研发智能交易策略提供数据和算力资源服务，缩短了策略开发周期，专注于策略业务逻辑。

4. 智能舆情风控系统——防范金融风险，黑天鹅事件

人工智能团队自主研发智能舆情风控系统实时抓取新闻事件，利用自然语言处理技术将相关的上市主体提取出来，并分析其对哪些上市公司主体有正负面影响，从而指导风控和交易部门做出风控和投资决策。相比人工风控，效率更高，响应速度更快。智能舆情风控系统基于智能云平台搭建，将建立一个黑名单把有风险的上市公司主体通过智能云平台实时推送给用户。

5. 智能语义处理平台——文档资料抽取，审核，校验智能化

基金托管合同由于合同要素多且复杂，提取合同要素需要大量时间来进行人工录入和校验，为简化这一过程，需要AI智能提取、智能解读合同要素，利用机器学习的自然语言处理技术实现对合同的高精度解读，完成全量字段智能抽取，帮助客户实现合同管理的人工智能赋能升级，提高工作效率，简化工作流程。

6. 智能投研与自动报告

随着上市公司数量逐步增多，一个行业研究员需要覆盖研究的公司也逐步增多，及时全面地掌握相关个股和行业的各类舆情、公司公告事件需要大量人力投入。基于这个应用切入点，中信证券完成了智能研报生产与研究覆盖提醒的服务。

基于人工智能等技术自主开发的智能投研系统，每日会及时生成当天个股全景和行业跟踪报告，每交易日系统自动生成个股研报、北线资金流向、宏观流动性日报、行业日报、ETF 基金日报和债券 ABS 等六类报告。

（二）人工智能赋能升级，满足工程开发需求

研发平台分别提供了在线的模块化 SaaS 开发工具和面向专业开发者、基于 PyCharm IDE 的客户端。可以帮助用户降低使用及进入机器学习量化领域的门槛，同时满足专业开发人员大规模工程开发的需求。

1. 模块化开发平台

可视化的机器学习和深度学习模型搭建与开发工具平台，方便快速构建机器学习的量化应用。

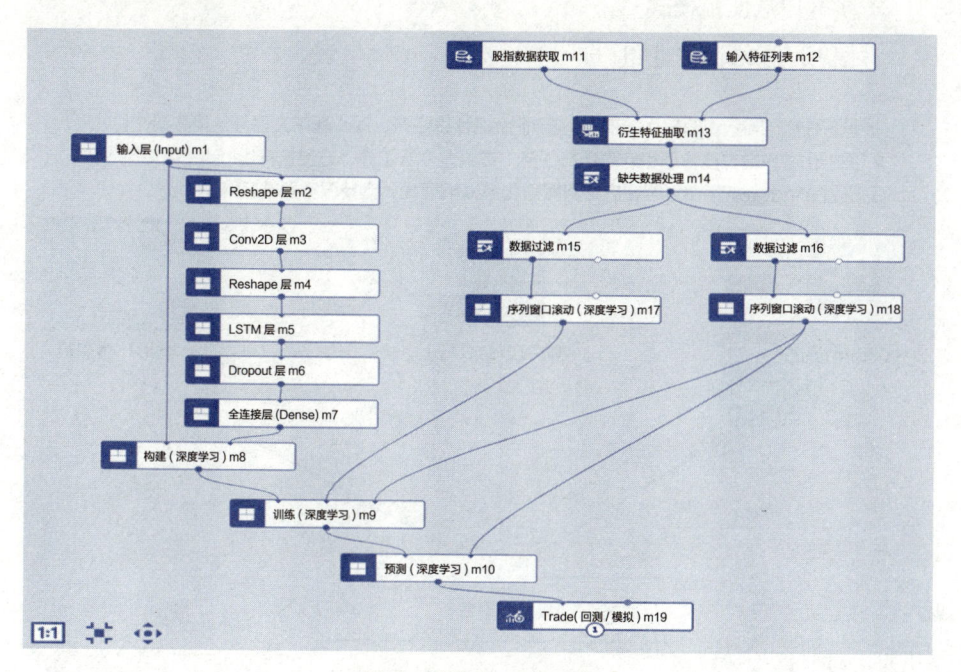

图 2　模块化开发平台

2. 表达式引擎

用户可能之前积累很多指标与公式，但若把开发环境迁移到机器学习的工具平台上，就需要从基础数据开始从头开发所有指标和因子。表达式引擎提供了通用的解决方法，用户不再需要烦琐的编程从头实现。

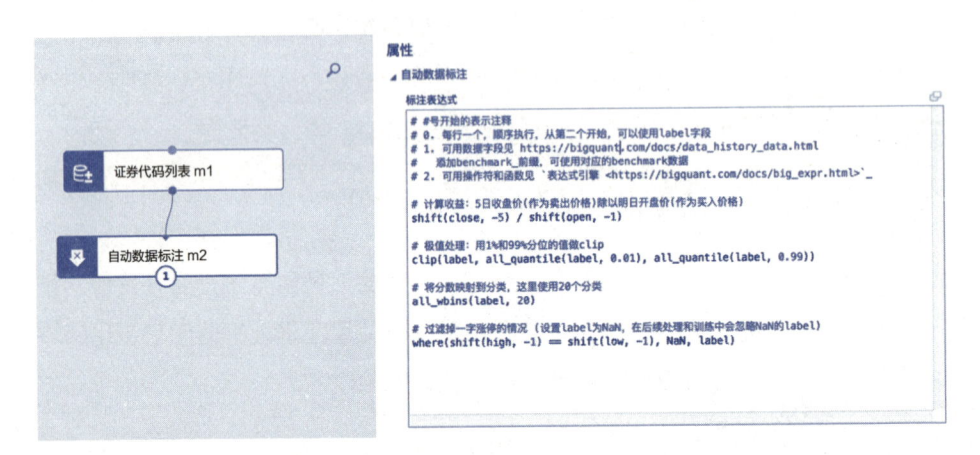

图 3　表达式引擎

3. 多客户端使用模式

方便不同需求的专业用户

1. 运行在 PyCharm IDE 中，可直接启动 PaaS 计算任务，同步程序文件与结果数据文件；
2. 图形化客户端方便管理和启动计算任务，提供命令行工具，方便执行 backtest 和保存镜像；
3. 通过 Windows Terminal 客户访问图形化虚拟机模式，支持服务器端在线 Debug。

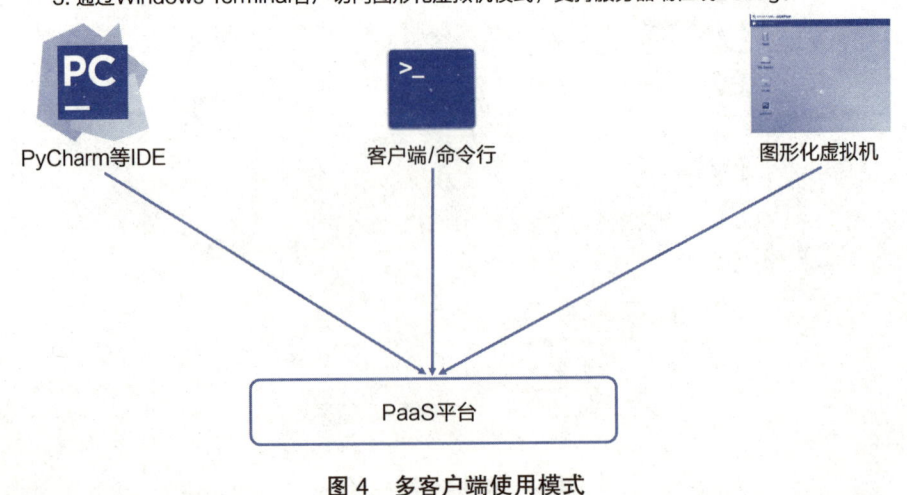

图 4　多客户端使用模式

4. 从开发/测试环境到生产环境以及相应的异地生产灾备环境

智能云平台的运行环境针对开发/测试用户的诉求提供了大功率的 8GPU 运行环境，用户开发测试和训练完毕的模型，可以直接部署到使用低功耗 GPU 服务器的生产环境之中，同步提供了安全高效的多租户隔离地生产运行环境。最后系统还为生产环境提供了异地灾备及定期的数据同步服务。

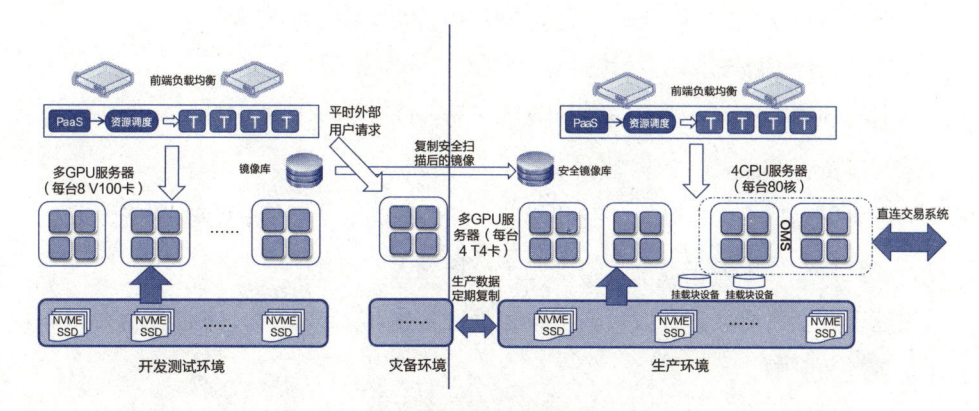

图 5　异地生产灾备环境

（三）智能云平台以及智能应用的发展过程

1. 实施周期及过程

（1）第一阶段（2017 年）

为响应中信集团双创号召，中信证券鼓励立项人工智能内部双创项目，中信证券人工智能团队由此成立于 2017 年初。国内外金融机构目前人工智能领域的应用多数集中在辅助投资经理、研究员、客户的投资决策上，而我们的智能投资体系将完全依赖机器自主独立作出决策。

研发并小规模测试多个智能多头交易策略（股票、封闭式积极基金、各 500 万元起始资金）。

传统的量化交易模型一旦上线使用后就不会改变，应对市场环境变化的能力差，而我们研发的智能交易策略会根据每天的新数据动态更新自己的策略模型适应当前的市场环境。

自主研发适合智能投资的机器硬件设备。

自主研发智能投资体系，采用 Google Tensor Flow 深度学习框架。

自主研发基于深度学习、强化学习的智能策略算法，在全行业处于领先地位。

（2）第二阶段（2018年）

预言家：机器自主预测股票每日涨跌幅。

"量子"纠缠：机器自主找到某只股票的相似股票。

智能择时：机器日内判断当前时点是否是好的买点或者卖点。

投顾组合：图灵系列投顾组合，提供客户一键跟单。

上线9000万规模的智能资管策略产品，成为第一只纯粹靠机器做决策的人工智能资管产品。

自主研发基于深度学习、强化学习、机器学习、大数据的各类智能投顾产品，在全行业处于领先地位，特别是全流程无人工投顾。

基于金融舆情数据，应用自然语言处理技术和知识图谱，实时控制突发事件对策略的影响。

利用深度学习、自然语言训练机器理解各类风控手段，从而实现自主控制回撤。

（3）第三阶段（2019年）

算法交易策略 AI-Algo 正式上线，满足客户大单拆小单需求，目前已开放给部分外部客户实盘使用，效果良好。

麦卡锡系列投顾组合：智能场外基金大类资产配置 FOF 策略。

纽厄尔系列投顾组合：智能衍生品跨品种、跨期套利策略。

西蒙系列投顾组合：智能结构性理财收益增强策略。

费根鲍姆系列投顾组合：智能 T+0 日内高抛低吸策略。

明斯基系列投顾组合：智能股票精选多头策略。

瑞迪系列投顾组合：智能 Smart Beta 策略。

（4）第四阶段（2020年）

研发股票对冲策略、融资融券及日内 T+0 策略，补充现有策略的种类，为客户提供多样化策略选择。

海外市场算法开发基于现有算法交易的研究成果及经验，在海外市场应用推广。

基金投资顾问服务平台客户端用于向投资者提供基金投资顾问业务，具体包括可按照协议约定向客户提供基金投资组合策略建议、代替客户作出具体基金投资策略的决策、代替客户执行基金产品交易申请等服务。

投资日报模块向公司客户经理提供了一个提升客户服务品质、增强客户黏性的标准化平台，公募基金、公募化资管产品以及研究部和公司投顾产出的各类产品服务，都可以作为日报素材向客户推送。

市场大数据模块以宏观、行业、舆情、上市公司等四个维度为线索，以国家统计局、财政部等权威机构发布的统计数据为主体，以万得资讯等数据服务商发布的数据为补充，向投资者提供了一个完整的数据分析服务平台。

定价估值服务模块向投资者提供了一个线上产品定价估值服务平台。完整产品类别覆盖固定收益、权益、远期/互换、期权和结构化产品等产品大类，包含30余种产品。一期版本提供固息债券和欧式香草期权两类产品的线上定价估值服务。

2.风险防控措施

（1）智能云平台、智能投资、投顾、投研、风控等智能应用上线以来未出现过风险事故；

（2）各项智能应用都有专职人员进行运维；

（3）各项智能应用都有灾备方案；

（4）智能应用生产环境跟开发测试环境物理隔绝，确保系统稳定运行；

（5）交易系统层面有严格的风控阈值确保智能投资，算法交易策略发出的订单不会发生黑天鹅事件；

（6）算法交易、智能投资策略在下单之前会做下单时点随机化处理以减少对金融市场的冲击。

三、搭建一站式人工智能云平台，实现人工智能投资投顾

（一）提供统一的数据、算力和研发运行环境的智能云平台

智能云平台是中国证券业内最早一批针对人工智能应用建立的云平台。目

Digital Economy + Technology for Good
数字经济 + 科技向善

前已支持 30 个以上人工智能应用，已经在智能投顾、智能投资、智能风控、智能文本处理等领域发挥作用。

本项目的核心功能就是针对数据、算力和研发运行环境这三类资源进行搭建、整合和维护以满足客户研发和运行人工智能应用的需求。

1. 数据

项目解决了数据分散、互不相通问题，对数据进行统一的规范和规划。为客户提供准确、高效、稳定、全面的金融数据服务。大大节省客户对于人工智能应用数据开发、处理、维护成本。

2. 算力

人工智能的主要成本就是算力成本，各部门单独采购算力资源不仅成本高、门槛高，而且由于每个人工智能应用场景不同，普遍存在算力资源的浪费现象，资源配置效率较低。而本项目提供统一的算力资源，所有应用按需、按业务优先级共享云平台的算力池，应用开发人员不需要关心算力资源的搭建、维护和升级。极大地降低算力成本，优化公司资源配置。例如，云平台为衍生品估值提供算力资源，运算速度较传统架构提高了 4500 倍。目前为股衍、库务、风控、财务、清算、中证投资和金石投资 198 个产品提供估值服务。云平台同时为公募等私募基金市场透视数据的计算提供算力资源。可在 5 分钟内完成对近 12000 只公募和私募基金产品提供收益率、波动率、夏普比率等的市场透视数据，并按照产品性质完成同类排名。

3. 研发运行环境

智能云平台提供各类主流的人工智能、机器学习研发框架，提供一站式人工智能应用研发、部署、运行方案。目的就是让人工智能应用研发人员只需要关心业务逻辑，脱离环境搭建的繁重枷锁，提高研发人员的工作效率。

（二）高覆盖面的人工智能投资投顾策略框架

目前国内市场上的智能投资投顾产品以传统量化模型为主，资产配置或者交易决策以人工专家经验为主，机器为辅，将投资自动化当成投资智能化。

中信证券自主研发的一套通用人工智能投资投顾框架，旨在运用深度强化学习理论，通过学习历史市场数据，训练机器进行二级市场投资，实现无人投资（无投资经理、无交易员、无研究员）。投资全流程没有人工干预，所有投资交易决策由机器独立完成，并且机器会根据当前市场环境和账户资金持仓情况持续自主学习调整策略以适应新的市场环境。

桥水基金创始人雷·达里奥在《原则》一书中说道"投资是一个反复的过程。您下注，失败（有时很痛苦），学习新知识并重试。在这个艰难的过程中，您可以通过不断的反复试验来改进自己的决策"。自达尔文阐明自然法则以来，这一原则对我们的适用程度显而易见，这对于交易决策也适用。这种直观的想法在人工智能领域被称为强化学习（Reinforcement Learning）。

强化学习是智能体（Agent）以试错的方式进行学习，通过与环境进行交互获得的奖惩值（Reward）指导行为，目标是使智能体获得最大的奖惩值。强化学习把学习看作行动—评价过程，智能体基于当前策略选择一个动作用于影响环境，环境接受该动作后状态（State）发生变化，同时产生一个奖惩值反馈给智能体，智能体基于奖惩值和当前状态（State）再选择下一个动作，选择的原则是使受到奖励的概率增大。选择的动作不仅影响立即奖惩值，而且影响环境下一时刻的状态及最终的奖惩值。强化学习中的奖惩值是智能体对所产生动作的好坏作一种评价，智能体在行动—评价的环境中获得知识，改进行动方案以适应环境。

投资交易本质上是一个通过连续决策（每隔一段时间决定是否下单，下单数量和价格），在完成设定的目标量的前提下，获得更好的成交均价的过程。如下图所示，算法交易可以抽象成一个强化学习过程。智能体（Agent）代表算法交易策略。基于当前的市场状态（State）和上一步的奖惩值（Reward），智能体会生产一个交易指令（Action），交易指令的执行又会影响委托、成交、行情、实时绩效、账户信息等交易环境（Environment），从而产生一个新的状态和奖惩值。对于买入的算法指令，当成交均价小于市场均价时，奖惩值为正；对于卖出算法指令，当成交均价大于市场均价时，奖惩值为正。正的奖惩值反馈到智能体会使其强化类似的下单决策，负的奖惩值反馈到智能体会使其倾向于避免类似决策再次发生。通过正负奖惩值不断滚动的反馈刺激调整其内部参数，使得智能体有更大概率跑赢市场均价。

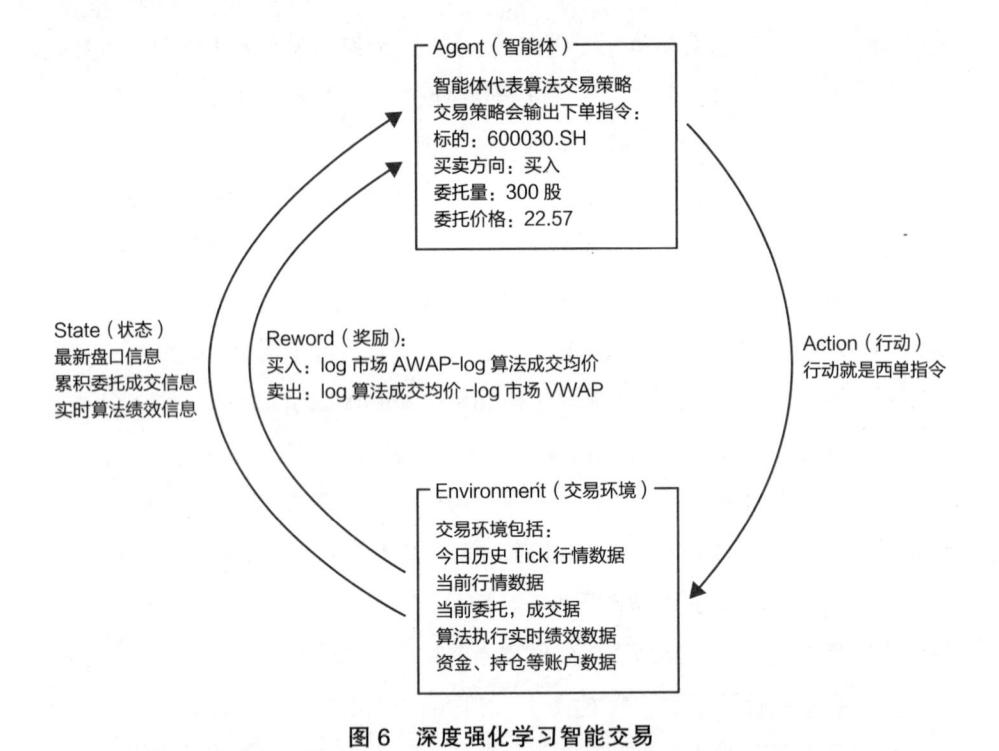

```
                    ┌─────────────────────────┐
                    │ Agent（智能体）          │
                    │ 智能体代表算法交易策略    │
                    │ 交易策略会输出下单指令：  │
                    │ 标的：600030.SH          │
                    │ 买卖方向：买入           │
                    │ 委托量：300 股           │
                    │ 委托价格：22.57          │
                    └─────────────────────────┘
```

State（状态）　　　Reword（奖励）：　　　　　　　　　　Action（行动）
最新盘口信息　　　买入：log 市场 AWAP-log 算法成交均价　　行动就是下单指令
累积委托成交信息　卖出：log 算法成交均价 -log 市场 VWAP
实时算法绩效信息

```
                    ┌─────────────────────────┐
                    │ Environment（交易环境）  │
                    │ 交易环境包括：           │
                    │ 今日历史 Tick 行情数据   │
                    │ 当前行情数据             │
                    │ 当前委托，成交           │
                    │ 算法执行实时绩效数据     │
                    │ 资金、持仓等账户数据     │
                    └─────────────────────────┘
```

图 6　深度强化学习智能交易

　　深度强化学习（Deep Reinforcement Learning）本质上是深度神经网络（DNN）和强化学习的结合，是目前人工智能领域最前沿的科研领域之一。深度强化学习将深度学习的感知能力和强化学习的决策能力相结合，是一种更接近人类思维方式的人工智能方法。深度学习具有较强的感知能力，但是缺乏决策能力；而强化学习具有决策能力，无法处理感知问题。因此，将两种机器学习方法结合起来，优势互补，为复杂系统的感知决策问题提供了解决思路。谷歌人工智能 Deep Mind 团队带头人 David Silver 将深度强化学习定位为可以解决任何人类工作的通用人工智能方法，宣称通用人工智能（AI）= 深度学习（Deep Learning）+ 强化学习（Reinforcement）。实践中，我们熟悉的 AI 围棋选手 AlphaGo、AI 星际争霸选手 AlphaStar 的核心算法理论便是深度强化学习。强化学习的投资决策能力前文已经介绍了。在深度强化学习中，深度神经网络的作用又是什么呢？实际上深度神经网络被用来挖掘交易状态（State）和交易指令（Action）之间的内在关系，并基于当前交易状态，输出最大可能获得奖励的交易指令。

中信证券智能投资投顾框架可以覆盖市场所有主流的策略类型和证券类型；业务类型既可以是财富管理业务，也可以是资管或者自营交易业务；服务客群既可以是长尾客户，也可以是高净值个人客户和机构客户。

四、实现多领域突破，提供高效、便捷和多样化服务

（一）智能云平台，提供广泛估值服务

云平台目前已支持 30 个以上人工智能应用，已经在智能投顾、智能投资、智能风控、智能文本处理等领域发挥作用。云平台同时为衍生品估值提供算力资源，运算速度较传统架构提高了 4500 倍。目前为股衍、库务、风控、财务、清算、中证投资和金石投资等 198 个产品提供估值服务。

（二）智能投顾，满足客户的多样化需求

"AI 投顾"是中信证券人工智能团队基于智能云平台自主研发的智能投顾产品，目前 7 个系列 23 只智能投顾组合产品覆盖了市场上主流的策略类型，策略绩效总体都非常不错，2019 年全年通过公司信 E 投累计服务客户 989 万次，日均服务客户 2.7 万次。

智能投顾由于整个投资过程没有人工干扰，所有投资交易决策由机器独立完成，这样的投资策略具有稳定性高、成本低的特点，能够给客户带来符合其需求的投资收益。智能投资投顾框架可以覆盖市场上主流的策略，可以满足客户的多样化需求。

（三）智能算法交易，独立完成下单决策

中信证券自主研发的全智能算法交易策略 AITWAP3，旨在运用深度强化学习理论，通过学习历史 A 股 Tick 行情数据，训练机器学习算法交易策略（交易时机、数量和价格类型的选择）。所有下单决策由机器独立完成，并且机器会根据当前市场环境每日持续学习调整策略以适应新的市场环境。截至 2020 年 12 月 21 日，智能算法交易累计成交 3.61 亿股，累计交易金额 39.09 亿元，

优于市场均价 2.82 个基点。

（四）智能资讯应用，助力风险识别和业务发掘

智能资讯项目，通过监控业务部门关注的监控标的，极大地扩大了业务部门对市场舆情覆盖的范围和提高了实时性，助力业务人员提高风险识别和业务机会发现能力。舆情应用目前覆盖公开资讯网站 200 多家，覆盖主流资讯频道 2000 多个，日采集并处理资讯平均 5 万多条。

（五）智能风险识别应用，辅助风控和投资决策

通过系统实时抓取新闻事件，利用自然语言处理技术将相关的上市主体和风险事件提取出来，并分析其对哪些上市公司主体有正、负面影响，从而指导业务人员做出风控和投资决策，相比人工风控，效率更高，响应速度更快，系统处理流程框架如下图。

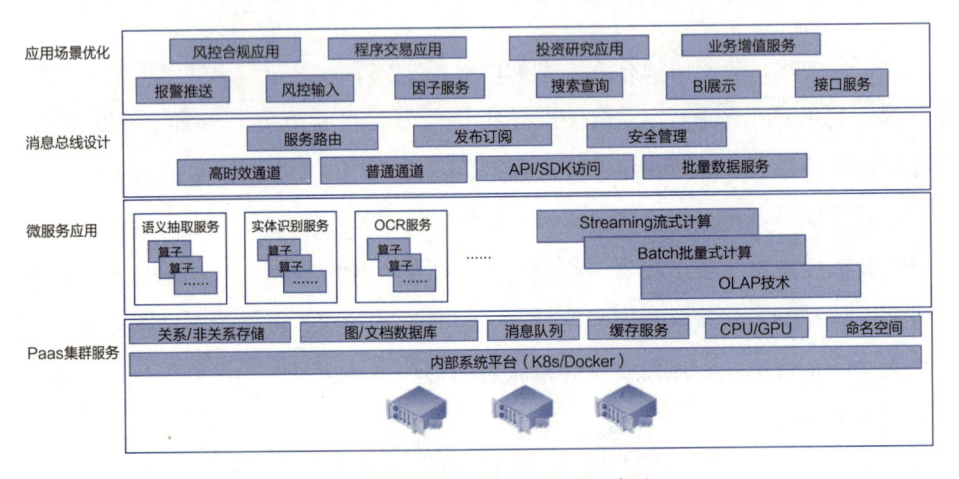

图 7 智能资讯 NLP 处理流程框架

平台底层使用集群管理系统 Kubernetes 管理所有的服务器硬件。Kubernetes 是 Google 开源集群管理系统，在 Docker 技术的基础上，构建全新的容器管理的分布式架构领先方法，实现了部署运行、资源调度、服务发现、弹性伸缩和动态扩展等一系列完整功能。同时扩展多层次的安全防护和准入机制、多租户应用支撑能力、透明的服务注册和发现机制、内建智能负载均衡器、

强大的故障发现和自我修复能力、服务滚动升级和在线扩容能力、可扩展的资源自动调度机制以及多粒度的资源配额管理能力。

（六）智能文档抽取应用，提高运营效率

以托管业务为例，托管业务涉及的几千份合同，每个合同含有 200 多个业务要素需要关注。通过人工抽取，每份合同需要 30 分钟左右，现在使用机器进行智能文档自动抽取，每份合同 2 分钟之内完成处理，云平台提供的托管私募基金合同要素抽取和 OCR 服务，大大提高了部门处理托管合同的运营效率。

（七）智能客户外呼应用，减少人工回访工作量

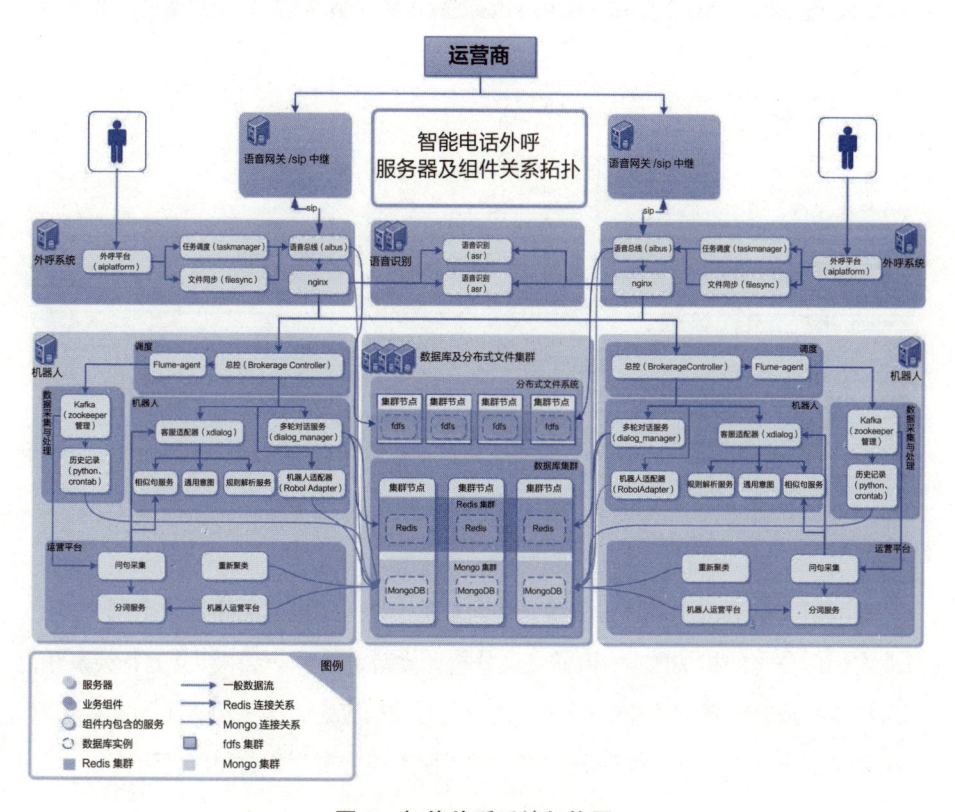

图 8　智能外呼系统架构图

在智能客服方面，智能外呼系统通过拟人化的机器人外呼，可大量减少人工座席的回访外呼工作量，按照 2019 年系统统计数据，减少约 76% 的人工外

呼工作量，智能外呼机器人在服务过程中需要对姓名、机构名称、合约信息、业务信息变量进行准实时语音合成，采用云平台 GPU 服务资源，可确保个性化语音合成声音效果的准确性和与固定播报话术的连贯性，经实际上线验证，合成效果几乎没有机器人的痕迹。

（八）智能投研与自动报告，提供研究便利

基于人工智能等技术自主开发的智能投研系统，每日会及时生成当天个股全景和行业跟踪报告，交易日系统自动生成个股研报、北线资金流向、宏观流动性日报、行业日报、ETF 基金日报和债券 ABS 等六类报告。

图 9　自动报告系统

提醒研究员进行研究报告覆盖，特别是关于重大盈利风险事件，会同步列出行业内相似公司的相关数据，供研究员分析和比对，对于公告中涉及的各类事件，每日自动生成公告摘要报告，及时推送各个行业研究组，大大节省了研究员获取资讯和个股事件的时间，使研究员更专注于深度报告撰写和公司深度研究。

（九）人工智能在证券领域应用的创造性获奖案例

● 2020 年 10 月，获深圳市福田区香蜜湖金融科技创新项目优秀奖。

- 2020年9月，受邀参加深交所举办的金融科技界（证券）行业交流会并发表人工智能在证券领域应用主题演讲。
- 2020年9月，录制证券业协会举办的"证券机构数字化转型与证券科技创新"公开课《中信证券智能云平台以及智能应用》。
- 2020年8月，《中信证券智能云平台以及智能应用》刊登在《中国证券》杂志2020年第8期。
- 2020年7月，获中国证券业协会与清华五道口主办的"证券机构数字化转型与证券科技创新"活动十佳征文。
- 2020年1月，获中信集团科技创新类"中信品牌理念践行奖"，是我司唯一获奖项目。
- 2019年9月，在上交所《交易技术前沿》杂志发表题目为《应用深度强化学习实现智能投资》的论文，系统地阐述了中信证券如何应用人工智能领域最前沿的深度强化学习理论研发智能投资投顾产品。
- 2019年1月，中信证券作为大陆唯一的券商代表在第二十三届两岸金融合作研讨会就"智能投顾的应用与发展"这个议题发表主题为《中信证券在智能投顾领域的实践》的演讲。

五、关注底层人工智能技术成熟度，契合业务场景具体需求

人工智能技术在券商领域的应用总体上可以根据券商业务的特点划分为前台智能应用和中后台智能应用。人工智能在券商领域的发展趋势依赖于两方面的条件：一个是底层人工智能技术的成熟度，一个是业务场景的具体需求和发展趋势。

从技术上来说，比如应用深度强化学习技术实现的各类机器人已经能打败最顶级的围棋、星际争霸选手。我们把投资交易也看成一个博弈游戏，应用这类技术做投资交易决策的效果目前正在稳步逼近人类顶级水平。券商、基金公司也都在快马加鞭招募人工智能相关背景的人才做投资交易策略。

然而基于自然语言语义处理的各类技术，由于底层技术的瓶颈，很难达到

Digital Economy + Technology for Good
数字经济 + 科技向善

人类专业水平，比如替代人类同声翻译，理解语言文字中的深度含义以及正负面的信息。例如，银行的客服热线现在大部分都有智能客服的概念，尽管能解决部分客户需求，但是大多数客户拨打客服热线就是希望直接找到人工座席解决棘手的问题。智能客户很难解决复杂客户诉求，而简单的客户诉求大部分通过手机 APP、微信公众号就可以解决，智能客服成为一个没有太多实用价值的噱头。目前市场上充斥着各类基于自然语言处理技术的智能应用，也有非常多的创新科技公司贩卖相关的产品，但是总体上炒概念的成分比较多，实用价值比较少。除非底层的自然语言语义技术有本质的突破，能训练机器达到普通人类对语言语义的理解能力，不然永远只能作为一个噱头用于市场营销。

从业务层面来说，数字化、自动化、程序化程度较高，数据质量较高的业务智能化的发展也会更快更好，比如证券交易相关的业务：财富管理、投资咨询、自营交易、资产管理、风险管理等。相反，目前依然需要大量人工参与的业务人工智能技术所起到的作用有限，比如投资银行业务。

从岗位层面来说，依赖数据做分析、判断、预测、决策的投资经理、交易员、研究员等岗位被机器替代的概率较高。这些都是机器学习技术比较擅长做的事情。从国外的经验看，也是大势所趋。相反，依赖理解人类语言语义，跟人打交道较多的岗位被机器取代的概率比较小，例如销售、营销、客户经理等岗位。

目前各大券商都在人工智能领域布局，在有限的资源下怎样合理高效的投入是十分重要的。总体来说，跟证券业务紧密联系的前台应用（例如智能投资策略、智能投顾、智能算法交易等）应该采取自主研发的方式以保持跟同业差异化的竞争优势；跟证券业务紧密相关的中后台智能应用可以选择跟厂商一起合作研发——以券商内部人员需求管理为主，具体研发外包给厂商的模式。通用人工智能应用采取直接采购的模式，重点是找到与之匹配的应用场景。加强短期难见成效的噱头智能产品的评审过程：底层技术是否理论上支持预期的效果；广泛参考海内外行业是否有实际场景应用；客观评价用户实际满意度。

海通证券

数字化劳动力 RPA 研究与实践

一、流程自动化机器人的广泛探索

金融行业对于业务运营的要求极高，目前证券公司在业务运营方面主要存在：（1）自动化能力不足，需要投入大量宝贵人力、物力和财力。（2）业务流程普遍存在着监控不全面。（3）业务系统竖井式建设导致业务流程不能无缝集成，业务需要在多个系统进行操作。作为应对上述挑战的重要技术，流程自动化机器人（Robotic process automation，RPA）在业内受到了广泛的重视和探索实践。RPA 是在人工智能和自动化技术的基础上建立的、以机器人作为虚拟劳动力、依据预先设定的程序与现有用户系统进行交互并完成预期任务的技术。

海通证券 2016 年制定了五年科技发展规划，以"统一管理、自主可控、融合业务、引领发展"为指引，以客户为中心，打造智慧海通。作为智慧海通的关键技术之一，海通证券在 RPA 技术创新与实践领域投入了大量的资源，取得了丰硕的成果。在实现丰富应用的基础上，海通 RPA 进行更多项创新：通过与业务的深度融合，实现其对业务需求的快速响应和部署；通过与其他前沿技术的结合，实现业务流程端到端智能改造；通过多机器人协作机制，实现对于高负荷任务的高效协同处理；通过引入人机互通、数据全景可视化技术，实现对自动化流程的高效监控；通过研发机器人商店，令"人人可用的 RPA 机器人"成为可能。目前，RPA 已在应用中取得了丰硕的成果。

二、打造对公司业务的快速自动化赋能和持续优化的服务支持

(一)海通 RPA 形成业务和技术紧密合作的新工作模式

海通 RPA 旨在覆盖海通全集团用户,赋能业务发展,提高业务效率。RPA 项目结合业务需求,制定了业务需求规范准则,形成业务和技术紧密合作的新工作模式,实现对公司业务的快速自动化改造和提供持续优化的服务支持,实现降本增效。RPA 基于原子化、部件化的设计理念,确保技术架构的可复用性、灵活性,遵循绿色软件理念,部署方便、快捷、简单。

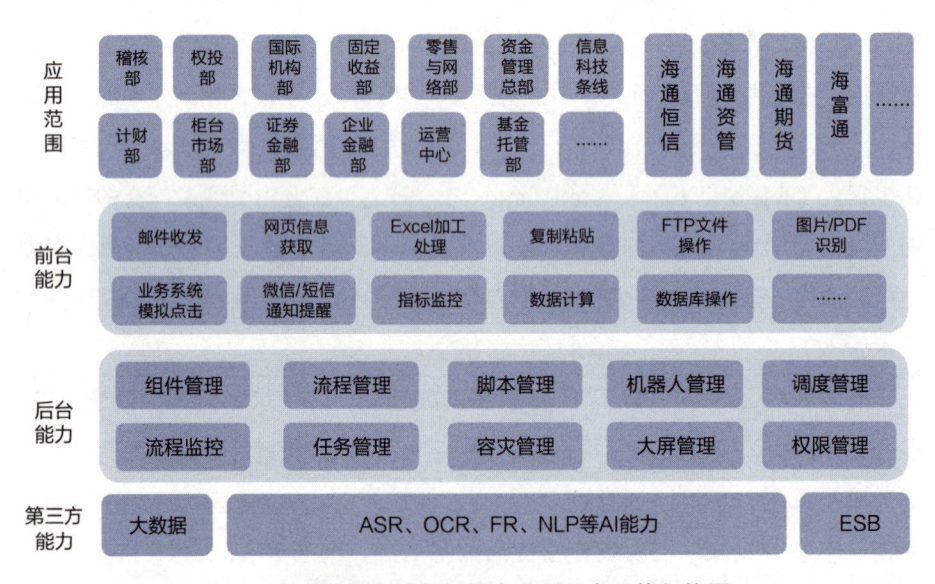

图 1 海通流程自动化机器人项目平台总体架构图

如图 1 所示,海通流程自动化机器人平台整体架构主要分为三层:前台能力、后台能力、第三方能力。(1)前台能力是指 RPA 机器人可模拟人类完成的一些前台操作能力,接收由服务器端调度的命令任务并进行执行,如日常邮件收发、网页信息获取、excel 操作、数据加工处理等操作。(2)后台能力主要包含流程管理、调度管理、机器人管理、组件管理、权限管理等后台开发和运维能力,进行统一资源管理和调度的分配,提供成熟的开发平台支持快速业

务流程的开发和投产。高度灵活的控制台管理各类任务的整体生命周期，定时调度资源并负责下发执行脚本，对整体机器人的运行情况提供全方位的监控，实现对流程执行全过程的可视化实时交互，支持流程节点的快速登录操作，以及故障的快速定位和修复。整体建设具备良好的可复用性以及可扩展性。（3）第三方能力是指RPA对第三方能力资源的整合，可以快速整合系统能力，公司基础能力越强，RPA的触手能力也就会越广泛。

  同时，流程自动化机器人平台形成了独特的技术设计理念，并沉淀了技术资产。通过技术开发流程中的架构和代码来保证其稳定、可靠和安全，涉及框架设计、开发规范、权限管理、代码库、安全策略等方面。在整体的框架设计层面，充分考虑到业务流程的复杂度、业务量、关键事件节点、判断逻辑、核查点等业务影响因素，并衡量机器人的运行时间、运行时长、运行环境等技术影响因素，进而在流程执行前、执行中、执行后三个阶段应用最适宜的设计理念；在研发流程层面，从大量的实战项目中提取总结经验并设立了一套开发规范与标准，从目录、命名、注释、版本、日志、排版、数据结构等多个维度出发，对整个项目开发内容进行管控，从而提高项目效率和质量；在运营治理层面，本着"集中管控"的原则，兼顾自动化流程的部门职责、运行环境、执行权限，形成海通流程自动化机器人权限管理办法，在满足企业规章制度的情况下，进行机器人相关资源和权限的管理；在研发效率层面，将业务流程中常见的操作和动作封装成不同组件，并进行统一管理，形成一个安全可靠、高效便捷的资源库。通过上述组件库的建设，减少了开发成本，规范了开发模式，提高了研发效率。最后，安全作为RPA开发的重点关注要素，贯穿于整个设计与开发环节：在主要的参数配置安全、信息存储安全、信息传输安全、网络安全、物理环境安全、日志安全、代码安全、组件安全等方面均针对性地采取了相应的措施。

  目前海通RPA软件机器人平台已经积累3000多个智能函数工具，可以满足各种应用场景的需要，且对接多种开放标准，支持主流脚本语言，支持各种采集协议，可以持续构建机器人的生态链条，实现平台自身的可持续拓展。同时，海通证券还建设有大数据、区块链、人工智能、企业服务总线等基础能力平台或设施，RPA可以快速与之结合，完成对更多场景的赋能。

（二）海通 RPA 建立数字员工应用场景遴选 F-F 模型

根据 RPA 的技术特点，其适用于具有高重复性、存在既定逻辑的流程。RPA 机器人擅于完成登录程序、移动文件、读写数据、打开网页、收发邮件等操作。但如果面对涉及大量实物操作且相应内容无法电子化、业务规则经常变化、文件格式时常变动、需要大量人为主观判断或者目前还存在其他技术瓶颈的场景，RPA 往往力有未逮。针对上述问题，海通自主建立了如图 2 所示的数字员工应用场景遴选 F-F 模型，针对业务场景输入、业务场景筛选、场景评估、效益评定等方面建设了标准的方法和评估措施，制定关于需求受理的评估方案。根据四大"评估因子"——流程规则、业务执行规模、可行性评定、收益评定（具体描述请见表 1），对候选应用场景进行综合考量，选取最合适的、最有业务价值的流程进行自动化改造。

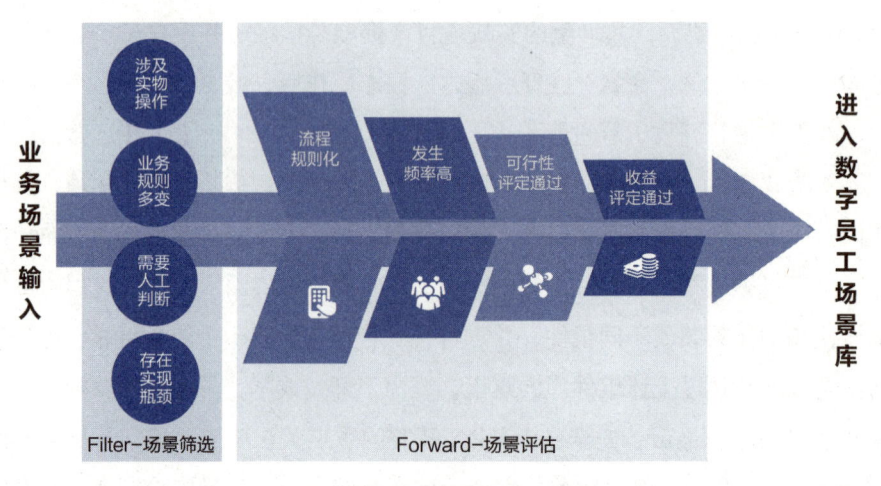

图 2 业务场景遴选 F-F 模型

表 1 RPA 场景评估因子

标　准	描　述
流程规则	流程稳定性、规则稳定性、信息来源格式稳定性
业务执行规模	业务执行周期、业务执行频率、执行次数
可行性评定	合规性、网络连通性、系统复杂度、异常处理、兼容性
收益评定	处理时间、出错率、投入人力成本、耗费时间

(三)海通 RPA 推广过程中的问题和挑战

2016 年,海通 RPA 投入应用,最初对其的推广实施主要限于运营中心;自 2018 年初起,推广至基金托管部和计划财务部;2019 年到 2020 年期间实现其在全公司各部门的大范围推广。另外,在 2020 年更签署了 RPA 集团化协议框架,支持子公司的部署扩展。

在上述推广过程中不可避免地需要应对一些问题和挑战:

部分业务部门员工可能一开始会对 RPA 数字化员工产生抵触心理,认为 RPA 把他们的任务工作替代以后,他们的岗位可能会存在风险。针对这一点,海通 RPA 采用多种手段帮助大家认识到,RPA 只是辅助大家完成一些重复的、低价值的任务,并不是要替代真人员工,而是令大家腾出手来创造更多成果。逐渐地,业务人员切实感受到了 RPA 机器人的价值。

RPA 程序辅助员工完成任务的同时,也掌握了大量的员工账号信息,业务部门员工担心此类敏感信息泄露。针对这个问题,目前规定程序中的账户跟密码信息都必须加密以后方可保存在脚本中,同时自动化程序的管理权限也只有业务员工拥有。并且,任何 RPA 相关的需求都会先经过合规部门审核,在进行敏感任务的自动化处理时,关键环节必须要经过员工的审核跟确认后才可以进行后续的处理。

目前海通 RPA 已服务总部 13 个部门以及 4 个子公司,如此大范围的使用也为 RPA 的治理带来了很大的挑战。作为应对,海通证券制定了 RPA 需求流程规范,所有的 RPA 需求必须经过正式的需求流程提出,先经合规风控审核通过,才由软件开发中心进行开发实现,需与业务方一同进行异常风险评估并确定控制运行风险的应对手段,才可最终交付。另外,每个 RPA 流程,设立专人负责制度。

应对问题和挑战的同时,相关团队还选择主动出击,制定专门的推广方案,持续扩大 RPA 在海通内部的品牌影响力。在公众号中宣贯"RPA 就是数字化、数字化就用 RPA"的思想,令员工了解数字化劳动力在处理繁重琐碎事务方面的深厚潜力;在金融科技刊物中宣传,加大行业影响力,引起各部门领导的关注;研究市场上针对财务、运营等特定领域 RPA 的深入实践,整理特定领域的实践路线与场景,和相关业务部门共同开展 RPA 课题研究;面向全公司组织展开交流活动,邀请深度使用 RPA 且从中获取显著收益的部门作为嘉宾进行交流,鼓励更多部门加入 RPA 应用实践中。

三、海通 RPA 人机互通,高效赋能业务发展

海通 RPA 在技术和业务场景实践中的创新点有如下具体场景。

(一)快速满足业务需求,赋能业务效果显著

RPA 具备快速实现部署并帮助员工完成大量重复工作的潜力。通过与业务方的深入协作,实现合适的应用场景的选取,最大限度地发挥了该技术的优势。

以资金前端控制数据报送为例,此流程由海通证券基金托管部负责,需要从资产托管清算系统导出深圳与上海的资金控制数据文件,然后对文件格式进行处理,每天定时报送到上交所跟深交所。该项流程对所报送数据的准确性要求极高,虽然规则非常清楚,但每日在数据导出、格式转化、数据校验、分类报送等环节仍需进行大量的手工作业,很难保证数据的准确性,甚至偶尔会出现忘记报送的情况。针对上述情况,业务团队梳理了基本的流程对数据节点以及规则,借助 RPA 技术对该流程进行自动化改造,设计 RPA 机器人对数据进行辅助处理。在监管合规的前提下,RPA 替代了大量的手工操作,令流程处理效率提升 33%,提高了业务数据处理的及时性和准确性。

(二)RPA 结合智能技术实现更大层面的端到端改造

传统 RPA 可归于基于规则的人工智能(Artificial Intelligence,AI),擅长处理单一、重复和标准化的流程,但仅限于应对那些早已在规则中写死的情况,这限制了传统 RPA 应用。为处理更复杂的业务场景,技术团队将传统 RPA 技术与其他前沿智能技术,如字符识别、自然语言处理、语音识别等技术,深度融合,显著扩充了其能力。

通过将 RPA 和其他智能技术结合,海通证券已实现对一些复杂的流程的

端到端的数字化改造，而这是先前单纯采用传统 RPA 无法达成的。比如网上开户的智能审核的流程，网上开户是证券公司一个很重要的开户渠道，每笔开户，审核人员都需要依照固定的流程，对开户要素进行梳理审核。目前，海通证券每年通过网络进行开户的客户可达几百万人，因此这方面的工作量巨大。然而，传统 RPA 是无法对各个审核要素项进行自动化识别的。针对这一挑战，海通 RPA 借助模式识别技术构建专门的智能审核模块，实现了对共计 5 个大项、22 个子项内容的高效识别与预审，审核人员仅需在此基础上进行复核即可。通过此项工作，海通网上开户效率得到大幅度提升，开户时长方面，平均处理时长减少至 0.91 分钟，缩短了 44.85%；人均日处理量方面，较分散运营阶段提高了 3.63 倍。同时，审核差错率也得到了大幅度的降低，有效控制了分支机构业务办理全流程，降低了操作风险，新开户基本实现零差错。

（三）机器人高效协同处理高负荷任务

传统 RPA 一般仅采用单个机器人完成任务，而海通 RPA 针对复杂业务流程的需求，为机器人赋予"协同"这一智能特性，令多个机器人能够通过合作共同完成某一负责任务。在协同工作中，各机器人随时待命，分工明确，指挥调度做到界面化操作，并触达技术接口对接层面。

以基金托管部基金外包产品估值自动化流程为例，每天约有数千产品需要完成对应的估值对账工作，且对数据准确性要求非常高，该任务向来极其繁重，需要设置专人专岗。但随着基金规模的持续增长，持续增加专职人员处理此事的方式成本上已无法接受。因此，海通研发 RPA 机器人协同处理技术应对上述难题：当基金规模增长时，只需要对应增加更多的 RPA 虚拟员工便可以进行应对。目前通过多个 RPA 虚拟员工协同分工处理，如图 3 所示，基金托管部每天在上班之前就可完成当天的估值对账的工作，只需要在数据核对方面投入少量人力便可。实践证明，借助 RPA 协同技术，该项工作不仅处理速度更快，更重要的是数据准确性更高，大幅度提升了员工的工作幸福感。

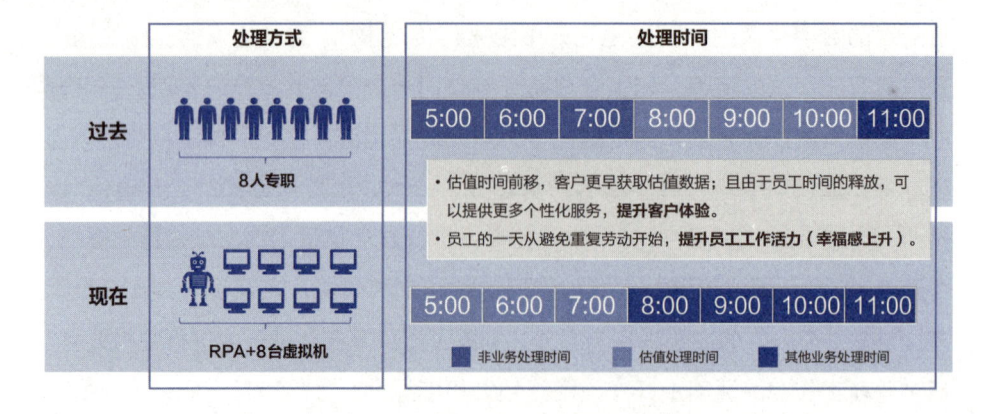

图 3　基金外包产品估值自动化流程

（四）人机互通、数据全景可视化监控

除了通过 RPA 机器人实现作业自动化，海通 RPA 平台还提供实时查看整体任务执行情况的功能，做到了流程的可视化、可监控。RPA 平台还提供了大屏快速灵活定制的功能，开发人员可以通过前端组件拼装的形式快速定制监控页面，动态绑定监控指标数据。对于一些即使无法直接从系统接口获取的数据，RPA 还具备从业务系统页面快速抓取的功能。目前海通证券已针对不同业务领域定制开发了多款监控大屏，如清算监控大屏、智能审核大屏、重点流程试点提醒大屏等。证券业务和 RPA 自动化平台的结合，以全景可视化的方式为业务运营提供了监控方面的保障，实现了监控工具、监控数据的价值优化。

（五）研发机器人商店，实现人人都可以订阅的 RPA 机器人

随着 RPA 在海通的广泛应用，出现一些高重合度的需求场景，如何充分利用已有的机器人而非重复开发去满足这些需求，这是海通急需解决的问题。面对这一问题，海通选择积极研制 RPA 机器人软件商店，对可共享的 RPA 基础能力进行统一管控。RPA 机器人通过应用商店实现对通用场景机器人与定制场景机器人的订阅、启动、暂停以及删除等功能。RPA 开发者可以通过云端向各终端的商店推送机器人，根据业务需求整合更新机器人功能，避免重复开发。用户也无须分别安装众多 RPA 应用程序，通过商店即可实现机

人的使用及运行过程中的状态监控。目前海通 RPA 已研制微信聊天机器人、值班提醒机器人、合同校验机器人、发票验证机器人等众多专用机器人，员工可以在线浏览商店，并下载自己感兴趣的机器人到自己本地进行使用，通过建设人人都可以订阅的机器人商店，令每位员工都享受到 RPA 技术带来的便利。

四、持续打造各领域的专属机器人，助力业务发展和创新

海通证券早在 2011 年已在自动化运维方面开始探索 RPA 技术的实践应用。2016 年，海通证券运营中心率先实现了核心业务运营的综合监控及清算自动化，并在后续的业务运营中拓展了多项自动化场景。2018 年起，随着应用场景的不断丰富，计划财务部、基金托管部、证券金融部等部门纷纷引入 RPA 产品，近三年场景增长率均保持在 37% 以上，预计未来几年仍会保持高速增长。截至 2020 年底，RPA 已推广 10 多个总部部门，包括 4 家子公司，总部已拥有业务机器人代理数量 137 个，涉及自动化流程 247 个，基本涵盖运营、零售、财务、清算、估值、报送、监盘、日常管理等证券业常见业务场景，每日节省人力至少 259 小时以上。财务机器人在费用报销、采购到付款、总账到报表、税务管理等几类典型流程上提质增效；运维机器人在设备发现、数据备份、配置检查、变更等日常任务场景帮助 IT 运维实现重复工作的自动化；清算机器人实现清算过程操作自动化，实现清算的监控、操作、管理规范化，确保清算安全、稳定、高效进行；估值对账机器人在资产估值核算流程中，实现估值之前的文件处理和之后的对账、发送邮件、同步数据等工作。随着对专业领域场景的深入挖掘，海通证券持续打造各领域的专属机器人，助力业务发展和创新。

目前，海通证券 RPA 已深入扎根到业务部门中，开发人员与业务人员持续沟通挖掘新的自动化场景，助力甚至引领业务快速发展。业务部门使用 RPA 的场景数量、流程的自动化能力已经逐步开始成为衡量其信息化水平的重要指标，RPA 作为人工智能技术落地的加速器，使业务流程变得更加智能。

Digital Economy + Technology for Good
数字经济 + 科技向善

（一）海通 RPA 带来社会经济效益

1. 为集团降本增效

首先，随着 RPA 的持续推广，降本增效成果最为显著。目前，海通总部 RPA 每日节省人力 259 小时以上，为公司大幅节约人力成本。并且，RPA 相关系统平台已全面部署到行业领先的海通金融云上，这相当于缩减了 100 多台实体的 PC 机器，缩减了公司的硬件采购成本。RPA 可以快速实现异构系统的互联互通，节省了相应的开发改造成本。另外，自主可控的海通 RPA 软件平台目前已支持集团化部署，子公司可以无限制地根据业务需求进行部署，节省了集团化扩展的成本。

2. 提升业务服务能力

海通 RPA 已在多个部门落地应用。对于 RPA 需求较多的业务部门，将会有专职技术人员驻扎，在保障业务自动化流程稳定运行的同时，满足第一时间响应业务方的开发支持需求。在服务好业务部门的同时，RPA 技术人员也已深入业务中去，与业务人员共同挖掘新的自动化场景，主动引领业务发展。

3. 提升合规风控能力

截至目前，海通证券在期权定价审核、市场风险监控、证券开户、债券包销、舆情报送、监管报送等细分领域陆续部署了 RPA，支撑了账户管理、交易执行、风险管理、内部审计以及客服等运营环节。同时重要业务操作会通过微信、邮件、短信进行机器人自动提醒，对相关人员进行及时的提醒督促。海通 RPA 在确保工作质量的前提下及时完成合规风控任务的需求，获得企业管理层与实际操作人员的满意反馈与推荐。

（二）海通 RPA 获得行业广泛认可

近两年期间，海通 RPA 相关工作获得行业广泛认可。多家证券、银行、保险行业公司前来海通证券进行参观与交流，海通证券也在 2019 年中国 CIO 消费者大会、第十五届信息化领袖峰会、2020 年中国人工智能产业联盟大会、云应用分会等金融科技创新行业会议上多次分享 RPA 最佳实践。并且，相关工作获得中国计算机用户协会云分会云鹰最高成就项目奖、RPA 中国年度最佳实践案例等多个行业奖项。2021年4月，海通证券顺利通过中国信通院RPA系统和工具应用成熟度首轮评估评测，成为行业首批通过此项评估的证券公司，相关工作获得最高等级评价且荣获"RPA应用优秀案例"。同时，海通证券作为RPA产业推进方阵"RPA产品能力标准编写单位"，参加行业标准"机器人流程自动化评估规范"的制定，为提升行业RPA技术应用整体规范化水平，促进其快速有序发展贡献了一份力量。

五、打造中国领先的科技型投行

海通证券一直秉持"集团化、国际化、信息化"发展战略，以"统一管理、自主可控、融合业务、引领发展"为指导，持续加大信息科技投入，积极拥抱金融科技的发展浪潮，加强金融科技的研究应用，赋能业务，打造中国领先的科技型投行。目前海通证券RPA仍处于高速增长期，未来还会在如下方面持续开展更多的工作。

（一）RPA数字员工的运营治理

可以预计，未来RPA数字员工将越来越强大，而对其的运营治理将越发重要。对于RPA数字员工，需要进行全面监控和安全治理，这就要求建立健全完善的数字员工运行监控机制，以全盘掌控其流程运行的各种状态，如这些数字员工的分布、健康状态、管理、分配机制等。随着业务领域的拓展以及技术的进步，对数字员工的使用是一个持续演进的过程，只有将持续改进的理念一以贯之并付诸实践，才能建立一个不断进步、不断优化的数字员工体系。

（二）RPA与人工智能的进一步融合

RPA和人工智能技术结合后的应用范围非常广泛，除了完成基于规则的简单重复性工作，将RPA与机器学习相结合，其便能够完成身份信息智能审核、文本智能识别与分析、服务场景辅助决策、个性化推荐等智能性要求更高的工作。传统RPA只是执行预先定义好的流程，无主动决策能力，需要人在初始化和运行的过程中参与监控，确保实施的准确性。而随着人工智能技术

Digital Economy + Technology for Good
数字经济 + 科技向善

的日益发展，RPA 将进化为智能流程自动化（Intelligent Process Automation，IPA）。IPA 的功能更加完善，并可在复杂场景中进行智能决策。面对这一愿景，海通证券在科技创新的路上砥砺前行，将继续积极实践 RPA 与前沿智能技术的结合，进一步提升其应用场景的覆盖面，并为其安上"眼睛"、"耳朵"、"嘴巴"以及"大脑"，令其具备自主识别、分析、决策和执行的能力，引导其向真正的流程智能转型升级。

华泰证券

"行知"——机构客户专属金融服务平台

一、机构客户服务平台的发展

在金融科技席卷行业的浪潮之下，主动拥抱数字化转型、用科技重塑业务发展的新模式已成为头部券商的共识。2019年，华泰证券正式提出科技赋能下的财富管理与机构服务"双轮驱动"发展战略，启动数字化转型，用数字化思维和手段全面改造前中后台业务管理模式，加快数字化能力沉淀。同年，立足"用科技与人的相融诠释机构数字服务"核心理念，华泰证券启动建设公司级机构客户专属服务平台"行知"，切实打造行业领先的机构客户服务品牌，为机构客户提供全新的数字化服务体验。

借助华泰证券强大的金融科技能力，2019年7月"行知"正式发布，经过一年多的迭代与发展，已初步形成集"研究服务、投行服务、信用业务、金融产品、路演直播"为一体的一站式综合金融服务平台。通过平台化方式为机构客户提供多样化的特色金融服务，"行知"切实提高了对机构客户的服务响应速度和服务质量，助力机构客户与业务资源的高效互动。

二、打造开放的机构客户专属金融服务平台

（一）平台化的特色金融服务

1. 系统化业务架构

"行知"平台业务架构，主要分为业务前端、通用基础服务、运营后台三大模块。业务前端承载了应用场景的前端与业务编排的主要能力，通用基础服

务主要包括智能撮合引擎、视频基础服务、即时通讯等基础服务，运营后台涵盖平台的内容管理、用户管理、活动管理等。

（1）综合式业务前端

业务前端包括研究服务、投行服务、信用业务、金融产品、路演直播用户侧服务应用。实现了聚合研究服务、金融产品、路演直播信息服务的前端，针对投行、融券通的复杂业务场景，涵盖投行项目营销、意向收集、在线申报的业务编排，以及融券通实时券源供需行情、融入融出委托交易、券源自动撮合匹配等服务。

（2）高效式通用基础服务

通用基础服务包括智能撮合引擎、视频基础服务、即时通讯等模块。

智能撮合引擎借助数字化撮合平台能力，通过计算客户融券及出借订单、融入融出合约变更订单，智能撮合供需需求，实现系统自动成交、券源自动划转等一体化流程，无须额外的人工干预。

视频基础服务通过在线视频输出与互动技术，实现路演直播的线上化，支持多方多渠道视频同步接入能力，有效支持了业务前端的线上路演场景服务。

即时通讯模块为"行知"和用户之间提供了更迅捷而便利的沟通渠道，实现内容消息的实时推送，保证信息触达及时高效。

（3）统一式管理运营后台

运营后台承载了平台的内容、用户、活动管理等能力。提供了平台展示信息、推送内容的配置管理服务，基于CRM系统能力统一管理用户信息，构建营销活动的管理后台。

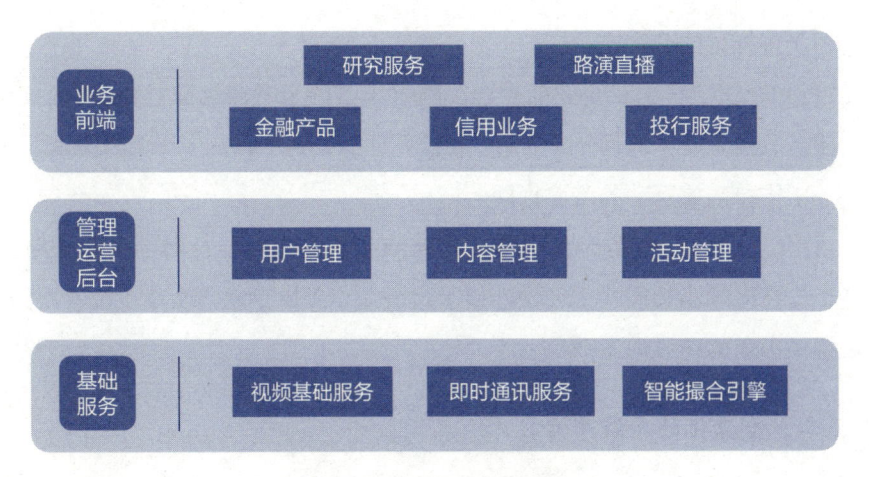

图1 "行知"业务架构图

2. 多样化核心业务场景

经过两年的发展，"行知"目前已上线了四个业务模块和一个功能模块，分别是研究服务、投行服务、信用业务、金融产品和路演直播。

（1）零距离的研究服务

研究服务零距离，投资决策一点通。目前华泰证券研究所各研究团队已全面入驻"行知"，从宏观、固收、策略、金工，到金融地产、大周期、TMT、大消费等，全领域、全行业覆盖，提供24小时触手可及的权威深度研究服务。研究报告、远程会议、音视频产品、研究资讯、投资组合、数据库、线上路演、大型论坛、联合调研等多样化内容，带来不一样的服务体验。

（2）高效性的投行服务

综合展示华泰联合项目信息、业务动态、数据资讯，支持IPO和可转债项目申报备案、定增项目意向函提交功能，实现一键下载模板、拍照上传材料、即时查询结果，投行服务更简单、更快捷、更高效。

（3）实时性的信用业务

"行知"作为全市场首个开放式线上证券借贷交易平台——融券通平台的移动端入口，为参与者展示实时行情，提供丰富的券源标的。客户一键融入、快速出借、平台智能撮合，让信用业务拥有更大的空间。

（4）多样化的金融产品

"行知"深谙机构和企业的需要，提供丰富的金融产品配置和便捷的定制咨询服务，涵盖债券、期权衍生品、收益凭证等，满足客户多样化的投资需求。

（5）支持高效互动的路演直播

"行知"紧贴后疫情时代上市公司路演交流的需要，及时推出"云路演"功能，支持多种直播模式，轻松连接上市公司、领域专家与全球投资者，为全市场提供高效的在线沟通平台。

（二）垂直化的系统平台技术

系统平台部署方面，依照各系统职能进行垂直化设计的原则部署，不同系统应用各自管控自有领域的职能，以确保业务以最合理的形式展开和拓展。技术架构主要分成以下几层。

1. 从客户需求出发，实现多渠道用户接入和操作

"行知"从客户实际需求出发，系统化整合机构服务场景和资源，通过多种渠道（APP、邮件、短信、微信等）提供服务。

提供公网服务能力，极大限度地满足用户多场景下的业务诉求，实现机构服务能力搭建，全面提升客户服务的质量。

2. 以标准协议接入，确保关键网络行为隔离

用户主要访问入口为互联网开放网关，以互联网标准加密协议接入，经防火墙和保障策略层接入。管理员限制为内网接入，外网不开放入口，确保信息管控安全。

安全网关以及访问保障安全网关多策略确保接入安全，同时多地多活灾备，确保用户访问业务进展正常，标准协议接入和管控，确保整体网关安全稳定。

3. 运用垂直分布原则，保证核心业务网稳定运行

核心业务网内部部署，代码独立隔离管控，关键数据独立环境保护。集中管控各系统访问权限，减少产线风险。

职能系统遵循能力设计垂直分布的原则，各系统职能垂直分布、相互解耦，最大限度上保证业务运行的稳定性。

（三）层层把关的安全风险控制

系统针对保密性的要求，分别从用户适当性控制（含权限控制）、用户权限管理、用户敏感行为追溯以及系统安全监管等方面入手。主要体现在如下方面。

1. 用户适当性控制，避免信息外露

根据用户属性以及适当性范畴，给予用户对应权限，避免出现不适当信息外露的情况。

2. 多维度用户管理，保障用户权限

从系统管理员到普通用户，采用用户分层、分级、分角色的多维度管理方式，确保用户的适用权限范畴。

3. 行为监控机制，预警用户敏感操作

部署运行敏感行为监控机制，用户发生敏感行为后，实时记录用户敏感操作，及时预警并进行问题后续追溯。

4. 系统信息安全防护和主动监控，部署垂直化防御

安全防护：底层信息平台与业务平台之间，建立消息传递加密和推送通知机制。各系统依据本身职能，垂直化部署自身的信息安全管控和防御。

主动监控：底层实时监控各系统运行情况，针对异常波动，建立实时预警机制，减少风险情况的发生。

（四）建设一站式综合金融服务平台

2019年，华泰证券确立了科技赋能下的财富管理与机构服务"双轮驱动"发展战略，构建以"用科技与人的相融诠释机构数字服务"为核心理念的机构客户数字服务体系，启动公司级机构客户服务平台"行知"的建设。2019年7月，机构客户专属金融服务平台"行知"对外发布。

经过一年多的发展，"行知"上线了四个业务模块和一个功能模块，分别是研究服务、投行服务、信用业务、金融产品和路演直播。

三、以系统化、平台化模式为机构客户提供多元化金融服务

（一）多元、高效、便捷的产品服务创新

1.24 小时触手可及的多样化研究服务

"行知"在 2019 年上线之初，就致力于提供多样化的研究服务内容。目前，"行知"研究服务在服务内容和展示形式上都有了全面的升级，覆盖了图文、专题合辑、音视频、视频直播互动等多种形式，支持研究所高效开展机构研究服务内容的创作与发布。

通过《金股组合》《华泰周刊》《数据库》图文专辑《研究之声》定制音频栏目《固收分析框架系列培训》《华泰视角》等"行知"爆款音视频栏目，为用户打造了多元化的线上研究服务体验。

2.在线对接海量券源供需信息，便捷参与证券借贷业务

华泰证券精准把握科创板推出后对融券业务带来的历史性发展机遇，以科技赋能业务，对证券融通业务进行了全面的数字化转型，推出了首个全市场开放式的线上证券借贷交易平台融券通。基于对机构客户移动接入的需求洞察，同步通过"行知"上线了融券通平台的移动端入口，为证券借贷市场参与者提供了便捷的接入渠道，全面对接融券通平台海量的券源信息和高效的智能撮合引擎，为客户提供触手可及的服务体验，具体包括。

（1）实时行情：高度整合市场券源供需信息，实时展示转融通标的行情，支持自选行情和支持模糊查询。参与者可实时查看意向标的融入利率、融出利率、融券余量等关键信息。

（2）线上委托：将券源借入需求和出借需求由线下沟通申请改为线上自主委托，无须经过客户经理和总部业务人员的层层对接，可在交易时段随时随地提交委托，秒速下发至后台进行撮合匹配。

（3）智能撮合：撮合引擎根据特定规则算法，对出借、借入委托进行匹配，支持实时撮合、竞拍撮合、预约撮合等多种模式，满足各类复杂撮合场景的业务需求，高效快速撮合上游出借供给和下游融入需求，并实时揭示撮合信息。

（4）合约管理：可随时查看合约状态，并可自主对合约进行延期和提前了结，极大降低沟通成本。

此外，"行知"基于自身平台优势，在对接融券通平台的基础上，在小程序端推出轻量化的出借模块，让出借客户不再受限于经纪账户体系的束缚，无论证券是否托管在华泰证券，均可轻松提交出借意向，对接海量的融券需求，为构建全市场开放式证券借贷业务生态圈提供了更加有力的支撑。

3. "投资银行"线上申报，动态实时"掌"握

打破"邮件、传真、电话"的传统投行服务工作模式，针对华泰联合证券的项目，"行知"为客户提供IPO及可转债项目申报备案、定增项目备案申请功能，实现投行发行业务线上化服务。

在IPO及可转债项目网下申购前，投资者可通过"行知"完成申报备案；在定增项目申报环节，投资者可通过"行知"手机端，一键下载相关模板、拍照上传材料、即时查询结果。

4. 紧贴客户需求推出线上路演，高效连接全市场参与机构

2020年初暴发的疫情给很多线下活动按下了暂停键，对机构业务的开展带来了极大不便。适逢年报业绩路演季，"行知"基于华泰证券领先的金融科技积累，迅速推出线上路演直播服务，在公司自己的年度业绩发布会首发应用后，即全面推广服务至上市公司客户，及时满足了上市公司业绩路演的迫切需求。

在此基础上，"行知"深刻洞察各类路演活动的需要，相继推出多种服务模式，既可满足现场效果要求较高的业绩发布会、策略会、产品发布会等大型会议的直播要求，又可提供轻量化的直播模式，便于主讲嘉宾更加便捷地利用手机轻松建立与全球投资者的在线互动连接。

用户可在线观看路演直播及会后回放，参与文字互动、点赞，同时可以通过微信、朋友圈向好友分享直播活动，可极大提升对目标客户的有效触达。

路演直播服务自上线以来，深受广大机构客户和市场的好评，已陆续成功举办百余家上市公司业绩路演、省级上市公司协会与首席研究员系列远程培训、专家大咖在线业务宣介、线上沙龙、产品发布等多种直播活动。

（二）开发运营一体化体系

"行知"在用户运营、数据运营、业务运营、内容运营、活动运营和渠道运营等方面，积极探索运营创新，打造"行知"开发运营一体化体系。

以内容运营为抓手，持续丰富平台内容；借助活动运营和渠道运营，拓宽平台曝光度，传递平台价值，吸引更大范围客群的关注。同时，基于平台数据运营分析成果，积极推进业务运营，为机构业务的数字化开展提供了有力的支撑。多管齐下，在用户运营层面，"行知"取得了用户数和用户活跃度的双重大幅提升。

1. 以优质内容和用户管理为抓手，开展精细化运营

组建稳定的内容生产团队，一手抓优质内容持续生产，以直播、音视频、资讯和数据等多种形式呈现，提炼再生产易传播的精编内容，并通过内容标签体系初步实现内容的精细化管理。

通过对用户信息、用户轨迹、数据埋点的分析，一手抓用户的分类管理，并通过邮件、应用内推送、短信等多种方式，初步实现用户互动和精准推送。

2. 以机构客户诉求为核心，推进场景化运营

从机构客户的实际诉求出发，持续优化"行知"各业务模块功能，协同业务部门推进机构客户服务数字化，丰富"行知"机构业务场景设计，提升机构业务运营效率和用户体验。

（1）公司通过"行知"向全市场直播发布了首个线上证券借贷交易平台融券通，吸引了市场参与者的广泛关注，有效构建了融券通平台的品牌影响力。为配合公司融券业务的推进，"行知"推出视频专栏《融券说》，吸引站内观看人次超 2 万，普及融券业务的同时进一步宣传推广了融券通平台，通过对视频观看用户的分析，挖掘并跟踪潜在用户。协同业务和技术团队推出出借小程序，为更大范围的外部出借客户提供了更加便捷的出借意向提交渠道，进一步打开了潜在的券源拓展空间，扩大了平台的开放性。

（2）持续生产优质的研究内容，并不断完善产品功能，持续打造图文、专题、直播、音视频、资讯和数据等多种形式的研究产品，为用户提供更多的个性增值服务。将专业的研究服务内容通过"行知"平台进行了更加生动的展示，

推出了研究观点分享类、培训系列类、专家访谈类、大型会议类及音频栏目等各类音视频内容，满足全方位的研究内容需求。其中，研究观点分享、首席培训系列、固收分析框架系列是"行知"重点打造的面向机构投资者的精品视频栏目，上线以来，广受用户好评。

（3）针对投行业务特点，持续优化投资银行模块产品功能，重塑板块架构、逐步形成投行线上完整生态。整合并不断丰富投行企业客户及机构投资者客户需要的内容，并策划制作了并购系列课程、债券市场投教系列课程等。

3. 以全渠道和多样化活动为触点，深化开放式运营

一方面，通过构建"内部+外部"的全渠道推广"行知"：内部联合公司各销售部门，通过销售经理进行推广；外部联合各渠道伙伴，扩大"行知"推广渠道来源，向机构客户推广"行知"。

另一方面，通过"行知周年庆""行知观享季"等平台整体活动以及各业务线的专项业务活动的策划，增强"行知"品牌影响力。

四、实现多场景下的业务服务效能提升

（一）机构客户覆盖率和平台用户规模实现显著增长

2020年以来，"行知"机构客户和个人用户显著增长，已覆盖主要金融机构及众多企业客户。截至2020年末，"行知"机构客户覆盖与年初相比增长约2400%。

图2 2020年"行知"机构客户增长

（二）有效服务了机构客户在各场景下的多样化诉求

1. 依托研究服务触达长尾客户

依托研究所的投研能力和"行知"产品的功能灵活性，持续推出覆盖全领域、全行业的热门研报、音视频、电话会议、上市公司调研等多样化的内容。除头部客户外，还有效地服务了原来线下模式较难触达的长尾客户。

2. 通过信用业务提供整合化实时信息

"行知"融券通提供了便捷的移动端融券体验，将海量券源、实时行情、智能撮合有机整合，科技赋能融券，实现业务的数字化转型，让客户告别烦琐低效的线下沟通方式，只需关注自己的交易策略。在"行知"端，客户可随时查看最新的融券行情和融券余量，无论出借还是借入，均可一键下单，实时提醒，自助展期，全流程高效透明、尽在掌握。

3. 通过投行业务建设线上服务生态

"行知"综合展示华泰联合的股权及债券项目，投资者可在线完成IPO及可转债项目申报备案、定增项目备案申请。同时，围绕"债券市场解读""资本市场资讯""并购公开课"等投行专业领域内容，打造投资银行线上服务生态，满足机构投资者及企业客户的全方位需求。

4. 推出"云路演"满足多样直播需求

满足上市公司业绩路演、大型发布会、专家访谈、远程培训等在内的多种直播需求，轻松连接上市公司、领域专家与全球投资者。自2020年3月31日推出"云路演"至2020年末，举办数百场路演直播。

五、切实打造行业领先的服务品牌，提供全新的数字化服务体验

（一）秉承客户为先，提升服务质量

"行知"平台秉承客户为先的原则，深耕机构客户服务，以信息化手段，消除地域性空间阻隔、拓宽机构服务模式，提升机构客户服务效率，最终达到

提升客户服务质量，提高客户满意度的目的。

1. 消除地域性空间阻碍

疫情特殊时期，"行知"及时发布2.0版本，可支持投资者在线申报备案华泰联合的IPO和可转债项目，帮助企业及机构投资者在线参与业绩路演、电话会议、远程培训等，让机构服务能够跨越山海，以线上化、移动化的方式轻松触达全球客户。

2. 提升机构客户服务质量和效率

"行知"致力于以数字化手段提升机构服务质量。以信息技术手段，将原有的业务进行增速提效，让各类业务，从原先的"重线下""重人力"模式，逐步向着"信息化""智能化"方向发展，提升机构服务的效率和质量。

3. 拓宽机构客户服务模式

"行知"以系统化、平台化方式为机构客户提供多样化的特色金融服务，积极整合投行项目、研究服务、信用业务、金融产品等全业务链机构服务，为机构投资者提供更多元的在线服务。以新的互联网手段，融入机构业务服务中，拓宽机构业务服务模式。

（二）深耕机构客户服务，促进客户主动推广

1. 品牌建设提升用户黏度

在用户对接业务服务的关键路径，提供高效稳定的服务能力，并逐步培养在客户群体中的品牌认可度，培养用户的使用习惯，最终在用户群中形成"行知"品牌黏性。

2. 异业合作完善服务场景

深挖客户需求，开展外部渠道合作，拓展异业资源。以各自平台既有的能力、资源进行整合，为双方用户提供更加完整和场景化的服务。最终实现双方更大规模的客户增长，提升客户服务满意度，最终促成业务落地。

3. 渠道深耕形成线下传播

以公司内部渠道为发力点，深耕线下既有客户群体。通过平台技术能力，为线下客户提供更加优质的服务，最终能够带动客户间主动传播。

（三）运用科技手段，发展未来"行知"

1. 未来的"行知"，致力于金融科技与业务的深挖

（1）投资银行服务

以信息技术手段，优化传统的业务流程，大规模地减少重复的人工作业，提升业务效率和准确率。

（2）信用业务

拓展用户侧的通道能力，确保信息更加准确高效地送达用户，为用户提供更高效、更便利的移动端操作体验。

（3）研究服务

强化研究服务，提升平台线上线下综合服务能力，为研究内容的生产者提供易用的生产工具，为用户提供更丰富的研究服务，提升机构服务质量。

（4）资管业务

优化业务流程中需要大量人力支持的工作，提升业务效率，提供用户端更便利的操作方式和平台，提升客户体验。

2. 未来的"行知"，更专注于产品基础服务能力的提升

（1）优化完善用户账号体系

进一步完善用户账号体系的建设，完善用户画像，让系统更加了解客户需求，提升机构客户服务质量。

（2）持续提升内容管理能力

应用 AI 技术，提升"行知"平台的内容生产、管理和输出能力。通过将 OCR（图像识别）能力和语义识别能力组合应用，对平台内容进行智能化识别、维护，从而实现内容智能化管理和输出。

（3）探索实现个性化精准推送

基于系统智能化地维护用户标签以及内容标签，基于用户特征进行内容的精准送达，以"千人千面"的内容送达为目标，不断提升用户获取内容服务的体验。

（4）进一步提升音视频服务能力

提升平台音视频服务能力，从音视频内容生产、传播、客户消费等多个方

面着手，提升产品使用流畅性，覆盖用户多场景下获取信息的个性化需求，提升用户音视频使用体验。

（5）丰富完善在线用户触达机制

搭建和完善用户关键信息送达机制，通过 App 推送、微信推送、邮件推送等多个渠道，搭建和完善用户信息触达机制，确保客户关注的信息能够及时送达，提升用户体验。

Digital Economy + Technology for Good
数字经济 + 科技向善

广发证券

贝塔牛智能投顾科技赋能财富管理转型

一、财富管理业务的兴起

如今，财富管理已成为高速增长的蓝海市场，市场潜力巨大，财富管理业务也成为广发证券五年战略规划的重点之一。当下理财市场主要存在以下两大痛点：一是投顾人员与客户人群比例失衡，客户经理所能提供的服务时长和质量远不能满足客户的需求。就广发证券而言，理财客户数大约为客户经理数的100倍。二是个人投资者普遍缺乏深度的金融知识，盈利困难。

值此背景下，广发证券财富管理团队确定了三大目标：（1）填补中小客户投顾服务的空白。（2）提升投资体验，让客户买得省心放心。（3）投资专业性输出，主要面向长尾用户。

针对以上目标，贝塔牛通过金融科技手段助力投顾服务。首先，在投前、投中和投后环节服务客户，使客户经理沟通更顺畅。投前，通过多媒体等形式，让客户充分了解理财产品，同时也精定位客户理财需求；投中，通过贝塔牛的一键下单、一键跟单等功能实现快速交易；投后，通过主理人观点更新、持仓分析和收益分析等功能，让客户服务质量得到深度保障。其次，通过一键买入、一键调仓的方式，让客户自主跟随策略主办人的仓位，让不懂理财的客户，被动跟随广发证券专业投研人员的操作。最后，通过线上的智能投顾系统投前、投后的全流程服务触达长尾客户，从而拓展客源。

二、打造智能化的一站式财富管理服务

（一）为中小投资者提供智能化的一站式财富管理服务

贝塔牛主要服务的流程环节为身份验证及协议签署、组合构建、一键跟单、预警及调仓等，为中小投资者提供智能化的一站式财富管理服务。

1. 整体流程方面

（1）身份验证及协议签署

目前，贝塔牛仅为开通广发通账户和交易账户的用户提供服务。广发证券用户在首次使用机器人投顾服务时需签署《机器人投顾风险揭示书》，在APP界面进入"贝塔牛理财"页面，可以查询智能投顾服务相关产品类型及日常交易行情数据。

（2）创建组合与跟单

客户通过界面一级导航"创建组合"，只需四步——选策略、填需求、看组合、保存，即可完成创建。创建后，贝塔牛将在交易日盘前推送初始化建仓建议，并在运行过程中持续推送买卖建议，客户可以选择组合，并一键跟单。其中，可以选择市价委托（根据盘中的市价进行委托）、限价委托（在交易时间外，用户自己设定委托价格）作为委托方式。

（3）预警及调仓

用户通过界面一级导航"我的组合"，可以查看组合中的信息，包括运行中、已结束的所有组合。点击组合即进入组合详情，可查看收益情况、最近调仓记录、持仓情况等。贝塔牛会在客户投资后持续对市场和客户选择的基金组合进行风险监测，如果市场出现明显波动，或者某基金发生重大变动导致现有投资组合与客户目标投资组合发生大幅度偏离，系统将发出风险预警。一旦贝塔牛理财智能服务系统向客户发出调仓提示，用户可以直接做出是否调仓的决定，也可以根据自己对市场的判断编辑及删除组合。重新命名组合及进行仓位调整，仓位控制一般有4成、6成、8成仓位3档选择。

2. 收费模式方面

盈利模式方面，贝塔牛大部分组合策略不收费，仅在稳健成长板块中对定

投基金策略收费，管理费为 0.5%—1.5% 每年，托管费为 0.1%—0.2% 每年。此外，各组合策略转换基金时，会向用户收取用于申购与赎回的转换费，其中行业春天板块以 C 类基金和货币基金为主，不收取转换费。整体上收费不高，合理的收费模式有助于增加客户黏性。

针对大众客户，通过数据分析匹配客户风险承受能力、收益预期与组合策略的关联度，通过线上触达并维护客户。

针对高净值客户，通过线下沟通，做好客户 KYC，以约定的投资策略为投资者提供指定账户投资和管理服务以及其他服务。投顾业务的内容包括投资策略生成、投资组合的建立和调仓、投资运作情况的跟踪以及理财规划建议等。

随着基金投顾业务试点的展开，广发证券也在积极筹备上线产品，顶层设计先行，在拿到试点资格后，将通过线上线下结合的方式开展业务。

（二）技术层面的创新

贝塔牛作为广发证券金融科技的创新产品，其核心技术包括金融工程 2.0、大数据技术和人工智能技术等，而云计算、微服务和容器化等则为基础技术，为项目实施保驾护航。

贝塔牛智能投顾的技术架构方案如图 1 所示。包括了基础层、中台层及应用层。基础层包括了大数据服务、集中交易柜台等基础设施，实现数据采集、资产清算等基础服务。中台层为广发证券针对财富管理业务打造的财富管理中台，为贝塔牛智能投顾的策略管理、组合管理、策略交易提供技术支持。应用层负责提供用户界面及交互元素，通过不断迭代开发，推出账户诊断、一键跟单等服务，大大提升理财服务的客户体验。

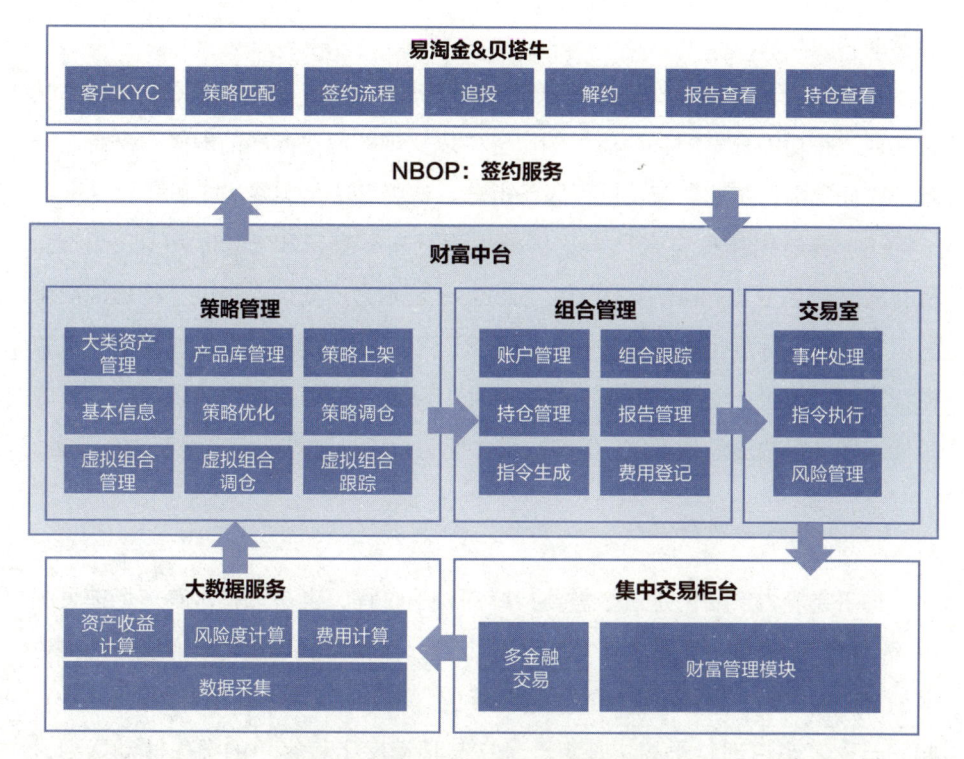

图 1　贝塔牛智能投顾技术架构方案

本项目的核心技术主要有以下几点：

（1）金融工程技术。在人工智能浪潮的驱动下，财富管理团队积极探索基于大数据分析的金融工程技术，并以此作为基础为智能投顾项目提供技术支持，发表了多份具有一定行业影响力的研究报告，受到了业内好评。

（2）大数据技术。在客户画像及产品画像技术的基础上，利用产品推荐模型，系统实时计算出符合客户投资需求的产品。这种能力基于广发证券的大数据处理技术。客户的账户收益、交易行为分析、投资偏好等均利用大数据平台实现，千万级的客户交易行为数据能在几分钟内处理完毕，处理后的数据推送到 Postgres、Elastic Search，方便用户实时查询。

（3）人工智能技术。主要应用在智能产品投研、智能产品推荐、客户分析、智能资讯服务等方面。结合人工智能的智能产品投研相较于传统的产品评价，其产品分析结果能够更具深度、动态性、自适应性以及预测能力。智能推荐算法设计中结合了传统智能推荐算法和金融产品智能画像，建立了适合金融产品推荐的智能算法。

（4）微服务技术。作为近年来在云计算背景下兴起的一种 SOA 架构，其旨在通过将功能分解到各个离散的服务中以实现对解决方案的解耦。系统坚守单一责任原则，按业务模块进行服务拆分，在服务层面实现功能解耦及复用。

（5）容器化和私有云技术。贝塔牛运行在私有云和 Eagle Platform 上。私有云平台基于 docker 技术自建，docker 技术为广发证券提供了构建标准化的运行环境，标准化构建方法和良好的 REST API，能很好地集成自动测试和持续集成/部署，资源占用小。Eagle Platform 平台使贝塔牛能以 DevOps 的最佳实践进行快速迭代开发，保障贝塔牛能 7×24 小时对外输出强有力的服务。

（三）建设与实施

将研究能力产品化是一个需要持续深耕的过程，也是一个富有市场前景的战略举措，贝塔牛一直致力于实现普惠金融，用券商的专业化研究能力造福更多的互联网客户，使之实现资产的增值保值。因此，贝塔牛在组合的类型方面，起先建立了小白理财类的货基组合，在某种程度上将客户的损失波动降到最低。后续为了满足客户更多更全面的理财需求，将固定收益类和权益类的组合慢慢纳入策略范围，从而形成了集现金理财、固收增强、稳健成长和热点挖掘等全方位主题的组合类型。这一方面能够满足客户的多样化需求，给客户带来更好的体验；另一方面也可以提高公司产品研究能力甚至行业的研究门槛，促进整个行业的健康发展。此外，贝塔牛也是目前基金投顾项目建设中建议型组合的雏形，为后续基金投顾项目的开展打下良好的基础。

智能投顾的建设，前期是智能，后期是投顾，二者相辅相成、缺一不可。贝塔牛的定位是一个智能投顾机器人，如何通过科技赋能实现自动化投顾服务，是广发证券必须思考的问题。在建设初期，面对单独账户清算、客户账户余额最大化分拆等技术层面的问题，需要做大量的技术攻克。但是随着基础能力的不断完善，贝塔牛发展的瓶颈不再是技术层面的问题，而是如何将投顾服务贯穿到客户持有产品的全链路里面，这就需要广发证券提供更多高质量的资讯和服务，同时也要对客户的时点需求进行精准的画像描述。

三、贝塔牛成为证券行业首家、金融行业首批上市机器人智能投顾项目

贝塔牛是证券行业首家、金融行业首批上市的机器人智能投顾项目，于 2016 年 6 月正式上线。贝塔牛将人工智能、大数据技术与投资顾问服务相结合，成为金融科技与证券服务相结合的典型案例。

贝塔牛为长尾客户提供专业的投资顾问服务，填补中小客户投顾服务空白。中小客户数量巨大，而理财顾问服务能力有限，平均一个客户经理约要服务 100 个客户，中小客户理财服务存在空白地带。贝塔牛智能投顾将人工智能、大数据技术与投顾服务相结合，提供 7×24 小时的专业投顾服务，填补了中小客户投顾服务空白。

贝塔牛大大提升了理财服务的客户体验，成为客户可靠的理财助手。贝塔牛智能投顾深刻洞察用户需求，不断提升用户服务体验，推出账户诊断、一键跟单等服务，大大提升理财服务的客户体验。

四、践行普惠金融理念

贝塔牛投资产出比率高，具备极高的经济价值。贝塔牛 2020 年 1—9 月的创收金额已达千万，是行业内为数不多能够实现盈利的智能投顾项目。截至目前，贝塔牛用户数突破百万，组合产品总销量突破 200 亿，非货基类组合的销量已突破 10 亿。

贝塔牛为百万客户创造了投资价值，真正践行了普惠金融理念。贝塔牛策略组合表现优异，其中权益类组合中的最高盈利比可达到 70% 以上（盈利比 = 持有该权益组合的客户 / 所有购买过组合的客户数），不仅为客户创造了巨大的投资价值，也提升了客户的投资体验。

贝塔牛为客户提供智能理财服务，提升客户理财体验。贝塔牛推出账户诊断、基金诊断、一键跟单等创新服务，提升服务专业性的同时大大节省客户的时间和精力，提升客户服务满意度。

五、进一步满足金融产品投资生命周期各环节服务需求

随着我国居民财富的不断增长，对理财投顾的需求将越来越强。金融科技将大数据、人工智能、云计算等技术引入券商的各项业务系统中，而智能投顾将是券商服务于客户的必备工具，未来贝塔牛发展将主要有以下几点。

（一）智能策略将走向智能与人工结合的 Hybrid 模式

大数据、人工智能基于各多维度的金融数据为专业的投资研究团队提供决策辅助功能。投研团队基于智能投顾的结果，形成对客户的投资建议。

（二）智能投顾服务的广泛化

智能投顾将不仅是一个单独的服务主体，而是深入客户服务的各个环节中。包括了解客户的投资意向，客户购买金融产品的适当性，产品购买后的服务跟踪，定期理财报告总结等。通过对客户信息、金融产品的分析，为客户提供有效的且具有针对性的资讯或产品信息，满足金融产品投资生命周期中各环节下的服务需求。

（三）线上账户管理一体化系统

账户管理是实践"买方投顾"的重要业务形态，将从投资顾问为客户提供操作建议的模式，走向投资顾问为客户代理执行操作建议的模式。对人工智能的策略建立起相应规范的运作流程，以及模式化的策略优化与绩效分析过程，通过数据化指标的监控分析对智能策略进行价值评估，构建有效的服务大众理财需求的智能投资系统。

兴业证券

基于数据治理的证券公司集团化大数据服务体系构建及创新应用

一、首创基于数据治理的证券公司集团化大数据服务体系

随着大数据、人工智能等技术的蓬勃发展，证券公司在不断加速数字化转型，数字化经营管理已逐步成为公司构建核心竞争力的主要抓手。[1]在合规合法基础上，深度利用数据洞察客户、优化业务流程、加强风险管控、提升管理效率等已成为主流趋势。因此，数据作为金融机构构建核心竞争力的重要资产，将对金融科技规划愿景实现、未来技术和业务超融合起到关键作用。如何利用新技术将企业内外部数据资产变现，通常需要克服如下挑战[2]：

1.企业数据爆发式增长，亟须一站式解决方案来应对PB级存储规模、TB级快速计算、多源异构访问、大吞吐数据管道等带来的架构挑战；

2.如何有效推进海量数据管理，统一数据标准、提升数据质量、安全合规用数、深挖数据价值，系统化推进数据资产管理，避免数据沼泽；

3.如何构建有效的数据服务体系，充分应用大数据技术推进产品快速创新，提升企业精细化管理水平、风险防控能力及客户服务能力，助力企业保持差异化的竞争优势；

4.如何构建证券公司的自助数据服务生态体系，将数据赋能业务人员，实现由传统IT驱动转变为业务驱动。

在此背景下，兴业证券以"数据资产化、资产价值最大化"为目标导向，

---

[1] 柏栋梁，袁宝城.数字化背景下的精准营销之路［J］.中国农村金融，2019（3期）.
[2] 何冬昕.金融科技监管需平衡金融创新与金融风险［J］.中国经济周刊，2019（23）.

Digital Economy + Technology for Good

数字经济 + 科技向善

在行业首创提出"存、管、用、智"四位一体的基于数据治理的证券公司集团化大数据服务体系,致力于加快推进集团级"全面、可控、有效、智能"的多层次数据服务模式转型,打通集团全域数据资产、实现数据服务共享、加强应用创新,可以满足快速业务发展、风险控制及精细化管理的需要,对提升企业综合竞争实力、抗风险能力、行业地位和市场影响力有重大意义。

二、形成数据存储计算至数据应用一体化创新服务模式

(一)一体化业务架构

兴业证券基于数据治理的证券公司集团化大数据服务体系架构是以数据治理为基础,以大数据平台为支撑,以业务场景应用为主要抓手,自上而下不断夯实高质量"数据湖"建设,推动数据创新应用,形成数据存储计算至数据应用一体化服务模式。目前已全面覆盖财富管理、合规监管、风险管控等多业务条线,有效助力企业数字化转型,在快速满足企业精细化经营管理、差异化客户服务、提升风险管控等方面取得全面突破。

图 1 大数据服务体系业务架构

（二）"全面、可控、有效、智能"的技术架构

基于数据治理的证券公司集团化大数据服务体系通过从"存、管、用、智"这四个点上发力，综合运用数据治理、大数据技术、敏捷BI、人工智能等技术，深度融合业务场景，BI+AI双引擎驱动，打造集团级"全面、可控、有效、智能"的应用技术架构，有效解决传统数据服务模式下，数据缺、质量低、应用多、创新难等问题，进一步完善数据服务体系，以满足业务快速发展、集团风险控制的精细化管理的需要。其中技术架构涉及：

1. 基于CDH大数据平台搭建，并深度融合业务应用场景自主研发自动化数据采集与调度开发工具、基于Flink完全SQL化实时数仓平台、零代码配置化的DataAPI等工具，提高数据资产入"湖"效率，有效推进集团全域数据资产统一存储与计算。

2. 建立健全科学的数据治理体系，探索并践行具有企业特色的数据治理实践路径，构建数据管控平台等技术堆栈，逐步实现统一数据标准，提升数据质量，为企业开展高质量、可持续发展的数据应用奠定基础。

3. 基于"管理、技术、业务"多维驱动自助数据服务生态建设，引入敏捷BI工具并做好数据运营管理工作，形成"共创、共建、共享、共赢"的自助数据服务生态。

4. 在AI技术逐步成熟和企业智能化应用场景需求的双重驱动下，整合内外部资源，探索智能应用场景，实现AI赋能业务，大幅提升产业化水平。

三、"存、管、用、智"四位一体的大数据服务体系

（一）数据集中"存"能力建设：基于大数据技术构建集团"数据湖"，支持海量数据集中统一存储及高效运算处理

本项目在合法合规的前提下，综合运用大数据技术开展集团"数据湖"的存储与计算。基于开源Hadoop生态技术，自主研发与数据治理成果深度融合的自动化数据采集与调度开发工具、基于Flink完全SQL化实时数仓平台、

零代码配置化的 DataAPI 等工具，简化大数据开发难度，提升开发效率。进一步完善软硬件基础设施，对大数据平台扩容，形成公司强大、高效、稳定的大数据存储和处理能力，为企业数据运营管理、精细化经营管理、体系化智能服务提供基础支持。

1. 基于数据治理的高度自动化数据采集调度开发

随着大数据平台的建设完成，平台承接了海量数据的接入，大量的数据采集任务、ETL 任务和各种查询任务，如何高效地管理、调度数据就显得尤为重要。因此，本项目选择了开源的任务调度平台 Azkaban 进行二次开发，并基于数据治理体系完成了深度定制，实现了数据采集、任务调度、文件导出、数据下发的全流程的自动化作业。平台可根据需求一键生成采集调度脚本，减少了数据人员的开发成本，同时配置有多样化的质量监控及调度监控，有效保证了数据的开发质量及安全管控。截至 2020 年底，日均完成 5000 多次的任务调度，覆盖多个业务条线。其架构流程图如下。

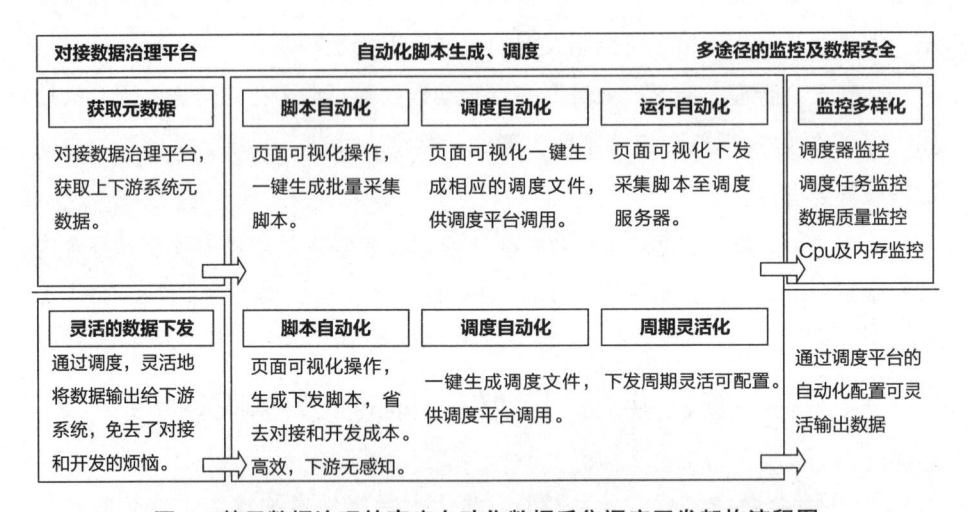

对接数据治理平台	自动化脚本生成、调度		多途径的监控及数据安全
获取元数据 对接数据治理平台，获取上下游系统元数据。	**脚本自动化** 页面可视化操作，一键生成批量采集脚本。	**调度自动化** 页面可视化一键生成相应的调度文件，供调度平台调用。	**运行自动化** 页面可视化下发采集脚本至调度服务器。	**监控多样化** 调度器监控 调度任务监控 数据质量监控 Cpu及内存监控
灵活的数据下发 通过调度，灵活地将数据输出给下游系统，免去了对接和开发的烦恼。	**脚本自动化** 页面可视化操作，生成下发脚本，省去对接和开发成本。高效，下游无感知。	**调度自动化** 一键生成调度文件，供调度平台调用。	**周期灵活化** 下发周期灵活可配置。	通过调度平台的自动化配置可灵活输出数据

图 2　基于数据治理的高度自动化数据采集调度开发架构流程图

2. 基于 Flink 完全 SQL 化实时数仓平台

通过对主流实时数据处理引擎架构的研究探索，自助构建基于 Flink 的 Apache Flink+CDC 工具 +Kafka+ 实时数据库（Kudu 等）实时数据处理的技术架构，实现实时数据的采集和指标计算，并按场景输出到 Kudu、HBase

等主流的实时结果数据库。借助 Flink Stream SQL 开发框架，实现了具有高并发、低延时、可配置化的实时指标开发平台，让大量传统 SQL 数仓人员也能承担大数据开发工作，提升了开发效率。

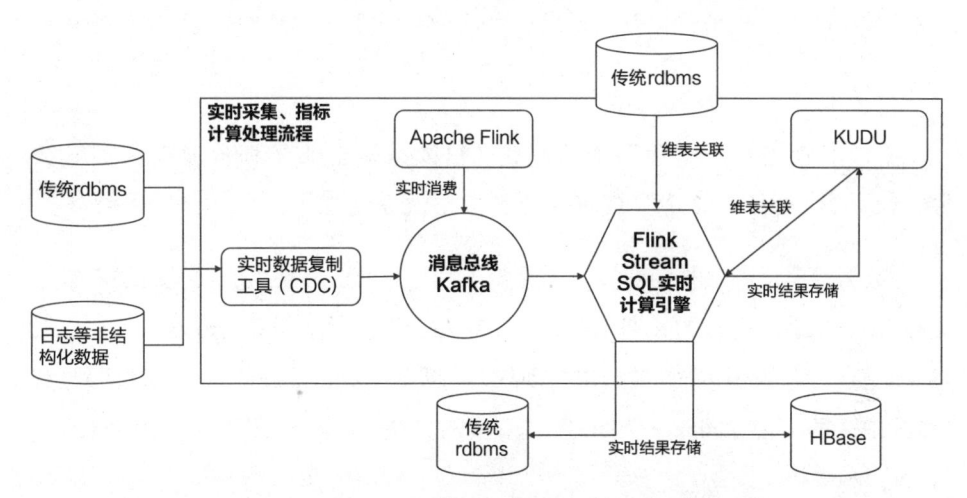

图 3　基于 Flink 完全 SQL 化实时数仓平台架构流程图

3. 高度配置化零代码的 DataAPI 工具

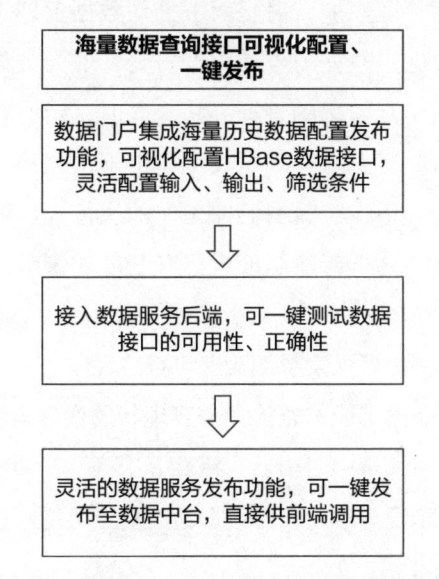

图 4　高度配置化零代码的 DataAPI 工具架构流程图

零代码配置化的 DataAPI 工具，可实现海量数据查询接口可视化配置，让纯数据库人员也具有 API 开发能力，实现零代码高度可配置化的数据服务开发能力，辅以中台一键发布功能，真正做到接口随配随用，快速支持数据产品化。截至 2020 年已完成快速可配置化数据服务接口配置功能模块建设，集成于数据门户，已配置化开发、上线上百个数据接口，实现零代码数据服务接口开发。

（二）数据统一"管"能力建设：积极探索企业数据治理可实践路径及构建"一核心六维度"数据指标标准全流程管理

数据治理是一项长期、复杂的系统工程，并非一蹴而就，而是围绕着数据资产价值创造为愿景的长期工作，需要自始至终紧紧地与业务战略、信息化战略相融合，结合公司发展的历史与现状，不断调整数据治理的定位以及切入点，持续地开展下去。同时，集团基于现有领先实践经验，正积极开展 ISO38505 认证。

1.建立"业务、技术、管理"组织架构，有序推进集团数据治理落地

兴业证券通过引入权威咨询，建立"业务、技术、管理"多方协同组织架构，明确内部数据管理职能，自上而下推动数据治理工作。其中以数据标准、数据质量、元数据、数据需求和数据安全管理为数据治理工作重点，制定并发布适用于集团实际情况的管理办法。同时，定期在集团内部进行数据治理管理办法及规章制度宣贯，以达成全司上下文化的认同，并辅以一定的奖惩措施与监察手段，适当将数据治理工作的执行情况纳入业务部门及分公司的考核范畴，另外，分析新建制度对已有制度的影响，使公司数据管理相关制度体系化。

2.基于集团现状，积极探索数据治理可行路径

基于集团现状，提出了标本兼治、兼容现状的治理方法论，推动以数字化转型为核心，涵盖事前、事中、事后、激励、上报、三方协作等"一核心六维度"的长效管理机制建设与落地，为数据治理奠定可行路径。

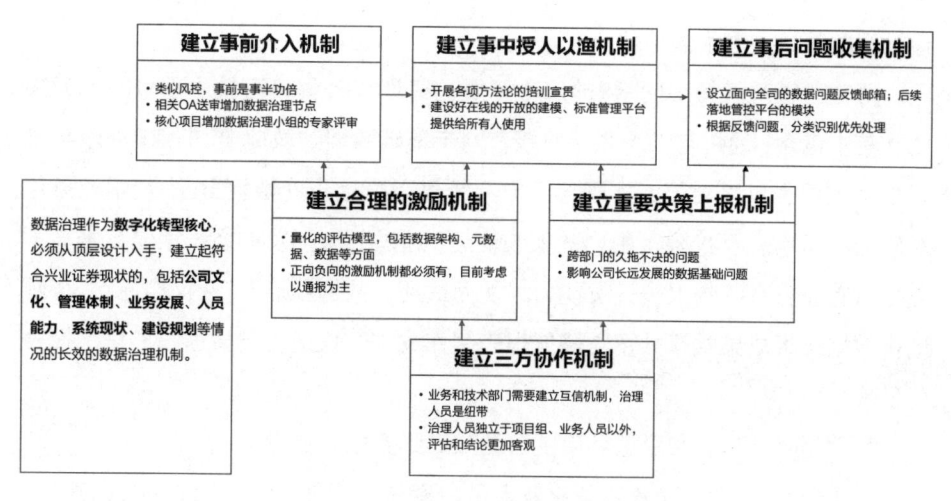

图5 数据治理长效管理机制流程图

建立事前介入机制
- 类似风控，事前是事半功倍
- 相关OA送审增加数据治理节点
- 核心项目增加数据治理小组的专家评审

建立事中授人以渔机制
- 开展各项方法论的培训宣贯
- 建设好在线的开放的建模、标准管理平台提供给所有人使用

建立事后问题收集机制
- 设立面向全司的数据问题反馈邮箱；后续落地管控平台的模块
- 根据反馈问题，分类识别优先处理

数据治理作为**数字化转型核心**，必须从顶层设计入手，建立起符合兴业证券现状的，包括公司文化、管理体制、业务发展、人员能力、系统现状、建设规划等情况的长效的数据治理机制。

建立合理的激励机制
- 量化的评估模型，包括数据架构、元数据、数据等方面
- 正向负向的激励机制都必须有，目前考虑以通报为主

建立重要决策上报机制
- 跨部门的久拖不决的问题
- 影响公司长远发展的数据基础问题

建立三方协作机制
- 业务和技术部门需要建立互信机制，治理人员是纽带
- 治理人员独立于项目组、业务人员以外，评估和结论更加客观

3. 持续推进数据治理工作信息化建设

推进构建数据管控平台等技术堆栈，逐步系统化提升数据质量。通过打造数据管控平台工具，实现了全司数据资产的快速查询、线上管理，提高数据管控工作效率和管控信息化建设，并实现与微信、短信、邮件及IP电话的对接，达到实时异常报警监控。

（三）数据"灵用"能力建设："管理、技术、业务"多维驱动自助数据服务平台建设，快速响应企业精细化经营管理需求

1. 自助数据服务平台体系架构

企业数字化转型对数据分析应用提出可更快、更准、更自由的要求，如何快速满足企业个性化经营管理需求，打破技术业务壁垒，实现由传统IT驱动转变为业务驱动成为当务之急。就此本项目基于数据治理的体系架构下，采用数据中心、数据仓库、数据集市等技术打造涵盖产品、交易、收入、资产、绩效核算、业绩考核等标准化的多维度多主题数据集市，并搭建成熟、稳定、敏捷BI分析平台，进而通过简单拖拉拽就可以让业务自助完成取数、用数、分析数据及开展精准营销等各方面的数据需求，同时辅助复杂问题采取技术与业务联合专题推进，实现数据分析工作逐渐向"业务主导的自助分析模式"发展。截至2020年，由业务自助输出案例达90%以上，提升业务流程效率3倍以上，

让沉淀的数据发挥最大价值。

同时通过对敏捷 BI 平台的二次开发,实现与公司自有技术平台的无缝集成。其中包含:通过与 OA 系统对接,同步基础数据到敏捷 BI 平台;通过与第三方系统报表权限对接,实现第三方系统可以直接查看敏捷 BI 平台中业务包对应的数据信息及权限范围内的报表信息;通过二次开发的系统集成技术,可强化自有业务系统的报表开发能力,从而达到"数据互通""互操作性",很好地将数据分析成果共享共用,降低报表制作成本,快速支持数据图形化、报表化呈现。

2.共创、共建、共享、共赢的自助数据服务生态建设

为实现数据赋能越来越多业务人员,聚焦"管理"+"人才"双向建设,保证自助数据服务生态不断产生正向效能。一方面,深度融合多业务应用场景,做好需求沟通、权限管理、上线规范等需求全业务生命周期跟踪,保证系统稳定运行。另一方面,兴业证券为企业总部、分支机构、子公司等中后台管理人员提供多主题多层次的系列技术指导,为自助数据服务生态沉淀业务型技术人才,并由成熟型分公司带动发展型分公司,平衡人力资源,共享业务成效,让数据发挥最大业务成效。

(四)数据"智用"能力建设:致力于利用挖掘算法及机器学习等方法,以大数据基础,充分结合业务场景,深挖数据价值

积极探索采用智能算法创新数据产品,如相似 K 线、个性化资讯推荐、基金估值、异常交易监测等。并将持续挖掘可落地的有价值的应用场景,包括智能客服、智能投顾(助手)、智能投研、智能投资、智能风控、智能运维等。密切跟踪行业和市场动态,采取充分整合利用外部资源来快速达成业务目标的策略。

1.行业领先的基金实时估值,优化用户使用体验

公募基金凭借其风险分摊、信息透明的特点,已成为投资者投资理财的主要选择之一。然而,基金公司通常在每天收市后才会对相关产品进行价值估算,投资者无法像 A 股一样及时地根据盘中的价格走势进行投资决策,极大地影响了投资者的投资体验。本项目以大数据技术为基础,采用基金季报公布的十大权重股权重及债权持仓权重等数据作为输入,每日盘后针对每只产品的

近期数据进行独立个性化回归建模，是传统券商中首家推出基金盘中实时估值算法应用的公司，估值准确率行业领先，能够给客户提供相对准确的基金盘中实时估算净值，帮助客户选择合适的申购和赎回时机。与此同时，通过结合我司 7×24 小时产品预约及基础化信息服务提供的产品详情和客户个人产品持仓详情信息，极大提高了用户的体验。

2. 基于风险匹配的产品精准推荐，提供差异化客户服务

在互联网金融影响力日益凸显的背景下，传统的金融营销模式受到了极大挑战。兴业证券以满足客户需求为核心，依托大数据技术，为客户精准地提供对接渠道和个性化产品服务，实现向数字化营销的全面转型，也为营销人员对客户的分析与筛选提供有效数据支撑。目前基于风险匹配的产品精准推荐已被应用于重点产品销售活动中。比如在某基金的销售期间，模型推荐客户的实际购买率为 21.56%，远高于分支机构自行推荐的实际购买率 6.02%，提升达 3.58 倍，这一提升比率在历次销售活动中曾高达 4.18 倍，显著地提升了营销效率，节约了营销成本。

3. 自主可控的相似 K 线系列产品，迭代优化专业投资辅助工具

K 线代表了股票的价格走势，也反映出人们对该标的价格的心理预期，能够辅助投资者进行投资参考。为了更灵活快速地提供给投资者有价值的历史 K 线信息，兴业证券自主研发了基于欧式距离与 DTW 距离的 K 线相似度计算技术，为投资者提供了相似 K 线和形态选股两大模块功能。选择以欧式距离作为等长 K 线段的相似度计算方式，DTW 距离作为衡量不等长 K 线段的相似度计算方式，这两种方法量化的结果在前端图形显示上和人眼观测的"K 线相似性"更为接近，且具有较高的计算效率，能够有效地支持实时计算需要。目前相似 K 线及形态选股主要使用万得以及 UT 行情数据，历史归档行情根据万得提供的复权因子进行前复权计算。其中，实时数据存储于 Redis 用于保证服务的快速读取，以支撑实时计算，同时对外使用 lua 提供实时 K 线匹配原子服务。目前能够实时搜索全市场最近 60 个交易日的相似 K 线段，平均反馈时间为 25.2ms。

4. 基于细分场景的配资模型研发，提升企业风险管控能力

证监会近年来已多次发文表态坚决持续打击违法违规的场外配资行为，然

而场外配资由于账户出借、伞形分仓系统等方式，无法通过数据直观地发现和排查，增加了合规人员监控的成本和难度，进而产生监管风险。目前根据场外配资的常见模式，共分为出借账户和分拆账户两种场景。指标从各个场景出发，使用由专家研究决定的各数据阈值进行场外配资行为监控，挖掘可疑用户行为。该模型已用于辅助各分支人员进行场外配资排查，在 2019 年算法首次上线时，经模型计算得出的可疑账户中，约有 23% 基本确认为疑似配资账户，远高于传统识别方式 0.86‰ 的识别率，有效帮助合规人员极大地缩小了排查范围，为场外配资行为的提前排查提供了有效的数据分析手段。

四、综合运用大数据技术，加快推进集团级多层次数据服务模式转型

为适应大数据时代下证券公司数字化转型新要求，本项目综合运用大数据技术，深度融合"BI+AI"双态技术打造数据运营文化，有效解决企业数据爆发增长、海量数据管控、数据服务供需不对称等问题，建立"存、管、用、智"四位一体的大数据服务体系，其中关键技术自主可控，已申请或获得软件著作权、论文论著、国家发明专利等多项研究成果。项目创新要点总结如下：

1. 自主研发基于数据治理的自动化数据采集与调度开发工具、基于 Flink 完全 SQL 化实时数仓平台、零代码配置化的 DataAPI 工具等系列大数据技术成果，可以显著提高公司大数据技术研发效率及应用水平；

2. 构建科学的数据治理制度体系，践行"一核心六维度"数据治理长效管理机制，以形成涵盖数据架构、数据模型、数据标准、元数据管理等数据治理方法论及工具栈，相关成果已在业内分享和推广；

3. 基于"管理、技术、业务"多维驱动理念，构建"共创、共建、共享、共赢"自助数据服务生态，助推企业数据经营文化形成，相关建设思路、实践成果等可供同业参考共享；

4. 以大数据为基础，聚焦特色业务场景，深入探索智能算法，自主研发"行业领先的基金实时估值""基于风险匹配的产品精准推荐"等，通过智能化构建企业差异化客户服务体系，有效助力企业业务发展。

五、利用新技术将企业内外部数据资产变现

（一）解决企业数据质量局限与数字化转型的矛盾

随着兴业证券不断加速企业数字化转型，不断深入数据的分析与挖掘应用，在推进企业数据赋能背景下，逐步出现了部分数据不完整、数据不一致、部分数据质量不佳、缺乏数据标准等问题。数据是业务与技术沟通的共同语言，只有高质量的数据才能有效驱动业务价值，助力企业数字化转型。

基于数据治理的证券公司集团化大数据服务体系架构，通过建设全司数据治理架构和专业化团队，积极探索证券行业数据治理之路，提升数据质量，推动高质量发展；通过建立自上而下数据治理组织架构，优化治理组织架构，明确人员分工；推动认责机制、元数据及指标管理等落地；制定数据安全措施，推进数据分级分类、数据安全管控等机制建设与落地；构建数据管控平台，逐步系统化提升数据质量。能够有效解决数据质量不高、输出效能低等问题，具有较强的行业示范作用及推广价值。

（二）解决技术服务资源局限与多层次数据服务需求的矛盾

随着企业数字化转型，数据运营支撑经营管理成为主流趋势，据2020年末统计，技术与业务人员比例将近1:40，技术服务资源局限与爆发式增长业务数据分析需求的矛盾越发显著，按照传统的数据服务模式，从业务提出需求到实际开发上线，常常需要技术业务反复沟通，其间的时间、人员成本巨大，效率低下。

基于数据治理的证券公司集团化大数据服务体系架构，通过面向领导层、中后台管理人员、理财顾问提供领导驾驶舱—自助平台—投顾平台一环一链数据服务模式，满足集团的标准数据运营和个性化经营管理，极大提高了数据获取、数据分析的效率。面向公司领导、各部门领导、运营管理层人员推出领导驾驶舱，每日通过移动端推送财富、财务、风险、媒体、投行等多主题核心数据，快速满足高层对经营数据需求，助力企业数字化经营管理，截至2019年，领导驾驶舱中公司领导使用率达100%，各部门领导日均使用率达100%；同

时，在数字驱动业务的大背景下，自主数据服务平台的构建很好适配各分支机构个性化经营，有效服务公司财富管理转型、日常经营管理、业绩考核与绩效核算等数据分析与报表制作工作，据统计，系统现已全面涵盖集团子公司、总部部门、分支机构，自主报表占比超过90%，提高工作效率3倍以上，逐渐形成自助数据分析生态；公司自研具有自动数据生成及钩稽功能的CISP监管报送系统，在分支机构的使用覆盖率达100%，相比传统方式提升报送效率超过6倍，解放分支机构员工生产力的同时有效提升监管报送的时效性以及准确性。[①]数据服务体系构建推动企业从上至下向数字金融转型，实现数据驱动业务，达成业务与技术共创、共建、共享、共赢的目标，减少数据汇总、数据分析的人力成本，实现降本增效。

（三）解决企业服务同质化、创新难的问题

同质化运营是券商整体行业痛点之一，随着行业竞争加剧，券商的头部效应越发明显。因此，对中小券商而言，构建企业差异化服务是加强自身竞争力、加速弯道超车的有效手段之一。基于数据治理的证券公司集团化大数据服务体系架构，创新应用，能够满足客户日益多样化的需求，帮助证券公司摆脱同质化服务困境。[②]结合大数据和人工智能算法，自主"行业领先的基金实时估值""基金精准推荐引擎研发"等数据产品，倾力打造"智能资讯"栏目，结合"智能客服"等特色功能，打造兴业证券"机智猫"智能化品牌，为客户提供差异化服务，提升用户体验，从而实现同质服务转化为优质差异化客服服务，进而转化为实际的经济效益。

（四）解决企业风险管控难问题

随着金融监管改革从严，应不断完善与业务规模适配的合规管理和风险管理体系。[③]基于数据治理的证券公司集团化大数据服务体系架构，通过推进全

[①] Leoyuan. 敏捷BI与数据驱动机制？. https://blog.csdn.net/yuanziok/article/details/71601741，2017-05-11.

[②] 江飞. 数据治理和商业智能[J]. 中国科技纵横，2018（14）.

[③] 李训潮，刘红梅. 大数据背景下的网管信息安全管控研究[J]. 山东通信技术，2016（3）.

集团数据融合，对接集团级 CRM、ECIF 系统建设，以合规为前提，实现集团内客户信息统一管理和鉴权应用，为实现监管层要求的穿透式全面风险管理提供数据基础，为集团风控、内控审计等提供全面的数据基础；通过利用大数据结合人工智能技术持续构建、完善反洗钱可疑交易监测模型，进一步提高可疑交易报告质量和工作效率；通过基于细分场景的配资模型研发，大幅缩减排查范围，强化了风险管控能力，实现事件及时发现、提前处理、规避风险、辅助决策。借助于大数据技术的数据服务体系，进一步完善公司的风控体系，帮助证券公司及时、精确地在日常经营中发现各种风险，并及时防范控制，作为示范性应用有助于提升证券行业整体风控能力，维护金融市场稳定。①

六、未来将探索建立企业级的 AI 智能平台，逐步形成企业级人工智能应用技术生态

（一）海量数据交互技术

优化完善实时数仓技术体系。实现完全基于 SQL 开展实时数据指标开发，能与传统数据库和非传统数据库的维度表建立关联、能基于 Web 界面拖拽实现实时指标计算，调研并精确匹配与各应用场景相适应的实时数据库，包括但不局限于 Kudu 等，再借助 DataAPI 功能、敏捷 BI 平台和自助 SQL 社区将数据实时对外输出、展示。

（二）数据治理管理技术

数据治理的最终目标是实现集团化数据治理，治理面将会涉及证券公司的全业务领域（包括子公司层面），仅依靠人工是无法实现的，需要借助于"线上化"和"智能化"手段。推动线上化数据治理，通过将数据标准、数据模型、数据质量、元数据等数据资产同步线上治理工具，取代现有的线下文档工作，以保证数据资产的准确性和流程的规范性；推动智能化数据治理，在实现线上

---

① 星环科技.行业 | 星环科技发布证券业大数据战略规划纲要（白皮书）. https://www.toutiao.com/i6355718904983060994/，2016-11-22.

化治理的基础上，借助于人工智能，让机器"帮忙"完成重复性的治理工作，如标准映射、质量检核、模型校验等，以提升治理效率、节约人力成本。

此外，在子公司层面加强数据治理支持力度。子公司可充分借鉴集团公司的数据治理的成果，如组织架构、规章制度、治理方法等；加强集团内数据资产的共享，如数据标准、数据模型等。

（三）人工智能平台化

近年来，得益于大数据技术的快速发展、数据量的快速增长、计算能力的大幅提升以及机器学习算法的持续优化，人工智能技术获得了巨大的进展，并在证券行业快速渗透。[①] 兴业证券积极应用 AI 技术，完善智能建模流程及多场景应用，并围绕零售客户服务、机构客户服务、交易客户服务、运营管理、内部控制和运行维护六大场景提出智能化解决方案，落地了精准营销、智能投资辅助、智能资讯等典型应用场景。

未来将通过探索建立企业级的 AI 智能平台，降低人工智能技术应用门槛，并统一技术框架，逐步形成企业级人工智能应用技术生态，以支撑智能应用系统的快速落地、能力共享以及 AI 自主研发。

---

① 新一代人工智能发展规划．http：//www.gov.cn/zhengce/content/2017-07/20/content_5211996.htm，2017-07-20．

东吴证券

证券新一代交易系统 A5

一、实现证券金融信息系统完全自主可控迫在眉睫

证券交易系统是证券公司最核心的业务系统，为公司客户提供证券基金交易、证券结算交收、证券登记管理、银证资金支付、资金交收清算、非交易业务等综合金融服务。当前国内券商所使用的证券交易系统，大部分是基于商用数据库、中间件技术的 C/S 架构，严重依赖国外技术，这使得系统存在巨大的安全隐患，对金融安全造成严重威胁。因此，实现证券金融信息系统的完全自主可控由此就显得更为急迫。

随着证券业务近 10 年的发展，业务复杂程度和市场规模不断增长，当前交易系统已不能完全满足业务发展的需要，甚至在某些情况下对新业务的开展产生了制约和阻碍。证券金融行业的核心系统，不仅承担了为公众投资者提供更为丰富、高效证券服务的重任，还应当具备提升金融科技服务能力、满足维护金融系统安全等更高的社会责任要求。应对行业发展带来的挑战，提升金融科技服务水平，东吴证券开启了新一代核心交易系统的规划与建设，并在以下几个方面做了重点研究：

1. 全面提升证券核心交易系统的国产化和自主可控水平；
2. 提升信息系统速度、性能水平；
3. 突破信息系统业务容量瓶颈；
4. 全面支持业务创新。

Digital Economy + Technology for Good
数字经济 + 科技向善

二、证券新一代交易系统 A5 具体方案

（一）业务架构

证券新一代交易系统 A5 业务架构的主要特点是将原先混合在一起的功能划分为交易中心、资金中心、管理中心、清算中心等独立业务平台，各平台采用服务总线、报盘总线、接入总线等完成不同业务数据传递和相应业务处理。

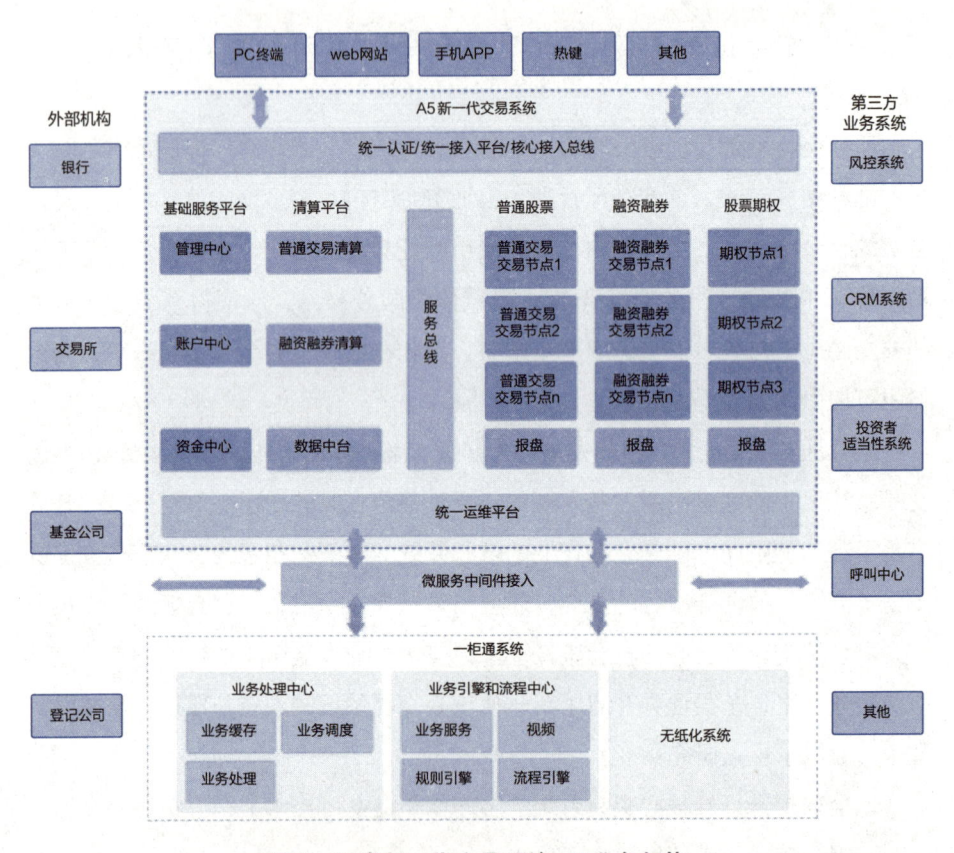

图1 证券新一代交易系统 A5 业务架构

如图1所示，证券新一代交易系统 A5 的架构采用微服务化设计，强调内部平台的独立性和专业性。系统合理细化为多个业务平台，使得平台内部业务逻辑更加清晰。松耦合的平台架构将相互之间的影响大幅降低，单个平台故障不会影响到核心交易的进行，从而分散了原有券商端交易系统的风险。

独立的内部平台，便于整个系统业务逻辑的抽象和梳理，能够更加有效地支持业务创新。

证券新一代交易系统 A5 的业务架构主要分为以下几个部分：

1. 交易节点：负责实时交易业务处理，可以按业务、客户个性化灵活部署；

2. 资金中心：负责资金账户管理和资金调度；

3. 管理中心：负责全系统基础信息、参数配置的维护管理；

4. 清算中心：负责日终业务清算处理；

5. 内部服务总线：提供标准化的访问接口，同时采用高可靠队列服务，为内部平台高并发、异步交互提供支持；

6. 报盘：采用云部署模式，所有报盘资源整合为"报盘总线 + 报盘服务"的模式，改变了原先交易与报盘必须一一对应的关系，简化了系统部署。

证券新一代交易系统 A5 针对周边业务系统，提供了多样化的接入访问方式，无论是普通终端，还是外围接入，均提供了相应的技术平台及基础模块。系统集成的对外接入总线，在传统交易中间件体系上，采用国内开源的 OpenResty 可伸缩 Web 平台技术，对外提供了一个高性能、易扩展的 B/S 访问架构模式。另外，证券新一代交易系统 A5 还为外围提供支持了通信接入授权、服务访问授权、数据授权、流量控制等安全接入方式。

（二）三大技术层级

在技术层面上，证券新一代交易系统 A5 可以分为访问接入、核心应用、数据管理等三个层级。

1. 访问接入

主要负责外部接入处理、路由管理、服务调度等任务，对外提供全新 A5 交易接口、A2（上一代核心交易系统）业务过渡阶段转换接口、多节点业务路由处理、安全接入访问控制等。

2. 核心应用

为组成系统功能的业务对象提供了一个功能库。业务对象将系统数据的复杂性和细节在系统使用者面前隐藏起来。前后台数据交换采用公开协议标准，提高了系统的安全性及性能。中间件的服务功能封装在动态链接库中，实现对业务功能的动态管理，加强了系统服务功能的可扩展性。通过将大部分的业务逻辑从数据库的存储过程前移至中间件，有效降低了后台服务器的压力。

A5将核心应用设计为多个各自独立运行的应用子系统，业务及逻辑分工明细、互不影响，体现了松耦合、分布式的设计理念。其中内存交易节点，是核心应用的关键，另外通过采用UDP多播分组、高速缓存队列、双活排队机、仲裁控制等技术，保证了低延迟、高并发、高可用的系统性能指标。

3.数据管理

主要负责存储数据库对象及数据内容。根据不同的业务性质，数据对象可以根据需要分别部署在不同的用户（数据库）上。其中，系统交易节点采用内存数据库提高交易速度，同步使用开源数据库MySQL（或国产数据库产品）进行交易数据落地备份。管理中心及资金中心通过高可用主备同步技术，来保障核心参数及用户信息的安全可靠性。历史数据库使用数据库中间件平台，对业务数据进行水平分割，实现了海量数据的分布式存储与集中存取。

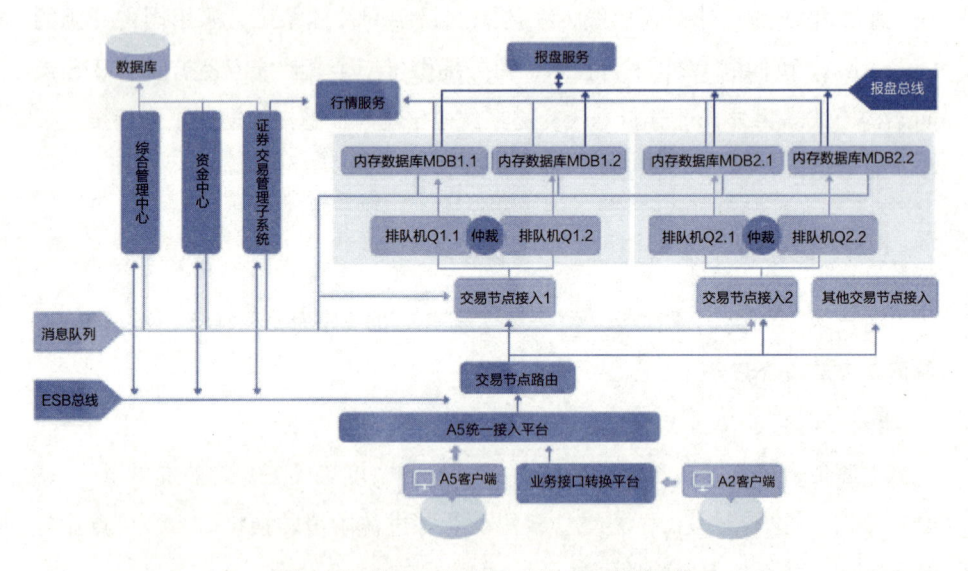

图2　证券新一代交易系统A5技术架构

图2展示了证券新一代交易系统A5的技术架构。系统通过中间件连接，将统一接入平台、管理中心、资金中心、交易中心、各交易节点、行情服务、数据库等功能组件打通。系统构成主要包括了以下方面：

1. ESB 总线

ESB 总线即企业服务总线，是各个子系统间服务相互访问的通信总线，通过 ESB 总线，各管理中心以及交易节点等子系统可调用其他子系统的服务，简化了各个子系统服务间的上下级调用关系，使得组件关系更加清晰，系统部署更加简便。

2. 消息队列

系统消息队列服务负责可靠消息的推送，通过消息缓存机制确保无消息遗漏。消息服务主要包括系统消息队列和用户消息队列，系统消息用于为 A5 系统内部消息提供订阅与推送，而用户消息则定位为第三方应用提供消息订阅与推送服务。

3. 报盘总线

报盘总线即申报专用报盘服务总线。当节点接受委托后将委托消息推送给报盘总线，而报盘总线再根据报盘机的订阅条件把委托推送给报盘。报盘系统是交易系统的核心部分，因此为保持报盘通道的通畅，A5 系统特别独立出了专用报盘总线。

4. 行情服务

行情服务由行情源服务和行情服务器构成，其中行情源服务功能是从各个交易所行情接口获取行情，并提供给下级行情服务器，而行情服务器则为应用提供行情查询服务。在 A5 系统的交易节点中，内存数据库 MDB 直接接收行情进行处理。

5. 排队机

排队机为双活交易节点提供了业务队列服务，通过 UDP 多播的方式把交易请求同时发送给双活交易节点，在业务发送高效的同时保证进入交易节点的业务先后有序。两台排队机互为备份，其中任意一台发生故障，另一台自动接管。

6. 仲裁机

仲裁机为两台排队机提供仲裁服务。初始状态下，系统由仲裁机区分决定两台排队机的主备关系。使用过程中，当主排队机发生故障时，仲裁机确认备机接管成为主机，保证业务处理的持续性。

（三）建设与实施进程

2014年下半年开始国内A股市场交易量暴增，随着沪市交易量超过万亿，核心交易系统面临着巨大压力。国内多家大型证券公司核心交易系统都出现了不同程度的拥堵。以东吴证券为例，峰值开户量每日从100户左右增至1万户以上。集中交易系统中间件高峰期处理的业务请求从2012年的3000次／秒，增至2015年的20000次／秒。因此，适应市场新形势新需求的新一代交易系统开发迫在眉睫。

公司在规划新的高并发交易系统的同时，深刻意识到新一代核心交易系统必须摆脱过分依赖国外商业产品的重要性。2014年启动了面向高并发、低延时交易系统专用数据库的预研工作。提出了独立自主产权的多分区内存数据库HyperDB的技术方案，并在实际产品中验证通过了相关高性能交易技术。2015年初，立项启动了A5新一代交易系统的设计与研发工作。A5新一代交易系统的目标是建设行业首个支撑超大规模用户，满足多金融产品综合服务的证券交易平台，同时将提高核心系统交易自主可控能力与去IOE作为基本的技术目标。

2015年底，A5项目完成了前期的基础技术选型、验证以及设计方案评审。2016年，项目组开始了集中交易相关的基础运维管理、证券交易管理、资金中心存管、集中清算框架、用户认证、证券交易节点的开发工作。截至2016年底，A5项目组基本完成了证券交易、基金代销、股票期权、融资融券以及资金中心在内的全部开发工作。

为了实现平稳切换，A5新一代交易系统上线采用了分步实施、稳步推进的策略。2017年开始，项目正式进入现场测试与部署阶段。在方案上采用新老接口兼容、分业务模块测试、自动化与手工测试结合、总部与营业部协同的测试方式。其中，测试环境共进行了五轮全业务功能测试，编写测试用例超过3000个，人工测试累计超过10万笔，自动化测试超过500万笔，生产数据并行回放测试验证、并行清算超过半年，测试业务类别覆盖了东吴证券近三年所有生产交易种类。在性能方面，完成了超过十轮的测试，包含内存数据库压力测试、持久化数据库压力测试、业务中间件压力测试、接口转化压力测试、报盘总线压力测试、消息推送压力测试。在高可靠性测试方面，完成了双活切换测试、排队机脑裂测试、内存数据库高并发持久化测试、关系型数据库高可用测试等。

根据项目计划，2017年底A5系统开始进入实盘测试阶段，机构与个人账户实盘测试覆盖了A股、ETF、债券、基金等所有集中交易类别，生产交易委托上百万笔。系统各环节运行正常，清算与报表合并等周边工作同步完成生产的运营。在技术系统就绪后，东吴证券主动向当地证监局报备，采取客户分批上线、历史数据分批迁移、灾备方案同步建设的策略进行迁移前的四轮生产测试与通关测试。

2018年6月，A5系统正式上线，东吴证券首批客户账户切换运行。随后在经过生产环境充分验证的情况下，陆续展开了剩余客户分批迁移的工作：2019年5月底，占东吴证券30%总交易量的机构客户成功迁移到A5系统，日均成交金额约占全公司客户成交总金额的20%。2019年11月，A5系统公募节点上线，期权柜台顺利切换。2019年12月，完成南方中心节点部署。2020年5月，首批经纪客户预迁移成功验证。2020年6月顺利完成所有经纪客户的迁移工作。截至目前，系统在万亿市场行情下运行高速、稳定，交易速度明显提升。

三、证券新一代交易系统A5系统设计先进性

在技术设计上，A5全部采用国产自主化分布式架构、内存数据库技术、组播多活技术、总线平台等新技术，交易核心可以按需扩展，有着很强的技术先进性与高效的业务运算能力，系统设计先进性如图3所示。

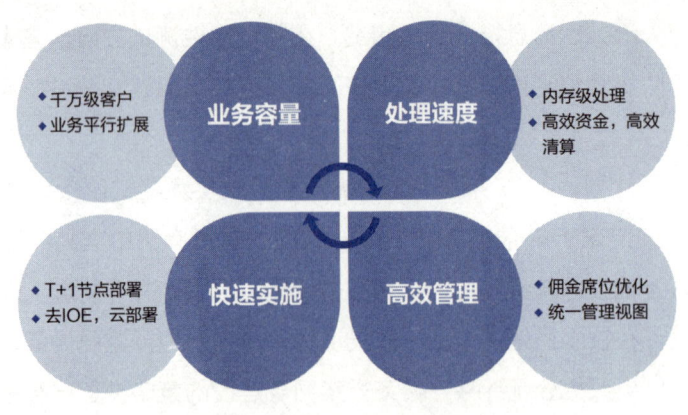

图 3　A5 系统设计先进性

（一）数据库与中间件等基础核心 IT 技术全面国产化、知识产权自主化

A5 系统打破了 20 年来券商核心交易系统依赖商业数据库与特定商业硬件平台的局面，全面实现了去 IOE 和系统可移植性。计算核心采用自主可控的内存数据库，业务处理使用顶点软件自主研发的中间件，辅助存储数据库与操作系统均使用开源产品。A5 系统能够采用更加低廉的软硬件，方便在多种操作系统和数据库系统上移植，为用户提供最大限度的平台选择性。

A5 系统将低成本、去 IOE 的理念切实地贯彻在整体架构的数据存储与逻辑处理中。为了摆脱证券行业核心交易系统严重依赖于国外商用数据库（ORACLE、SQLServer、DB2 等）的现状，A5 系统架构针对证券交易的特点，将数据存储设计分为交易型数据处理和持久化数据存储两部分，分别使用自研的 HyperDB 内存数据库与开源关系型数据库。

内存数据库方案上，HyperDB 突出数据访问的低延迟存取以及数据并发处理能力，使用场景为日间实时的交易节点。关系型数据库为内存交易数据库提供异步高可靠保障的同时，对分布式管控数据采用读写分离与高可用主备同步技术。历史数据库采用了数据库中间件平台实现分布式海量数据的存储与集中存取。

图 4　A5 数据存储设计

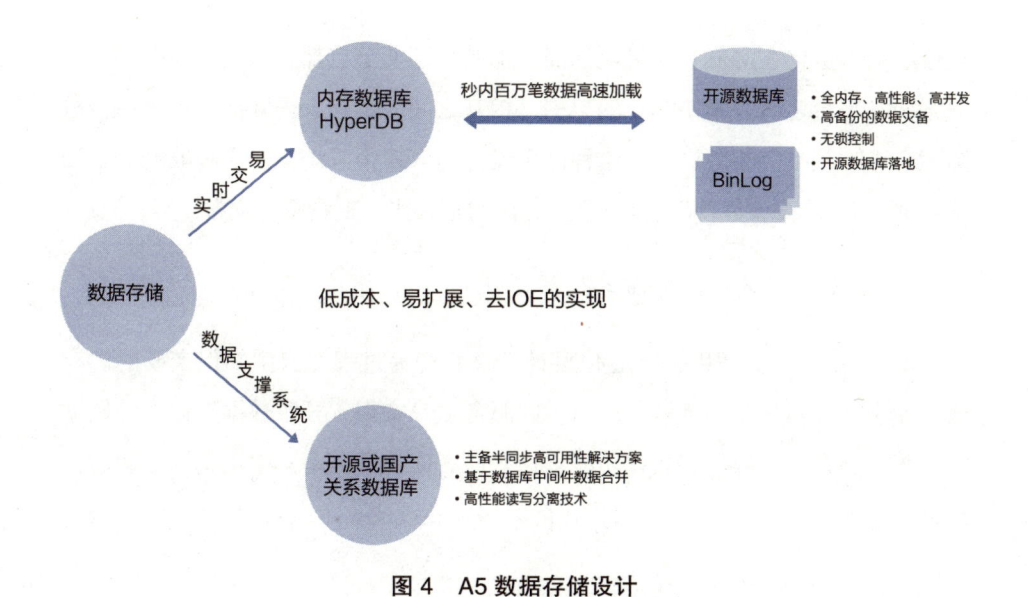

（二）核心交易系统业务架构的全面革新

A5 交易系统采用了松耦合、分布式的架构。将原本混合在一起的功能细分成资金平台、托管平台、清算平台、用户认证平台等多个平台，如图 5 所示。

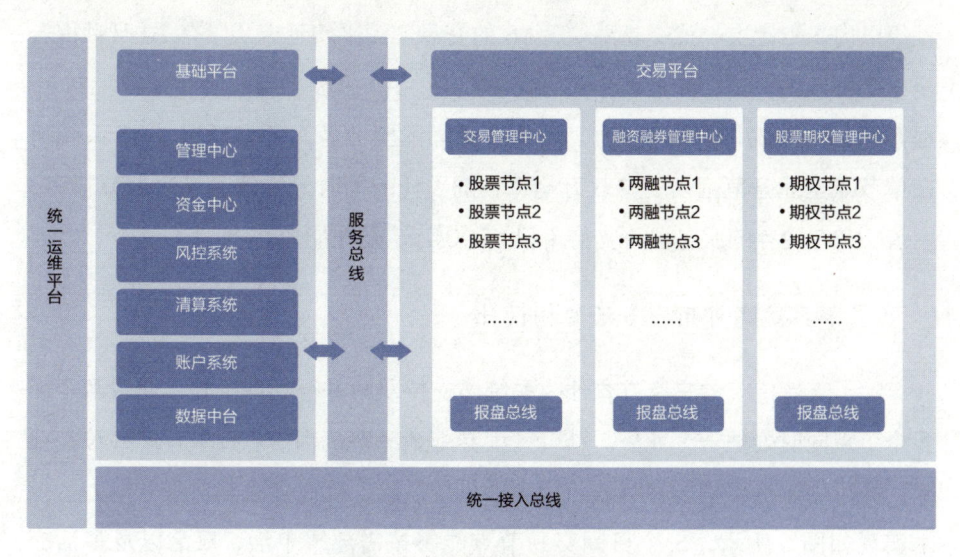

图 5　A5 系统业务架构

架构的微服务化设计分散了原有券商端交易系统的风险。一方面，交易节点核心的小型化在降低节点风险的同时也减少了新节点部署的成本与时间。另一方面，平台之间采用松耦合的架构，相互之间的影响大幅降低，单个平台故障不会影响核心交易的进行。这种体系设计能够使得系统支持更高效的资金使用效率、7×24小时清算处理、分业务日切与入账、报盘资源化接入等。

（三）实现了系统的分布式计算设计

A5交易系统数据库去中心化设计，核心交易过程在自主知识产权的内存数据库中处理，大量的逻辑处理由中间服务层来实现。开源数据库仅作为辅助的参数存储管理和数据持久化功能。相对原有商业数据库集中运算与处理的传统模式，A5在分布式计算、可优化能力以及建设成本上有较大的优势。

（四）系统高并发、低延迟的实现

在容量上，A5能够满足日益增长的业务交易需求，实现多节点交易与扩展，达到千万级以上规模客户量的要求。单节点业务并发量从1万笔每秒提升到至少6万笔每秒，处理容量还可以通过增加节点的方式平行扩展。在速度上，A5能够实现全业务场景下的高并发、低延迟，单笔订单委托响应速度达到毫秒级以内。相比上一代交易系统，A5的交易实测平均延迟从原有10毫秒提升至1毫秒以内。结合东吴证券实际交易数据，A5相较于目前顶点交易系统A2提升了10倍的并发处理能力，且拥有更低的全业务高并发延迟。A5系统可在单节点全业务范围内支持6万笔每秒的委托的同时最低延迟仅为100微秒，主流100G内存的服务器可支持单日2500万笔委托能力。

（五）系统高可用，多活架构设计

除了支持传统的主备方式外，系统还支持双活并行处理机制，使用两个或多个节点同时处理一个业务。结合《证券基金经营机构信息技术管理办法》要求，高可用多活架构能够有效防范金融系统风险，提高金融客户服务能力。技术实现如图6所示，一个日间交易节点能够按需部署单活、双活以及多活交易服务。架构采用队列服务以及仲裁服务来保证系统的高可用。其中，仲裁服务用来判定队列服务的状态，核心交易节点通过自主研发的高可靠多播协议（RDT），把交易请求发送到两个或多个服务节点上，完成整个交易的过程。在其中一个节点发生故障的时候，另外一个节点可以无人值守自动切换，整个过程对投资者零延迟，数据零丢失。

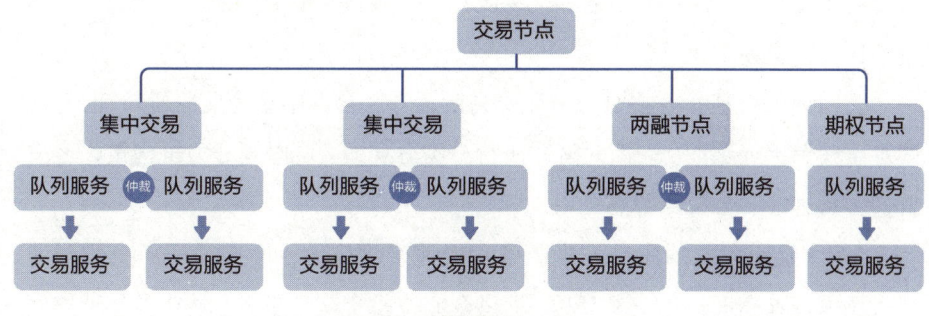

图 6　系统多活架构

A5 系统中还使用了其他大量的新技术，高速可靠队列服务、cache 数据高速同步，用户安全接入、国产加密算法、IPv6 等前沿技术上都得到了很好的支持。整个平台在自主可控的同时能完全适应行业对高可用、高并发、高性能的需要。

（六）新业务开展支持与创新

A5 新一代交易系统具备全天高效资金使用、业务办理便捷、快速无间断清算能力、交易节点分层快速部署。在公募基金券商交易结算模式等新业务柜台建设方面，可以实现低耦合交易节点的快速部署，低成本地完成交易节点的实施与建设，同时能够根据公募基金管理公司要求完成提前批次清算。通过统一的数据分析与统计，为风控、投保以及业务部门管理提供了统一的数据查询、参数管理、全景客户视图、佣金优化模板以及灵活的客户席位管理。

四、证券新一代交易系统 A5 经济与社会成效

（一）三大应用场景

证券新一代交易系统 A5 正式投入使用后，陆续上线了双活节点集中交易

柜台、HTS 期权经纪柜台、数据中台及报表系统、科创板、创业板注册制新业务模块，并提供公司总部风控平台、大数据平台的接入及数据采集。公司信息技术总部、运营中心、财富管理部、机构业务部、分支机构已使用证券新一代交易系统 A5 为客户提供证券交易服务，开展日常业务运营。

1. 集中交易节点

公司集中交易业务主要为沪深交易所证券、全国中小企业股份转让、开放式基金代销等经纪业务，而对客户进行分类分层，又可以划分为机构量化客户、普通零售客户、公募结算客户等。

A5 体系所集成的先进技术服务和极速交易体验，面向公司所有投资者、提供场内场外全面投资交易品种，提供全方位投资交易服务。从业务品种方面，区别于当前市场上极速内存交易系统仅支持少部分证券业务类别，A5 集中交易系统支持的业务包括沪深交易所全部股票、债券、融资融券、股票期权业务、全国中小企业股份转让系统业务、开放式基金业务等；从服务的客户群体方面，当前市场上极速内存交易系统主要面向机构客户、量化交易客户，而 A5 交易系统首次将前沿的证券技术服务提供给了普通零售客户，为其提供与量化交易同等的极速交易服务。

2. 期权经纪柜台

证券新一代交易系统 A5 的 HTS（超极速交易系统）部署模式，是在 A5 标准交易节点模式的基础上，将内存交易节点和报盘总线服务进行合理整合，通过精简交易业务处理的流程，实现进一步提高业务处理速度的目标。A5 架构下的 HTS 模式，适合对极速交易有更高要求、业务逻辑相对简单的应用场合。

期权交易受标的证券行情波动关联影响、本身行情波动幅度也较大，期权程序化交易对委托速度要求较高。目前我公司期权业务量相比集中交易少很多，从交易量的需求考虑适合 HTS 模式，所以根据公司目前期权业务开展情况，选择采用更适合极速交易的 HTS 模式部署。

3. 证券数据中台及报表

A5 架构体系下建设完成的证券数据中台支持对当前所有经纪业务系统的数据采集整合，建立了企业级数据仓库。一方面证券数据中台对所有入仓数据进行标准化加工、检核及管理，建立健全公司数据治理体系；另一方面为数据消费方提供数据共享服务，包括风险管理数据服务、监管报表服务、营业数据报表服务、公司个性化指标数据服务等。证券数据中台建立了保存最近两年交易数据的近期历史库以及保存其他所有历史数据的远期库，其投入使用，有力挖掘了公司证券金融业务数据资源的价值，为客户提供了优质的数据服务，也为公司业务发展和决策提供了数据支撑。

（二）巨大经济效益

证券新一代交易系统A5的成功上线为公司带来了巨大的经济效益，主要包括以下几点：

1. 系统承担客户交易带来的直接经济效益

A5上线以后扩大量化交易客户引入、提升客户交易服务质量而提高交易量，增加了佣金收入。

2. 系统性能提升获得新增客户带来的经济效益

A5上线以后提供了个性化服务，吸引客户新增私募产品，获得收益。

3. 系统国产化、架构升级、降低软硬件成本带来的经济效益

A5得益于全面国产化和高性能灵活的系统架构，减少了硬件设备和商业软件的投入。

4. 系统功能提升、降低运营工作量带来的经济效益

A5全面考虑了上一代系统在业务功能使用上遗留的各种弊端，在充分调研基础上，进行了系统功能提升，解决了诸如佣金模板、节点扩展、系统部署、投保报表等问题，同时简化了系统拓扑，有效地提升了工作效率，降低了日间运营运维人力成本。

5. 系统升级助力营业部转型带来的经济效益

A5系统升级取消了营业部柜台客户端，保留了CIF作为唯一入口，节约了相应的硬件设备，并且简化了营业部信息技术维护工作，减少了相应人员费用。

（三）证券新一代交易系统A5带来社会效益

1. 系统国产化、信创化所带来的社会效益

公司与合作单位积极响应国家"金融业关键信息基础设施国产化"的号召，

积极融入、构建行业信创生态，研制了自主可控的证券新一代交易系统A5，在券商行业首次实现彻底打破在核心技术和数据库领域对国外软件厂商的依赖，并且通过全新的分布式系统架构，消除了硬件性能壁垒，全面地支持国产硬件，从根本上解决了自主创新的痛点，在行业内起到了国产自主化标杆作用。

2. 系统在引领行业技术发展方面带来的社会效益

A5进行了各种技术创新，在高并发、低延迟、高性能、高可用、安全稳定等方面达到了行业领先水平。在技术创新与集成方面，不仅自主研发了HyperDB内存数据库，而且对分布式架构、多播通信、节点多活及仲裁进行了创新优化设计，同时对上述技术的集成应用，也体现出较高的创新、设计、应用水平。

A5的成功上线增强了公司市场竞争力，使得公司走在了行业交易系统技术发展的前列。A5系统的实际运行效果引领了券商新一代核心交易系统技术革新，有着很强的行业推广价值与影响力。

3. 系统在促进业务生态发展方面带来的社会效益

A5提供了完整的应用体系，从业务范围角度，A5体系支持当前全部证券经纪业务种类，同时其业务架构的易扩展性，创新业务的推陈出新也将非常便捷，A5体系能够为券商证券业务提供全面的技术解决方案；从业务分类角度，A5分布式架构中交易节点的设计，确保了不同业务品种交易的独立性，降低了不同业务之间相互影响的风险，也降低了单一交易节点设计的复杂程度；从业务个性化需求角度，A5架构提供了3种不同订单响应速度级别的交易解决方案，可以根据客户需求、业务要求配置不同的交易模式，为客户提供多层次的交易服务体验。A5体系的建立，为证券集中交易业务探索了一种创新应用方案和模式，其灵活、专业、可扩展的特性，为相关业务生态的发展，提供了强有力的技术支撑。

证券新一代交易系统A5作为核心IT设施，为诸如手机APP、网上交易等各种交易软件提供强有力的交易后台支持，有效地改善客户交易体验。A5系统同时也为大数据分析平台提供原始交易数据，为进一步通过数据智能化分析来改善业务能力提供了强有力的支撑。

五、继续承担行业技术发展的先行者和践行者责任

证券新一代交易系统 A5 进行了各种技术创新，在高并发、低延迟、高性能、高可用、安全稳定等方面达到了行业领先水平。A5 的成功上线增强了行业核心金融科技系统自主可控能力，推动了新型技术在金融领域的发展。

（一）推动行业技术发展，带动业务创新

本项目属于证券核心业务系统，是投资者进行证券交易、结算交收的关键业务平台，也是券商行业首个国产化、全内存、全业务核心交易系统的研发与上线项目。通过此项目，东吴证券积极在行业内进行业务交流、技术分享与经验介绍，在项目前瞻性、技术创新性以及上线成果分享方面均达到行业领先水平，对券商端新一代核心交易系统建设的发展有着积极的引领和推广作用。

（二）分享项目建设经验，促进国产化推广

东吴证券与合作单位作为行业技术发展的先行者和践行者，在承受新一代系统上线检验的巨大压力同时，积极推广新系统，努力为行业交易系统发展、市场业务革新做出应有的贡献。与此同时，我司也主动承担起促进国产化先进技术的责任，充分发挥信息技术自主可控项目示范作用，积极携证券新一代交易系统 A5 参与行业内各种交流、展览、会议，已数次向同行券商介绍、展示 A5 系统，在行业内得到了充分的肯定。同时，我司在 A5 系统的上线、测试、平稳切换方面也做出了大量工作，制定了可靠、细致、经过充分论证和实际检验的切换方案，在行业大型系统的升级切换工作方面积累了大量的经验，为将来整个行业交易系统的更新换代提供帮助。

Digital Economy + Technology for Good

数字经济 + 科技向善

东方证券

量化投研一体化平台 Orientlab

一、量化投资的探索

（一）金融科技时代的量化投资研究

量化投资是以数学、统计、机器学习等方法进行金融投资、市场交易和风险管理的系统化方法。量化投资在不同的投资领域有着相似但不尽相同的含义。在股票量化投资领域的量化投研一般以现代投资组合理论（MPT）、资产定价理论（CAPM）等为代表的现代量化投资理论作为基础。经过几十年的不断发展，尤其是由套利定价理论（APT）而开启的量化因子投资新纪元，股票量化投资成为理论研究和实证研究最为充分和成熟的领域。进入后金融危机时代以来，因子投资结合日渐兴起的被动投资理念，Smart Beta 投资大行其道，而面向个人投资者的智能投顾技术，结合基金 FoF 组合策略也逐渐走入普通人的视野。

在量化交易领域，套利策略、期货 CTA 策略等各类量化交易策略，也随着现代交易技术和计算机基础设施的完善而不断发展。在成熟市场的股票、期货和外汇等市场，自动化量化交易早已成市场交易量的主要组成部分，而在国内，量化交易在期货市场等专业投资市场也逐渐进入主流。

据统计，国际上的量化投资基金规模在 2018 年就已经超过 1 万亿美元，而国内，量化公募与私募基金的份额也在不断增大。同时，作为一种研究方法，量化投研也成为越来越多金融机构进行投资决策、投资管理、投资风控的基础方法。

新时代的量化投资研究的新特点带给行业机构新挑战。首先，量化策略复杂多样，数据来源广泛，数据难题普遍存在；其次，量化投资极其依赖计算机技术，而近期人工智能和大数据技术的融合使得专业量化投研的门槛再次提高；再次，金融专业分工带来的较高的研究成本、数据、模型、算法、算力等方面，对于规模较小的量化团队都是较大的成本负担；最后，量化策略的落地普遍困难。量化策略从想法、研究，到回测，再到最后落地执行，中间存在着较大的鸿沟，需要大量的细节打磨和实践经验积累。

从券商行业来讲，近年来，券商经纪业务竞争激烈，佣金费率逐渐下降，传统经纪业务亟待转型。另外，国内量化私募规模的持续增长，财富管理业务规模持续扩大。如何突破传统通道业务同质化竞争的格局，并满足不断增长的财富管理和机构服务业务需求，是摆在东方证券面前的挑战。对于券商和资管来说，投研能力是其赖以生存发展的核心环节。而金融科技则是开展量化投研，并获得竞争优势的重要手段和推动力。

同时，在东方证券内部，证券自营投资、财富管理、固定收益投资等领域具有较强的行业竞争力，近来也处于向现代金融科技借力，以现代量化投研方法来提升业务效能的关键时期。在相关业务条线，以量化回测驱动投资研究决策，以量化方法进行投资评价和投资风险管理，逐步成为共识。

（二）一体化量化投研平台的建设目标

在这一背景下，东方证券系统研发总部以"科技与金融融合"战略为指引，自主研发了"量化一体化投研平台Orientlab"（以下简称平台或Orientlab），旨在为公司内外的机构投资者提供一体化的专业级量化研究平台，从而促进提升公司在量化投资领域的效能和竞争力。

一体化量化投研平台的主要建设目标，是推动现代金融科技与量化投资研究方法在券商各个业务条线的应用和落地，提升研究效能，产生协同效应，并形成新的业务赋能模式。具体来说，平台在建设目标上将主要应对量化投研流程中的各种挑战。主要包括：

1. 数据难以获取

散落各处的数据访问烦琐，速度慢，语义不一致，需要大量数据整理工作。

2. 计算资源缺乏与浪费并存

一方面计算资源的供应无法匹配快速增长的投研需求，另一方面由于资源规划不当、部署灵活性不足等原因，已有的资源并没有被充分利用。

3. 研究方法不统一

各条线的各个团队都对量化投研有自己的理解，使用的研究方法也不尽相同，导致研究结果难以沟通、推广和引用。

4. 单兵作战难以协同

大部分研究还处于研究员本地的单兵作战，无法实现协同效应。

5. 投研方案难落地

投研输出往往止步于报告，无法有效与公司资源和基础设施整合而进一步落地。

6. 策略绩效难评价

由于缺乏科学的归因方法，交易策略结果的解释与评价，成为投资管理的重要难题。

7. 外部技术方案实施风险

个别团队通过外部厂商购买的技术方案，除了费用成本提升外，最大的问题在于方案的本地化集成成本较高，并且面临外部厂商支持羸弱的风险。

二、打造量化投研一体化平台

（一）量化投研对量化研究流程六条线不同策略类型进行优化

东方证券量化投研一体化平台的建设最早始于2016年，是以金融科技的创新作为主要驱动，以一体化研平台作为依托手段，将技术研发与量化投资业务紧密融合，协力探索，持续优化东方证券各量化投资相关业务条线的数据治理、模型管理和流程梳理，降低成本的同时持续提升研究效能，同时，以相关技术助力东方证券的机构服务业务，向机构客户提供专业的量化投研服务。

东方证券系统研发部团队与业务条线专业研究团队紧密合作，对量化投资领域进行了细致的分类分析，梳理了一般量化投资研究的全生命周期流程。一般的量化投资研究都需要经过量化数据分析、因子构建与验证、策略与模型构建、策略回测与分析、策略交易执行与仿真、投资绩效分析这几个关键流程。

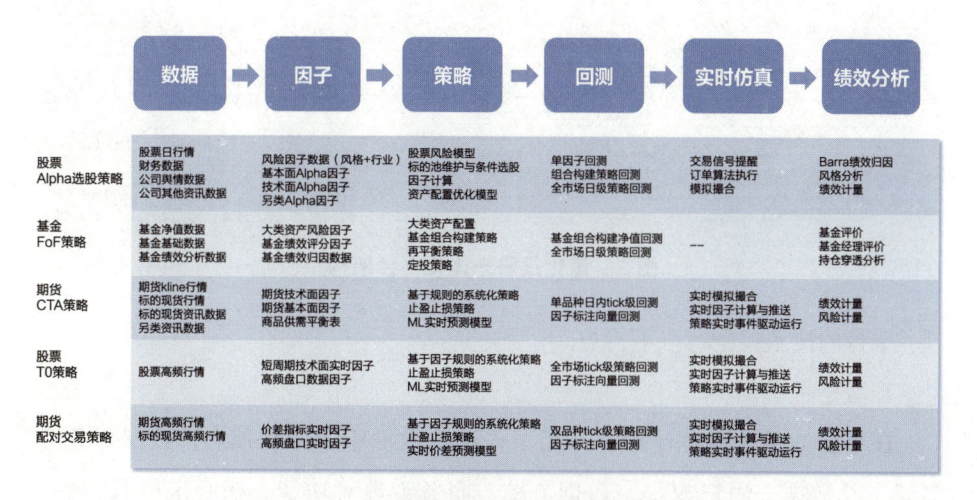

	数据	因子	策略	回测	实时仿真	绩效分析
股票 Alpha选股策略	股票日行情 财务数据 公司舆情数据 公司其他资讯数据	风险因子数据（风格+行业） 基本面Alpha因子 技术面Alpha因子 另类Alpha因子	股票风险模型 标的池维护与条件选股 因子计算 资产配置优化模型	单因子回测 组合构建策略回测 全市场日级策略回测	交易信号提醒 订单算法执行 模拟撮合	Barra绩效归因 风格分析 绩效分析
基金 FoF策略	基金净值数据 基金基础数据 基金绩效分析数据	大类资产风险因子 基金绩效评分因子 基金绩效归因数据	大类资产配置 基金组合构建策略 再平衡策略 定投策略	基金组合构建净值回测 全市场日级策略回测	---	基金评价 基金经理评价 持仓穿透分析
期货 CTA策略	期货kline行情 标的现货行情 标的资讯数据 另类资讯数据	期货技术面因子 期货基本面因子 商品供需平衡表	基于规则的系统化策略 止盈止损策略 ML实时预测模型	单品种日内tick级策略回测 因子标注向量回测	实时模拟撮合 实时因子计算与推送 策略实时事件驱动运行	绩效计量 风险计量
股票 T0策略	股票高频行情	短周期技术面实时因子 高频盘口数据因子	基于规则的系统化策略 止盈止损策略 ML实时预测模型	全市场tick级策略回测 因子标注向量回测	实时模拟撮合 实时因子计算与推送 策略实时事件驱动运行	绩效计量 风险计量
期货 配对交易策略	期货高频行情 标的现货高频行情	价差指标实时因子 高频盘口因子	基于因子规则的系统化策略 止盈止损策略 实时价差预测模型	双品种tick级策略回测 因子标注向量回测	实时模拟撮合 实时因子计算与推送 策略实时事件驱动运行	绩效计量 风险计量

图 1　一般性量化策略研究流程与若干实例

为此，研发团队逐步将量化研究流程拆解落地到以上六个步骤，并在每个条线上针对不同的策略类型进行优化，从而为量化投研的全流程环节提供工具支持和解决方案，实现了对量化投资研究的全生命周期和全场景的支持。

（二）投研平台引入并消化开源技术组件

除了攻关难点自主研发外，平台研发团队也向互联网行业的技术架构看齐，通过引入并消化开源技术组件，成功将体量庞大的投研平台工程化落地。平台的整体架构如下图所示。

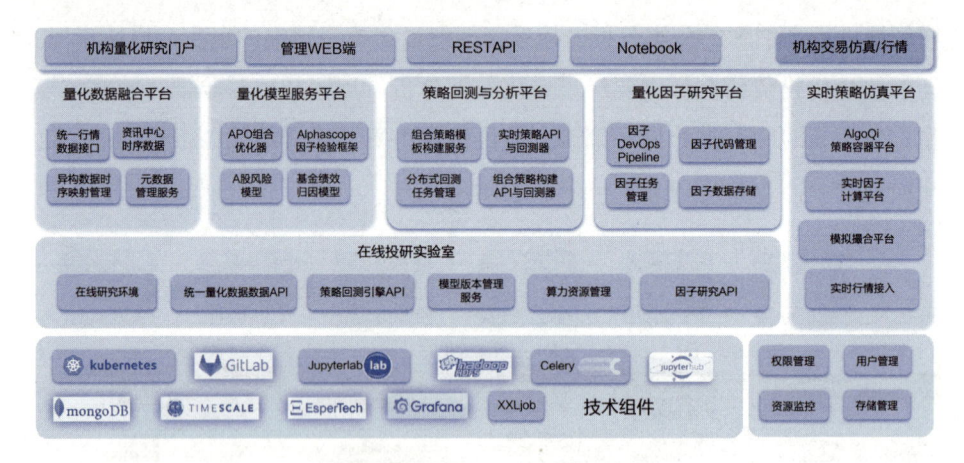

图 2 量化投研一体化平台架构

平台的技术架构有以下特点。

1. 数据中台化

在平台的量化数据平台，采用了先进的数据中台架构理念，数据服务群实现了元数据、用户权限、数据流控、服务治理等功能。核心采用 HBase、HDFS、ES、Hive 等大数据组件。在行情数据中台的建设中，采用大规模时序数据存储技术，包括 MongoDB、InfluxDB 等数据库组件。

2. 算法服务化

算法与模型服务采用了计算微服务集群、数据微服务集群的架构，实现了对算法模型的封装。其中，微服务通过自研 Genesis 等微服务框架实现，同时通过数据缓存层、分布式计算平台等方式，提升计算性能。

3. 流程自动化

平台涉及大量的数据生产、模型训练、报告生成、策略回测等投研步骤。为了实现自动化流水线式的流程管理更新，平台采用了自研 DQFlow 分布式任务引擎，开源组件 xxljob、celery、gitlab-ci 等 devops 与分布式计算技术，实现了各个投研场景流程的弹性自动化运行。

4. 用户服务云端化

平台采用了 Kubernete 集群计算技术，并使用 jupyterhub 和 jupyterlab 等单用户服务技术，为每一个研究员提供了隔离的、软硬件可配置的、永远在线的集成投研环境。可以一站式进行数据获取、策略开发、程序调试、模型训练、因子调试、任务递交等量化开发工作。

5. 实时仿真精细化

平台采用了自研的实时 CEP 因子计算引擎进行实时因子计算，同时采用自研的策略容器引擎和模拟撮合引擎进行实时仿真。

（三）投研平台子系统

1. 量化数据仓库

量化投资研究的第一步和最重要的一步，是获取相关数据。研发团队进行了大量与数据治理相关的工作，打造了行情中心和资讯数据中台，并结合与量化投研相关的需求，打造了量化数据仓库，实现了量化数据的统一视图、统一访问、统一管控、统一架构。

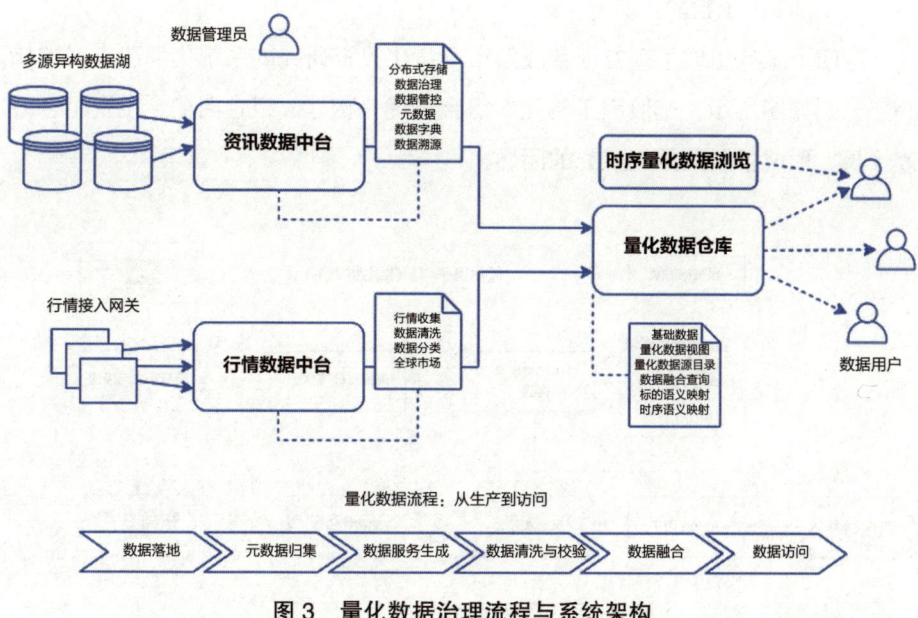

图 3　量化数据治理流程与系统架构

首先，东方证券通过引入金融大数据平台，研发了行情中心和资讯数据中心，对数据资源进行了整合，形成了完整的数据中台，从而将数据服务能力与数据物理存储进行了分离。在数据存储端，进行了数据中心化、分布式存储化，并实现了访问控制、数据溯源、数据增量更新管理等一系列管控技术。在数据服务端，则实现了元数据查询、数据授权、数据流控等方面的功能。

其次，通过量化数据模型的开发，将多数据中台的数据服务整合成统一的量化数据视图。

最后，通过数据服务化和接口化，提供了数据服务 API 和 Python 量化 API，以供不同的研究场景和不同投研人员调用。

2.量化模型计算服务

平台研发团队历经数年，自主研发了 A 股市场风险模型和通用组合优化器，并基于这两个模型构建了整个股票投资组合量化策略的全套解决方案，包括：

- A 股市场风险因子模型
- 通用投资组合优化器
- 投资组合绩效归因工具
- Alpha 因子检验工具

这四个工具组成了东方证券股票市场量化投资研究的系统化解决方案的核心部分。如图所示，选股因子构建、组合最优化构建、组合回测、投资组合绩效分析，形成了股票量化研究的闭环。

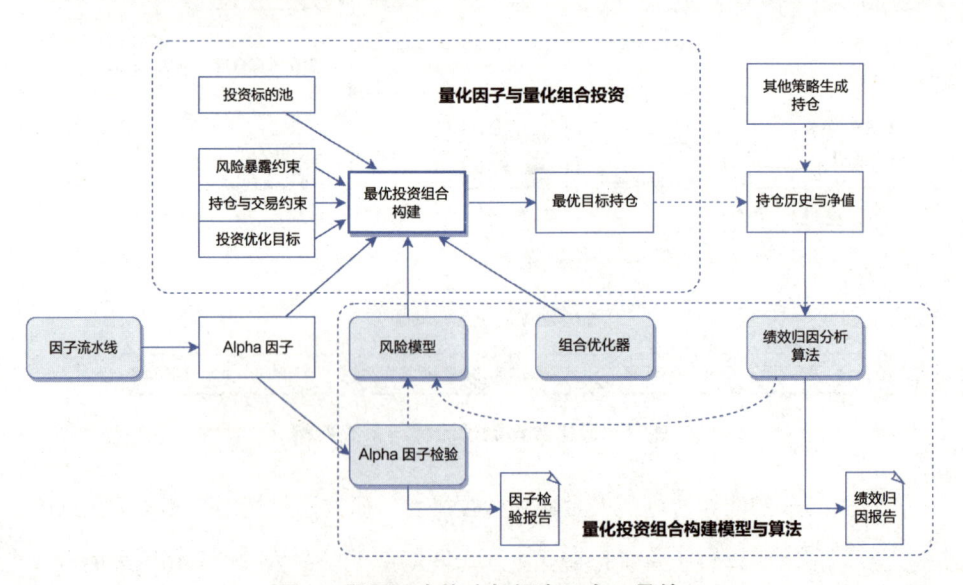

图 4 股票组合构建与投资组合工具箱

3. 策略回测与分析服务

东方证券系统研发团队在充分评估行业现状、供应商方案、公司内现状后，于 2018 年开始了策略 API 框架和回测平台的开发。新开发的策略平台有如下特点。

（1）与量化数据平台充分集成，打通公司所有的数据资源入口；

（2）为不同的场景打造差异性的回测工具，但提供标准的集成接口；

（3）构建了面向策略回测的数据门面系统，实现数据资源的 PIT（Point In Time）化访问；

（4）充分考虑新时代机器学习模型的集成与管理，将因子、模型和策略三者做解耦管理，实现了按需引用的使用方式。

策略回测平台的建立，使得东方证券在策略构建、数据引用、回测运行、输出结果、绩效评价等投研活动实现了标准化，也使量化因子和量化模型的研究有了面向回测的着力点。

4. 量化因子管理与分析服务

量化因子研究是量化投资研究的基础性方法，量化策略和量化模型不能使用原始的数据进行分析，必须进行"因子化"，即经过清洗的数据，进行基准和口径梳理，或根据需要进行组合、过滤、变换，形成新的有业务含义的、可以进行比较的时序数据。

首先，通过 git 版本控制系统和持续集成系统，解决因子逻辑的代码权限管理、版本溯源管理、持续集成管理。其次，通过大规模集群技术的应用和分布式定时任务管理技术，解决因子计算的算力不足问题。再次，通过时序数据库服务化和打通量化数据平台，解决因子计算的存储和读取问题。最后，通过可定制的因子流水线，实现按团队需求灵活定制的量化因子流程管理。不同团队可以选用不同的"因子流水线"，实现不同的因子生产和管控流程。

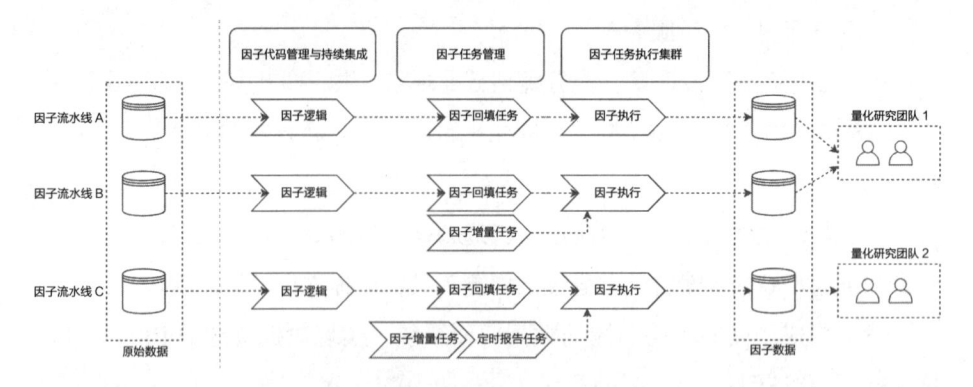

图 5　量化因子数据流水线架构

5. 策略实时仿真服务

量化投资研究最终需要落实到交易。而投资和交易策略从逻辑想法变成真实的交易，需要考虑大量真实复杂的市场交易场景。此外，实时日内高频策略和算法交易策略的研究更加依赖实时策略仿真环境来进行策略验证。

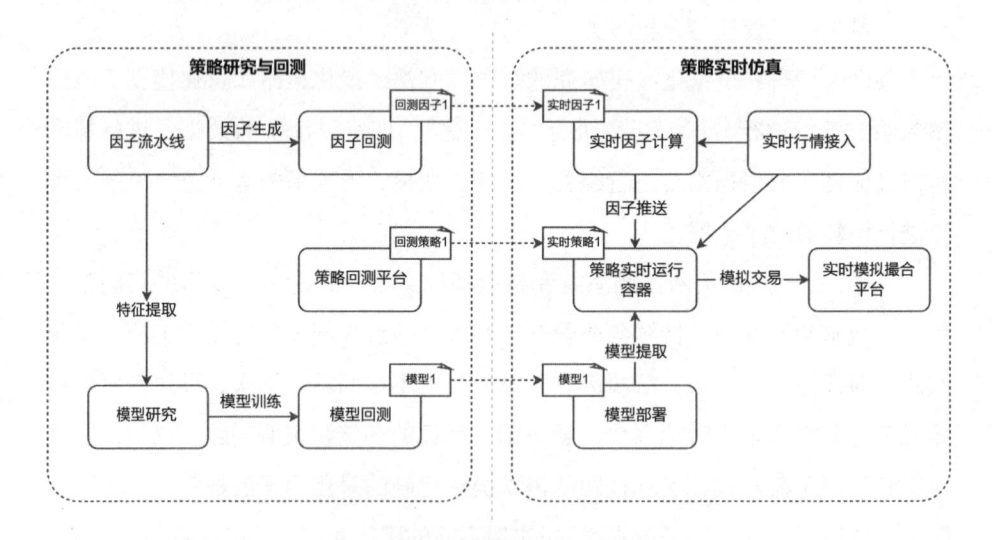

图 6　实时策略仿真流程与组件

东方证券系统研发团队，多年来专注于交易系统研发和对接策略研究团队需求。这一过程中团队逐步将积累的真实落地经验资产化，打造了一套切实可行、多层次、灵活多变的实时策略仿真流程。

通过可配置模拟撮合系统，模拟各种市场交易场景；

自研大规模实时计算技术，实现实时量化因子"计算"与"使用"分离；

通过模型版本管理系统，进行机器学习模型的集成提供便利；

通过策略容器技术的应用，真正实现"回测即实盘"的策略开发。

6. 开放式量化投研实验室

研发团队通过引入云计算技术，将量化研究环境虚拟化，在"云"端部署了共享的"量化实验室"。实验室提供了开箱即用的在线研究环境，包括计算资源、存储资源、notebook 开发环境、在线编辑器与调试器，同时直接集成了所有默认开通的数据访问、模型服务访问，以及其他平台提供的量化投研资源。Orientlab 同时也集成了自研的分布式量化计算调度引擎，可以将大规模的因子计算、策略回测、模型训练等任务调度到特定的计算资源上，实现了弹性的计算资源扩展和共享。

（四）量化投研的建设与实施历程

1. 量化投研项目历程

平台研发自 2016 年起，历经数年，经过多次迭代发展而成。

平台在落地推进过程中，必然要跟现有的量化投研业务进行整合。在这一过程中，平台研发团队以精益迭代、增量改进的方式，将平台的建设理念逐步推广，实现了对业务的逐步赋能与提升。项目在建设上经历了以下三个阶段：

单点业务领域的技术攻关阶段。平台研发团队在量化模型、数据访问、量化计算、实时量化模拟等单点领域与公司的一线业务团队紧密合作，在解决业务问题的同时，也在实践中积累沉淀了许多具有高附加价值的算法模型与技术组件。

平台化整合阶段。自 2018 年起，平台研发团队开始将已有的技术组件进行平台化整合，从而能够用类似的技术覆盖更多的业务场景。Orientlab 的最初版本也在这一阶段完成并上线，主要涵盖了量化数据访问、自助式量化研究、因子计算平台、策略建模与回测等基础功能；同时也实现了量化绩效归因算法、组合优化器和风险模型的服务化。

平台服务能力提升与扩展阶段。随着用户数目的扩大和需求的逐渐多样化，尤其是外部机构客户的需求逐步扩大，自 2019 年底开始，平台开始了新一轮的开发迭代，实现了量化数据、量化因子、量化模型、量化策略与组合构建管理等全流程的平台化服务，实现了更大范围和更高效能的量化投研服务。

2. 项目人员

本项目的规模较为庞大，既包括基础算法与模型研发，也包括大数据基础架构的落地，同时也需要较大规模应用软件开发的工作。本项目团队有如下分工：

- 项目领导层：由系统研发总部总经理和分管副总担任团队管理。
- 核心投研算法团队：主要负责核心投研算法、智能投研相关模型与服务化。
- 基础架构研发团队：主要负责云计算基础架构、大数据基础架构与应用微服务框架的研发与工程落地。
- 应用研发团队：负责搭建相关的系统、应用与服务。

团队中的核心人员，均具有丰富的从业经验以及良好的教育背景，充分保障了相关工作的落实和项目的协调一致分步推进。

三、量化投研多方面实现了技术创新

东方证券量化投研一体化平台，在多个方面实现了技术创新。在量化平台技术方面，平台在量化数据融合、量化因子构建、量化回测引擎、实时因子计算与策略仿真等方面，积累了大量具有自主知识产权的核心技术与组件，创新性地解决了量化投研流程优化、基础设施、核心算法等方面技术难点与用户痛点。

（一）量化大数据中台

区别于大部分开放量化平台使用单一数据源，平台从设计之初就立足于以统一接口接入公司购买的海量数据，目前累计对接数据源近百种，数据表1500多张，数据量近30TB。

在平台的量化数据平台，采用了数据中台架构理念，数据服务群实现了元数据、用户权限、数据流控、服务治理等功能。核心采用 HBase、HDFS、ES、Hive 等大数据组件。在行情数据中台的建设中，采用大规模时序数据存储技术，包括 MongoDB、InfluxDB 等数据库组件。

量化大数据中台提供了金融数据浏览器，通过采用高性能、高可用、高扩展性的服务架构为金融量化研究提供了一站式的市场公开时序数据浏览分析研究工具。得益于其采用的极速图表绘制框架做到了多指标、海量时序数据的极速图表渲染，并提供了丰富的图表交互行为。与此同时服务端大量运用了主动缓存技术，做到了依据用户偏好、数据热度定向缓存，从而大大降低了数据库压力并提高了服务响应速率，最终使得开放服务接口成为可能。

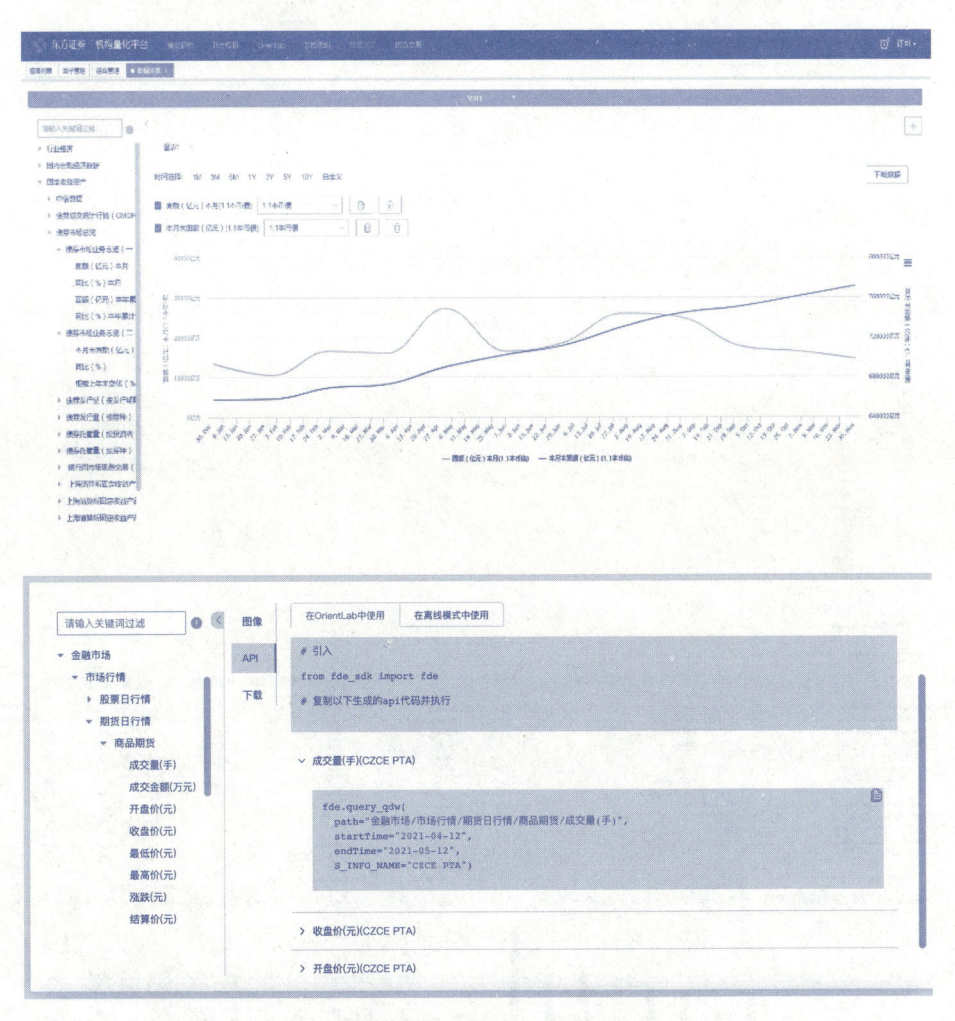

图 7　量化数据仓库访问（图表与 API）

Digital Economy + Technology for Good
数字经济 + 科技向善

（二）量化投研核心算法与模型

在量化研究核心算法方面，对标国际上主流的商用量化模型，自主实现了具有独立知识产权的股票市场风险模型和组合构建优化器，并在此基础上实现了独有的绩效归因算法与因子检验算法，统计指标上均达到国外商用产品水平，部分指标上实现了超越。

图 8 APO 量化投研算法（左：风险模型；右：绩效归因）

投研算法服务主要包括：

APO 风险模型是一个基于基本面的 A 股短期风险模型，覆盖 A 股全市场，包括了 10 个风格因子和 33 个行业因子，模型每天会给出不同标的在不同因子上的因子暴露、每日因子收益、因子协方差矩阵与个股特质风险。模型的各类检验统计指标都达到甚至超出同类商用产品水平。

APO 组合优化器是一个灵活而强大的组合最优化求解库。使用者通过设定组合目标、组合的风险约束、收益约束、持仓约束、交易约束以及 Alpha 因子来源，可以快速计算出最优的组合配比。

APO 因子检验器是用于 Alpha 因子分析的投研工具服务。其功能主要包括中性化、统计检验、因子衰竭、因子收益分布、因子组合构建与回测等。

APO 绩效归因服务，是用于对投资组合持仓进行归因分析和收益分解的计算服务。可以将组合收益分解为风格收益、行业配置收益、仓位配置收益、选股收益等方面，从而精确刻画组合管理者的组合管理能力。

算法与模型服务采用了计算微服务集群、数据微服务集群的架构，实现了对算法模型的封装。其中，微服务通过自研 Genesis 微服务框架实现，同时通过数据缓存层、分布式计算平台等方式，提升计算性能。

（三）在线量化云计算平台

东方证券系统研发团队通过引入云计算技术，将量化研究环境虚拟化，在"云"端部署了共享的"量化实验室"。实验室提供了开箱即用的在线研究环境，包括计算资源、存储资源、notebook 开发环境、在线编辑器与调试器，同时直接集成了所有默认开通的数据访问、模型服务访问，以及其他平台提供的量化投研资源。

平台采用了 Kubernete 集群计算技术，并使用 jupyterhub 和 jupyterlab 等单用户服务技术，为每一个研究员提供了隔离的、软硬件可配置的、永远在线的集成投研环境。可以一站式进行数据获取、策略开发、程序调试、模型训练、因子调试、任务递交等量化开发工作。

最重要的，东方量化实验室，集成了自研的分布式量化计算调度引擎 DQFlow，可以将大规模的因子计算、策略回测、模型训练等任务调度到特定的计算资源上，实现了弹性的计算资源扩展和共享。DQFlow 依托于 Kubernetes 原生接口开发，具有轻量化高可用的特点。应对量化投研大规模因子并行计算、大规模历史回测、机器学习及深度学习模型训练等多个应用场景。包含去中心化任务管理，具有极强的任务抗灾能力及高可用性。可快速易用地对任务资源进行配额及对任务环境进行额外的配置。具有多种任务递交模式，可在无须修改代码实现的情况下将任务分配至集群多个节点进行并行计算，具备集群内无感提交并计算任务，集群外将本地任务远程递交等能力。

图 9　量化实验室系统界面

（四）量化因子数据生产自动化

平台研发团队创新性地将现代 IT 领域的 devops 理念引入了量化平台，并基于此研发了量化因子管理平台。量化因子的管理问题，被分解成三个问题——因子逻辑管理、因子数据管理、因子任务管理，三个问题通过量化因子流水线实现了全流程的自动化管理。

平台涉及大量的数据生产、模型训练、报告生成、策略回测等投研步骤。为了实现自动化流水线式的流程管理更新，平台采用了 xxljob、celery、gitlab-ci 等 devops 与分布式计算技术，实现了各个投研场景流程的弹性自动化运行。

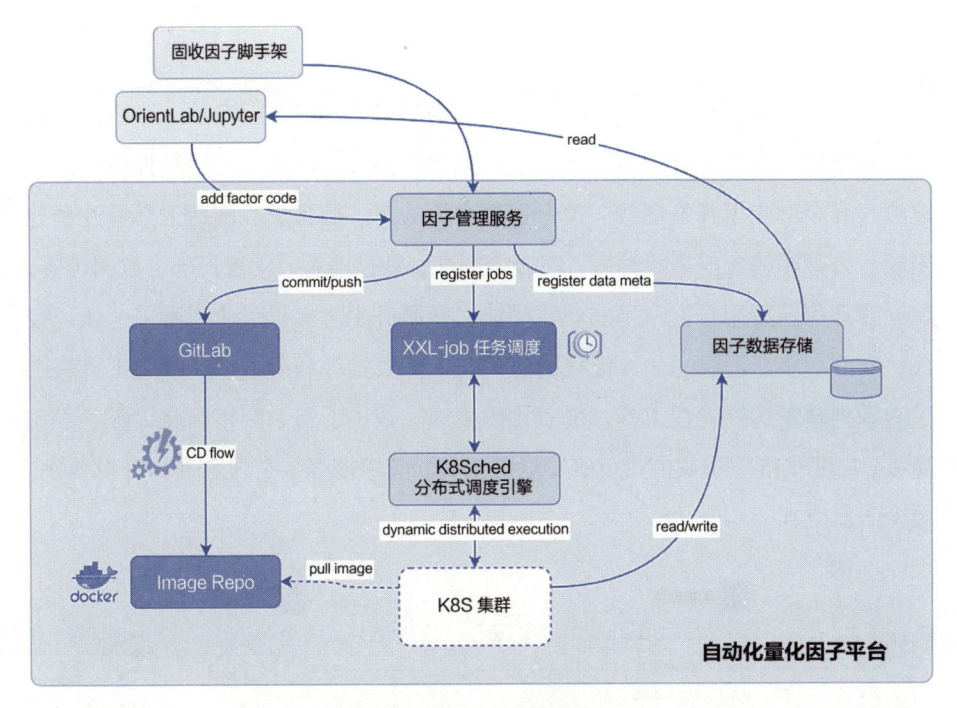

图 10　技术架构

（五）实时量化计算技术

平台研发团队在自研交易系统、策略平台和对接策略团队实施的过程中，逐步积累真实落地经验，打造了实时量化计算与仿真平台 AlgoQi。AlgoQi 的主要功能包括：多种实时因子定义方式、自定义实时因子计算逻辑，在云环境下实时计算并推送全市场因子数据；通过 AlgoQi API 自定实时策略，并实现实时量化策略的一键部署与仿真；通过可配置模拟撮合系统，模拟各种市场交易场景。

图 11　实时量化计算平台系统界面（左：实时量化策略仿真；右：实时因子计算管理）

（六）自研的微服务技术架构

平台服务是依托于自研 Genesis 微服务框架而构建的。Genesis 微服务开发框架是针对东方证券金融应用特点，对过往的应用研发过程进行提炼总结形成的一套金融应用开发框架。整个框架由公共库、服务层、辅助工具等几部分组成。公共库包含前端组件库、图表绘图库、数据缓存、动态日志、数据访问、配置管理等前后端开发常用的功能模块。微服务生态提供了应用网关、认证授权、文件存储、消息通知、流程状态机、审计监控等服务模块。辅助工具提供了一系列开发运维管理工具，覆盖代码生成、数据迁移、应用管理、服务限流降级、灰度发布等众多企业级研发运维工具。应用该框架可显著提高开发效率，减少研发成本。

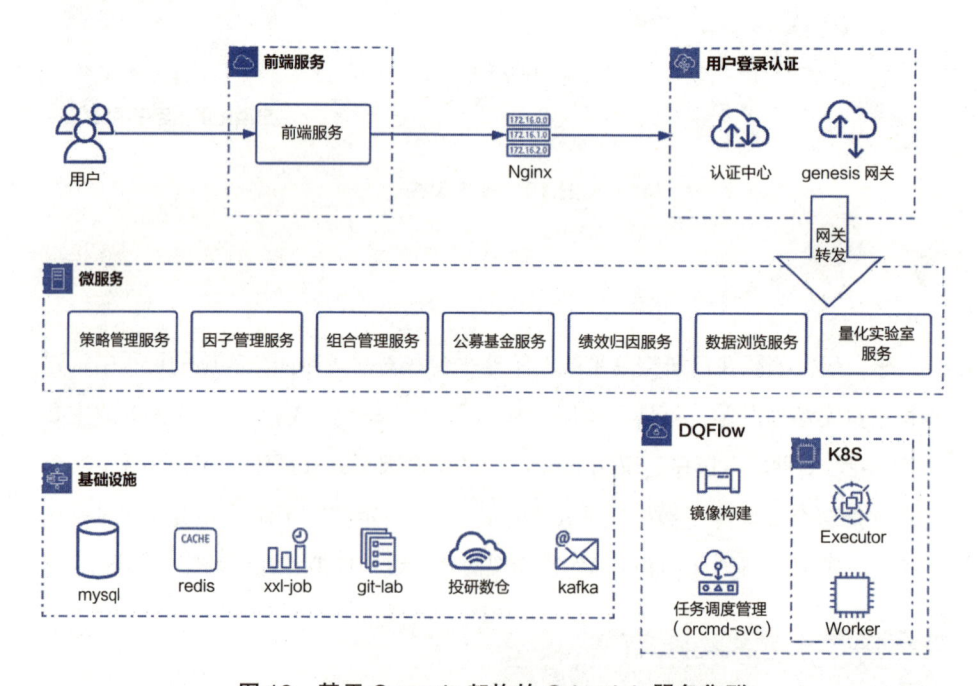

图 12　基于 Genesis 架构的 Orientlab 服务集群

四、量化投研带来经济和生态效益

（一）直接经济效益

平台为公司节省了大量量化软件、模型和数据的授权费用和采购成本。以 Murex 或 Clipso 为代表的投研风控一体化平台的落地费用在 1000 万元以上（不包括维护成本和人员费用）。平台提供的若干功能模块也需要单独授权，如回测组件的私有化部署费用在 100 万至 200 万元不等，每个用户每年的使用成本也在 5 万元左右，风险模型和组合优化器单个用户 license 的使用授权每年在 100 万元左右，按当前平台用户数计算，license 授权费可达单用户授权费用的 5—10 倍。随着用户数的增长，平台的直接成本节省效应将愈加显著。

（二）量化投研生态效益

平台目前接入了股票、期货、债券、外汇等全市场品种的日级、分钟级以及 Tick 级行情，也接入了东方证券采购并积累的 20 多种数据源 1500 多张数据表，累计数据量超过 30TB。

在业务赋能与生态效益方面，在平台的助力下，公司多项量化相关业务发展迅速。截至 2020 年底，种子基金业务引入资产规模 210 亿元，存续投资额已达到 14 亿元以上，投资收益 3 亿元以上，佣金收入近 7500 万元；智能基金投顾业务已于 2021 年初进入牌照申请阶段；固收量化交易业务持续发展，交易规模已破百亿级别；证券金融 ETF 量化对冲业务规模达到 4.8 亿元；外汇自营交易业务规模在 1 亿美元左右。平台作为公司机构服务品牌的一部分，一经推出就已有多家私募机构和营业部接入，极大地提升了机构服务的获客能力和客户服务水平。

在团队接入数量方面，平台累计对接公司各业务部门各类量化需求近 20 项，已有超过 100 余个量化投研团队及研究员在平台上注册使用。平台的研发和落地，将东方证券原有的单点式、孤岛式的量化投资研究模式，升级为平台式、集团式的可协作、可积累、可输出的研究模式；平台在算法模型上的突破，实现了公司在量化投研技术上的独立自主，正在取得愈加明显的竞争优势；平台在因子、回测、仿真等领域的创新，打通了量化投资各个环节的鸿沟，极大提升了公司量化投资与机构服务的技术实力。

在技术方面，平台的相关组件获得2018年深交所证券期货业金融科技优秀课题（三等奖）、2020年上海市高新技术成果认证等相关奖项。

（三）机构服务能力

平台自上线以来，逐步向机构客户开放服务。平台提供的组合构建工具箱，引起专业机构投资者的极大兴趣，已成功向多家私募与资管机构客户提供量化模型服务；平台的实时仿真平台，已经打通东方证券机构交易模拟环境，形成了完整的量化交易模拟生态，每日实现模拟撮合交易最高可达上千笔。平台的开放量化实验室，也在向某些营业部逐步开放，向专业投资者提供增值服务。平台的实时量化因子系统，也成功实现了私募机构的量化系统对接。

总之，东方证券的机构量化服务能力，在平台的助力下，实现了从无到有的飞跃，提升了客户服务水平，增强了获客能力和客户黏性，极大地提升了行业竞争力。

五、量化投研将继续打造具有品牌价值的核心竞争力

作为东方证券金融科技融合战略的落地方向之一，东方证券机构量化平台将在以下几个战略目标上加大资源投入，在各个条线争取更大的价值。

首先，提升核心算法、模型和技术组件的产品化与服务化，提升投研技术ROI。后续将继续投入跟进全品种资产的通用量化模型与算法开发，包括多资产风险模型，基于大规模情景分析的市场风险算法，基于舆情模型与图模型的信用风控分析等。未来平台技术组件将会与更多的投研业务场景结合，实现技术的场景化落地，为更多的业务实现科技化升级。

其次，平台将在分布式量化策略回测、大规模量化因子计算和实时仿真等领域继续发力，进一步提高量化投研效能，助力公司业务升级，增强公司在投研领域的专业性、科学性和提升公司技术品牌影响力。

最后，作为公司机构战略的落地项目之一，平台将着力提升对外服务能力，包括系统生态的扩展、社区的建设、研究服务能力输出、平台资源输出等，从而打造具有品牌价值的核心竞争力。

Digital Economy + Technology for Good

数字经济 + 科技向善

易方达基金

投顾策略智能管理项目

近年来，随着我国经济的高速发展和居民财富持续积累，资产管理行业呈现蓬勃发展的态势，公募基金管理规模不断迈上新台阶。从中长期看，尽管公募基金凭借专业的投研能力取得了不俗的业绩，但随着基金产品的种类和数量日益增加，以及"追涨杀跌""短期交易"等非理性投资行为的普遍存在，"基金赚钱，基民不赚钱"的现象始终困扰着行业的发展。同时，传统的卖方基金销售模式进一步加剧了这一现象。2019年10月，证监会发布了《关于做好公开募集证券投资基金投资顾问业务试点工作的通知》，揭开了国内基金投资顾问业务的序幕。通过深入全面的基金研究和专业理性的投资交易，以客户利益为中心的买方基金投顾业务将有望从根本上改善客户的投资体验，改变财富管理行业的发展模式。

基金投顾业务通过对客户的账户进行管理来完成基金组合配置、投后管理以及再平衡等投资运作过程。账户层面的投资运作使得基金投顾能够以每位客户的账户为颗粒度，灵活动态地进行投资策略的构建和调整，从而满足客户千人千面千时的多样化投资需求。但是在业务实践中，基金投顾的策略管理面临着全市场基金状态实时准确解析、目标基金不可交易时的替代基金补位以及在不同替代基金下如何保持策略的风险收益特征稳定等诸多挑战。

易方达投顾利用前沿的人工智能和运筹优化技术，结合投研专家经验，提出了基金投顾策略智能管理解决方案。该方案利用自然语言处理（NLP）技术对全市场基金状态进行实时监测和结构化信息抽取；利用机器学习、复杂网络、组合优化等技术自动生成优选的替代基金；在最终可执行的交易组合上，结合各类含因子约束的动态优化模型，输出风险收益特征稳定的投顾策略。在人机结合的理念下，该方案构建了一套人工智能加人类智能（AI+HI）的一体化解决范式,为大规模连续服务场景下的投顾策略管理提供有力支持。

一、平衡优化管理保障投顾策略连续性

管理型基金投顾业务在充分了解投资者需求的基础上,向客户提供基金投资策略建议,并根据与客户约定的策略代客户执行策略成分基金的申购、赎回、转换等交易申请。基金投资顾问机构作为买方代理人,以客户利益为中心,利用专业的投资研究能力,基于备选的基金产品构建投资策略,进行相应的组合交易、投后管理、策略再平衡等全周期管理。不同于传统基金从产品维度进行运作的模式,基金投顾需要在客户的账户层面上对投资策略进行管理,在满足一系列约束要求的前提下,保持策略在投资路径和投资目标上的连续性和稳定性。

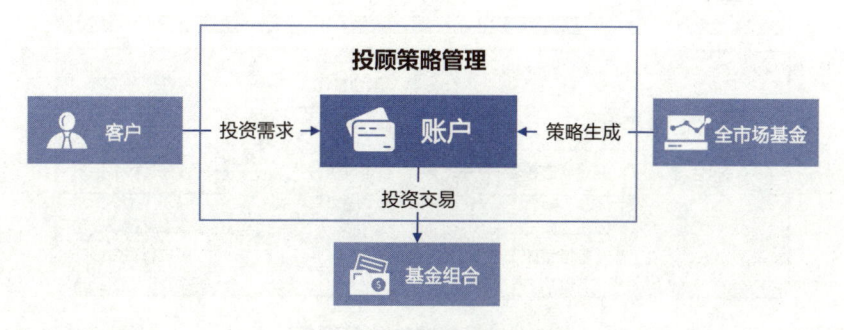

图 1 基金投顾管理流程

具体来看,易方达投顾基于全市场基金进行基金遴选和策略构建。因此需要针对全市场基金历史和当下的状态进行结构化解析和实时监控,以支持基金研究、策略生成和交易执行。

在策略生成方面,基于对宏观、市场和基金的深入研究,投顾策略需要根据不同的客户投资需求,生成对应的标准基金组合。但账户在执行投顾策略时,往往会由于基金暂停申购、策略容量等原因,无法实现标准基金组合的配置。为确保实际执行的基金组合与标准组合之间的偏离可控,易方达投顾从基金产品替代和策略组合优化两个方面提出解决思路,以保持投顾策略的稳定性。此外,针对策略层面的定期和不定期调整,易方达投顾通过账户层面的再平衡优化管理,保障策略的连续性。

Digital Economy + Technology for Good
数字经济 + 科技向善

为支持大规模场景下的连续服务，易方达投顾搭建了一套完整的策略管理系统。该系统集成了全市场基金状态跟踪与监测模块、替代基金模块、策略优化与再平衡模块，实现了从基金基础数据跟踪，到上架策略实时监控，再到组合交易执行的高效衔接。整个策略管理系统融合多种人工智能技术，将投研人员的专家知识嵌入系统的各环节中，同时对接基金研究、策略研究、策略运作、交易执行等多个业务应用场景，形成了 AI+HI、定性与定量相结合的投顾策略智能管理范式。

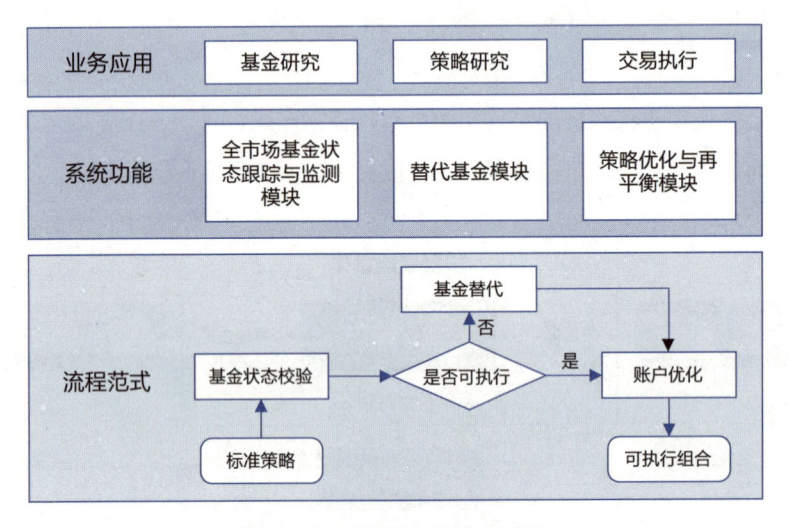

图 2　投顾策略智能管理系统

（一）全市场基金状态跟踪与监测模块

基金的深入研究是基金投顾业务的核心竞争力之一。当下公募基金数量不断增长，及时、准确、全面地对全市场基金进行跟踪监测是基金研究和投顾策略管理的基石。其中，基金的定期公告、临时公告、法律文件以及舆情趋势都是基金基础研究的重要信息来源。但这些信息散落在不同的基金公司官网和第三方网站上，并且以非结构化数据为主。针对这些另类数据，跟踪监测模块搭建高效、稳定的数据采集平台，实现了对全市场基金所有公告和舆情信息的采集、过滤、存储和管理。以申赎调整类公告为例，数据采集平台能够在一小时内获取最新的基金申赎状态，有效地支持投顾策略的运作与执行。

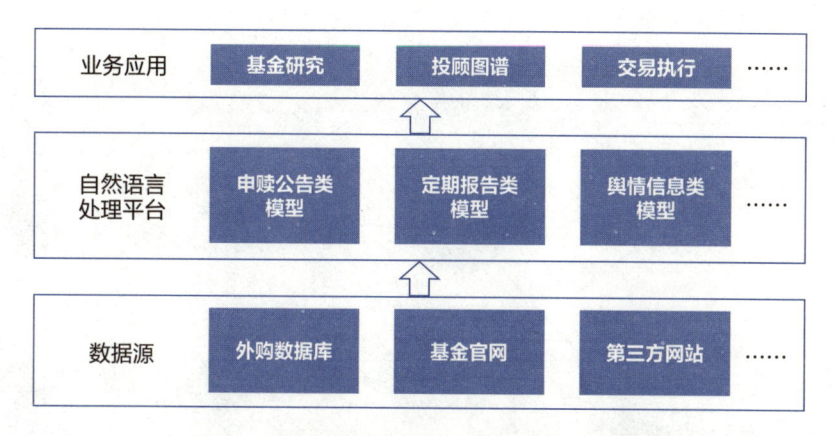

图 3 全市场基金状态跟踪与监控模块框架

从功能的角度看，全市场基金状态跟踪与监测模块主要包括数据采集、结构化解析和基金图谱三个子部分。它以外购数据库、数据采集和 NLP 平台抽取数据为基础，借助数据聚合、数据挖掘、数据检索、数据可视化等手段，对全市场基金的收益类、风险类、行业配置类、申赎状态类、舆情类等信息进行及时、全面、准确的跟踪和监测，有力地支撑了基金定性分析、基金分类等基金研究内容。

另外，基于数据源和 NLP 解析平台输出的宏观经济指标、行业数据、产业链关系、舆情、监管合规信息等多源异构数据，跟踪与监测模块智能维护投顾知识图谱，利用以符号主义为代表的知识图谱技术，把投研人员的专家经验进行图谱表达。投顾知识图谱结构化关联多种基金数据，为各类基金投资标的提供统一的知识库。它具有三大特性：深度性，引入多维度的语义关系，发掘实体之间的深度联系；广泛性，提供多种关系的连接，能够全局分析实体、关系的影响传播路径；可解释性，通过实体之间的路径连接，对其关系进行解释。通过深度和广度遍历搜索，投顾知识图谱可以进行复杂检索分析，实现跨领域的数据链接、知识发现和知识推理。

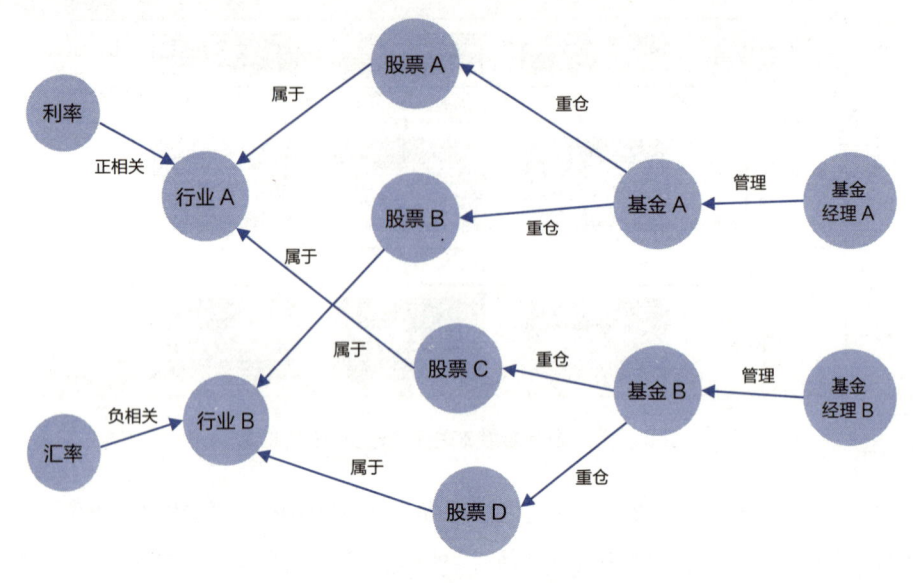

Digital Economy + Technology for Good
数字经济 + 科技向善

图4 投顾知识图谱

（二）替代基金模块

在投顾策略上架或调仓的过程中，当全市场基金状态跟踪与监测模块发现目标基金不可交易或者策略容量受限时，替代基金模块输出与目标基金相似且可交易执行的替代基金，从产品维度保持投顾策略整体风险收益特征的稳定性，显著提升客户的投资体验。

替代基金模块主要框架如下：

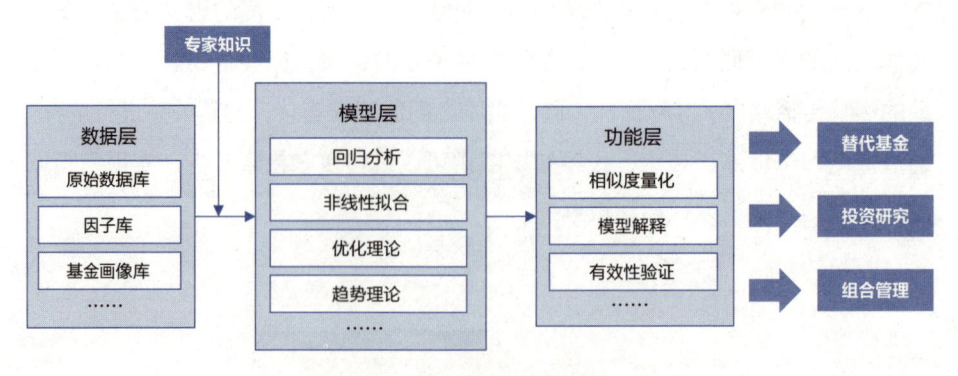

图5 替代基金模块框架

替代基金的内核是对基金间的相似度进行量化。通过定性基金研究和定量特征挖掘的融合，综合行业、风格、配置、归因分析等多个方面的要素，替代基金模块遴选最为相似的基金产品。在定性基金研究中，通过基金分类、基金评价、基金尽调等方式，从投资理念、投资流程、投资团队、投资业绩、投资平台等维度刻画基金投资的风格稳定性和业绩可持续性。同时，借助量化模型和量化分析工具研究基金的底层持仓、行业分布、大类资产配置以及业绩归因等指标，实现基金间相似度的精准刻画。

替代基金模块不仅作用于策略管理中，满足策略执行的稳定性和风控要求，还会反向作用于投资研究中，辅助基金研究和策略研究。例如，利用基金相似度，生成全市场基金在投资频谱上的距离分布，结合价值、风险、运营、流动性、盈利、成长等多维度透视因子，支持基金分类和策略研究。

（三）策略优化与再平衡模块

策略优化与再平衡模块是投顾策略管理承上启下的重要环节，需要考虑投顾策略的目标和调整方向，兼顾账户现有的持仓情况以及再平衡费率成本，输出最终可交易执行的组合权重配比和再平衡调整路径。

策略优化与再平衡模块深度运用多种运筹优化技术，实现标准策略和可交易执行组合的一体化衔接。标准投顾策略综合考虑来自宏观市场、资产配置、基金产品和客户需求等多个层次的环境状态和复杂约束，结合投研人员的市场判断制定策略目标，进行优化建模。

与此同时，在实际的金融市场中，资产的收益风险特征不断变动。经过一段时间后，初始的基金组合需要经过再平衡调整。策略再平衡模块接入实时交易系统，在投研策略调整的基础上，必须满足换手率、交易费用、客户持有期等刚性要求。同时综合考虑账户上一期组合状态、策略方向和交易执行层面等因素，在优化可行范围内求解最优的组合再平衡调整方案，在跟踪策略配置方向的基础上，保持策略风险收益特征的相对稳定。

（四）系统化落地

易方达投顾经过持续迭代、持续集成，将所有功能模块组织串联，打造数字化、智能化的策略管理系统，保障大规模场景下的连续投顾服务。从数据层、模型层和应用层，自下而上地集成数据处理、模型设计开发、应用上线以及数据分析等功能，以系统化的方式实现智能策略管理。

1. 数据层

针对不同来源和种类的数据，通过相应的工具组件，实现多源数据的抽取、转换和加载（ETL）过程。搭建规范化、流程化和智能化的数据治理体系，对多源异构数据进行集成整合，提高数据质量，实现数据价值最大化。

2. 模型层

通过一体化的业务数据建模范式，投研人员和数据科学家进行交互式协同开发。搭建数据抽取、特征工程、模型训练、模型应用、模型评估的全流程规范建模平台，有力地保障了模型的业务有效性，同时敏捷的开发模式支持投顾新兴业务场景解决方案的快速实现。

3. 应用层

结合容器化的模型上线系统、任务流的周期管理以及模型版本迭代和控制，使模型的上线及线上监控更加便捷，横向扩容更加简单。同时提供知识图谱、基金画像、报表生成、可视化分析等工具进一步丰富策略智能管理系统功能。通过完整的模型上线闭环，支持投顾账户层面的大规模策略管理。

二、大规模场景连续服务实现降本增效

易方达投顾策略智能管理项目通过多源数据信息融合、定性研究和定量分析协同，利用多种人工智能和运筹优化技术，支持大规模场景下的连续服务，帮助实现业务的降本增效。

（一）规范的数据治理体系

根据投顾业务场景，构建了覆盖全市场基金数据的实时获取系统。同时在数据层搭建了系统化的数据治理体系，对数据接入采用标准且规范的抽取模式，建立统一的元数据体系，保障数据的通用性和可靠性。通过规范化、流程化和智能化的数据治理框架，实现结构化数据、非结构化数据、图数据等多源

异构数据的信息融合，提高数据质量，最大化数据业务价值。

（二）跨领域的技术融合

利用 NLP 技术对全市场基金、宏观、舆情等相关的文本类数据进行分析挖掘，实现基金非结构化数据的实时抽取和批量解析。利用知识图谱技术，将市场、客户、投资标的进行数据关联和信息编织。同时将投研专家经验、研究逻辑进行实体和连边表达，通过 Embedding 技术和深度学习，建立人机结合的基金投研框架。结合线性规划、混合整数线性规划、随机优化、鲁棒优化、在线学习等运筹优化技术，为策略研究及再平衡提供优选的解决方案。

（三）紧密的组织功能整合

通过组织嵌入的模式，不仅保证了策略管理和交易执行等各类生产运作，同时支持基金研究和策略研究等各类投资研究。通过规范的业务流程和标准的系统作业，将投研人员与数据科学家密切配合，形成了定性投研框架的定量化沉淀，促使整个投顾策略智能管理的不断迭代和优化。

三、技术实现特点

根据不同场景需求，整个项目综合了自然语言处理、知识图谱、深度学习、运筹优化等多种人工智能技术。通过规范的系统协作，将所有功能模块中的各类前沿交叉技术进行了统一协同，实现了跨领域智能化集成的投顾策略管理。

（一）自然语言处理

针对公告和舆情类等非结构化文本数据，跟踪与监测模块搭建了一个建模能力稳健、功能全面的 NLP 分析平台，对文本信息进行抽取和解析，形成信息完备、实时性强的基金基础语料库，以支持基金研究。具体来看，基于数据采集平台获得原始文本数据，NLP 分析平台通过统一字符、编码归一化、特定字段分析处理等步骤，得到标准化的字符串数据。在统一的基金研究框架下，结合投研人员对股票基金、债券基金的不同研究需求，获得结构化抽取模型的训练集合。

抽取模型集成序列标注、深度学习、表格抽取三种抽取方式，合并输出模型抽取结果。其中，序列标注抽取对基金文本标注样本进行训练，抽取出字段，生成序列标注抽取结果。序列标注抽取模型利用隐马尔科夫模型和条件随机场，基于数据自动学习，减少了人工过度干预，使得抽取模型具有较强的泛化能力。针对传统机器学习存在的标注数据不足、大量未标注语料库不能使用、上下文学习能力有限等问题，深度学习方法基于 ELMo 和 BERT 模型学习的词向量作为输入，使用 Bi-LSTM+CRF 模型进行抽取预测，得到深度学习抽取结果。针对基金公告中的大量表格数据，表格抽取从相应文本定位出表格类数据，使用分类技术，获得表格字段结果。其中表格检测利用深度神经网络技术，基于标注的训练数据从全文中定位出表格区域。字段抽取采用 SVM 分类技术将字段定位到某个单元格，输出表格抽取结果。使用逻辑回归，根据训练数据集，自动学习每个字段下各个抽取模型合并的权重，最终集成生成抽取结果以及概率置信度。

最终将抽取模型的输出与业务规则进行标准校验，输出标准的结构化标签数据。整个 NLP 抽取框架如图 6 所示。

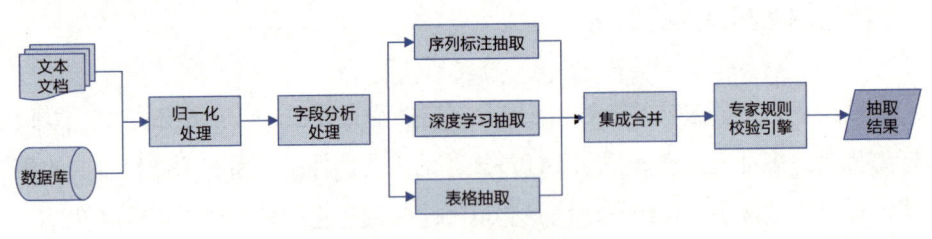

图 6　NLP 抽取框架

（二）知识图谱

利用知识图谱技术，通过完整的知识建模、抽取、融合、存储和计算组件，投顾知识图谱将原始高维、稀疏、孤立的数据进行关联，将离散的局部信息融合为全局知识，输出以基金产品为核心的、结构化和统计强度更高的图数据，以此来支撑各类下游任务。

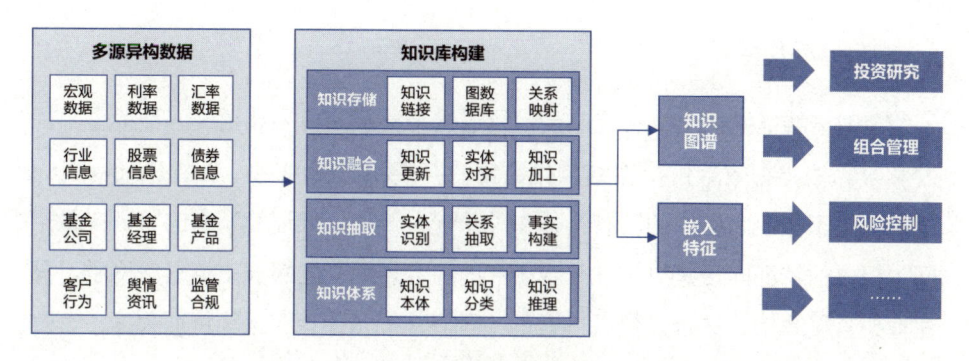

图 7 知识图谱构建

在知识建模阶段，结合研究人员的行业知识和专家经验，确定有强业务含义和应用的实体、关系、属性。在知识抽取阶段，利用 NER 命名实体识别、实体抽取、关系抽取等技术解析出关键的三元组事实集合。通过实体消歧、实体链接、知识合并等知识融合技术，消除冗余和错误的信息，得到结构明确、定义清晰的图谱数据。

根据具体业务应用方向的不同，投顾图谱进一步细分为舆情子图谱、供应链子图谱、股权链子图谱和债权链子图谱。

其中基于 NLP 事件驱动引擎的舆情子图谱，根据新闻舆情数据，以基金持仓为基础数据，使用 NLP 技术解析公司主体、行业、产品等信息，与上市公司、相应股票实体、重仓基金实体进行关联，构建事件驱动的舆情知识图谱。同时通过 NLP 模型识别新闻情绪，提取相应情绪标签，形成新闻情绪因子，在图谱内模拟情绪传导路径，识别事件带来的潜在影响，辅助投研迅速做出判断。在新闻舆情因子的基础上，进一步计算相关金融主体的热度指数，结合宏观及微观经济分析，形成内容热度因子。基于热度因子，在图谱数据中构造热度爆发、风险传导等分析模型，辅助识别关键时间节点，为投研构造基金备选池、再平衡调仓提供决策依据。

供应链子图谱、股权链子图谱、债权链子图谱通过广度优先、深度优先、社区发现等复杂网络算法，进行各种风险传播分析、价值推理分析、关联实体分析和时序推理，支持信用评级模型、债务违约模型、财务估值模型、价值链传导模型的实现。

（三）深度学习

在图谱特征挖掘上，替代基金模块通过平移距离模型和语义匹配模型等深度学习算法，有效地解决图结构化数据的高维和异构问题。通过 Embedding 技术，投顾知识图谱中的所有实体和关系嵌入一个低维连续稠密的特征向量空间。相应的特征向量是对定性基金研究的综合表示，能够被主流的深度学习算法框架直接利用，结合其他风格因子、净值分析、持仓穿透等特征数据，有效扩展了替代基金模型的视角和维度，实现了定性专家先验知识的定量化表达。在模型构建上，通过层次化的特征挖掘体系，结合各类正则化、权重共享、残差连接、预训练等深度神经网络训练技术，极大地提高了替代基金的准确性。

（四）运筹优化

多种运筹优化技术被深度应用在策略优化与再平衡模块。在模型求解层面，充分利用模型性质，对模型进行数学处理，实现高效求解。例如，组合优化模型在数学上等价于凸二次规划问题，借助矩阵分解将原凸二次规划模型等价转换为二阶锥形式，复杂度由原来的 $O(n^2)$ 降低至 $O(nk)$，大幅缩短优化求解的时间，为策略研究、模型回测和蒙特卡洛模拟提供了有力保障。

在策略优化过程中，最优解通常含有许多微小权重，这些权重不仅缺乏可操作性，并且会造成额外的交易费用和管理成本。为此，建立稀疏优化模型，以获得具有稀疏性质解为目的，对投资组合中选择的资产数目加以控制。稀疏的投资组合不仅能够精简投资规模，较好地避免极端投资权重的出现，还可以有效降低投资组合的管理难度，减少交易费用。此外针对投资策略对输入参数的敏感性，策略优化与再平衡模块从模型评估和模型再造两个维度控制模型参数的影响。

四、智能化运营助力基金投顾新业态

针对以账户为管理颗粒度的基金投顾新业态，易方达投顾策略智能管理项目，以策略运作管理中的基金状态、替代基金、策略优化与再平衡等业务痛点作为切入点，融合多种人工智能技术，打通整个运作管理环节，实现智能化的基金研究、策略研究和策略运作，有效地提升了数据要素的综合应用水平，推动了整个投顾业务的发展。

（一）项目应用情况

项目实现了对全市场8000余只基金的全天候监控，覆盖了所有线上渠道，实现了包含基金申赎状态变更、申赎额度变更、基金经理变更等事件信息的实时预警与信息提取，减少策略运作风险。同时通过对近百万条基金历史公告数据的结构化解析，获取了包括基金限制申赎频率、基金经理观点变迁、底层持仓变化等维度的有效数据信息，提升策略研究与基金研究效率。

项目通过自主研发的替代基金技术和策略优化与再平衡技术，从产品和策略两个维度保障了投顾策略的稳定性和连续性。其中替代基金模块通过维护一个 $N \times N \times T$ 的基金相似度张量（其中 N 为 T 时刻全市场基金个数），实现秒级的最优替代基金补位，保证了每一笔交易成功执行。策略优化与再平衡模块共构建十余种优化模型，同时借助高效的回测框架，实现多策略、多压力场景下20年万次收益模拟推演的分钟级别输出，保障了全量账户运作时标准组合和替代组合风险收益特征的近似，以及定期和不定期调仓时投顾策略的连续稳定。

（二）经济效益与社会效益

易方达基金投顾业务自2020年9月正式上线运营。截至2021年3月底，已先后在天天基金、交通银行、好买基金、招商银行"招赢通"等八个平台成功上线，面向普通个人客户、高净值个人客户以及机构客户提供专业的投资顾问服务。全平台客户留存率达96.56%，复投金额占比[①]70.98%，客户的投资体验感得到了极大的提升。

从负债端来看，包括投顾策略智能管理项目在内的整个易方达投顾，通过智能技术和专家经验相结合，全过程管理客户投资流程：投前，精准刻画客户投资画像，管理不同投顾策略投资预期；投中，实时监测市场和组合状态，动

---

① 复投金额占比＝复投交易金额/复投客户总投资金额

态调整投资决策；投后，通过一系列陪伴式投教活动，帮助客户培养和树立正确的投资理念和投资习惯。专业化的投顾服务缓解了日益庞杂的基金产品和客户专业认知能力有限之间的矛盾，引导客户进行长期理性投资，有力地促进了居民财富向资本市场的转化。

从资产端来看，易方达投顾从全市场挑选基金，从资产配置、市场风格、行业研究、投研体系、科技系统化能力等多个角度客观衡量每只基金收益业绩、每位基金经理的投资能力以及每家基金管理人的公司治理能力。通过优选特色鲜明的基金和基金经理，鼓励基金公司提供差异化的产品，完善投资频谱，对同质化问题严重、产品结构合理性不足的基金行业起到深刻的变革作用，对多元化投资管理方式起到正向的促进作用。作为买方代理人，易方达投顾通过专业、规范的投资运作力争创造良好的收益，提升客户的投资获得感，以实际行动丰富公募基金行业资产管理的内涵。

五、项目总结与展望

在深化资本市场发展和金融供给侧结构改革的背景下，基金投资顾问作为以客户利益为中心的买方财富管理模式，对大力促进居民储蓄向投资转化、践行长期价值投资理念起着深远的作用。在基金投顾业务的开展过程中，投顾策略的日常管理面临着许多现实问题。易方达基金投顾策略智能管理项目，通过数据采集和NLP分析平台的搭建，实现了对全市场基金状态的跟踪与监测，有力地支持了策略在全生命周期中的管理与运作。同时基于结构化数据、非结构化抽取数据和投研专家经验数据，利用知识图谱技术，将所有数据进行关联整合，构建综合的投顾知识图谱，全维度支撑宏观研究、资配研究、基金研究、策略研究等各方面的应用。针对标准组合可能出现的目标基金不可交易、策略容量有限、风控指标受限等情况，整个项目从产品维度和策略维度两个方面，通过替代基金模块和策略优化与再平衡模块，保障实际交易执行组合与标准组合在风险收益特征上的稳定性。此外针对组合定期和不定期的账户再平衡，借助运筹优化技术，保障投顾策略在不同时期上稳健运行。整个项目通过规范化、标准化、系统化的方式将所有功能模块组织起来，支持投顾策略的智能化管理。

伴随着投顾业务的发展、客户数量的增长和基金数量的增多，未来投顾策略管理需要在系统开发、数据模型以及业务内涵等方面进行不断的升级和迭代。在系统方面，需要在分布式、容器化、跨终端开发等方面进一步发力，以支持更大规模的账户运作、更加灵活的横向扩展以及更加全面的投顾场景服务。在数据模型方面，需要进一步研究设计模型架构，挖掘有效的数据信息。例如，在知识图谱上，利用时序图计算模型，通过非线性动力学迭代系统贯穿整个历史图谱数据和未来预测信息，实现投顾知识图谱在时间轴上的动态演进，全方位支持投资研究、顾问服务、风险控制等投顾业务场景。在业务内涵上，进一步聚合投资、交易、风控等多个业务需求，打造集组合管理、交易执行、风险管理与控制、数据管理与监控等功能于一体的智能化平台，实现投顾业务全周期、全环节的覆盖。

3

第三篇
基础设施建设

Infrastructure Construction

中科软科技

全服务化架构的新一代分布式核心业务系统

一、传统寿险核心业务系统亟须优化升级

随着大数据、云计算、物联网、人工智能、区块链等科技迅猛发展，保险行业积极将相关科技应用于保险业务中，"保险科技"概念由此诞生。保险科技得到了保险市场各方主体的积极拥抱，已经在业务流程中全面渗透，也催生了保险业务生态新模式。中科软作为保险行业信息化建设的领军公司，持续地推动保险科技在保险行业的推广落地，取得了显著的效果。

寿险核心业务系统作为寿险业务的重要支撑，承载了投保服务、运营管理、客户服务等重要业务。因寿险核心业务系统的版本研发时间较早，技术架构无法灵活地与保险科技深入融合，对保险科技在寿险中的快速应用造成困难，故而需要重新设计系统架构，融合保险科技，打造全新的核心业务系统，更好地支持保险业务开展。

中科软全服务化架构的新一代分布式核心业务系统想要实现以下目标：

1.系统功能研发目标。支持新型的寿险业务，包括家庭保险、家庭账户、多投保人、多主险、混合型前端等；实现业务的自动化和智能化；全系统功能支持移动化使用；对寿险数据模型进行优化升级；实现保险科技在业务端、管理端的落地应用。

2.技术研发目标。实现基于服务化及分布式部署的技术架构体系；采用自主研发组件及开源组件组合；支持前后端分离，支持高性能、高并发和高可用；融合新的IT技术，为业务提供更好的支持；支持多信源数据库。

3.开发运维相关目标。完成匹配系统的DevOps工具和技术规范，包括自

动化测试技术工具、系统监控工具和辅助开发工具。

4. 满足信息安全要求。采用自主、安全、可控的技术平台和架构方案，确保信息数据安全。

二、依托服务化和分布式技术构建"全业务、全流程"业务系统

（一）业务方案

中科软全服务化架构的新一代分布式核心业务系统是中科软在20余年的寿险信息化建设中，所积累的寿险业务支持的重要解决方案，是保险科技在寿险行业落地的综合解决方案，是在寿险营销、运营、客服、理赔、风控、监管等业务环节的全新的支持系统。

中科软全服务化分布式核心业务系统秉承了全业务、全流程、全核算的系统设计理念，同时增加了高可用、高并发、灵活扩展的设计目标，围绕保单全生命周期管理，在各个环节融入保险科技。通过服务化的技术架构，实现灵活的、多样的营销渠道和营销模式，支持多样化的客服服务模式；结合大数据等科技的应用，加强了寿险公司在风控、监管等方面的能力；通过对复杂技术的融合封装，屏蔽复杂技术应用，为寿险公司提供简单的技术应用接口。图1为中科软全服务化架构的新一代分布式核心业务系统总体架构图。

前台	客户服务	营销支持	运营服务	第三方平台

统一接入

中台	业务服务							应用支持	运营维护
	投保服务	客户服务	营销服务	运营服务	决策管理	用户中心	接入服务		

后台	客户管理	个险业务服务	个险保单管理	团险业务服务	产品工厂	业财接口系统	统一监管系统

基础组件层	业务组件	技术组件

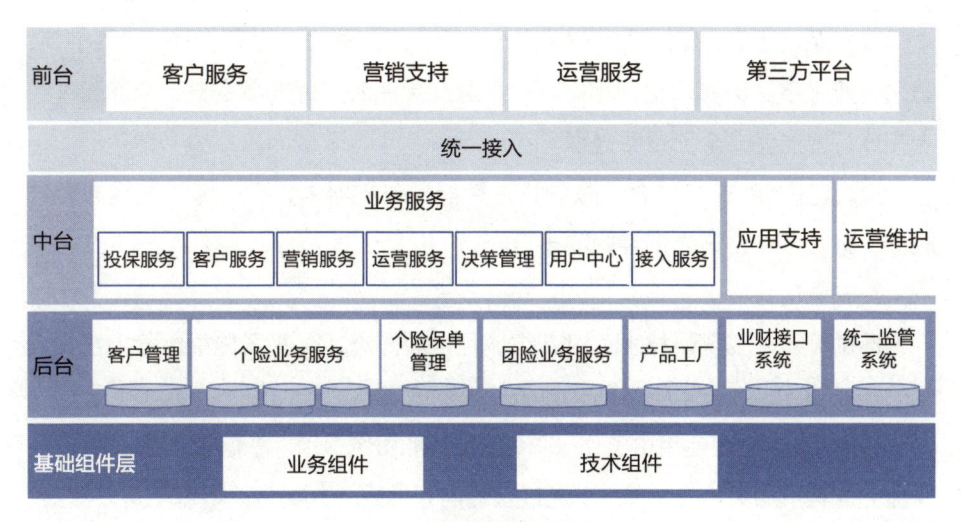

图 1　系统总体架构

中科软全服务化分布式核心业务系统将业务分为前台、中台、后台和基础组件层，对业务进行了重新的整合优化，形成了统一的业务支持中心，可以支持前台多样灵活的客服、营销、运营服务。业务方案具体包括以下几个方面。

1. 全面营销端赋能

寿险代理人作为公司业务开展和客户服务的一线人员，通过科技手段，将公司的各项服务能力向前线输出，使营销端更好地为公司创造优良业绩，也能为客户提供更优质的服务。营销端赋能主要体现在以下两个方面：

（1）建立基于移动互联网的全套信息系统，包括代理人培训、业务推广、业务流转、投保过程支持等系统。代理人可以通过这些系统，快速学习、提升业务能力，利用移动互联网随时开展业务及服务客户，从而达到公司业务扩张的目标。

（2）利用大数据及人工智能技术，切入业务环节，为代理人营销提供精准支持，比如产品精准推荐、话术精准推荐等，提升营销成功率，减轻代理人展业难度，更好地服务客户。

2. 智能客户服务

核心业务系统通过服务化的对外交互模式，将传统的线下保险业务全部转到线上，结合智能身份认证，客户可随时随地通过移动互联网享受寿险公司的各项服务，增加客户黏性，提升客户满意度。

在投保过程中，保险公司与客户的交互，比如体检、生调、通知书签字等，利用智能文字、语音识别，不需要客户通过代理人交付纸质资料，全部通过线上完成，智能完成全部投保过程。

通过与智能 AI 的结合，系统打造智能服务机器人，可以随时在线为客户服务，弥补寿险公司人工客服的短板。

3. 智慧运营

通过引入人工智能技术，对系统流程全面升级，改变了传统运营主要靠人工的作业模式，加强系统自动化业务处理能力。

在投保端，全面使用电子化录单，使用智能图像识别、智能身份认证等方式，快捷完成客户相关信息的录入；通过智能问卷模式，分类精确地获取用户健康、财务相关信息；利用智能语音技术，自动播放产品风险提示，并结合智能双录，自动识别客户反馈。通过上述技术应用，简化投保流程，加强运营风险管控能力。

在核保端，通过智能核保，细化客户风险告知，系统自动对客户风险进一步细分；通过对客户体检、生调等信息的智能识别分析，系统自动对客户生成相应核保结论；在核保时需要和用户进行交互，如体检、生调等，使用电子文档形式，通过移动互联网完成线上交互。

通过深入利用保险科技，使用系统代替了 80% 以上的人工作业，运营人员的工作职责转变为规则的制定、信息系统智能化的训练等，全面实现了智慧运营。

4. 智能风险管控

传统的保险风险需要人工收集信息，然而有限的信息不足以识别出复杂的风险信息。新系统通过与大数据结合，充分收集客户、代理人、系统用户等各项行为数据，通过风险识别模型，在各个业务环节自动识别风险，并实时反馈到业务环节中，从而实现智能风险管控。

5. 保险科技应用

通过在基础业务组件层，引入云服务、大数据、人工智能、物联网、区块链等科技，封装相应的组件及接口，供上层业务使用。保险科技在业务层面的应用众多，如使用大数据技术，结合客户风险分析模型，对客户相关风险进行分析，形成分析报告，用于核保风险评估；使用身份识别 SAAS 云服务，在使用相关信息系统时，对客户、业务员、内勤等进行身份认证，确保为本人使用，保证数据安全性；使用区块链技术，保存保单变化的相关轨迹，从而使每次保单的变化都翔实记录并不可篡改，保证客户利益不受损失。

（二）技术方案

中科软全服务化架构的新一代分布式核心业务系统，结合保险业科技赋能和互联网服务的理念，在满足高性能和高并发的同时充分考虑了金融业系统的稳定性，最终采用了服务化及分布式的技术方案。系统采用分层设计方式，前后端分离，满足多样化的前端应用模式需要。前端支持浏览器、移动APP、小程序、H5和第三方应用等多种方式，通过接口调用后端服务。后端为服务化架构，分层划分为统一接入、应用服务、中间件和运维接口等四层，具备了良好的扩展性和可维护性。系统技术架构如图2所示。

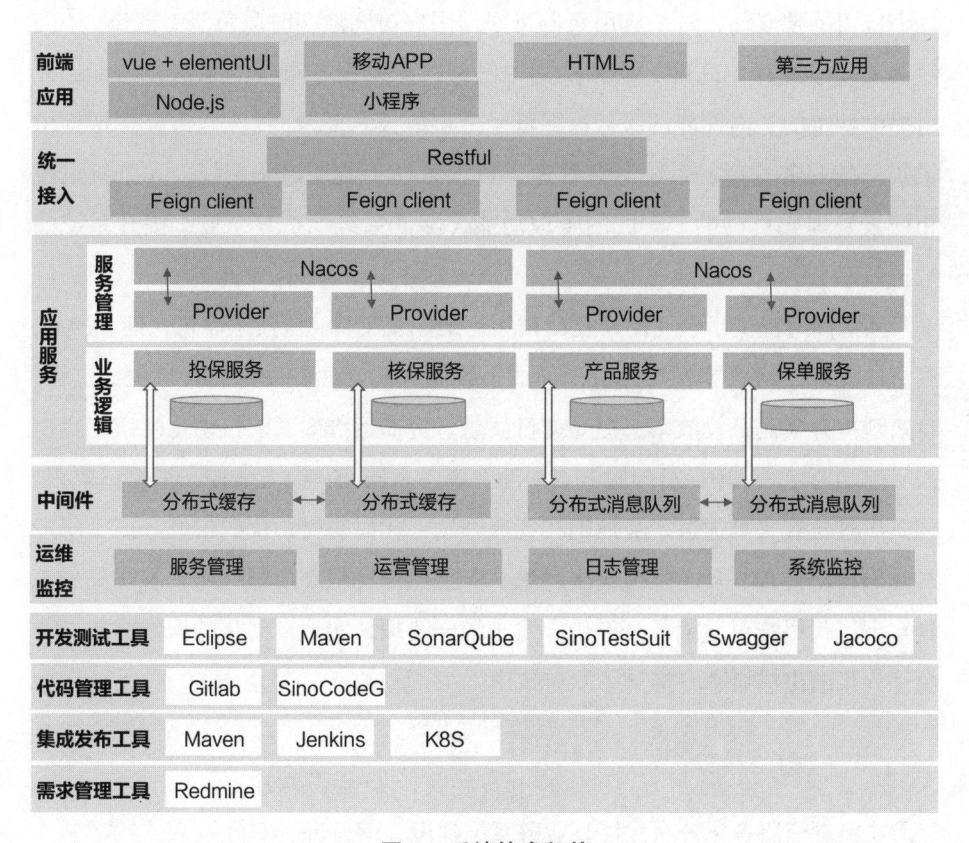

图2 系统技术架构

系统前端作为最终用户端，需求灵活多变。前端采用多样化的技术体系，可以灵活满足不同用户在不同场景下的需要。用户可以使用 PC/ 移动浏览器、移动 APP、小程序以及第三方应用等访问系统。每个前端应用独立，每个应用的变化不会对其他应用产生影响，也不影响后端的应用服务。

系统后端分为多层，通过微服务的方式向外提供服务，后端的每一层都使用分布式的部署方式，保证系统整体的高可用、高性能和高并发。在统一接入层提供微服务接口，对访问服务接口的应用进行权限校验，同时可以根据后端应用负载进行节点调用分配；应用服务层首先是服务管理，包括服务的注册、调用路由等，统一管理后端的业务服务，服务管理采用注册和无感发现的方式，易于管理；业务逻辑部分将每个业务应用划分为单个服务集群，每个业务应用独立部署，采用单独的数据库，应用间采用服务接口调用，保证每个应用的独立性，每个应用集群可根据用户访问量实时调整节点数量；中间件层实现了缓存中间件、消息队列中间件，均采用分布式的架构，为上层应用提供稳定的、高性能的服务，降低了上层的技术复杂度；在运维监控层提供了统一的服务管理、系统运营管理、日志管理和监控等子系统，为系统运维和配置管理人员提供了集成的管理功能，降低系统维护复杂度，提升系统的维护效率。

系统同时提供了全面的开发测试和运维配套工具，覆盖了需求管理、开发、测试、交付、运维等各个环节，通过系统化方式管理软件开发全流程 / 过程，有效地提升代码开发效率、提升交付质量、提高运维效率。自动化测试工具覆盖了前端应用 /APP、后端服务、中间件等各个层面，极大地提升了测试效率。代码质量检查工具通过定义规则在代码开发、代码交付、代码集成等三个阶段对代码自动检查，及时发现代码隐患，保证生产环境高质量代码。统一集成工具实现了代码交付、编译、打包、发布统一管理，实现自动化的操作方式，避免了人工的出错概率，提升了发布效率。

（三）项目实施过程

中科软全服务化分布式核心业务系统建设，项目进度安排如下：

表 1 项目进度

	阶段	时间	执行过程说明
1	架构设计	T+90	对系统架构设计进行分析论证，确定系统架构、技术架构、安全架构等设计方案及实现。
2	需求分析	T+100	对现有寿险业务及发展趋势充分分析，对非功能需求进行分析，形成系统需求分析文档。
3	系统实现	T+340	完成对系统的开发编码、测试等工作。
4	系统验收交付	T+365	由验收组对系统进行全面评估验收，对系统研发工作总结。

项目实施过程遵循 CMMI 规范和 PMI 项目管理过程规范，严格管理项目执行的各个过程，保证达成项目的既定目标。项目使用了项目管理软件，统一管理项目目标、项目计划、WBS 细分、项目资源、人员计划及执行等，通过信息化方式，全面管理项目的每个环节，并对项目执行数据进行跟踪分析，提升项目管理的综合能力。通过系统对项目质量、项目变更进行管理和严格控制，确保项目执行过程不偏离。在项目沟通上采用邮件、在线协作文档和实时通讯工具结合的方式，既保证了沟通内容的准确性和权威性，也保证了沟通的时效。风险管理方面，项目在各个环节进行风险识别，具体如下：

1.目标风险。虽然项目目标已明确，但是在项目执行过程中，各项目小组对项目目标落实可能会存在不到位或者偏差的情况。项目的各个子目标之间存在较多的关联性，因此可能会导致较大的目标风险。在项目执行过程中需要对项目目标进行认真解读，并及时监控执行过程，确保各小组按照既定的目标执行，降低目标风险。

2.技术风险。新一代核心业务系统所使用的新技术体系，由众多的技术组件、工具构成，如何选择及应用这些技术将对项目产生很大的影响。一旦选择路线错误，将产生较大的风险。项目在技术选择及构建阶段，需要集中公司的技术专家，对技术的选择和应用方案进行充分的评估，并进行小范围的尝试，形成样本程序，确保技术路线的正确性，降低技术风险。

3.进度风险。本系统的研发持续一年时间，整体工作量大，工作内容复杂，工期紧张。如果在一个环节出现问题，将会导致整体的进度无法保证。因此需要在项目过程中，加强进度控制，项目经理及时检测各小组进展情况，必要时采取加班赶工、补充资源等措施，确保在各个阶段进度按计划完成，不发生整体进度风险。

三、保险科技对保险核心业务系统的颠覆性影响

（一）利用保险科技重新定位核心业务系统

中科软全服务化架构的新一代分布式核心业务系统，紧紧围绕寿险业务重心的发展变化，全面覆盖营销、客户服务、运营和风控等寿险业务，改变核心业务系统的定位，从业务流程辅助转变为全面的业务过程全程自动管理，从单一的运营业务扩充到全面的寿险业务，使核心业务系统为寿险公司提供更全面的服务能力。

全服务化分布式核心业务系统覆盖了客户触达、展业、投保、核保、承保、保全、理赔、续期等寿险业务全生命周期，真正地覆盖了寿险全业务环节，同时为寿险经营管理提供了综合数据支持，系统真正实现了为寿险业务提供全面的、优质的信息技术服务。有了全流程管理的信息系统，公司决策层可以全面掌握公司的业务数据，从而能够为公司管理决策提供准确的数据支撑。

（二）新保险产品快速交付

为了实现对客户的个性化承保需求，各家公司不断推出新的产品，如何保证产品的快速上线、占领市场先机成为难题。全服务化分布式核心业务系统独立构建了产品工厂服务，通过流程化的产品信息管理方式，使各相关部门可以并行在系统上完成产品信息的定制；在技术上引入快速产品复制、快速数据上传、界面化规则定制等方式，加快产品定制效率；引入自动化测试技术，快速完成产品的上线测试。通过上述手段，实现了新保险产品的快速交付，产品交付时效从原来的平均1.5个月降低到平均1—2周，满足了业务部门的需要。

（三）服务化技术体系

全服务化分布式核心业务系统在技术架构层面采用微服务架构体系，系统各模块全部实现了微服务化。通过服务化，可以实现前后端分离，通过统一的服务，支持大量的个性化的前端系统需要；各服务模块的分离部署，解决了传统核心业务系统耦合度高的问题，降低了系统的复杂度；服务化的接口可以根据需要进行快速的组合，满足不同业务流程的需要。

服务化的技术体系，在管理和安全性上也面临很大的挑战。通过建立服务管理系统，为各服务进行统一的注册、接入和安全验证管理，通过可视化的界面，非常便捷地完成服务的管理。

（四）分布式架构

全服务化分布式核心业务系统全面实现了分布式架构，包括分布式服务、分布式中间件、分布式数据库等。

分布式服务采用应用独立封包、session集中管理、虚拟化等技术，可根据系统压力状况，自动化实现服务模块的扩展和收缩。

分布式中间件主要包括分布式缓存、分布式消息队列等，通过集中分发、无缝切换等技术，保证数据的一致性、高效响应、高可用等特性。

分布式数据库满足了寿险业不断增长的数据量需求，通过不同维度的分库策略，保证数据增长的同时不降低响应效率；通过数据代理层，屏蔽后端分布式数据库，不增加应用开发的复杂度。

（五）开发运维一体化

全服务化分布式核心业务系统引入了开发运维一体化思想，通过对开源工具的整合，形成了开发运维一体化的解决方案。

通过将管理工具统一对接整合，实现了需求、设计、开发、测试、交付、运维等环节的无缝连接；实现了代码、编译、系统上线、中间件管理、虚拟机管理的全线上管理方式；实现了需求、代码、问题的全关联，在运维端可快速完成问题定位分析，快速解决上线；自动化的构建及发布机制可以快速完成应用的发布、服务节点的自动化扩充等。开发运维一体化增强了整个系统开发及运维的服务能力，提升了开发运维效率。

（六）自动化工具应用

全服务化分布式核心业务系统引入了自动化开发工具、自动化测试工具、自动化运维工具，如自动化代码生成、自动化质量检查、前端自动化测试、服务自动化测试、自动化构建、自动化发布、自动化中间件管理等工具。通过这一系列自动化工具的应用，极大地提升了系统开发效率和运维效率，降低了开发成本，提升了代码的总体质量。

（七）高并发高性能

全服务化架构的新一代分布式核心业务系统通过服务化和分布式的技术框架，依据寿险业务需求，特别是互联网业务的需求，实现了高并发、高性能的支持。通过技术体系提升、节点的快速扩充、分布式部署等技术，系统可以达到 3000+ 以上的并发服务能力，单业务响应时效低于 300ms，完全可以满足寿险高峰业务的服务能力支撑，保证了在寿险开门红等促销活动时业务的正常开展。

四、全服务化分布式核心业务系统实现经济和社会双重效益

（一）全服务化分布式核心业务系统在寿险业的应用

1. 横琴人寿

横琴人寿以"家庭保险账户""合伙型分销网络""数字横琴"为企业核心的经营与发展战略。全服务化架构的新一代分布式寿险核心业务系统为横琴人寿发展战略的落地提供了坚实的基础。

全服务化架构的新一代分布式寿险核心业务系统，实现了营销服务的前置。一线营销队伍可以通过移动互联网实时进行展业、客户服务、业绩查询、团队管理等服务，提升营销效率；通过系统的统一接入平台上线，快速实现外

部渠道的对接，投保服务实现高并发、高性能，支持了互联网渠道的定期活动、24小时不间断服务的要求；同时在运营服务端，上线了智能核保、理赔直赔快赔等业务，实现了传统运营模式向数字化、智慧化运营的转变。

2. 民生人寿

民生人寿成立于2003年，主要营销渠道为个人代理渠道。在公司新经营目标的驱动下，民生人寿提出了新营运、新体验、新管控的"新一代业务处理系统"建设目标。全服务化架构的新一代分布式寿险核心业务系统作为民生人寿"新一代业务处理系统"的基础版本，通过与现有业务的融合，成功构建了"新一代业务处理系统"。系统上线了智慧营销平台、统一交易平台、用户服务平台、智慧运营平台、全渠道用户平台等，实现了系统既定的建设目标，为民生人寿业务的发展提供了优良的科技支撑。

（二）经济效益

目前中科软现有的寿险核心业务系统版本6.0、6.5和7.0占领了70%以上的市场份额，整体市场已经趋于饱和，上涨的难度较大。通过推出本系统，可以推动各家寿险公司进行核心业务系统的升级换代，为公司带来新的市场机会，获得产品销售的经济效益以及核心系统替换的技术服务费用收入。同时新的系统采用新的技术架构，能够提升公司的技术开发效率，降低研发成本，提升公司的利润水平。

通过本系统在多家寿险公司的实施落地，切实为寿险公司的业务、服务、管理带来新的改变，将在寿险行业带来良好的市场影响力，从而能够推动更多的寿险公司跟进更换系统，更快地为公司带来广泛的经济利益。

（三）社会效益

全服务化架构的新一代分布式寿险核心业务系统的研发，是基于充分的市场调研和分析，结合了新技术的成熟应用，并继承了旧版本的寿险核心业务系统功能，故系统能够真正解决寿险公司面临的问题，推动寿险行业在业务开展、客户服务、管理等方面能力的提升，提升国内寿险行业的整体信息化应用水平，带动周边相关信息系统的提升，也推动寿险相关的新行业机会出现，比如医疗与寿险结合服务、互联网身份认证服务、移动支持服务、智能客户服务、大数据服务、云计算服务等。

同时系统采用了新的技术体系，通过系统研发工作，公司技术人员的技术能力有了大幅度的提升，积累了丰富的经验、工具和文档。这些有形及无形资产，提升了公司整体的技术能力，提升公司的行业地位，保证公司在寿险行业信息化建设领域的领先优势。

五、寿险核心业务系统向"科技化、智能化、自动化"方向发展

（一）全服务化的寿险信息化技术平台

全服务化架构的新一代分布式寿险核心业务系统是寿险行业第一个采用互联网技术框架的核心业务系统。在建设过程中，对服务化的拆分方式、粒度有着极大的挑战，通过不断的探索和验证，落地了最符合业务需要的服务化建设方式，也总结了相应的经验教训。系统目前有7大服务模块，100+ 子服务，能够灵活地为前端系统提供服务支持。未来根据系统实际的运行情况和保险科技的深入应用，需要对现有服务划分再进行评估优化，形成适用于整个寿险行业的核心业务系统服务化划分标准，推进整个行业的信息化建设水平。

（二）利用科技推动寿险业务的智能化和自动化

随着人工智能在金融行业的不断深入应用，为寿险业务的智能化、自动化提供了新的方向和思路。全服务化架构的新一代分布式寿险核心业务系统通过引入人工智能、大数据、图数据库等科技，对每个寿险业务细节进行分析，形成智能化、自动化的业务处理方案。比如在投保端应用智能图像识别、智能身份认证等，在核保端引入智能核保、智能问卷处理等，大大减少了业务环节中人工的参与程度，原来需要一到二天才能完成的投保作业，现在可以在5—10分钟内完成，极大地提升了业务效率。

未来需要更深入地收集寿险作业过程中每个环节数据反馈，优化智能化、

自动化的作业模式，争取在整个业务链条上都能够实现智能化和自动化。同时保险公司与客户的互动需要有"温度"，机器服务无法替代人工，在智能化和自动化的同时，如何使客户感觉更有"温度"，也是一个需要深入研究的课题。

（三）开源技术体系应用

中国的寿险行业经历了 30 年的信息化建设，寿险公司对信息化的依赖程度非常高。在基础软件方面，之前国内公司更多依赖国外商业软件，成本逐年上升。全服务化架构的新一代分布式寿险核心业务系统在基础软件上采用中科软自主研发以及开源技术，从应用中间件、数据库、操作系统、开发运维工具等方面全面摆脱对国外商业软件的依赖，做到了寿险核心系统的数据安全可控。在技术选型及应用期间，也遇到了各种各样的问题和挑战，通过与开源社区的合作，逐步解决了遇到的各种问题瓶颈，最终保证了开源技术的落地应用。在技术架构上，将应用与技术组件进行逻辑隔离，确保在变更技术组件时不会对应用产生较大影响。

在未来的发展中，需要加强与开源社区的进一步合作，将开源技术应用中的经验反馈到社区中，促进开源技术的进一步发展和应用。

Digital Economy + Technology for Good
数字经济 + 科技向善

国家超级计算长沙中心

基于领域知识学习引擎的互联网
舆情预警在银行风控中的应用

一、互联网舆情的发展

（一）互联网舆情的发展

互联网的迅猛发展产生了各式各样的数据，网络上的海量数据正以"TB"级增长。2011年5月，McKinsey全球研究院发布了报告 Big data: The next frontier for innovation, competition, and productivity 后，大数据的概念和发展备受关注。

互联网舆情正是一种网络大数据的表现形式，互联网舆情信息数据量大，噪声多，类型复杂多样，包含大量非结构化的文本数据，需要有强大的舆情智能处理工具。在大数据时代背景下，通过从海量的互联网信息如新闻资讯、政府公开信息、企业招聘、电商数据、社交媒体、本地网络舆情中挖掘重要财经信息，对加深对金融风险的把控至关重要。[1]

近几年来，银行传统业务中的个人金融业务领域已经被科技巨头深入渗透，而对公金融领域由于存在关系营销、财务数据不公开等情况，垒高了护城河，但仍是商业银行的一片战略高地。然而，科技巨头已经开始发力，商业银行的绝对优势会逐渐弱化，因此，布局对公金融的数字化转型、建立银行自身

---

[1] Manyika J. Big data: The next frontier for innovation, competition, and productivity [J]. http://www.mckinsey.com/Insights/MGI/Research/Technology_and_Innovation/Big_data_The_next_frontier_for_innovation, 2011.

的金融科技风控系统，对于银行未来的发展的重要性日益彰显。[①]

（二）互联网舆情预警的项目目标

本项目定位于建设企业级的舆情智能处理工具集，在遵循数据治理相关规范的前提下，通过网络爬虫和大数据等技术，将爬取的海量网络舆情数据、已获得官方授权的舆情数据、公司内部已有数据进行整合拉通；利用机器学习、自然语言处理等人工智能技术，先进行内容去重、主体识别、事件标签标注、情感分析、舆情摘要、舆情分类等基础通用加工，再结合企业关联关系和特定业务场景进行舆情传导、事件聚合、事件发展脉络跟踪、事件热度分析、情感量化等深度专用加工；建立灵活高效的订阅机制，针对不同业务应用系统的需求进行个性化推送，实现企业舆情风险画像和负面舆情监控预警，并为银行对公信贷业务提供贷前、贷中和贷后的实时辅助决策以及对互联网舆情信用风险的量化评估提供支持，提升舆情服务的全面性、精准性和时效性。

二、互联网舆情预警在银行业务中的应用

（一）互联网舆情预警对银行业务的几大功能支撑

本系统将对银行业务实现以下几个功能的支撑。

1. 舆情检索

系统最重要的一个功能就是舆情预警，舆情预警支持按照主体、时间、类别、事件、情感、标签、关键字等条件搜索舆情，结果列表可以显示舆情标题、摘要及其他信息。[②] 此外，用户可针对预警信息查询该企业过往所有的负面信息记录，查询舆情可通过对关键词、时间的筛选进行精准查询。[③] 用户可从企业的历史负面信息解读企业的经营历程、发展轨迹等信息，判断企业经营状况，

---

① 刘静. 人工智能在商业银行中的应用研究[J]. 长春金融高等专科学校学报, 2020, No.152 (03): 36-40.

② Harbin. Object Identification on Complex Data: A Survey. Chinese Journal of Computers, 2011.

③ 谭红叶. 中文事件抽取关键技术研究[D]. 哈尔滨工业大学.

复测贷款风险，提出审核意见。

该功能为系统的核心功能，可以满足银行风控的基本要求。

2. 事件追踪

系统支持将目标主体的某一事件的相关舆情进行聚合，便于用户了解事件的来龙去脉，同时支持持续跟踪该事件的后续舆情，在热点事件页面会显示事件的名称、概述、目标公司和事件发生的时间。[①] 此外，用户可以通过热点事件详情页面查看事件的发展脉络、关键词云、调性分析、传播分析和传播路径。

该功能可以方便银行业务和风控人员对风险事件形成动态、全面的检测。

3. 监控组合

用户可以通过目标管理，根据具体业务需要将多个目标企业添加到舆情监控组合中提交给系统，一个用户可以建立多个监控组合，点击某个组合以后可以查看该组合中的所有企业的舆情。

该功能方便银行筛选目标企业及其关联企业组合，形成更高效、精准的舆情预警推送。

4. 舆情看板

系统支持根据用户的使用习惯调整页面布局，定制首页并配置首页的统计项，可以定制图表，也可以配置自己关注目标的舆情预警或目标的热点事件，形成定制的舆情报告。

该功能可以满足银行不同业务和风控部门的定制化风险事件报告需求。

5. 舆情反馈

用户在使用过程中，可以在舆情预警列表中对每条推送的舆情进行反馈。

该功能用于收集用户对舆情加工结果的反馈建议，反馈收集的数据可用于制作舆情分析挖掘模型的训练数据，持续优化舆情加工和分析的效果。

6. 舆情管理

舆情管理主要提供数据源、业务规则、舆情加工配置等信息管理功能以及必要的舆情平台监控服务。系统管理员可以对所有的数据源进行修改和删除，定义好数据源类型之后，部门管理员可以根据部门的业务需求配置所需数据源和方案，之后，方案下的词库、规则和配置将被部门继承，部门管理员可以对

---

① 赵茉莉. 网络爬虫系统的研究与实现 [D]. 电子科技大学.

其进行修改。①此外，系统配置了监控管理功能，用户可以通过数据监控模块查看数据运行的整体情况，也可以通过异常监控查看系统运行时的异常。

该功能可以满足银行自上而下的风控模式，方便风控管理和监测。

（二）舆情职能处理系统及组件

本系统建立了企业级舆情智能处理的统一框架，同时又能支持各个部门的个性化部署和配置。舆情智能处理系统由数据层、分析挖掘层、应用层等三大模块组成并采用组件化方式开发和部署，其中数据层包括外部数据采集组件、内部数据采集组件、外部前置预处理组件、内部数据对接组件和数据融合分发组件；分析挖掘层包括部门舆情分析组件；应用层对应舆情门户系统。系统架构如图1所示。

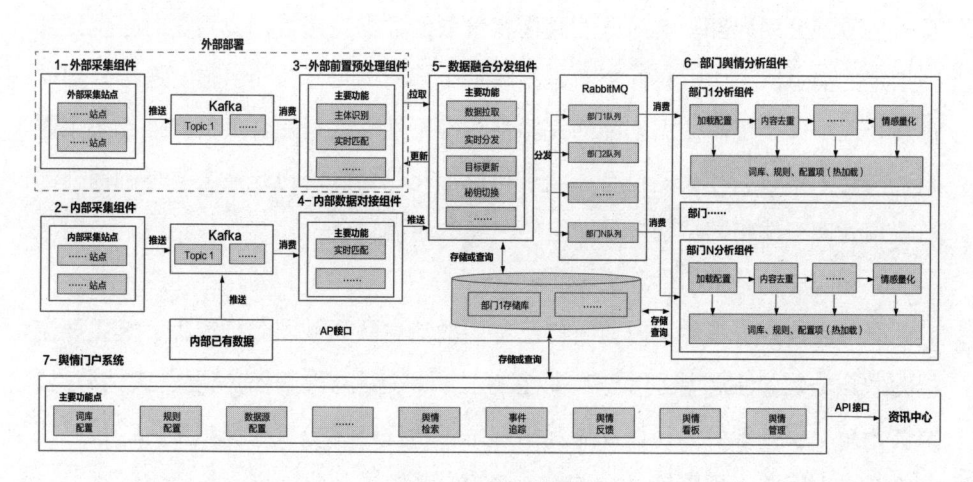

图 1　系统架构图

1. 外部数据采集组件

外部数据采集组件的主要功能是负责少部分站点数据的采集、清洗及通过KAFKA将采集的原始数据推送给外部前置预处理组件。

2. 内部数据采集组件

内部数据采集组件的主要功能是负责大部分站点数据的采集、清洗及通过

---

① 韩冰. 大规模文本去重策略研究［D］. 大连理工大学, 2009.

KAFKA 将采集的原始数据推送给内部数据对接组件。

3. 外部前置预处理组件

外部前置预处理组件的主要功能是负责原始数据中的主体识别及监控目标匹配，并将匹配好的数据通过加密的方式实时同步给数据融合分发组件。

4. 内部数据对接组件

内部数据对接组件的功能与外部前置预处理组件的功能类似，主要是负责内部异构数据源的对接，并及时将对接的数据进行目标匹配，最后推送给数据融合分发组件。

5. 数据融合分发组件

数据融合分发组件的主要功能有数据拉取、实时分发、目标更新、数据融合和密钥切换。数据拉取主要是定时将外部前置预处理组件匹配到的目标数据及时拉取到公司内部。实时分发是指将拉取的数据按照目标公司实时分发到部门指定的消息队列中。目标更新是指将每个部门的目标公司名称发送给外部前置预处理组件，提高数据匹配的完整性和准确性。数据融合负责将外部采集数据、内部采集数据和公司已有数据进行标准化存储。密钥切换主要是确保外部前置预处理组件和数据融合分发组件之间的通信安全。

6. 部门舆情分析组件

部门舆情分析组件实时监听自己部门的消息队列触发分析流程，其主要流程为数据去重、主体识别、事件标签标注、情感分析、舆情摘要、舆情分类、舆情传导、事件聚合、事件发展脉络跟踪、事件热度分析和情感量化。最终将分析结果入库并将预警信息推送给舆情门户系统或其他指定业务系统。

7. 舆情门户系统

舆情门户系统的主要功能是为各业务部门使用人员提供可视化窗口并为其他业务系统提供 API 接口。系统主要功能有系统管理、目标管理、舆情检索、事件追踪、监控组合、舆情看板、舆情反馈和舆情管理。

（三）互联网舆情预警项目建设和实施阶段

第一阶段，需求设计阶段：2018 年 6 月开始需求分析与算法设计，与行业专家进行业务分析与讨论，准备企业名单数据、企业互联网负面训练样本数据，进行企业简称训练样本标注和企业负面词库建设，开发负面词库管理系统，完成企业负面信息采集爬虫开发，企业简称生成算法设计完成并落地，简称生成准确率达到70%。

第二阶段，实现阶段：2018年10月开始模型和系统开发，通过企业负面信息分类指标构建（包含一级指标和二级指标）完成负面信息分类训练样本标注；完成企业负面信息噪声过滤算法、负面信息分类算法、企业负面信息严重程度分级算法的设计与落地，其中噪声过滤准确率达到75%，信息分类准确率达到75%，程度分级准确率达到70%；完成企业负面信息系统开发，包含企业信息提交、负面信息分类查看和相关指标统计可视化；对接招行内部业务系统，实现MVP上线。

第三阶段，模型优化阶段：2019年2月开始算法和模型优化，优化后噪声过滤准确率达到85%，负面信息分类准确率达到85%，程度分级准确率达到80%；同时，对接招行内部其他业务系统，实现全功能上线测试，编写相关功能开发文档、测试文档，开展员工培训。

第四阶段，系统迭代阶段：2019年4月开始系统整体优化，进行行内ST、UAT测试。

三、互联网舆情预警的项目和技术优势

（一）人类专家经验和统计机器学习的有机结合

通过领域定制化的知识学习引擎，实现人类专家经验和统计机器学习的有机结合。

将词法分析、语法解析与领域概念推理统一到语义解析模型中。语义解析模型是一种领域定制化的规则引擎，支持领域专家直接以规则的形式向知识库注入较为复杂的语义和领域知识。这些规则可以基于解析引擎直接在舆情文本上执行推导，得出分析结果。

规则引擎与机器学习的有机结合。语义解析引擎作为规则引擎，可以集成专家经验，标注训练集，为统计模型提供语料，并解决一些统计模型难以解决的疑难案例。基于机器学习的统计模型可以从语料中捕捉更多的规律，扩展系

统对多样化实际文本的处理能力，还可以用于计算规则的置信度，帮助规则引擎提高准确率。领域定制知识学习引擎技术路线如图 2 所示。

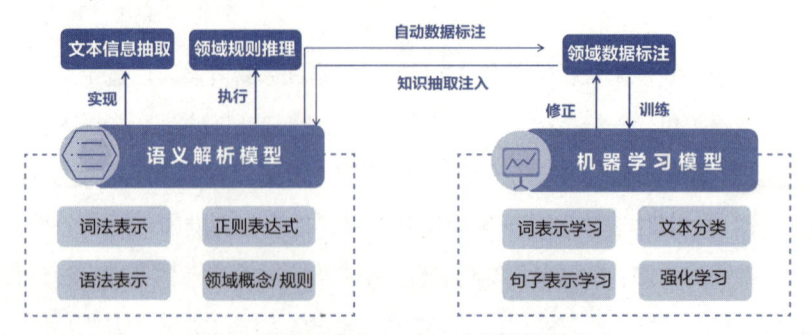

图 2 领域定制知识学习引擎技术路线图

1. 领域文稿自动书写引擎

系统处理舆情信息能够以目标企业为主体，以事件标签引擎为主线，对多个舆情事件中的要素信息进行抽取和合并，自动生成根据用户定制的信息展现优先级排序的摘要文本。定制化舆情摘要技术路线如图 3 所示。

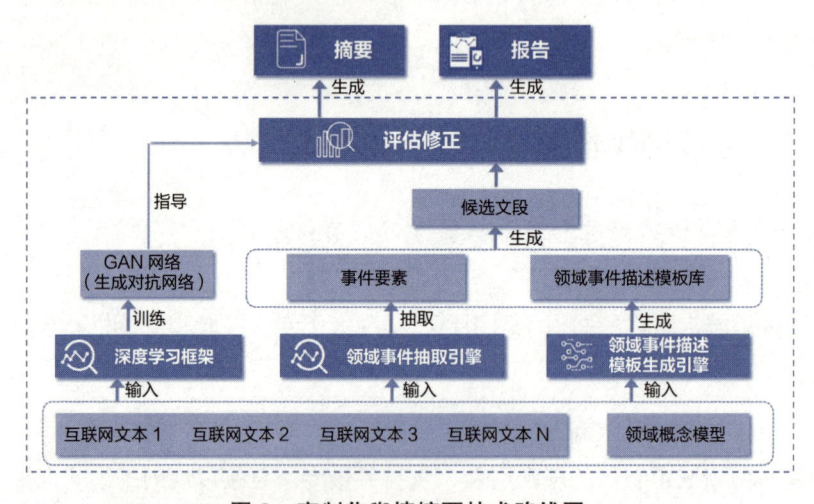

图 3 定制化舆情摘要技术路线图

2. 互联网金融舆情处理知识库

建立了行业领先的互联网金融舆情处理知识库，不仅积累了丰富的词库和领域规则，也标注了大量领域语料，并基于这些语料针对实际应用场景训练了定制化的分析模型。① 已建立的互联网金融舆情处理知识库如图 4 所示。

本应用已与头部金融机构业务专家共同合作，建立了行业领先的负面舆情识别知识库。

领域标准库
- 负面舆情摘要抽取标准
- 负面舆情分类标准
- 负面舆情评级标准

领域知识图谱
- 负面舆情分类评级图谱
- 企业家图谱
- 关联公司图谱

领域模型库
- 简称模型
- 关联关系模型
- 正负二分类模型
- 重要程度模型
- 一笔带过模型
- 去重模型
- 分类模型

领域规则库
- 负面舆情量化规则
- 同业规则
- 总战规则
- 央企及事业单位规则
- 关联关系规则
- 推理规则

领域词库
- 负面词库
- 反面词库
- 正定词库
- 正面意义负面词库
- 受益负面词库
- 原告词库
- 表决词库
- 线索词库
- 同义词词库

图 4 完备的领域知识库

3. 交互式智能训练与评测体系

在系统的研发过程中和运营上线后，交互式的智能训练与评测是持续进行的。在训练过程中，从语料到模型都会不断进行迭代优化，不断改进分析效果。交互式智能训练与评测体系技术路线如图 5 所示。

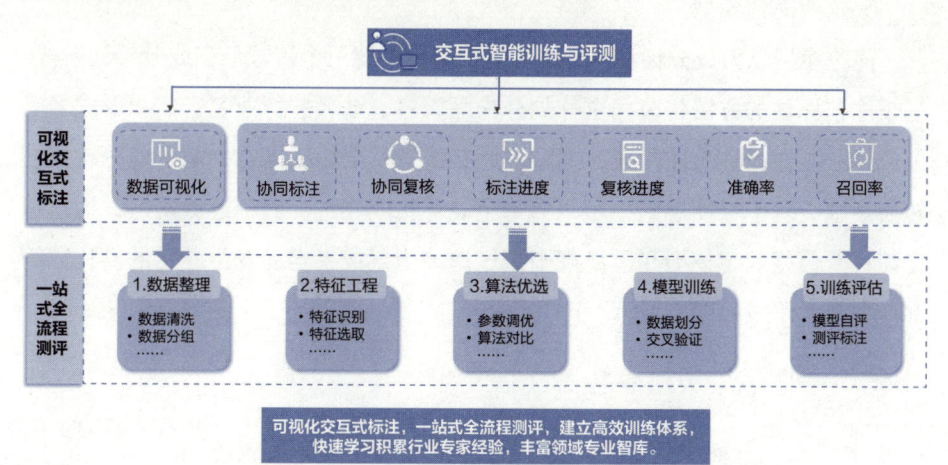

交互式智能训练与评测

可视化交互式标注
- 数据可视化
- 协同标注
- 协同复核
- 标注进度
- 复核进度
- 准确率
- 召回率

一站式全流程测评
1. 数据整理
   - 数据清洗
   - 数据分组
2. 特征工程
   - 特征识别
   - 特征选取
3. 算法优选
   - 参数调优
   - 算法对比
4. 模型训练
   - 数据划分
   - 交叉验证
5. 训练评估
   - 模型自评
   - 测评标注

可视化交互式标注，一站式全流程测评，建立高效训练体系，快速学习积累行业专家经验，丰富领域专业智库。

图 5 交互式智能训练与评测体系技术路线图

---

① 陆岷峰，虞鹏飞. 互联网金融背景下商业银行"大数据"战略研究——基于互联网金融在商业银行转型升级中的运用 [J]. 经济与管理，2015，029（003）：31-38.

4. 开放式知识注入平台

领域专家的经验对于解决面向业务场景的实际问题十分重要。基于语义解析引擎和知识库管理平台，领域专家在系统运营人员的帮助下，可以方便地通过书写规则来实现知识注入。注入的规则通过知识库管理平台进行校验和修正，保证规则的有效性。开放式的知识注入在系统运营上线后仍可以持续进行，保证系统不断优化升级，可以满足新的需求。开放式知识注入技术路线如图 6 所示。

图 6　开放式知识注入技术路线图

5. 企业简称模型

简称模型分为成分标注、简称生成和简称过滤三个阶段。在成分标注阶段，基于序列标注的方法将公司全称划分为品牌名、地名、行业名、组织形式名等多个成分。在简称生成阶段，通过训练集统计从全称到简称的基于成分构成的转换规则，基于转换规则，可以为每个简称生成候选。简称过滤阶段，通过综合简称置信度判定模型和过滤规则来过滤掉错误或者容易发生歧义的简称。简称模型技术路线如图 7 所示。

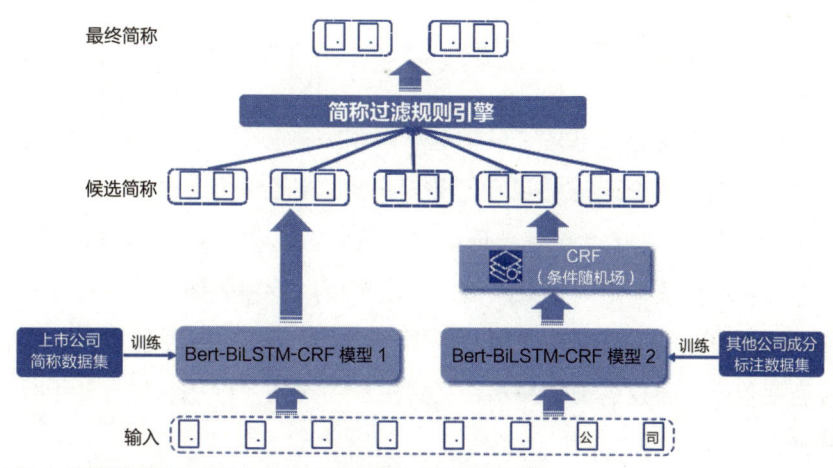

注：Bert 为预训练语言模型；BiLSTM 为双向长短期记忆网络；CRF 为条件随机场。

图 7　简称模型技术路线图

（二）打造行业领先的舆情预警

1. 专家经验与技术的结合

对于银行风控这类较为复杂的问题，专家经验是其必不可少的基础。然而，传统的银行风控极大地依赖于业务员的现场走访调查和风控信审专家的主观估算，其中关键的一点是，"主观估算"所依赖的实践经验是极难逐一记录并形成系统的规章制度的——负责银行风控的人员或团队一般是具有银行信贷风控相关领域专业知识的专家或专家组，他们除了依靠银行风控手册中的具体评价条件和信贷指导性规章制度外，还具有从多次实践中总结得出的风控分类"诊断"处理技巧以及依靠丰富的经验积累逐渐形成的"直觉"。

本项目的核心理论基础集成了众多金融领域的专家经验，对相关规则进行了标准化，且规则参数可以根据用户需求调整定制。系统根据这些定制化的规则对舆情中的相关信息如股权结构、对外投资、担保信息、资产负债率、营业额、账期时间、逾期金额、司法诉讼等进行提取和分析，生成辅助信贷决策的风险事件预警消息，达到高可靠度、高精准度和高响应速度的统一。

2. 行业领先的舆情预警

我国目前的舆情数据运用多处于信息采集和浅层加工阶段，缺乏对数据的有效处理和具体运用，部分实现应用的系统只能对关键词进行简单的匹配，且数据处理速度和预警的精度均较低，不能完全满足银行风控对及时性和可靠性的要求。①

本项目所集成的信息采集系统基于国家超算长沙中心高性能系统集群，可以实现大规模、低延迟的互联网数据采集，整合不同结构和类型的数据，结合专家经验所完善的金融情感词典和金融情感语料库及关联关系过滤模型，支持定义复杂标签、定制规则阈值，生成舆情风险预警摘要，对目标企业及其关联方的信息实现快速而全面的数据处理，兼顾了处理性能和准确率，可以满足复杂业务场景的预警需求，受到用户的高度评价和认可，处于行业内领先地位。

四、互联网舆情预警推动金融资源合理配置

（一）互联网舆情预警项目的应用说明

在技术方面，本项目已基本完成预设目标，实现以下功能：

1. 多源异构数据融合及分发

系统融合内外部爬虫、已获得媒体授权的舆情，已购买的公告、工商、司法、产业链等数据，并根据需求将数据实时分发至各业务部门。

2. 目标舆情监控

系统支持监控千万级的目标企业，并对目标企业的关联信息进行扩展，提升目标舆情的精准性、全面性。

3. 多部门舆情体系构建

定义和识别能够支持公司内部多部门多样化场景需求的舆情体系，并建立根据业务场景变化的动态调整机制，支持系统不断进化完善。

4. 事件态势分析

实现企业关联关系和特定业务场景进行舆情传导、事件聚合、事件发展脉

---

① Goodfellow IJ, Pouget-Abadie J, Mirza M, et al.. Generative Adversarial Networks [J]. Advances in Neural Information Processing Systems, 2014, 3: 2672–2680.

络、事件热度分析和情感量化等深度分析，监控事件态势变化，帮助决策者快速把握事件态势。

5.个性化服务输出

系统建立灵活高效的订阅机制，针对不同业务应用系统的需求进行个性化推送，实现上层业务系统的快速对接。

在业务方面，项目研发基本成型后，先后在金融领域为招商银行总行、中信银行总行、建设银行深圳分行、深圳鼎业村镇银行、深圳宝安贵银村镇银行等银行提供了大数据风控与营销产品及服务，并进一步将应用场景拓展到了其他金融机构如招商证券总部、深圳国信担保等，获得业内人士的交口称赞。

（1）招商银行总行《企业客户风险预警平台》

招商银行企业客户风险预警平台项目是基于互联网全网权威金融媒体数据搭建的一套互联网负面风险预警系统，其运用自然语言处理、大数据处理技术，并结合机器学习、人工智能等算法，对招商银行企业客户的互联网负面风险信息进行实时抓取，并先后通过简称模型、去噪模型、去重模型、分类模型、摘要模型、量化评级模型分析，实时监控互联网负面风险动态，满足招商银行全行风控部门对贷款企业风险识别的全面掌握，实现了基于互联网实时动态数据智能分析的大数据风控预警。

该项目已于2019年3月成功结项，被评为招商银行金融科技标杆项目。目前系统已稳定提供服务接近一年半，其间共推送有效负面风险数据1万余条，覆盖招行对公客户达2000家，预警准确率达到85%，大幅提升贷后工作效率。

（2）某证券总部《企业客户风险事件中心》

某证券企业客户风险事件中心项目定位于建设公司级的企业客户风险智能处理工具集，实现了领域定制化知识学习引擎的业务场景拓展和应用。目前该项目已完成系统部署和二次定制开发工作，通过了该证券IT部门及6个相关业务部门的初步验收，已经正式上线试运行，即将开展系统正式验收工作。

（二）推动金融资源合理配置

信贷交易中，交易双方之间有调查、谈判、跟踪、监督的过程，如果交易中存在违约行为，还需要追责。[①] 传统的银行风控主要通过实地调查走访获取企业的经营情况、财务状况、资金运用和还贷意愿等信息，因此带来了两个主要问题。

一是信息不对称性和滞后性。经营情况不佳的企业可能向银行隐瞒关键、敏感信息或是美化财务数据，银行在实地走访过程中容易遗漏风险点造成逾期隐患甚至形成损失，长此以往银行容易产生"惜贷"心理。

二是人力财力支出较大。传统的信贷评估过程涉及实地调查、资产评估、公证等过程，会产生较大的人力成本开支和交易费用，银行必须提升信贷利率才能保证经营利润。从企业角度看，在传统的信贷评价体系下，银行往往重抵押而轻信用，部分优质轻资产企业可能因为可抵押资产不足或者需要增加其他担保措施，无法满足银行的放贷条件，从而面临"融资难""融资贵"的问题。

本项目融合了大数据技术、自然语言处理技术和人工智能技术，对海量的互联网舆情数据进行高效智能采集和分析，能够及时捕捉、准确揭示企业舆情的变化并进行特征提取，形成对目标企业的全面、动态、有效监测，有利于及时发现和控制风险，缓解银行的"惜贷"心理，增加企业获得融资支持的可能性，促进了金融资源的合理配置。

五、探索互联网舆情预警在银行风控方面的进一步应用

2020年，在疫情黑天鹅的猛烈冲击和影响下，大力发展金融科技成了银行的必然选择，数字银行、数字信贷、数字信用将逐步完善并形成数字金融服务体系。然而，金融科技相关技术的应用并不会改变金融的本质，技术将与金融专家经验和金融业务结合得更为紧密。后疫情时代，金融科技服务将进一步下沉并壮大应用场景以更好地对接金融机构。项目团队将进一步探索，计划实现以下技术积累。

[①] 闫励.浅谈商业银行信贷风险有效控制策略［J］.商讯，2020（5）.

（一）舆情风险传导分析

系统不仅分析目标主体自身的舆情风险事件，还可以基于多样化、多层次的关联关系，分析其他关联企业风险事件对目标主体的传导风险，并通过传导量化评估模型精准评估这种风险影响程度，以便做出精准的风险评估决策。

（二）企业舆情综合性风险评分和预警

综合舆情风险、工商变更风险、财务风险、诉讼风险、证券价格波动风险等多种风险，构建综合性风险事件评分体系。如果多种风险的综合评分达到设定阈值，则对企业进行综合预警。

（三）企业风险预判模型

通过企业风险历史数据，建模分析不同风险事件、特征之间的统计依赖关系，基于这些关系对企业未来风险进行预判，其根本目标是希望能够"见微知著"，通过对企业一些微小的风险信号进行综合建模，预判未来企业可能发生债务违约等暴雷事件的概率。

（四）地域/行业舆情风险综合分析

从地方财经报道中提取经济指标，综合该地域中的各个地方性企业的风险指标（参照其他区域）计算区域风险指数。从行业新闻中提取经济指标，综合该行业中各企业的风险指标计算行业风险指数。[1]

---

[1] 孙涛. 基于 LSTM 的时政新闻摘要提取研究［J］. 信息技术与信息化, 2020, No.238（01）: 212–214.

Digital Economy + Technology for Good
数字经济 + 科技向善

中国银联

云闪付高性能分布式账户体系

一、云闪付高性能分布式账户体系的应用

随着移动互联网业务的兴起，以及普惠金融业务的推广，传统账户体系已经无法满足日益增长的业务发展需求。为适应市场变化，支撑业务创新，中国银联持续探索优化基础 IT 架构，在分布式事务框架和分布式账户存储的基础上，创新研发了云闪付高性能分布式事务处理框架，同时引入基于流式计算的准实时对账机制，在满足系统高并发访问的同时确保了账户数据的一致性。同时，在基础软件、密码算法、节点通信、账户数据存储等环节，符合中国人民银行发布的《金融分布式账本技术安全规范》。

通过云闪付高性能分布式账户体系建设及应用，云闪付 APP 在架构上已具备十亿级账户实时处理能力，实现了去中心化存储、数据不可伪造和篡改等功能，为银行和商户等机构账户与持卡人个人账户点到点资金流转提供了极高的安全保障手段。

二、以分布式事务框架及分布式账户数据存储为基础的分布式账户体系

（一）提升账户类业务处理性能，研发分布式事务处理框架

经过近 3 年的快速发展，云闪付 APP 用户数量迅速突破亿级规模，用户同时使用云闪付 APP 的瞬时并发访问峰值突破百万次每秒。随着云闪付 APP

用户数量的不断增长，业务访问量不断增加，对云闪付系统的性能要求和稳定性要求也不断提升。

云闪付 APP 业务分为展示类业务和账户类业务。展示类业务主要处理用户浏览数据资讯过程中的内容展示、优惠展示、账户数据展示等信息展示类请求，此类业务不涉及账户数据修改，采用传统的分布式架构即可实现业务访问的高性能处理要求。账户类业务主要处理用户交易过程中的订单创建、订单支付、退货、差错处理等交易处理类请求，此类业务在处理过程中需要即时修改账户数据，并且需要保证交易过程中关联账户数据的强一致性。传统的分布式架构将原本集中处理的业务进行拆分处理，虽然提升了系统处理性能，但难以保障账户数据的强一致性。

为了有效提升账户类业务处理性能，同时确保核心账户数据在交易过程中的强一致性，中国银联创新研发了一套分布式事务处理框架（Unionpay Distributed Transaction Solution，UDTS），对强一致性要求较高的账户类业务进行分布式改造。同时，增加了独立的热点账户处理模块，解决营销活动、B2C 红包发放等场景中同一机构账户出账、分散用户账户入账的热点账户问题。除此之外，为了确保账户数据的强一致性，增加了准实时流式对账模块，及时发现并处理账户数据不一致问题。

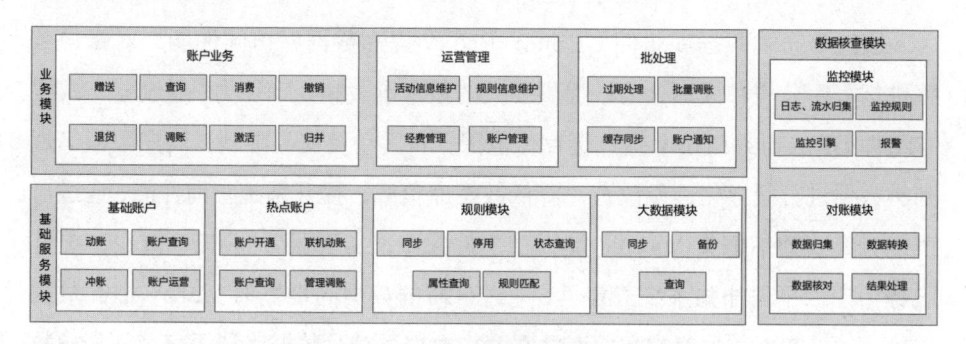

图 1 云闪付分布式账户体系业务方案

（二）自研分布式组件及分布式事务处理框架组成的技术架构

云闪付高性能分布式账户体系运行于中国银联自研的基础设施和中间件之上。系统采用分层架构设计，根据业务模块进行服务化拆分，具有较强的扩展能力。

网关接入	报文转换	服务路由	异步化	流式对账	数据归集	预处理
	访问控制（鉴权）	限流、降级、熔断	灰度功能		数据清洗	数据核对
					对账处理	结果反馈

应用服务	个人账户	热点账户	任务处理	消息处理

应用框架	分布式服务调用框架	分布式事务处理框架	流式处理框架	数据同步框架

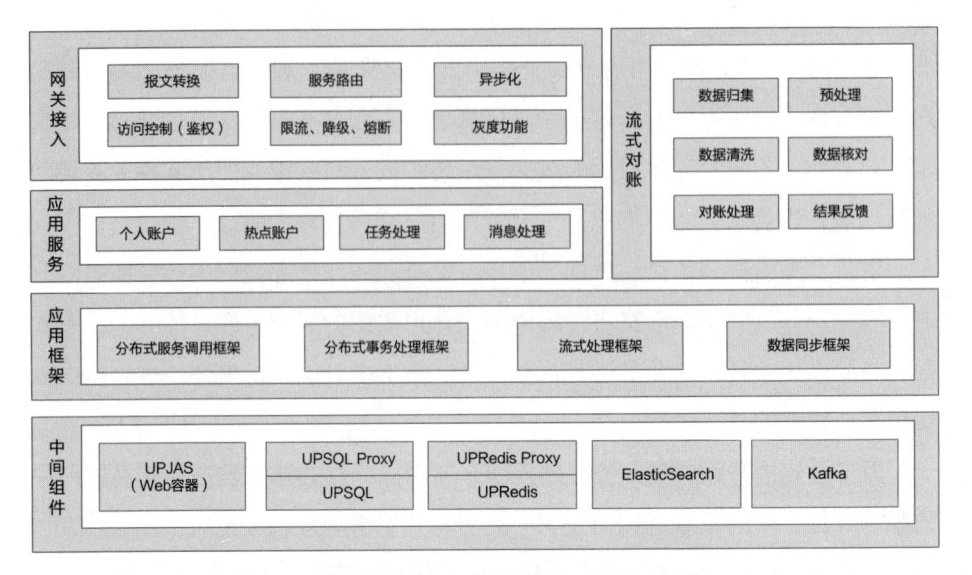

中间组件	UPJAS（Web容器）	UPSQL Proxy / UPSQL	UPRedis Proxy / UPRedis	ElasticSearch	Kafka

图2　云闪付分布式账户体系总体技术架构

云闪付高性能分布式账户体系在技术实现上可分为两部分，一部分是通过UPSQL、UPRedis等自研的分布式组件实现高性能保障，另一部分通过自研的分布式事务处理框架实现账户数据一致性保障。

1. 分布式组件技术实现高性能保障

通过分布式数据库组件UPSQL+Proxy提高数据库访问性能，对账户数据进行分库分表和读写分离，提供强大的数据承载和处理能力；通过分布式缓存组件UPRedis+Proxy提升缓存化范围，将活动及交易限制、商户限额等规则类数据进行缓存化读取改造，降低数据库负载，提升系统查询性能；通过自研的分布式通信框架Magpie加强稳定性保障，实现服务间RPC调用，提升服务治理水平，加强系统稳定性；通过自研的数据同步框架Moray提高数据传输速率，实现数据库与数据库之间同构数据系统及数据库和缓存之间异构数据系统的数据快速同步。

（1）分布式数据库UPSQL及Proxy，实现数据库访问的高并发处理

UPSQL是中国银联在开源的MySQL数据库社区版基础上，根据金融行业特点定制开发的数据库产品，与MySQL完全兼容，能够提供完善的安全防

护和性能监控措施，具有安全可靠、高可用、高性能、易扩展、自主可控等诸多优点。UPSQL Proxy 是一个位于应用和 UPSQL 数据库之间的轻量级数据库代理，可用于解决数据库高可用、读写分离以及数据水平与垂直拆分等问题。UPSQL Proxy 仅提供唯一的数据访问服务，并且屏蔽了数据拆分、合并查询等复杂逻辑，实现分布式数据处理对应用透明，简化了应用的数据处理逻辑，提升了数据处理性能。

（2）分布式缓存 UPRedis 及 Proxy，实现缓存访问的高并发处理

UPRedis 是中国银联在开源的 NoSQL 数据库 Redis 的基础上，定制开发的 Key-Value 数据库产品。产品包含 UPRedis、UPRedis Proxy 和客户端 Lib，定制开发主要在高安全性、高可用性、易管理性等方面进行了优化。UPRedis 具有高安全、高性能、弹性扩展、架构灵活、智能运维等特点。UPRedis Proxy 同 UPSQL Proxy 一样，对应用提供透明、唯一的数据访问服务。

（3）分布式服务调用框架 Magpie，实现分布式调用集中管控

Magpie 是一款银联自主研发的分布式服务框架，旨在提供高性能、透明化的 RPC 远程服务调用解决方案，框架采用网状结构，具有长链接、心跳、自动重连、负载均衡、容错、服务注册发现等功能，满足开箱即用的全场景分布式服务管理。

（4）数据同步框架 Moray，实现分布式数据的快速同步

Moray 是架设于源数据与目标数据之间的应用级数据传输组件，通过解析源数据源的日志获取数据，并将数据发送至目标数据源进行回放，从而实现数据同步。Moray 对应用透明，无须应用额外开发，对数据源侵入性弱、性能影响小。Moray 支持数据库、缓存、Elasticsearch、Hadoop 集群多种数据源的全量数据同步或时间片数据同步。

2. 分布式事务处理框架实现数据一致性保障

通过自研的分布式事务处理框架 UDTS 夯实账户数据强一致性保障基础，将账户相关的数据操作封装成事务处理，确保账户数据操作的完整性，实现账户数据的强一致处理；通过建设统一网关完成账户类业务的标准化处理，将报文转换、鉴权、熔断等基础功能进行前置处理，实现下游核心应用服务的标准

化账户业务处理；通过流式对账形成账户数据监控闭环，对每笔交易的总分账数据、关联账户数据、衍生数据等账户数据进行核查、对账，实现账户数据问题的准实时发现。

（1）分布式事务处理框架UDTS，实现账户数据的强一致性保障

该体系包含一套自研的基于TCC事务处理模型的分布式事务解决方案，该解决方案是一种补偿型、两阶段提交型事务模型，包含轻量级的SDK和开箱即用的工具应用等模块，以函数调用的方式，帮助应用快速构建标准化的分布式事务业务处理逻辑。

（2）统一网关接入，实现账户类业务的标准化处理

网关接入层作为云闪付账户体系的前置系统，对外提供统一接入，对内衔接下层应用服务，实现账户类业务请求的公共逻辑处理及标准化处理。主要功能包括服务路由、鉴权、访问控制、限流、降级、熔断、缓存、报文转换等。

（3）流式对账，实现账户数据异常的准实时监控

采用大数据流式处理技术，实时归集、清洗账户相关数据，对账户交易数据进行准实时对账，并通过平台展示、告警对接等方式及时告知相关人员进行问题处置。

3.实现十亿级账户实时处理能力及应用节点快速横向扩展能力的关键技术

（1）分布式账户设计

云闪付分布式账户通过数据库水平拆分和垂直拆分相结合，解决了海量账户单表数据量过大的问题，借助分布式缓存提高查询性能，并提供分布式缓存同步工具，以达到数据库和缓存的最终一致。云闪付分布式账户具有以下技术特点：

①分布式账户采用通用的账户数据模型。使用接入方标识隔离不同账户体系，避免交叉影响；分别采用"账户类型+账户类型标识"和"账户主体类型+账户主体标识"等泛化字段来支持不同的账户类型和账户主体，实现账户管理标准化；通过主、子账户的方式解决账户汇总和明细问题，还将普遍适用的有效期作为账户的公共属性。

②账户表根据账户主体类型和账户主体标识进行水平拆分，并进一步根据账户主体标识在单个数据库分片内进行垂直拆分；账户流水同样先根据"账户主体类型+账户主体标识"水平拆分，再根据日期在单分片内垂直拆分。账户

和流水按照统一的账户主体标识进行水平拆分，确保单次动账操作始终位于某一个数据库分片，提升账户操作性能的同时，使用单库事务操作确保账户操作和流水的一致性，为流式对账提供可靠的数据来源。

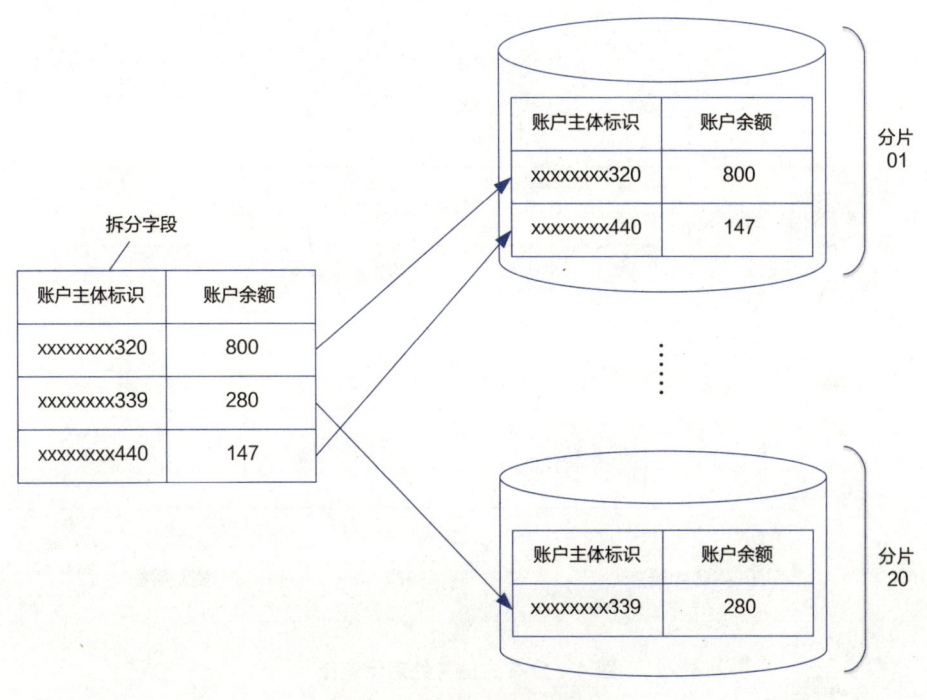

图 3　账户水平拆分示意图

③通过分布式缓存 UPRedis 的 Hashtag 功能，对缓存中账户信息的 Key 值同样根据账户主体标识进行 Hash 计算和分片，要求所有 UPRedis 的组成必须包含"账户主体类型 + 账户主体标识"作为 Hashtag，从而保证每次动账的缓存操作位于相同分片。UPRedis 采用 LUA 脚本包装一次动账所需的全部 Redis 操作，保证了单个账户主体操作的原子性（要么全部成功，要么全部失败），同时能够减少网络开销，提升性能。账户操作联机流程中，对于数据库和缓存采用双写模式，但始终以数据库返回结果为准，考虑到写 Redis 失败的可能性，允许短时间的不一致，通过独立的分布式缓存同步工具确保缓存最终与数据库一致。

④为了解决分布式账户的高性能任务处理需求，引入了分布式任务处理框架，支持任务管理、参数配置和定时触发。分布式任务处理具有集中管理、容

错隔离、资源平衡等方面的优势。单个执行节点可以运行不同的任务分别处理不同 UPSQL 分片，或者分片内的指定表。通过给任务配置不同的分片参数，指定任务分别处理不同分片数据，提升任务的整体处理效率。

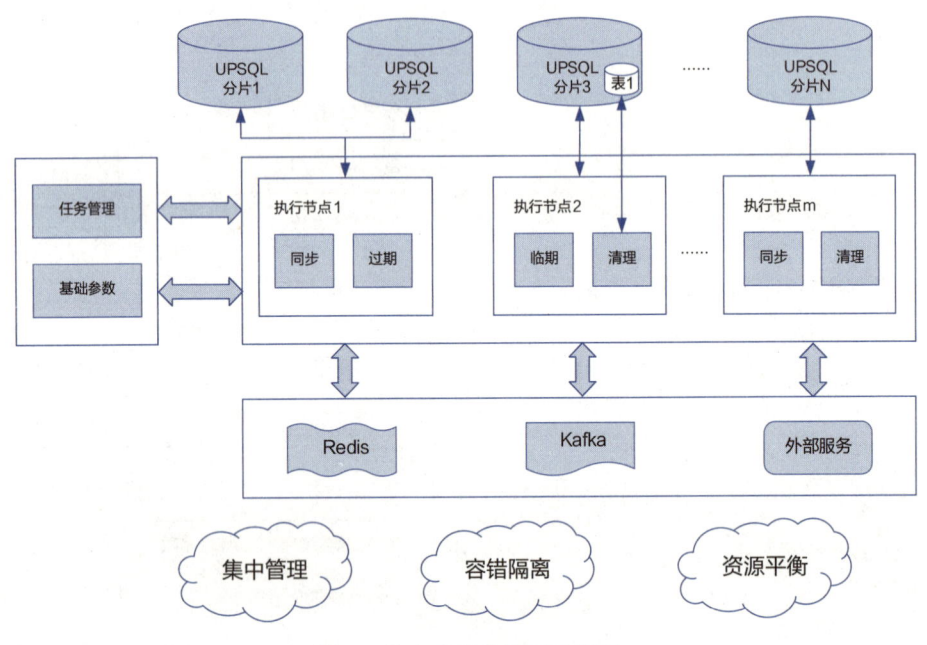

图 4 分布式任务处理示意图

（2）高性能热点账户

在营销活动开展过程中，活动资金账户往往系统的性能瓶颈。在云闪付分布式账户体系中，创新设计了热点账户模块，支持单账户万级 TPS，多账户叠加对性能影响较小。热点账户系统通过长款设计，严格保障账户安全，在发生资金不一致时，通过准实时对账监控机制，经运营审核后，再进行平账操作，确保最终一致性。热点账户技术特点主要有：

①通过高速缓存 UPRedis 存储热点账户额度，UPRedis 为主备模式，且采用同步复制方式，保障数据安全，通过使用 LUA 脚本，保证操作原子性。通过改进 UPRedis 哈希算法，确保活动资金账户能够均匀分布在不同 UPRedis 分片，充分利用 UPRedis 集群性能。

②是热点账户 UPRedis 更新额度成功，则联机请求返回成功，同时 UPSQL 数据库异步记录动账流水，供准实时对账。数据库明细账和 UPRedis

总账结合，为可能的平账操作提供可靠依据。

③长款业务流程设计，热点账户在联机环节只进行活动总预算控制，严格保证不超发。通过热点账户进行营销预算控制的业务系统，要求只有热点账户出账成功，其后续业务流程才能继续。热点账户出账成功但后续业务流程失败，则整个请求失败，热点账户多扣减的账户金额通过准实时资金补偿机制平账返回，保证最终一致。

④若热点账户联机流程失败，则针对不同的失败阶段，分别记录数据库和UPRedis补偿流水，通过独立的补偿任务，对联机动账过程中产生的账户和流水不一致情形，进行补偿处理。

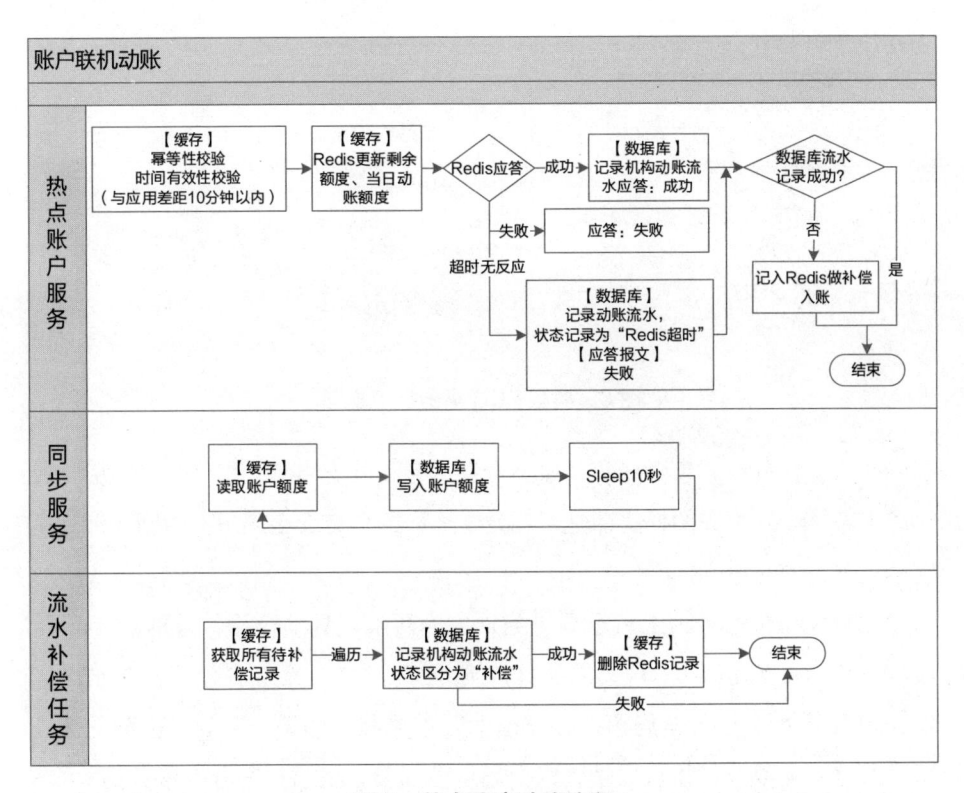

图5 热点账户动账流程

（3）分布式事务处理框架

在分布式账户体系中，分布式事务场景难以避免，一笔交易可能包含多个服务调用，或者多个数据源方案，在这种情况下需要保证数据的一致性，对数据层和业务逻辑层,都是一个较大的挑战,需要统一、标准的解决方案。

分布式事务处理框架 UDTS 是一个中国银联自研的分布式事务解决方案,基于 TCC 分布式事务处理模型(如图 6),提供轻量级 SDK,帮助应用在微服务架构下快速构建高性能、高可扩展的分布式事务处理逻辑。

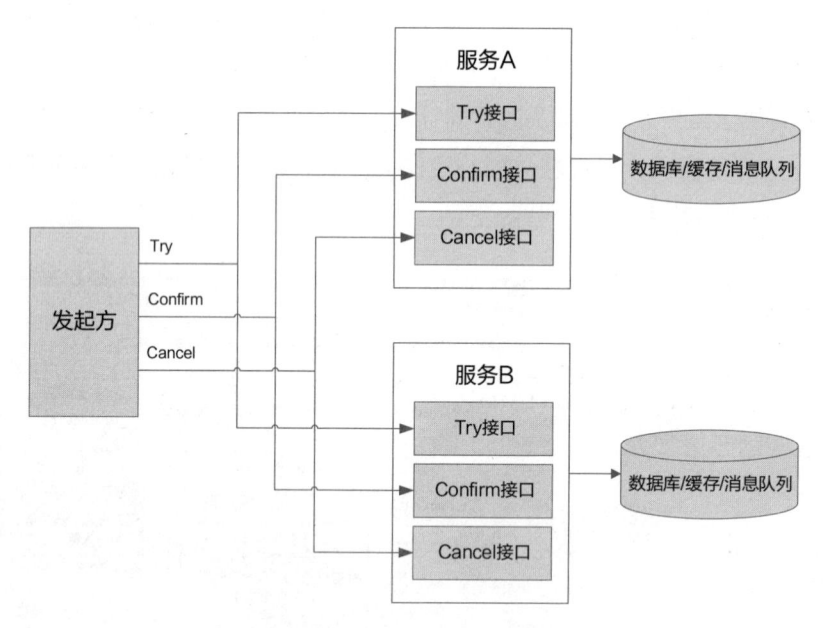

图 6 典型 TCC 事务梳理模型

UDTS 将分布式事务场景抽象为全局事务和分支事务,多个分支事务构成全局事务。全局事务的提交即是所有分支事务的提交,全局事务的回滚即是所有分支事务的回滚。

UDTS 在执行流程上将全局事务抽象为两阶段处理模型,分别是 Try 阶段和 Confirm/Cancel 阶段,其中 Try 阶段负责资源检查和预留,Confirm/Cancel 阶段负责执行全局事务提交或者回滚流程。如果一个全局事务的 Try 阶段所有分支事务都执行成功,则全局事务提交,进而执行分支事务的 Confirm 逻辑;如果 Try 阶段有任一分支事务执行失败,则全局事务回滚,进而执行分支事务的 Cancel 逻辑。

UDTS 提供完备的 SDK 和工具集,包括联机应用 API 模块、补偿任务模块、监控告警引擎模块和管理平台模块,帮助应用构建标准、完备的分布式事务交易处理系统。应用通过集成 API 组织全局事务和分支事务，并通过部署配套的定时任务对联机阶段意外未完成的事务进行补偿；通过 UDTS 管理平台和监控告警引擎，可以及时发现异常交易，并通过管理平台进行必要的干预和展示。整体运行时架构如下图所示。

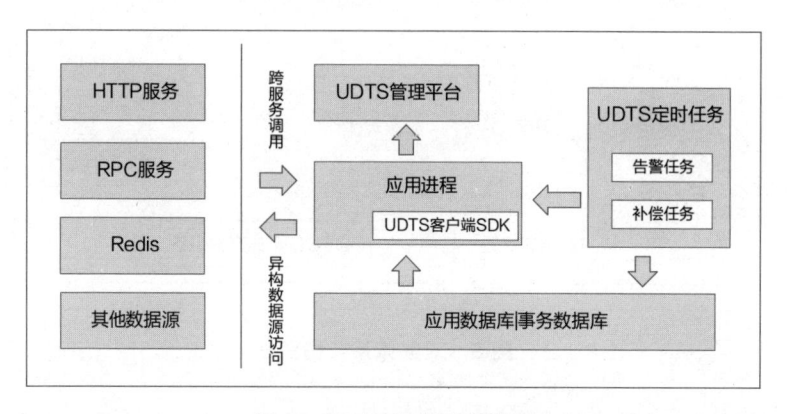

图 7 UDTS 运行时架构图

经过不断的应用实践和优化迭代，UDTS 已经成为性能指标业界领先的分布式事务解决方案，通过两阶段事务处理模型和补偿机制，提供了完善的最终一致性保障，适用于跨数据库资源访问、异构数据库访问、跨微服务调用等多种业务场景。

（4）标准化流式对账平台

在本账户体系下，系统间海量动账流水是否平账已经成为涉及资金安全与否的关键问题。在数据库不保证绝对一致性的前提下，必须有对账手段可以及时确认各上下游关联系统之间的数据流水一致。在出现差异时，快速发出告警，规避业务或技术风险。

传统的对账往往在较长时间段后才进行数据集核对，虽然可以保证结果的完全准确，但是在互联网时代，通过流式计算，可以在保证最终一致性的情况下，兼顾海量数据下对账的实时性，避免了资金风险，保障了业务延续性。在此诉求下，建设了基于流式计算的准实时对账体系，其架构如下。

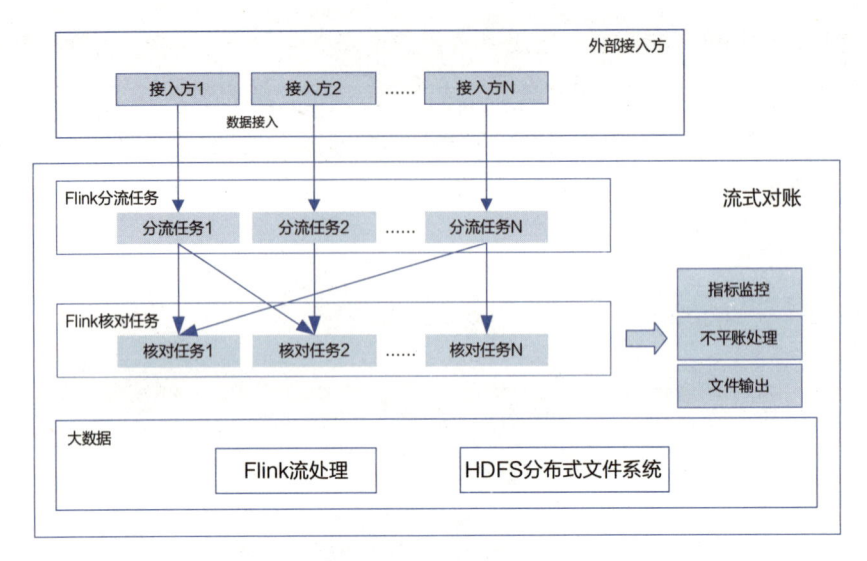

图 8　对账体系架构图

该对账手段的技术特点包括：

①根据参与对账的关键字，做集群内的数据散列，根本上解决了大集中情况下的横向扩展问题。

②根据关键字划分不同的核对窗口，每个窗口只包含极小数量的流水。如果窗口内流水数目达到预期条数，或者等待时间超过交易预期超时时间，皆可发起对账。

③准实时对账既需要考虑静态的流水状态，也需要考虑流水的状态变更图，筛除流入的无效数据，确保对账精准。

④对账过程中，对参与系统零侵入。

⑤对账的过滤、分流、核对等全部采用配置文件完成，无须开发对账代码。

该对账手段基于大数据流式计算理论和开源社区产品，结合银联的数据处理组件，使得应用系统可以通过配置化、组件化的方式接入，进行准实时的上下游流水对账。

（三）高性能分布式账户体系研发之路

云闪付高性能分布式账户体系项目建设，从 2019 年 1 月开始规划，3 月正式启动，整体目标是建立多层次的分布式 C 端账户体系，形成一套高性能、强一致性的账户处理架构，同时提供高时效、标准化的对账机制，实现十亿级账户的实时处理。

为确保项目顺利推进，公司成立跨领域专项团队进行项目推进。专项团队由管理组、架构组、组件组、开发组、测试组及运维组组成，详细工作职责见下表。

表 1 高性能分布式账户建设专项团队

小组名称	主要职责
管理组	负责项目的整体管理工作，制定整体实施方案及实施计划，并跟进落地
架构组	负责完成设计预研、选型，制定整体架构方案并完成项目功能验收
组件组	负责完成公共组件设计、开发
开发组	负责完成公共服务设计、开发，以及应用服务系统改造
测试组	负责功能、性能测试工作
运维组	负责高可用架构设计及应用部署落地

项目主要执行过程如下：

表 2 项目主要执行过程

项目阶段	项目周期	关键里程碑
项目规划阶段	2019.01—2019.03	云闪付高性能分布式账户体系方案讨论及可行性分析
研发阶段（一）	2019.04—2019.07	分布式事务处理框架、分布式服务调用框架、统一网关接入等基础系统研发上线
研发阶段（二）	2019.08—2019.10	营销账户系统分布式事务处理框架及分布式服务调用框架改造试点
研发阶段（三）	2019.11—2019.12	分布式数据库、缓存改造，以及流式对账功能上线
项目验收阶段	2020.01	完成项目整体验收
线上试点阶段	2020.02—2020.03	开展营销业务试点
正式使用阶段	2020.03—2020.07	完成各类账户类业务系统高性能分布式账户体系改造

经过近一年半时间的持续建设，项目于 2020 年 7 月完成所有账户类业务系统的高性能分布式账户体系研发上线。

三、满足系统高并发访问的同时确保账户数据的强一致性

（一）多种类账户隔离处理

云闪付高性能分布式账户体系可满足不同接入方不同业务模式的账户类业务诉求，以及积分、优惠券、立减等常见营销业务场景需要，支持有效期处理、过期回收等丰富的业务功能，具备开户、销户、冻结、解冻、激活、动账、冲账和查询等完备的账户操作形式。

体系可统一部署也可独立部署，能够通过接入方进行业务隔离，不同业务之间互不干扰。系统对外提供统一规范接口，能够按照接入方维度进行权限控制、流量控制，并分别提供对账、监控、报表等运营功能。

（二）高性能分布式账户处理

云闪付高性能分布式账户体系具有良好的分布式架构设计，模块功能定义明确，模块间低耦合，极大地提高了系统的灵活性和易维护性。该账户体系使用的分布式服务调用框架提供应用间服务调用机制、服务注册与发现、负载均衡策略、服务限流和降级等关键特性。整个项目基于银联成熟产品的组件化开发模式，借助优秀的数据迁移和比对工具，能够进行一键式弹性扩容，快速实现十亿级高性能账户支撑。

（三）账户数据强一致性保障

云闪付高性能分布式账户体系包含一套自研的基于 TCC 事务处理模型的分布式事务解决方案，该解决方案是一种补偿型、两阶段提交型事务模型，包含轻量级的 SDK 和开箱即用的工具应用等模块，以帮助应用快速构建分布式事务业务处理逻辑，能够通过两阶段事务处理模型和补偿机制，提供了完善的强一致性保障。

（四）账户数据准实时核验

为了满足账户类系统的高安全和高稳定性要求，本体系提供了基于流式计

算的准实时对账平台，实现统一的账务核验管理。一、联机层面对账户系统的相关流水进行转换、复制、过滤后，汇入不同业务场景，在场景数据中实现数据的微窗口划分和关键要素的核对。二、提供标准化统一的数据接入模式，使得业务方能够快速接入并实施对账。三、平台在保证最终一致性的情况下，兼顾海量数据对账的实时性，避免资金风险，保障业务连续性。

四、完成分布式账户体系转型，提供安全保障手段

云闪付高性能分布式账户体系能够应对互联网金融行业产品对系统高性能、高可靠性、高一致性的账户类业务需求。在日常系统维护中，能够通过高可用架构实现系统的故障隔离，实现自我保护。本体系上线后，承载了多次大型营销活动，在亿级用户的访问压力下，账户系统稳定运行，活动顺利开展。

本体系完成了传统账户体系到分布式账户体系的转型，提升了账户操作处理效率，并从技术手段上保证了与传统账户体系相同标准的账户强一致性。同时，在体系建设过程中，锻炼培养了一批敢于攻坚克难的骨干技术力量，夯实了研发队伍的创新人才基础。

（一）传统账户体系到分布式账务体系的转型

随着互联网科技的发展，金融账户系统的用户体量及交易量达到了前所未有的规模。云闪付高性能分布式账户体系能够帮助应用快速构建基于微服务架构的高性能、高可扩展的分布式事务处理逻辑。目前，云闪付APP已具备十亿级账户实时处理能力及应用节点横向扩展能力，并在实践中得到验证。

（二）账户数据强一致性保障能力提升

云闪付高性能分布式账户体系，在安全可控的前提下确保服务调用过程中数据的一致性，且账户系统本身无须感知复杂的处理逻辑，有效提高了账户系统的标准化程度，同时提升了账户类系统的扩展能力。在营销活动期间，云闪付分布式账户系统全面覆盖了消费、优惠券、红包积分等多种营销功能场景，在亿级用户体量下，确保了账户交易数据的高性能处理和强一致性，保障了云

闪付 APP 用户的活动体验。

（三）研发人才梯队建设

中国银联经过十多年发展，内部也存在一些不同技术类型的系统，本体系实现了云闪付账户类业务的技术实现方式的统一。通过项目历练，无论是技术转型的老员工，还是刚入职的新员工，都掌握了银联自主组件、框架和相关开源技术，提升了员工技术技能和创新研发能力。

五、继续深入探索多中心分布式架构

无论是传统金融行业还是互联网行业，资金类账户的重要性不言而喻。在既要应对快速创新的业务场景，又要满足规模用户的大并发访问需求，还要在保障资金账户的稳定可靠等前提下，建设高可靠、高性能的账户体系，这是行业需要共同面对的挑战。目前，随着云闪付账户类业务的深入发展，对高性能分布式账户体系及账务相关组件的不断优化，能够在保证账户数据强一致性的情况下，有效提升账务数据的处理性能，为业务连续性提供基础保障。

云闪付高性能分布式账户体系是在高性能资金账户建设上的一次有益探索，该项目已经支持云闪付数亿用户账户及营销资金账户，成功支撑了银联重大营销活动的开展。基于建设成果，未来可从以下几个方面继续深入研究。

（一）多中心分布式架构研究

在机房断电、自然灾害等单中心故障情况下，可能导致所有服务器都出现故障，进而导致业务整体中断。为解决此类问题，需要在当前的架构基础上建设多中心部署、跨中心扩展的多中心高性能分布式账户体系，实现账户类业务的多中心分布式处理，进一步提升系统容灾能力，为业务稳定开展提供更为坚实的技术保障。

（二）实时对账探索

目前的准实时对账虽然能够快速发现问题，但从问题发生到发现解决还存在分钟级的时间差，在高并发情况下，影响的交易量和交易金额都比较大。未来需要继续探索实时对账技术，在不影响交易处理性能的前提下，实现账户交易的实时对账，确保在账户数据问题发生时即刻解决，减少账户数据问题的负面影响。

（三）高可靠异步化入账探索

当前的高性能分布式账户入账主要基于联机操作，在应对爆点业务时，联机入账在性能上虽然能满足业务要求，但设备资源投入较大。由于爆点业务持续时间较短，若长期投入满足业务峰值的设备资源会导致日常资源使用率较低。若较为频繁地进行弹性扩缩容，则不利于账户类业务的稳定性。因此，未来需要研究支持可靠投递的事务消息队列，探索高可靠的异步化入账方案，有针对性地支撑爆点业务开展。

Digital Economy + Technology for Good

数字经济 + 科技向善

中债估值

Dr.Quant 量化分析工具赋能固收市场

一、Dr. Quant 量化分析助手的兴起

中债估值中心有限公司（简称"中债估值中心"）是中央国债登记结算有限责任公司（简称"中央结算公司"）的全资子公司，是中央结算公司基于中央托管机构的中立地位和专业优势，历经二十多年精心打造的中国金融市场定价基准形成平台，于 2017 年 7 月落户上海，致力于发展成为国内领先、国际知名的金融信息服务商。

自 1999 年编制发布中国第一条人民币国债收益率曲线以来，中债估值中心围绕定价基准职能，不断丰富产品体系，目前提供中债价格指标、中债分析工具、中债咨询与解决方案三方面产品和服务，其中中债价格指标产品已发展成为国内债券市场权威定价基准，和全面反映人民币债券市场价格及风险状况的指标体系，有效促进了债券公允价格形成和市场透明度的提升，其应用领域逐步从债券市场扩展至其他金融市场甚至是非金融市场，已成为国家财政政策与货币政策实施的重要参考指标，以及主管部门市场监测的有力工具，有效衔接配合了利率市场化、人民币国际化等国家金融战略的实施。

近年来，金融科技助力金融机构转型的成功案例比比皆是。随着金融机构对技术的投入越来越多，市场基础设施的建设越来越完善，金融市场的业务形态和应用场景发生了较大的变化。固收市场作为组成机构间金融市场的重要一员，对金融科技的拥抱也相当积极，广大的固收从业人员正在用巨大的热情寻找新时代辅佐业务的新工具。

中债估值中心基于现有中债价格指标数据产品服务形态的延伸，研发出Dr.Quant量化分析助手（简称"DQ平台"）这款分析辅助工具，将中债方法论工具化，将数据内容可视化，将服务内容流程化，让客户在工作场景中更好地使用中债价格指标产品。

我们现有数据产品的服务内容，尽管多年来得到了市场成员的广泛支持和认可，但在科技升级趋势的推动下，市场对于我们产品服务形态提出了更高的要求。中债估值中心在深入调研用户需求的基础上，基于中债优势打造工具化、可视化的服务产品，通过模拟试算工具、数据展示平台、组合管理应用、中债之声等功能模块群，将中债估值中心的核心优势提供给用户。

二、将中债估值中心的核心优势以终端产品的形式赋能给客户

（一）中债估值中心核心优势终端化的起源

经过二十多年的积累，中债估值中心生产的估值、曲线、隐含评级等价格指标产品，已成为债券市场的从业人员重要的定价研判、辅助提示风险的参考依据，形成了市场品牌影响力。

随着市场用户业务场景的深化，用户已不单单满足中债估值中心简单地提供数据形态产品，而是对数据产品采编背后的方法论产生了浓厚的兴趣。为了更好满足用户的需求，中债估值中心启动DQ项目，旨在利用可视化分析工具，将中债价格指标产品在多元化应用场景中深度挖掘，通过可视化的量化操作工具，将中债方法论赋能给我们的用户，使他们可以更加充分、深入、全面地理解应用中债价格指标产品。

（二）DQ平台——集数据、方法论、应用场景于一体的信息终端

DQ平台以客户需求为出发点，以中债基础数据为依托，以中债金融工程方法论为核心，以互联网形态为载体，搭建一个集中债估值中心数据、方法论、应用场景于一体的信息系统。

Digital Economy + Technology for Good
数字经济 + 科技向善

DQ 平台封装了丰富的底层金融数据以及多层级的金融模型，通过高性能服务集群实现中债估值中心各类价格指标产品的及时计算和发布，并在此基础上提供丰富的数据可视化、方法论工具化、服务流程化的量化分析工具。

1. 以数据可视化、模型工具化的方式服务中债价格指标产品的用户

中债估值中心提供的中债价格指标产品目前已覆盖银行、券商、基金、保险等各类金融机构以及部分发债主体。中债价格指标产品主要应用于固收市场一级发行定价、二级交易价格基准、信用风险研究、会计核算参考等多个方面。DQ 平台作为中债价格指标产品的延伸，主要还是服务于中债价格指标产品的用户，通过数据可视化、模型工具化，为原有数据用户提供更好地使用数据的方式和更多的应用场景。

2. 以互联网为载体的多场景应用产品

DQ 平台是一款基于 CS 架构，需本地安装，需要在互联网环境下登录使用的应用程序。该应用程序以文件包的形式提供给客户，客户可以选择从中债信息网下载安装包至本地电脑进行安装，也可以通过联系对口的客户经理预约直接上门安装。安装成功后，客户可以联系中债估值中心对口的客户经理获取 DQ 平台的账户和初始密码。

用户可以在数据查询、金融资产查阅、金融工具定价试算、策略回测、组合风险试算等多个场景中使用 DQ 产品。需要说明的一点是，客户必须先行采购中债价格指标产品的数据，才会有相应数据的查询权限和相关功能的使用权限。

3. 以中债核心优势打造的工具化、可视化服务产品

（1）价格指标数据覆盖范围广阔

中债估值中心深耕债券市场二十余年，生产并积累了相当丰富的价格指标数据，所涵盖的领域已从纯债领域向信托、银行理财、非标等领域进军，并且开始涉足境外债券。DQ 平台依据中债估值中心数据仓库中存储的丰富价格指标数据实现工具化输出。

中债估值中心根据多年精耕固收市场的经验积累，形成了一套完善的数据校验核准的标准处理模式来确保数据的准确性。中债估值中心设立质量部履行监督数据质量的职责。经过多年努力，中债估值中心的价格指标数据已获得了多项质量认证。同时，中债估值中心为了保障数据的全面性，通过多个渠道获

取数据，按照自主研发的业务逻辑进行数据清洗和分发入库。清洗后的数据在数据仓库中进行再次分类存储和加工，实现了衍生数据内容的异步存储。

（2）市场领先的金工研发能力

中债估值中心从实践中积累了极为丰富的金融模型研发能力，研发的模型既经过严谨的金融工程理论推导，也经受了长时间的实践检验，受到市场的广泛认可和支持。中债估值中心建立了一支高质量、高学历的金工研发团队，其中博士占比较高，拥有相当丰富的具有著名金融机构从业经验的人才，形成了从理论到实践应用的立体研究能力，有效保障研发的金融模型的质量和效率。

DQ 平台将中债估值中心强大的金融模型研发能力产品化，形成了指数计算器、业绩归因、压力测试、模型交易等多个工具。中债估值中心通过对金融模型中的公式原子化处理，使模型具备高度灵活性，以支撑不同业务场景下金融模型的灵活调用和快速组装。整体模型通过多个原子公式组装而成，对于细节的调整只需要替换所使用的原子公式，既确保了模型的严谨性，也满足了多场景下模型和公式的复用性。用户只需要通过简单便捷的参数选择和录入，即可获得基于中债估值中心数据和方法论计算的量化分析结果，赋能用户的投研决策。

（3）多维度可视化的数据分析

为了深度挖掘价格指标的应用场景，帮助用户更好地做出投资分析决策，DQ 平台对现有中债价格指标产品从价格、风险、时间等多个维度进行了分类整合，提供了两套数据应用工具。第一类工具以提供灵活自定义的视图为方向，用户可以灵活设置自己所需要的数据内容，并根据自定义指标参数自动生成相应图表，提升用户使用中债估值中心价格指标数据的工作效率。第二类工具是我们优化各类价格指标数据，以报告阅读方式，通过可交互的可视化升级，对单只债券、单只指数、收益率曲线进行了多维度刻画，形成了单券报告、指数报告、曲线报告、信用债透视等相关产品，向用户描绘了价格指标的更深广的应用场景。

（三）分布式的技术部署，实现低耦合、高内聚的系统

1. 分布式微服务的系统架构

通过分布式微服务的系统架构，DQ 平台实现了各服务之间职责明确，互相独立，互不干扰。

（1）多层次架构

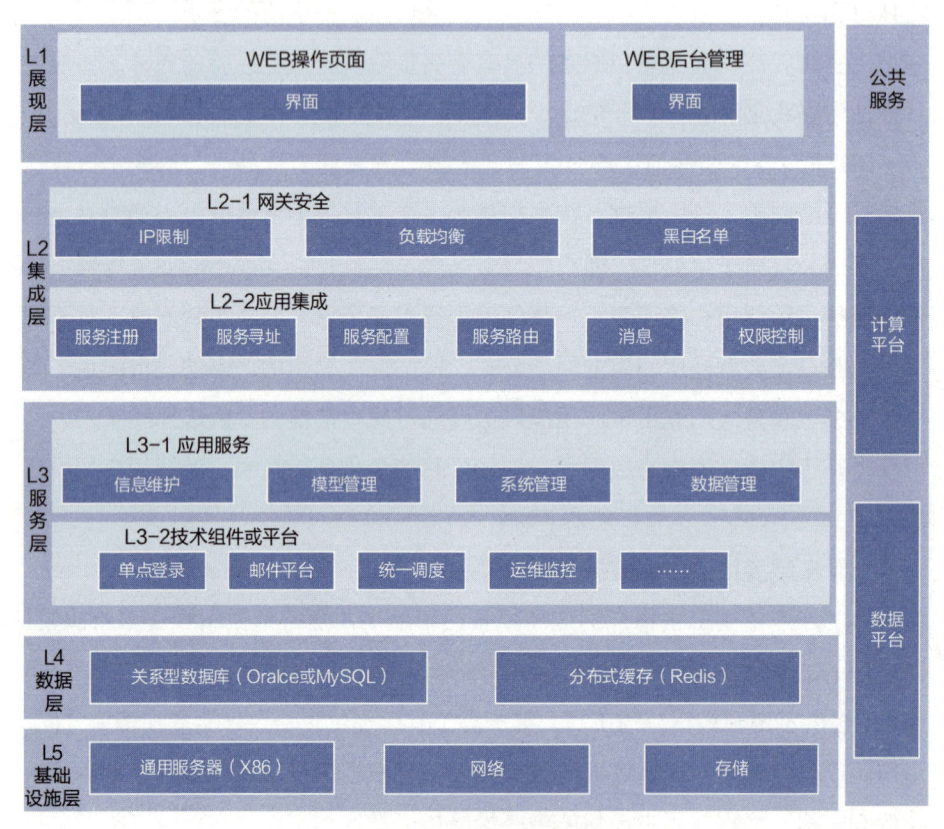

L1 展现层	WEB操作页面 界面		WEB后台管理 界面		公共服务
L2 集成层	L2-1 网关安全：IP限制、负载均衡、黑白名单				计算平台
	L2-2 应用集成：服务注册、服务寻址、服务配置、服务路由、消息、权限控制				
L3 服务层	L3-1 应用服务：信息维护、模型管理、系统管理、数据管理				数据平台
	L3-2 技术组件或平台：单点登录、邮件平台、统一调度、运维监控、……				
L4 数据层	关系型数据库（Oralce或MySQL）		分布式缓存（Redis）		
L5 基础设施层	通用服务器（X86）	网络		存储	

图 1　DQ 平台技术架构图

DQ 平台系统总体结构分为展现层、集成层、服务层、数据层、基础设施层、公共服务。各层级划分如下：

① 展现层

估值创新平台使用 react+Ant Design 进行展现层开发，并使用 Electron 打包，生成跨平台可安装的客户端程序。客户端通过加密的 HTTPS 方式访问服务端负载均衡地址，服务端负载均衡可采用 F5 的硬件实现方式或 Ngnix 的

软件方式实现。

② 集成层

负载均衡服务将客户端的 HTTP 请求反向代理至 API 网关，API 网关负责动态路由配置、多维度限流方案、熔断降级、报文加密和解密（国密算法）、监控、服务有效性校验、访问黑白名单控制。API 网关通过注册中心将 HTTP 请求路由至具体的微服务所在的物理地址。服务注册中心配合 Ribbion 可实现各微服务的客户端负载均衡功能。

③ 服务层

微服务群中的各个微服务，完成各自业务领域的服务。每个微服务以 Spring Boot 为基础，逻辑上分为控制层（Controller）、业务逻辑层（Service）及数据持久层（DAO）。

控制层：只负责接收和返回视图中的模型对象，不做任何业务逻辑处理。

逻辑层：处理业务逻辑，如数据转换、逻辑判断、业务处理、事务等，如果需要操作数据库，那么需要引入对应的持久层 DAO 对数据库进行操作。

持久层：把数据保存到可以永久保持的存储设备当中，可以直接理解为对数据缓存进行查询并对数据库进行各类操作，比如新增、修改、删除、更新等。之所以把持久层进行独立，是为了降低功能代码间的关联，提高代码的内聚力，降低耦合度，从而增强代码的可用性。

④ 数据层

数据层主要是为了把数据保存在其中，常见的存储层技术有 SQL、NoSQL、文件等形式，估值创新平台主要使用了 oracle、redis 缓存系统。

⑤ 公共服务

作为公共服务的数据平台和计算平台除支持 DQ 平台外，也对公司多个系统提供数据和计算支持，保持公司数据和模型的一致性。

⑥ 基础设施层

作为承载以上各层服务的硬件设备，均采用兼具稳定性与高性能的设备进行部署。

（2）整体架构设计特点

① "低耦合""高内聚"设计思想的模块化设计

整个系统依据"低耦合""高内聚"设计思想的模块化设计原则进行设计，合理划分应用组件，确保应用组件可独立修改、部署、发布和管理，避免引发连锁反应。

在开发层面，每个微服务基本上都是各自独立的项目，而对应各自独立项目的研发团队基本上也是独立对应，这样的结构保证了微服务的并行研发，并且各自快速迭代，避免开发阶段的瓶颈。开发阶段的独立，保证了微服务的研发可以高效进行。

② 高可扩展性的系统设计

系统设计充分考虑可扩展性、前瞻性和灵活性，为后续功能的迭代和改进预留充分的空间。

系统通过独立模块的划分，使得每一模块的功能扩展对其他模块的影响降到最低，同时每个模块的接口设计充分考虑其通用性，使得系统的功能扩展成本大大降低。

系统设计之初即考虑到微服务集群的服务能力扩展性，可以通过快速地部署集群实例来对集群的服务能力进行扩展。

③ 应用架构以业务架构为输入和导向

对业务架构进行深入细致的分析，建立完善的业务对象模型，并以此为依据进行进一步的系统架构设计和模块设计。

根据业务对象模型，对各业务功能进行划分，确保每一模块之间边界清晰、职责明确，从技术上保证了各业务功能中的数据、模型对外口径一致，较好地支持了业务需求的实现。

④ 应用架构分层次分域分组设计

应用架构分层次分域分组设计，清晰界定功能边界，有效封装内部实现。

中债估值中心通过清晰地划分边界构建面向未来的价格产品应用体系划分标准，并可指导未来新增业务应用的组件划分和落地实施。

2. 高可用的多地多活策略

DQ 平台通过分布式微服务部署架构，使用中央结算公司两地三中心的异地灾备部署架构，充分保证其对外服务的稳定性和连续性。

DQ 平台的分布式微服务架构可以有效保证个别节点的故障不会影响到服

务的可用性，并且可以对个别故障节点进行替换，或对性能瓶颈节点进行横向扩容，从而有效降低了服务节点故障对于系统的影响。

通过两地三中心的部署方式，DQ平台保证了在各种场景下持续对外服务的能力。两地三中心指同城双机房部署，双中心具备等同的业务处理能力并通过高速链路实时数据同步，日常情况下可同时分担业务及管理系统的运行，并可切换运行，当发生意外的情况下基本在保证不丢失数据的情况下可进行灾备应急切换，保证业务的连续性，异地灾备是因为考虑特殊的自然现象而在外地做的备份，实现双机房的数据备份，当同城机房因为自然灾害等出现意外情况，异地灾备的备份数据可以进行恢复，以保证数据的完整性。

3. 高性能的分布式计算集群

DQ平台计算平台采用分布式计算技术，通过规模化的计算集群来满足系统的计算要求，极大提高了金融模型的计算性能。目前计算平台单笔计算速度均在毫秒级别。

DQ平台通过负载均衡、并行计算等方法对计算性能进行优化，将计算压力均匀地分布到各个计算节点上，并在计算过程中有计划地使用缓存技术来进行提速，从而达到将计算时间有效压缩的目标。

对于一些计算规模巨大、计算逻辑复杂的功能，DQ平台对算法进行了专项优化，力求每一功能都能达到极致性能。

4. 自动化监控

DQ平台纳入中央结算公司的统一运维平台，通过对统一格式的日志进行ELK分析，达到自动监控服务运行状态的效果。

三、分布式技术结合业务中台，提供一站式量化分析服务

（一）平衡性能和表现力的CS架构

本系统为CS（Electron打包Web应用）结构，因此所有用户只需要安装客户端即可正常使用系统的全部功能。在系统的服务端，采用微服务分布式部署的结构，完成不同类型的业务实现。

在客户端方面，为了达到展示效果，使用了 Electron 框架，在获得 Web 丰富的展示控件支持的同时，也兼顾对于用户本地化操作的便捷以及展示的性能。Web 展示有丰富的控件支持，可以大大简化前端界面开发的难度和成本，使用 Electron 对 Web 应用进行打包，减少了页面资源加载的时间，可以充分发挥 Web 控件的优势，同时在交互方面可以获得更好的用户体验。

在服务端方面，使用微服务分布式架构来提供高性能、高可用、高扩展的后台服务。该架构为未来的功能扩展、系统扩容和性能优化留下了充足的空间。中债估值中心对后台服务进行科学的切分，有效降低后台服务的维护难度，提高后台服务的交付质量。

在数据库方面，充分考虑到固收市场资产的特殊性以及量化分析的性能要求，使用了多项技术和手段有效提升性能。通过使用缓存预加载热点数据的方法来减轻数据库访问压力，通过批量读取方法来减少数据库交互次数，通过视图、衍生表、冗余字段的方式来减少表关联查询，通过读写分离来分担数据库压力等，DQ 平台有效地将数据库性能提升到了较为让人满意的程度。

（二）业务中台设计——数据、金工、技术三中台部门

业务中台驱动独立模块的建设，确保数据、模型等业务资源的一致性和可复用性，实现"一套资源，多项输出"的业务设计。中债估值中心通过数据、金工、技术三个中台部门对公司内的业务、技术资源进行统一的规划和设计，确保了中债价格指标产品和 DQ 平台在方法论、数据上的一致性，大大减少了业务资源压力，提高了产品开发的效率。

在数据方面，中债估值中心组建专业的数据团队对数据进行分类整理，组建数据元、数据标准，并据此研发了公司新一代数据仓库系统，作为 DQ 平台系统的数据来源。

在金工方面，中债估值中心金工团队具有丰富的金工研发经验，秉承中债估值中心一贯的严谨审慎的工作作风，对 DQ 平台使用的计算公式进行调研、分析、实证、验收，确保计算内容的精确性。

在技术方面，中债估值中心技术团队将数据、模型封装成独立服务，以接口、ETL 等方式对包括 DQ 平台在内的系统统一提供服务，确保业务中台资

源落地。

（三）数据与模型整合

基于中债数据与模型的 DQ 平台提供一站式的量化分析服务，使用户更加专注于业务需求，无须过多关注基础层面的数据与公式，大大节省了用户的精力，无缝切入用户场景。

中债估值中心内部有丰富的数据使用场景，在内部使用过程中产生了质量极高的数据，这些数据被应用于 DQ 平台，使得用户可以使用这些数据进行查询和分析的工作。

中债估值中心也将一部分数据使用场景工具化，提供用户基于中债数据的工具化产品，将中债估值中心高质量的数据和成熟的方法论紧密结合，更好地服务于用户，使得用户可以更专注于业务的内容，无须在数据处理和公式论证上耗费精力。

（四）分布式计算引擎

结合算法优势和分布式引擎技术的计算平台，是中债估值中心算法积累和技术积累的优势结合，大大提高了计算效率，有效支持了生产，提高用户交互的体验。

四、助力高效地使用中债价格指标产品，辅助投研决策分析

（一）DQ 平台推广应用情况

DQ 平台试用版于 2020 年 7 月底正式投产上线，并分批次邀请价格指标产品订阅用户进行试用。截至 2020 年底，DQ 已覆盖了 50% 以上的订阅用户，用户涵盖银行、券商、基金等多种类型金融机构。多家用户试用后表示，DQ 平台提供的分析工具对他们的投研分析起到了积极作用，有效提高了他们的工作效率，是值得信任的投资分析决策工具。其中，部分市场领先的机构用户对中债估值中心勇于进入固收量化领域的担当表达了感谢，并认为固收量化市场

正需要中债估值中心这样的第三方权威公司进入才能有效推动该市场的发展。大部分试用用户都提出了建设性意见，为 DQ 平台下一步的建设和完善奠定了良好的业务基础。

（二）社会效益

DQ 平台不但提供量化分析工具，更主要的职责是作为中债估值中心官方触客的渠道填补中债估值中心在互联网时代的服务短板。中债估值中心每天向用户提供的估值、曲线和风险计量参数，是资产管理类公司净值化产品每日核算的必要生产资料之一，有着广泛的社会影响力。众多的前台投资人员和中台风控人员希望得到时效性最高的官方价格指标数据，或是在交易决策时能通过计算工具获得预估的价格指标数值范围，以避免出现成交价格与估值偏离较大的不利情况。DQ 平台的推出，有效提升了中债估值中心的服务形态，满足了客户这部分刚需，被用户广泛欢迎。

（三）经济效益

DQ 平台提供的依据客户需求进行研发的量化分析模块和风险分析功能，能帮助用户节省大量的数据清洗、数据处理、反复试算的基础性工作；通过编程过程可视化的产品形态转化，能帮助用户节省学习一门复杂编程语言的时间和精力；通过提供多样性可自定义的金融定价模型，能帮助用户快速定价多类资产，提高工作效率。在推广初期，DQ 平台面向数据产品订阅用户实施免费试用策略，未来将视具体情况启动付费定制模式的尝试。

五、对焦固收市场，打造固收量化平台

（一）打造成中债估值中心的数据对外服务平台

DQ 平台将以服务中债估值中心自有数据产品为基础，升级产品服务形式，拓宽产品服务场景，提高产品服务能力。同时，在数据维度和数据质量不断提升的前提下，DQ 平台上提供的可视化分析工具也将不断融合新的数据内容，

提升产品质量；优化操作流程，扩展客户群体，打造成中债估值中心数据对外服务平台。

（二）成为以中债数据为依托的固收量化平台

目前国内固收量化尚处于起步阶段，量化投资意识出现，各方基础设施的建设正在进行。为了应对市场发展趋势，DQ 平台较早地推出以量化分析为特色的功能模块，引领市场发展与实现，与市场一起成长。中债估值中心提前布局固收量化市场，通过 DQ 平台提供量化分析工具、量化分析接口，尝试打造固收的量化平台，为固收量化市场的参与者提供先行先试的工具。

Digital Economy + Technology for Good

数字经济 + 科技向善

中金认证

基于国产密码的全行业务场景应用
"电子印章、电子签名、电子合同"三电平台

一、数字化金融带来的风险及产品目标

作为普惠金融监管理念的坚实践行者，近年来，在坚守风险底线的前提下，广东某银行（以下简称某银行）充分借助金融科技的力量，多措并举探索数字化转型发展。由于数字化转型金融服务需要更便捷、高效、经济的新型签约方式，采用传统纸质合同单据的签约显然跟不上发展的步伐，但同时，电子数据信息安全风险显著，容易产生合同数据被篡改、客户的业务办理行为被质疑或抵赖等问题，需要一套解决方案规避、降低风险，保障银行业务电子合同、电子签名、电子印章的合规性。

中金金融认证中心有限公司（以下简称CFCA），是国家信息安全管理机构批准成立的国家级权威安全认证机构，国家重要的金融信息安全基础设施之一，在《中华人民共和国电子签名法》颁布后，CFCA成为首批获得电子认证服务许可的电子认证服务机构。基于国产密码的全行业务场景应用"电子印章、电子签名、电子合同"的三电平台（以下简称三电平台）是某银行与CFCA在战略合作基础上，双方秉承"合作共盈、推动数字普惠金融"的合作理念，深化金融科技应用与场景合作的成果。

随着数字化转型的逐步升级及科技能力的不断提升，某银行在丰富数据源的基础上实现了科技金融自主研发能力，依托CFCA提供的符合监管要求的全场景的证书应用支撑体系和基于国产密码算法能力，搭建一套符合银行数字化转型的电子合同、电子签名及电子印章管理的应用系统，提升银行数字化运营的能力，是建设本项目的目标。

二、打造多重认证的三电平台

（一）业务方案

互联网因其便利、快捷、覆盖面广、快速响应客户需求、强调用户使用感受等特点，将电子合同与金融业务结合之后，可以打破传统金融业务受制于网点服务时间和地点等资源限制，帮助客户实现分秒级的快速签署。因此，结合银行信息系统建设现状和未来发展需求，提出建设三电平台，具备以下特点。

1. 有效核实客户身份

使用数字证书实现高强度的身份认证解决用户身份真实性问题，防止假冒用户恶意操作，目前，银行数字证书的形式主要有三种：（1）U盾证书：客户在网点开通U盾后，在网银/手机银行签署电子合同单据时，插入U盾完成身份认证。（2）云盾证书：客户在网点开通云盾后，在手机银行可下载云盾证书，在手机银行签署电子合同单据时，即可认证完成身份认证。（3）场景证书：客户在网银/手机银行/PAD/柜面签署电子合同单据时，由三电平台即时向CFCA的云端申请场景证书（一次一签），进行证据保全，即所有线上业务从用户注册到最终签署完成的操作步骤都被固定下来，经过哈希校验值计算后妥善存管在CFCA云端和场景证书上，步步留痕，处处留证。

2. 确保电子合同法律效力

根据《中华人民共和国合同法》第十一条的规定，合同可以采用数据电文的形式，即所谓的电子合同，肯定了电子合同的法律地位。同时，《中华人民共和国电子签名法》第十三条、第十四条又为使用电子签名签订合同提供了法律依据，即可靠的电子签名需满足专有性、唯一性、可控制性等条件，在平台签署电子合同单据时使用权威CA机构CFCA的电子签名技术，符合《中华人民共和国电子签名法》的相关要求，从而保证平台签署的电子合同单据具有法律效力。①

---

① 《中华人民共和国电子签名法》，发布日期为2019年4月23日。

3. 确保电子合同单据信息防篡改

签署电子合同单据时包含敏感业务信息，CFCA 使用签名和加密技术实现敏感业务信息的防篡改和保密。

4. 电子合同、电子印章的有效管理

三电平台可实现电子合同模板、电子图形印章的制作管理，接入银行内 OA 的线上合同审批流程，确保线上的合同模板经过行内法规部门的有效审理，保障了银行内对合同模板的管理要求，也实现了对电子图形印章的全生命周期系统化管理。同时，支持电子合同实时生成二维码，以方便银行客户通过扫码方式在线验证电子合同的数字证书有效性、业务摘要等内容。

借助 CFCA 第三方认证体系，本项目从技术上打造安全、公平、公正、公开的网上交易环境，切实保护三电平台的各参与方的权益，满足监管要求。

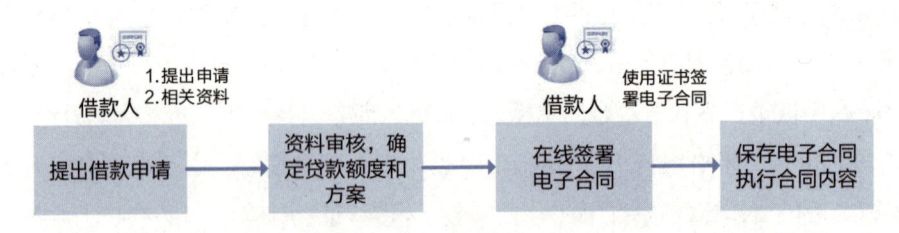

图 1　应用案例（以银行信贷业务为例）

（二）技术方案

三电平台主要包括云证通身份认证平台、电子签章平台两大模块，主要功能如下：

（1）云证通身份认证平台主要提供移动端密码基础服务。它结合了云证通身份认证平台、加密平台、CA 证书认证系统等安全认证系统，为手机银行、个人网银等渠道提供交易签名。

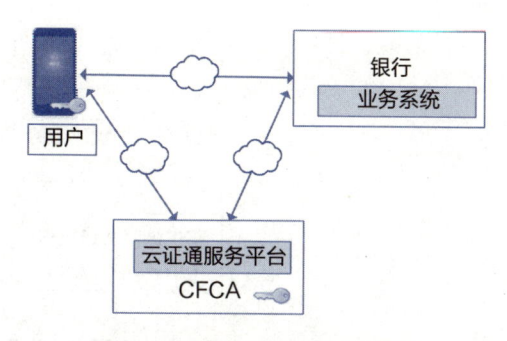

图2 云证通身份认证平台架构

通过创新密码算法，对国密证书的密钥、证书等信息进行分隔存储、分离计算处理、客户端和服务端证书签名验签等技术，保障密钥和证书服务安全性。[1]

用户开通和下载云证通证书时，必须设置密码，安全密码输入控件采用国密算法实现，能有效防御键盘窃听、键盘勾子、逆向分析、反汇编等黑客攻击手段，防止用户证书密码被窃取。

云证通SDK与云证通服务器之间通信的数据都是加密传输，保障网络传输过程中数据的安全性。

云证通平台与CA平台搭建在同一网络环境中，在网络环境隔离访问，通过多层防火墙及网关设施保障运营环境的安全性，采取两地三中心的方式保障服务的可靠性。

用户使用移动端云盾证书对关键操作申请数据进行签名，然后提交发送至银行后台系统，后台系统进行签名数据验签，并进行业务处理。

银行业务系统需对重要数据，如客户的身份信息、交易信息、密码敏感信息，进行加密存储，保护数据的安全性。采用的加密机完全支持SM2、SM3、SM4国产密码算法，能够提供标准的密码设备应用接口，为应用系统提供数据加解密等基础密码服务，实现信息的机密性、完整性和有效性保护，同时提供安全、完善的密钥管理和自身安全防护功能。[2]

---

[1] 刘宏伟.一种基于身份的数字签名算法研究［J］.系统工程与电子技术，2008，30：1159-1162.
[2] 王明强.一个新的模糊数字签名方案［J］.计算机工程，2006，32（23）：40-42.

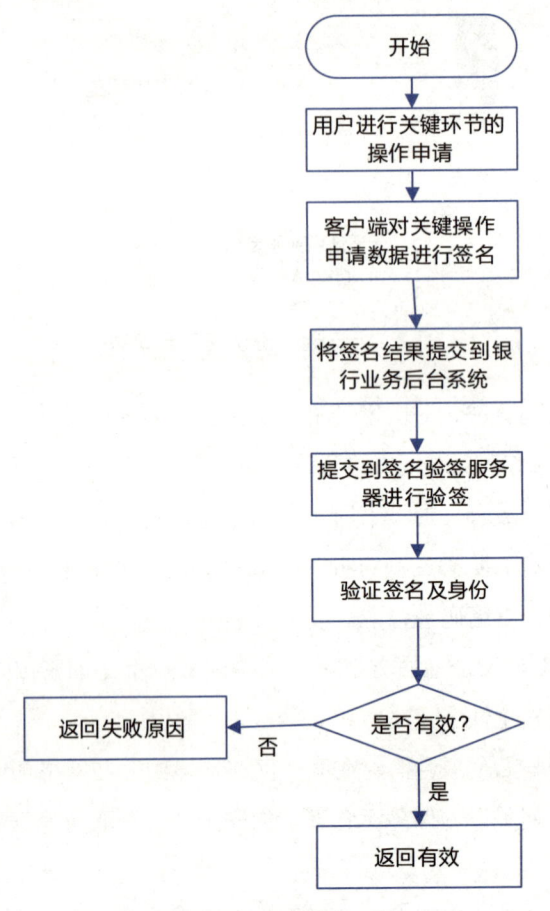

图 3　数字签名流程

（2）电子签章平台主要提供基于电子合同、电子印章、电子签名的基础服务。结合 CA 数字认证技术，在银行内部建立一套安全、实用，并支持国密算法的电子合同和印章管理系统，包含系统管理、业务管理、证书管理、印章管理、电子签章、统计分析等功能模块，以满足银行对电子合同、电子图形印章等实现全生命周期的系统化管理，支持国密算法，支持多平台，支持不同业务渠道的电子签章使用需求，以提高签章服务质量，提升客户体验，增加银行业务产品的市场竞争力。

图 4　电子签章平台

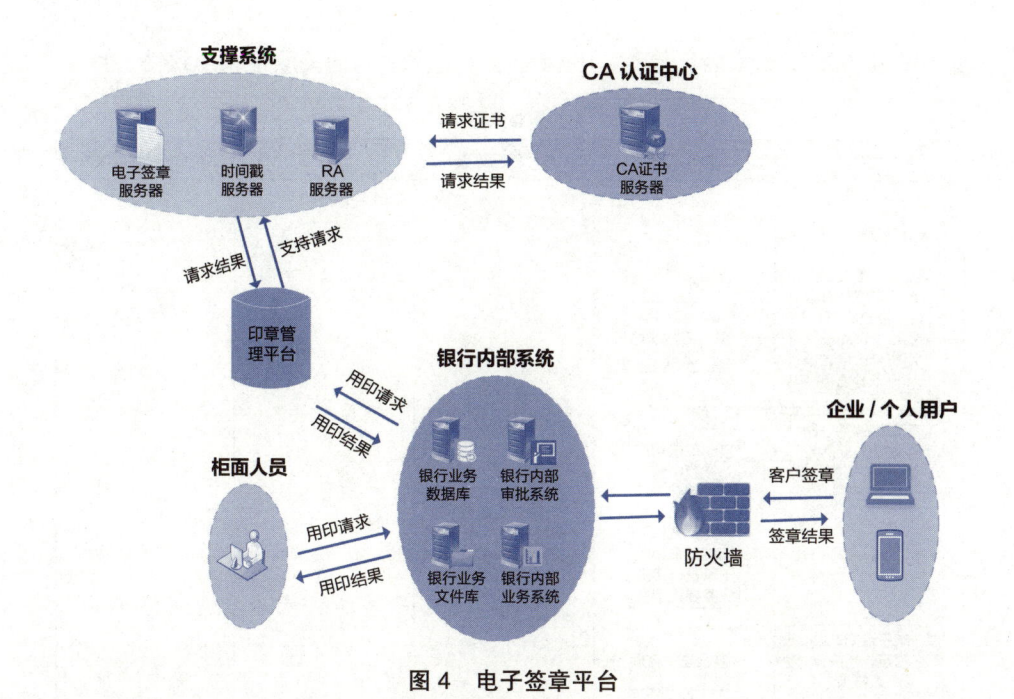

银行内部业务系统通过企业总线 ESB 接口连接电子签章平台，实现业务所有相关电子凭证的电子印章管理、单据签章验证功能、指定单据加盖时间戳功能、数字证书管理、合同模板审核等功能，以上功能只提供基础电子印章服务，不保存业务系统的单据或合同文件，不参与业务逻辑，但可以为银行的业务系统提供业务办理流程中每一步应有的电子印章功能。

在业务应用中，支持使用托管证书的方式，支持采用国密证书，国密证书可托管保存在专用硬件设备中安全存储，在电子签章平台系统内部申请产生证书并进行签章，结合印章密码或短信验证码方式进行后台签章调用。

电子签章平台调用 RA 系统接口，与 CA 机构的 CA 系统联动实现用户及展业人员数字证书的签发、管理功能，时间戳服务器实时为电子签章平台系统服务器提供时间戳盖戳服务。

电子签章平台同时也支持使用场景证书的方式，场景证书适用于对即时业务或者特定场景业务进行签名认证的场景，在业务结束时自动申请，将业务场景中所有信息整合形成数字证书的扩展域信息。场景证书使用时不限制签名次数，也不限定特定文档，使用场景证书对即时业务或者场景业务证据签名后可证明证据在取证结束后无篡改,并保证数个证据之间的关联性和一致性。[①]

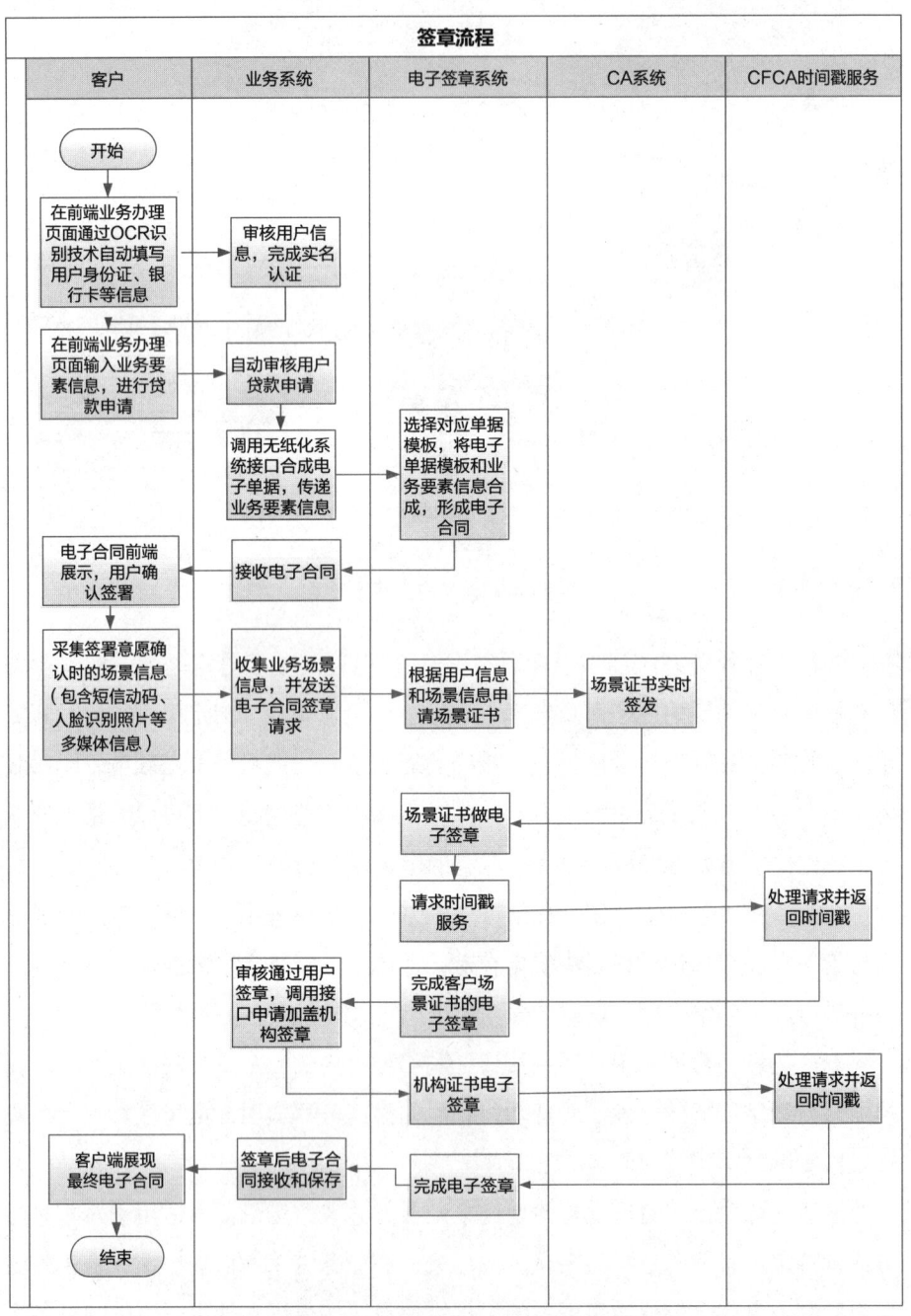

图5 场景证书签章流程(以银行信贷业务为例)

---

① 庞辽军. 一个预防欺诈的(t, n)门限数字签名方案[J]. 电子与信息学报, 2007, 29: 895–897.

说明：

a. 客户在前端页面办理贷款业务时通过 OCR 识别自动输入用户身份证、银行卡等用户信息，完成客户实名认证，电子输入/选择业务信息，如贷款金额、年限、利率等，提交贷款申请。

b. 银行业务平台自动审核用户贷款申请。

c. 审核通过，银行业务平台调用无纸化电子签章系统服务，传递前端采集的用户信息和业务要素。

d. 无纸化电子签章系统将用户信息、业务要素和后端的单据模板进行合成，形成电子合同，并推送至前端展示。

e. 客户在前端核查电子合同内容，并确认签署（如点击确认签署按钮），完成签署意愿确认。

f. 前端将用户意愿确认的场景信息包括短信动码、人脸识别照片等发送到银行业务平台，平台调用无纸化电子签章系统接口申请客户证书来完成电子签章，申请信息包含在用户身份识别和信息采集阶段留存的本次业务办理场景相关数据。

g. 无纸化电子签章系统根据客户身份信息和业务场景信息，对接 CFCA 后端的 CA 系统实时申请签发一次一签的客户场景证书。

h. 无纸化电子签章系统请求 CFCA 时间戳服务，完成场景证书对电子合同的电子签章。

i. 银行业务平台审核客户证书签章合同，调用无纸化电子签章系统服务，在此合同上加盖银行机构电子签章。

j. 签章后的完整电子合同返回银行业务平台进行保存。

k. 签章后的电子合同在前端展示，流程结束。

（三）建设与实施

1. 实施步骤

三电平台分阶段实施，各阶段的计划如下。

第一阶段：升级为基于国产密码算法的签名验签体系，包括升级 RA 系统、签名验签服务器、加密机等，云证通数字证书采用国密算法实现，保障移动端网银交易安全；U 盾用户逐步升级使用国密数字证书登录网银系统和进行交易，申请和签发国密 SM2 算法证书，逐步过渡和淘汰原 RSA 体系网银 U 盾证书，实现采用国密算法的网银交易签名验签。

第二阶段：建设云证通身份认证平台。

表 1 平台功能服务清单

序号	功能服务	要求	备注
1	RA 系统	CA 系统的前置，与 CA 对接实现相关证书管理功能，支持国密算法 SM2 数字证书申请和签发。	主要业务使用场景：网银数字证书申请和签发。电子签章平台数字证书申请和签名。
2	签名验签服务器	签名验签服务器是由客户端应用开发 API 和提供独立签名验签运算的服务器组成，保证关键业务应用中交易过程的机密性、信息完整性、不可否认性和事后可追溯性，支持国产密码算法。	
3	加密机	硬件设备，生成、存储、管理密钥，提供 SM4、SM3、SM2 算法运算。	
4	U 盾	证书安全存储介质，同时支持 SM1、SM2、SM3、SM4 等国产算法。	
5	云盾 SDK 工具包	面向应用的 SDK 组件，支持国产密码算法，基于标准的 X.509 数字证书、对称/非对称密钥算法、实现身份认证、数据防篡改和不可否认性、密码数据加密、SSL 通讯等，并将这些功能封装成灵活易用的开发接口供应用使用。	

云证通身份认证平台系统分软件和硬件部分组成，软件部分包括云证通 SDK、云证通服务、云证通管理平台，硬件部分为提供密钥和加解密服务的硬件加密机。

云证通 SDK：主要是用于手机银行的集成，在手机 TEE 环境下，主要功能包括密钥生成、密钥安全环境下存储、随机键盘、指纹校验、数据签名、数据加密等操作；在非 TEE 的环境下，主要功能包括密钥生成、密钥安全环境下存储、随机键盘、口令保护、数据签名及数据加密等操作。

云证通服务：实现与加密平台的加密机数据交互，实现与云证通SDK、应用云证通系统服务端之间的安全数据通信。

云证通管理平台：提供应用的管理、账号的管理、机构管理等功能。

手机APP通过集成云证通SDK实现第三方CA证书的下载、交易签名等功能。

在银行内部建立RA系统，RA是对CA功能的外部延伸和前置系统，通过RA的证书管理功能和接口服务，为用户颁发国密算法数字证书，为电子签章平台提供国密数字证书申请和签发服务。

第三阶段：建设电子签章平台，电子签章平台采用国密数字证书进行电子文档签章。电子签章平台主要包括系统管理、业务管理、证书管理、印章管理、电子签章、统计分析管理等。

（1）系统管理提供对用户、角色、权限、机构等基础数据进行管理操作的功能。

（2）业务管理包括业务类型、业务模板、业务模板审核三个子模块，主要实现对电子合同、单据的制作、审批功能。

（3）证书管理包括证书查询和下载，用户可通过该管理接口在线快捷下载证书，也可查询下载后的证书记录。

（4）印章管理包括印模管理、印模审核、印章证书管理、印章管理、签章管理五个子模块，实现了电子印章的印模制作审核、印章证书申请下载及签章的管理功能。

（5）电子签章主要是使用证书对电子合同进行加盖电子印章，完成合同签章，包括普通证书签章、客户证书签章以及一些扩展的功能。

（6）统计分析管理是根据机构、柜员、渠道、业务类型的不同统计印章数据以及操作日志审查功能。

三电平台在银行内进行部署，以接口API方式提供电子签名、电子合同、电子印章的签署能力，行内各业务系统通过企业服务总线（ESB）统一接入，构建全行金融领域全业务场景平台，完成对行内电子合同的审批、用印、归档的全流程管理，实现银行与客户之间合同电子化、线上化，提供从客户触达到商务合作各环节的电子合同签署服务，包括身份认证、账号认证、电子签名、证据保全等，以上应用全部基于国产密码算法、国产版式文件、国产CA搭建，为全行普惠金融的电子签名能力提升提供有力支撑。

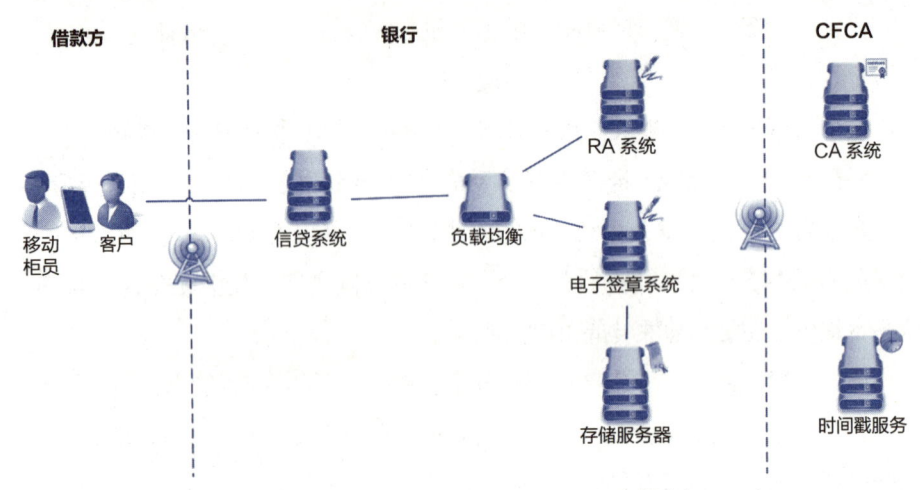

Digital Economy + Technology for Good
数字经济 + 科技向善

图6 网络架构（以银行信贷业务为例）

2. 实施保障

基于国产密码应用平台体系的任务划分，制定整体工作保障措施。其中，国产密码应用的整体体系如下图所示。

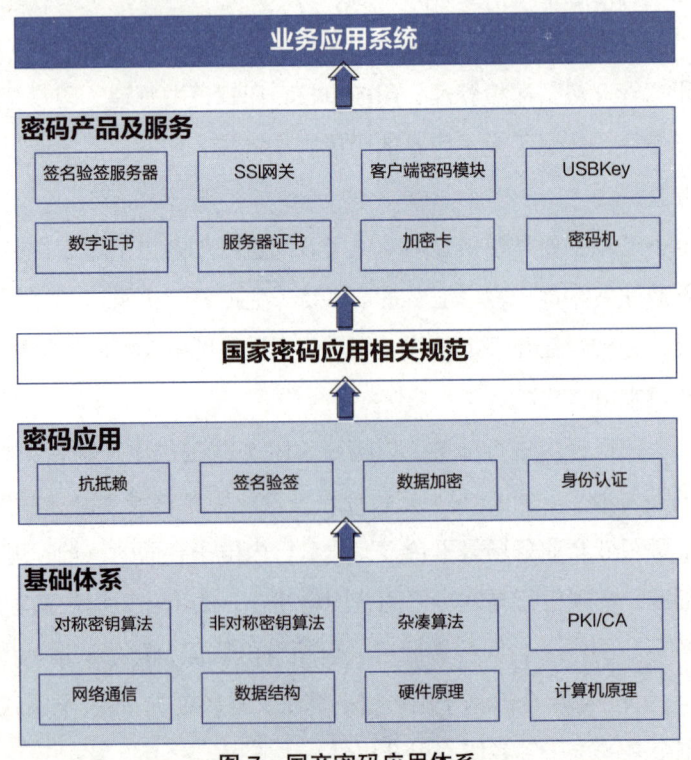

图7 国产密码应用体系

本次项目主体承担单位为银行，并由 CFCA 提供国家认可的合法第三方 CA 服务，具体职责分工为：

1. 在银行内建设 RA 系统，通过国密安全网络连接的方式与 CFCA 服务对接，实现国密数字证书的申请、下载、更新、补发、吊销等操作。

2. CFCA 提供 CA 服务，发放基于国产密码算法的数字证书。密码产品及服务应全面支持国产密码算法，实现电子签名、通信加密、数字信封、国产密码算法运算等基础功能。

三、数字证书的优势

1. 提供了一套符合监管要求的全场景的证书应用支撑体系的应用方案和案例，使数字证书能够在银行全业务场景实现兼容，为用户提供良好的应用体验，帮助银行在数字身份的应用，包括全场景发放、存储和应用方面保持领先，并且能够不断更新升级，为银行场景的创新提供坚实的基础，完善数字证书、电子印章、电子签章管理规范，建设基础服务、管理系统、渠道签约、签约门户等基础设施，在保障合规性的同时逐步提升电子签约能力建设。

2. 基于数字证书的电子签章应用体系，达成行内各业务系统与三电平台的有效融合，搭建金融领域全业务场景电子合同签约平台，技术环节涵盖客户身份认证、用户及账号认证、电子签名、证据保全、电子印章用印管理流程、线上合同模板部署及审批流程等，在企业融资、信贷业务、票据贴现等多个业务场景得到应用，进一步提高服务和业务效率，提升普惠金融和便企服务的水平。

四、提高线上金融效率，促进行业发展

在实施三电平台项目后，在保障电子合同合规性的前提下，已支持广东某银行线上金融业务合同的快速审批、快速电子签名及电子印章管理，已在多个业务场景为客户提供线上业务合同全流程的自动化签署服务，项目推广近半年来，主要的应用场景有：

1. 信用证线上融资业务，为企业提供融资相关合同、单据的签署，融资金

额达数千万元。

2. 信贷业务（经营贷、快贷等），为个人客户提供贷款相关合同、单据的签署，放款金额近亿元。

3. 票据跨行贴现业务，为企业客户提供票据跨行贴现业务相关合同、单据的签署，贴现交易额超过数十亿元。

三电平台在银行的应用已取得显著的成效，解决多方面的问题：

1. 替代线下合同和实体印章的传统模式，大幅提升银行数字化服务能力，实现银行与客户之间合同电子化、线上化，提升普惠金融和便企服务的水平。客户办理银行业务过程中产生的单据、合同等资料，传统的模式是纸质合同、实体印章等，带来了资源的浪费和存储保管方面的诸多不便，随着互联网金融的兴起，大幅提高银行电子合同和电子签章的服务能力，是适应时代发展潮流，将极大地提升客户体验。

2. 解决电子合同合规性的问题。电子合同和电子印章的应用，由于电子文档本身具有可伪造、可篡改等特性，如何解决电子合同的合规性问题，是银行实施相关项目时首要考虑的问题。本项目应用的三电平台，由权威 CA 机构 CFCA 提供国家认可的合法第三方 CA 服务，实现可靠的电子签名，采用基于数字证书的电子签章技术，保障电子印章单据的完整性，实现业务办理的电子单据及合同的防篡改和抗抵赖。客户签署电子合同的过程中，在客户身份认证方面，平台采用基于 U 盾、云盾的身份认证方式，客户使用 U 盾、手机云盾进行电子签名，保证了客户身份认证介质的唯一性。对于未开通银行 U 盾和云盾的客户也可使用平台的场景证书进行电子签名，签署过程中客户操作形成的完整证据链也通过平台的技术处理保存下来，以上一系列技术措施都保障了客户是在真实意愿下跟银行签署相关的合同单据，符合我国《中华人民共和国电子签名法》的要求。

3. 解决银行日益增多的业务量和人力资源有限的矛盾，提升审批效率。随着某银行业务发展，传统的审批流程因各系统协同性弱、人力资源有限，特别是快贷业务面临下户核验风险人员产能有限、下户地区范围广、面签面谈产能有限的问题，急需提高线上化审批的工作效率。

三电平台对外提供丰富的接口服务，与其他系统无缝连接，有效整合了合同线上化审批、电子合同签署、电子合同下载的全流程，保障了行内多系统、多部门协作的高效性，目前快贷业务线上申请、审批、出保单、出账、放款等各环节已实现全流程线上化，极大地提高了业务办理和放款效率。另外，场景证书的应用也保证了客户在无须下载云盾、无须插入U盾的情况下，即可快速完成电子签章服务，大幅提高业务办理效率。

五、优势互补，共创辉煌

依托于国产密码的数字证书体系及密码产品服务，未来将进一步探索三电平台为更多的业务场景赋能，如企业／个人的开户申请书签署、柜面业务的电子凭证和电子回执单等签署、支付结算业务签署、银行与各供应商的商务合同签署等。

CFCA紧跟司法、监管、商业的形式，不断创新科技应用，夯实服务质量，以期与银行共同成长，应对挑战，助力发展，达成目标。CFCA未来主要能为银行提供三方面增值：构建强监管下的合规安全体系、利用密码科技抢占发展先机、实现基因互补共建共赢。

CFCA是领先的现代综合信息安全和金融科技服务提供商，在开放创新的大潮下，CFCA与银行的紧密合作具有重要战略意义，双方在信息安全体系构建、金融科技创新、金融业务形态发展等方面实现优势互补，共创辉煌。

第四篇

科技企业的创新实践

Innovation Practices of Technology Enterprises

华为

助力"新零售"大型银行容灾系统建设

一、新零售战略的兴盛、旧系统瓶颈的凸显和项目升级目标

（一）新零售战略的兴盛、旧系统瓶颈的凸显

1. 新零售战略需要升级核心交易系统

中国邮政储蓄银行（以下简称邮储银行）是在改革原有邮政储蓄管理体制基础上设立的一家大型国有商业银行，是国家金融普惠大计的重要承担者。邮储银行近4万个营业网点深度下沉、覆盖广泛、布局均衡，覆盖全国99%的县（市），个人客户数达6.2亿户，管理零售客户资产（AUM）超过10万亿元。邮储银行拥有天然的零售基因和业务禀赋，庞大的网络优势和个人客户资源为邮储银行零售业务发展提供了强劲的动力。2019年起，邮储银行加速向数据驱动、渠道协同、批零联动、运营高效的新零售银行转型，有力推动差异化的零售银行战略定位有效落地。

"新零售"转型战略背景下，邮储银行在科技创新、业务发展方向提出：加速向数据驱动、渠道协同、批零联动、运营高效的新零售银行转型。一方面，邮储银行客户交易方式快速向线上化、移动化发展，交易频率急剧增长；另一方面，邮储银行也充分利用金融科技，大胆实践，在数字化普惠金融发展模式上作出了有益探索，客户数量也快速增长。当前的核心交易系统已经无法满足业务增长的需求，亟须建设满足未来业务发展需要的核心交易系统。

2. 现有核心交易系统瓶颈凸显

银行核心系统是整个银行信息系统的心脏，用户的账务、交易、产品的

组合均在核心系统完成，是用户资金交易、资金流向信息生产者和源头，所有的渠道业务、中间业务、产品服务、决策支持均需要和银行核心系统对接。安全、稳定且不间断运行的核心系统是银行业务的基石，受到各家银行及银保监会的极高的重视。大型商业银行通常采用 I/OE 技术栈，通过大/小型机+国外品牌高端存储建设核心系统的基础平台，存在着技术体系专有、封闭，维护往往影响全业务，银行每年需要为此投入高昂的运维费用，且无法自主可控。在新兴金融业务需求的冲击下，传统做法受到负载性能和更新维护成本的双重压力。

邮储银行个人银行核心系统始建于 2014 年，采用分布式架构，受限于当时的技术条件，邮储银行在个人金融核心系统建设初期采用高端小型机 Superdome 和高端存储 XP12000 作为基础平台。随着业务的迅猛扩展，I/O 成为主要瓶颈，不能很好地保障业务高峰期的高速交易响应，同时小型机的发展存在断代问题。个金核心系统存在业务敏捷性差，IT 基础设备接近 EOS（End of Service），运行维护成本高，设备安全隐患大，计算资源不足，存储性能低，容量不足等情况，无法满足每年 35% 的业务增长速度，核心系统的升级改造迫在眉睫。

（二）项目升级目标

2019—2020 年邮储银行和华为公司共同合作，对已上线 8 年的个金核心系统做升级改造。该系统为邮储银行最大核心系统重新构建了核心银行系统的基础支撑平台，采用华为 OceanStor Dorado 全闪存储和先进的 3DC（Date Center）复制技术，保障了银行核心系统在类"双十一"场景下，需要大吞吐量、大带宽、高性能、低时延、高可靠和高可用的需求。

金融核心系统要求高性能、高稳定和高可靠，每笔交易的延时能够保障在 100ms 以下且不会随着业务高峰的波动而延迟，同时两地三中心部署保障数据的绝对安全。采用华为昆仑服务器和华为 OceanStor Dorado 全闪存储对原有系统进行了全面替换。邮储核心银行系统采用先进的分布式架构，共由 8 套账务库、4 套查询库、4 套关联查询库和 1 套批量库共同构成，本次个金核心系统升级改造，本着方案成熟、技术先进、风险可控的原则，将关键设备国产化，通过周密详细的实施安排，最终实现核心系统平滑演进。本次采用成熟的 X86 服务器 + 全闪存存储方案替换传统 HP 小机 +HDS 存储的组合，如图 1 所示。本方案不但确保硬件设备整体性能提升，而且通过 Oracle ASM+ 华为全闪存构建环形 3DC，核心数据 5 副本的容灾架构，满足更高的业务连续性需求。

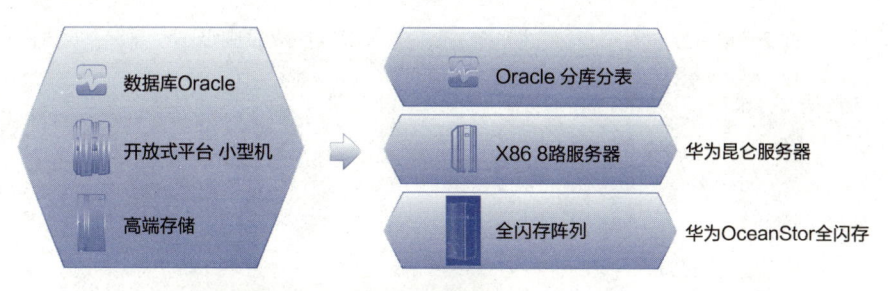

图 1　新旧技术架构对比

升级后的系统，对邮储银行 6.2 亿用户和 18 亿账户提供核心账务支持，支持邮储超过 4 万机构接入，14 万柜员、13 万 ATM，CRS 以及银联、网联的业务操作，每天可支持超过 7 亿笔交易。项目在 2020 年 7 月完成切换，并进行了 3 个月的现场重点保障，实现了系统的平滑演进，系统运行稳定，无性能瓶颈，满足日常业务需求。投产成功后，第一个大考时间是 2020 年"双十一"，为应对"双十一"业务压力，邮储银行联合网联清算有限公司，第三方测试机构，对新投产核心系统做超"双十一"压力测试，并对新平台架构做摸高测试，最大峰值 20000TPS，远超设计初值。2020 年"双十一"邮储银行实际业务峰值达到历年最高水平。

二、打造基于"新零售"战略的大型银行容灾系统

（一）业务方案

为了保障核心系统的稳定和高可靠，过去邮储采用 HP 高端小型机 Superdome 和高端存储 XP12000（OEM HDS USP1100）作为基础平台。随

着中国 ICT 技术的迅速发展，2019 年开始，邮储银行和华为公司进行深度技术合作，采用华为昆仑（KunLun 9008）高端服务器和全闪存储 OceanStor Dorado，全面替换原有平台，并取得更优的高性能、高可靠和高可用能力。如图 2 所示，整体部署采用 A、B 分域，数据 5 副本方式，结合 Oracle ASM 实现绝对的数据安全，以及每个单元组内的性能扩展能力。

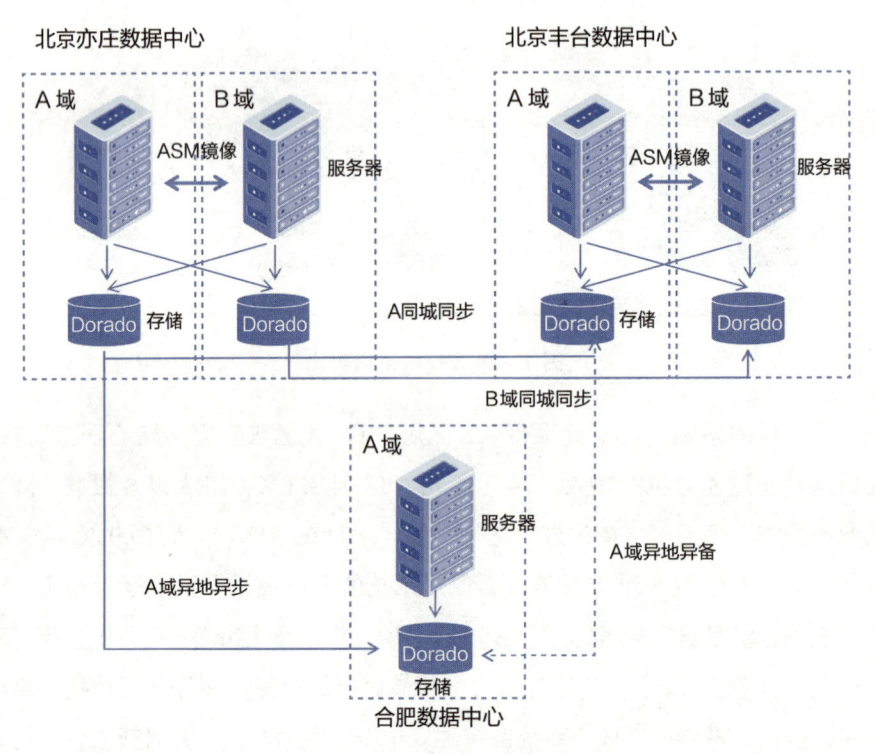

图 2 环形 3DC 灾备部署

同一数据中心内采用 ASM 实现跨域数据镜像保护，结合整个核心系统涉及的数据库单元较多，为了易于管理，分 A、B 两个管理域，同时每个生产数据库（Oracle RAC）均采用双机双柜方案，均匀部署在 A、B 域，确保同一数据中心内，任意 A、B 域故障，保障系统依然正常运行。

跨数据中心采用存储复制技术实现 3DC 容灾保护，即 A 域采用环形 3DC 数据保护，即亦庄—丰台同步、亦庄—合肥异步、丰台—合肥异步备（当主中心故障，同城中心升为主中心后，异步备链接自动升级为主异步复制，避免重新建立远程异步复制，对业务影响最小）。B 域采用独立的同城同步复制，亦庄—丰台同步复制。采用 A、B 域不同复制方式，可以有效避免传统容灾会有误写扩散的缺陷，形成双主校验确保数据最高等级的高可靠。由于数据采用 5 副本保护，日常开库验库业务操作，可在同城丰台或者合肥异地操作。

本项目数据库设计架构如图 3 所示，将原有的数据库通过账户分片方式分为 8 套账务库、4 套查询库、4 套关联查询库和 1 套批量库，总共 17 套 Oracle RAC 的业务部署，硬件平台采用 X86 服务器 + 全闪存存储实现。同时，在 17 套数据库的相互隔离方案里，采用每台存储最多承载 2 个库，每个库最多对接两套存储的方式进行部署。

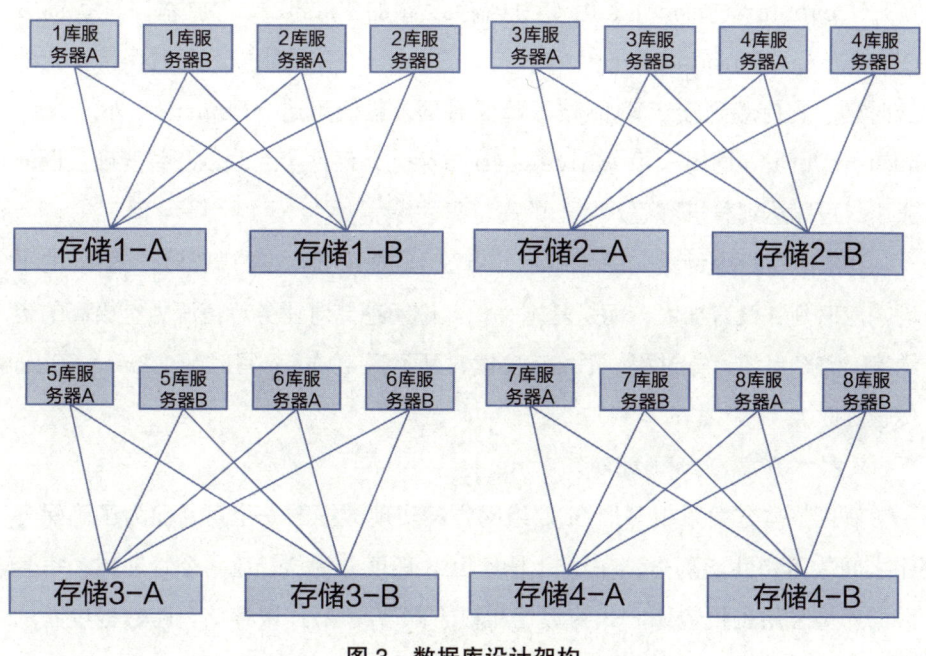

图 3　数据库设计架构

（二）技术方案

本方案中，主要采用全闪存 + 环形 3DC 的方案提升系统的性能的同时，满足核心账务数据安全可靠。

1. 技术方案一：采用高端全闪存提升系统性能

银行业务具有明显时间和季节变化的特点（如"双十一"交易洪峰），对核心系统而言，应对洪峰交易时需要响应时延依然不变。提升存储性能、降低存储时延是最有效的手段。

邮储银行选择了华为 OceanStor Dorado 高端全闪存系统进行存储系统升级。全闪存是全新的绿色节能的存储系统，采用 SSD 作为存储介质，并配合相对应的操作系统，在数倍提升性能的同时，达到绿色、安全的效果。

OceanStor Dorado 高端全闪存是华为技术有限公司采用全自研的软硬件技术，全新的 SmartMatrix 全互联架构和专为闪存设计的 FlashLink® 技术，面向企业关键业务打造的新一代全闪存存储产品，能够满足用户对核心数据存储、高速存取、高可用性、高利用率、绿色环保和易于使用的要求。

OceanStor Dorado 采用专为闪存设计的 FlashLink® 技术，具备高 I/OPS（Input/Output OperatI/Ons Per Second）并发能力，同时保持稳定的低时延。支持端到端 NVMe 技术降低时延，最低可达 0.05ms。此外，OceanStor Dorado 同时采用 Active-Active 架构，硬件全互联以及智能硬盘框的应用，可以达到整机容忍八坏七的高可靠性。

在实际运行中针对如图 4 所示，当图 4a 的 IOPS 大幅增长时，图 4c 的平均响应时延并没有加大，而是基本平稳。说明存储对业务峰值压力有极高的容纳度。整个系统运行过程，平均响应读时延不到 400us，写时延 1.2ms（60km 传输延时）。

2. 技术方案二：环形 3DC

项目整体方案采用环形 3DC 组网方案实现数据的安全可靠。为了确保各库之间故障和性能隔离，在逻辑上将 E2E 环境分为 A、B 两个管理域，每套数据库均采用主机镜像方式将数据和日志部署在 A/B 域存储。跨数据中心的数据保护采用 A、B 域分别处理，如图 5 所示。

以卡 1 库所在的 A1 存储为例，总 IOPS/ 总带宽 / 平均时延 /CPU 利用率四项指标的性能曲线图如下：

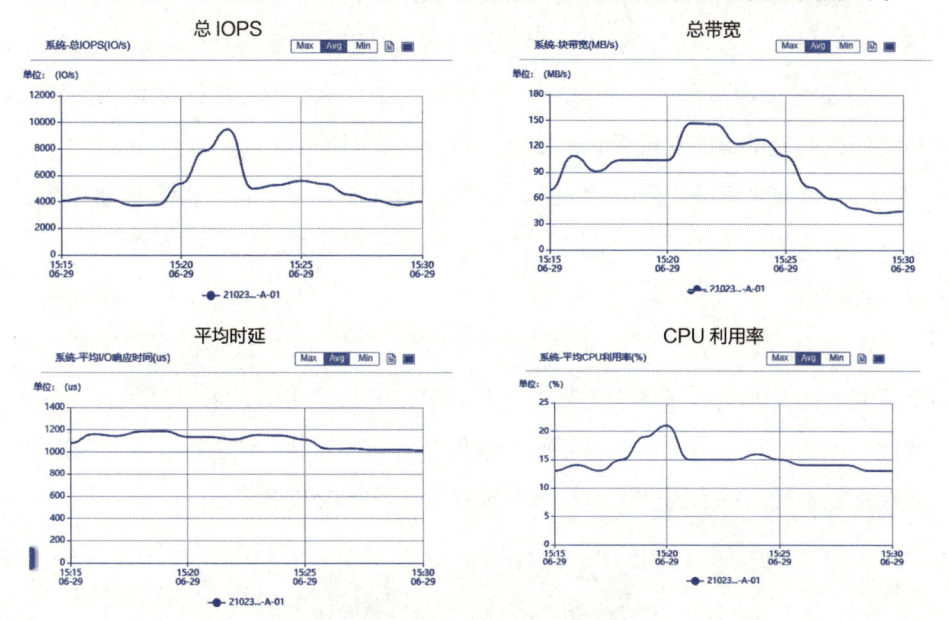

图 4　存储性能图

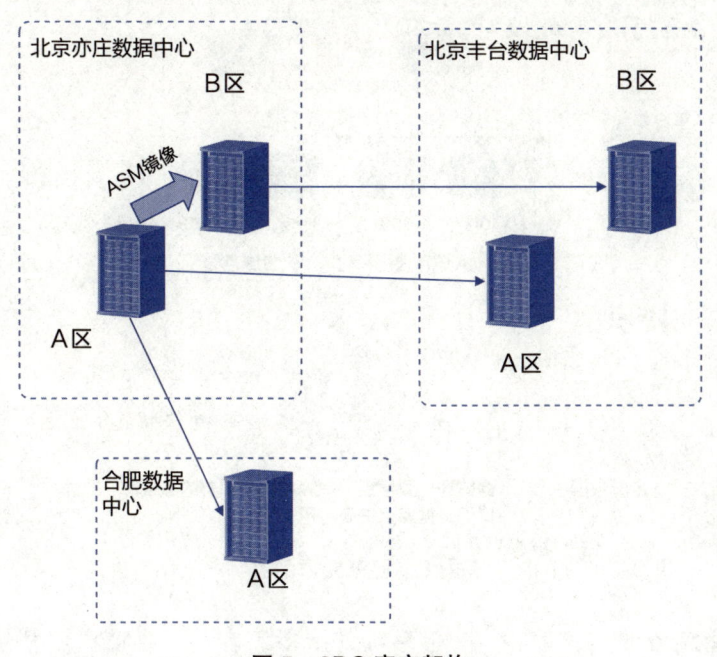

图 5　3DC 容灾架构

A 域采用环形 3DC 数据保护，北京亦庄到丰台间采用同步复制，北京亦庄到合肥采用异步复制。另设远程备选路径：北京丰台到合肥，异步复制。当主中心亦庄 A 域故障时，同城丰台升为主中心，异步备用路径自动升级为主用路径，避免重新建立远程异步复制，对业务影响最小。

B 域则在北京亦庄到丰台间采用同城同步复制。采用 A、B 域不同复制方式，可以有效避免传统容灾误写扩散的缺陷，形成双主校验，确保数据最高等级的高可靠。

物理上，每个生产数据库均采用双机双柜方案，均匀部署在 A、B 域。每个库同时跑在两台服务器上，数据同时存放在两台存储上，采用 Oracle ASM 实现跨域的数据镜像。在存储层面，采用跨阵列的复制一致性组，保障数据库的数据完整性。确保即使 A、B 一个域故障，系统依然正常运行。

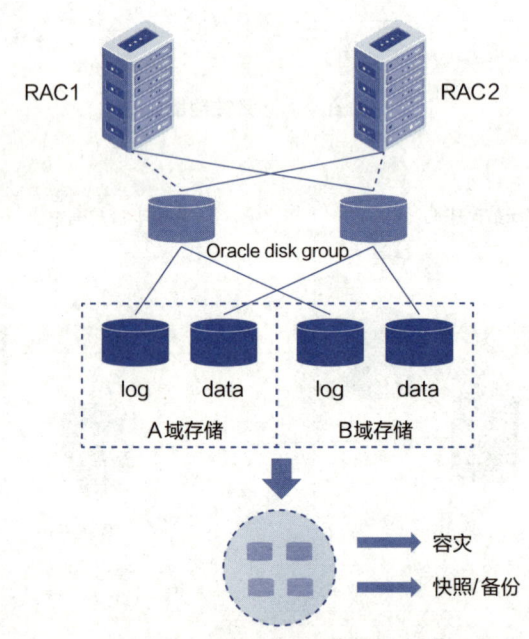

图 6　容灾能力示意

平稳完备的容灾能力：核心系统采用多级容灾，生产机房利用 Oracle ASM 的镜像能力，跨阵列镜像。同时同城同步，异地异步并支持 Delta 模式。

如图6所示，由于核心系统本身采用分布式模式，数据库较多，且分布在不同阵列上。利用存储复制工具接口，开发针对数据库级的复制、容灾管理工具，可以实现数据库为单位的复制启停、切换、监控及维护。

3.技术优势：高性能、高可用、高可靠

（1）高性能

随着互联网银行、开放银行的快速发展，交易业务也面临快速变化的业务压力，而且压力高峰到来具有难预测性，因此核心业务系统需要保障存储I/O的极低延时，以确保交易系统高性能，同时即使在交易量迅速攀升时，也能够持续保障稳定的低延时IO（图7），避免出现业务响应锯齿。

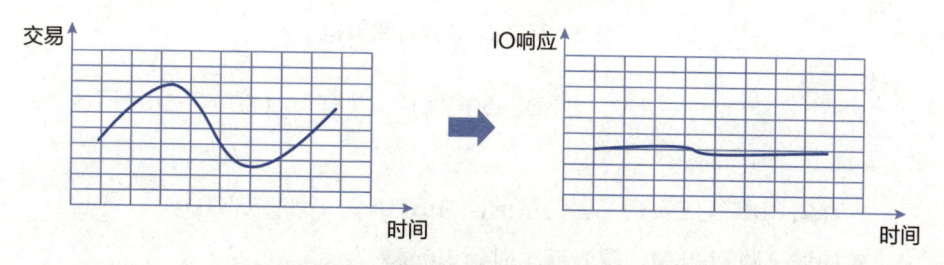

图7 业务大幅波动情况IO延时

针对金融核心系统IO特点（大量OLTP和少量OLAP），华为Ocean-Stor保障在两地三中心场景下满足：①稳定的IO低延迟，稳定在0.1—0.2ms以内，不随业务波动抖动。②针对IO block相对较小，提供很高的IOPS处理能力，保障每个数据分片IOPS大于2万。③保障IO吞吐带宽，确保结息、日结、月结、年终盘点等场景。

（2）高可靠

采用环形3DC方案，当主中心切换或发生故障时，新的本地生产中心仅需要做增量同步，就能很快恢复和远程的异步容灾，这样保障同城切换时对业务影响最小。

生产　同步复制/双活　本地

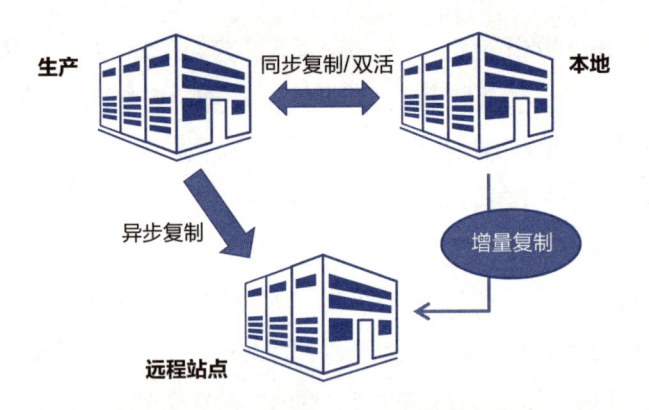

异步复制　　增量复制

远程站点

跨阵列一致性组：保障跨阵列部署的数据库一致性
确保数据库保护高可用

图 8　环形 3DC 高可用架构

支持 17 套 Oracle RAC 的 3DC 数据保护，共有 16（主）—16（同城）—8（异地）全闪存储。

- 存储 3DC 容灾实现了存储层的同城 RPO=0，分钟级 RTO。
- 同城链路：60KM，裸光纤，时延 1.0ms。
- 异地链路：1000KM，时延 4ms 左右，异步复制周期为 1 分钟。
- 采用 BCmanager 支持复杂的复制组，利用 API 构建脚本满足切换逻辑需求。

（3）高可用

中国邮政储蓄银行核心系统采用分布式技术，有较多的数据库单元。通过账户分片方式分为 8 套账务库、4 套查询库、4 套关联查询库和 1 套批量库。每套数据库均采用主机镜像方式将数据和日志部署在 A/B 域存储。为了保障以数据库为单元的高可用和易用性，通过基于 API 的编程，控制跨阵列的一致性组，保障数据库的完整性前提下，实现数据库为单位的保护、切换，用户可以一键完成单阵列故障、单域大规模故障、数据中心故障等不同场景。

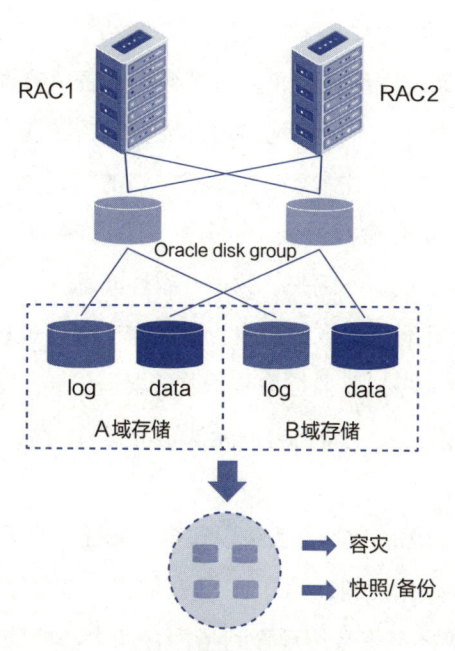

图 9 数据库高可用设计

（三）建设与实施

1. 周期

项目从 2018 年启动，历经整体方案设计、整体规划、可行性分析、方案论证、应用系统改造、实施阶段等。图 10 为实施交付阶段时间轴，具体交付历时 4 个月完成，从设备到货安装、基础环境安装、3DC 容灾建设、测试到投产上线及投产后的重点保障阶段。

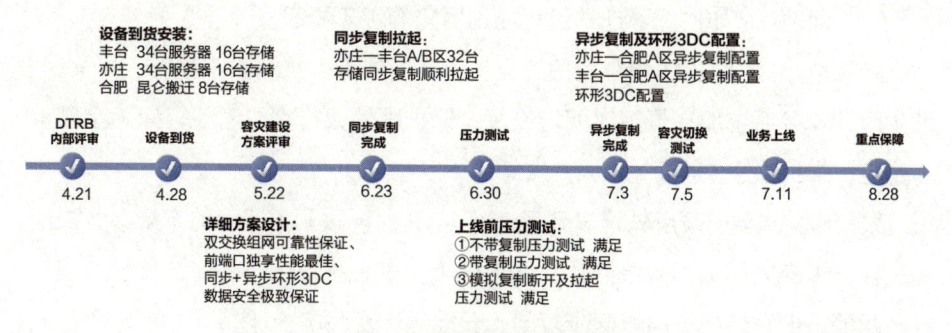

设备到货安装：
丰台 34台服务器 16台存储
亦庄 34台服务器 16台存储
合肥 昆仑搬迁 8台存储

同步复制拉起：
亦庄—丰台A/B区32台
存储同步复制顺利拉起

异步复制及环形3DC配置：
亦庄—合肥A区异步复制配置
丰台—合肥A区异步复制配置
环形3DC配置

DTRB内部评审	设备到货	容灾建设方案评审	同步复制完成	压力测试	异步复制完成	容灾切换测试	业务上线	重点保障
4.21	4.28	5.22	6.23	6.30	7.3	7.5	7.11	8.28

详细方案设计：
双交换组网可靠性保证、
前端口独享性能最佳、
同步+异步环形3DC
数据安全极致保障

上线前压力测试：
①不带复制压力测试 满足
②带复制压力测试 满足
③模拟复制断开及拉起
压力测试 满足

图 10 实施交付时间轴

2. 遇到问题、风险分析、管控

每个重大的 IT 架构变动项目，背后都会带来各个方面的问题，有些问题很"诡异"，有些问题又很有规律地出现，很多问题在前期风险识别中是可以找到并规避的。以下四点是在本项目中重点关注的问题。

（1）问题一：如何保障数据从 HP 小机 +HDS 存储架构到 X86 服务器 + 全闪存存储架构过程中数据不丢失，数据一致性问题？

风险是什么：如果数据从传统架构往新架构迁移的过程中丢失，或者不一致，将导致行内正常业务风险监控失效，监管报送延误，甚至导致 4 万多营业网点无法正常开门营业，影响数亿客户无法正常交易，严重影响邮储银行信用、社会形象。

如何管控风险：为保障数据不丢失、数据一致性。方案有三个：

方案一，存储层数据复制，建立 HDS 存储到华为存储的存储复制方式。

方案二，通过数据层将数据迁移到华为存储上。即通过 Oracle 数据库导入导出。

方案三，从应用侧做数据迁移。保障数据不丢。

这三个方案中，方案一存在 HDS 与华为存储的兼容性问题，HDS VSP 产品已 EOS（End of Service），得不到原厂新功能，新兼容性需求支持。风险极高。方案二，数据不会丢失，数据一致性能保障，但存在数据全库导入导出时间过长，增量数据无法停机窗口完成问题，数据一致性验证过程复杂。方案三是最好的选择，银行业务自身具有强一致性设计，通过应用自身来保障数据不丢失和数据一致性是最佳选择。

（2）问题二：如何保障迁移过程应用容灾等级不降级？

风险是什么：数据中心容灾的意义在于，遇到不可抗因素（地震、战争等）发生时，业务系统能在最短时间内恢复，保护邮储银行客户利益，保障金融市场稳定，维护国家安全。

如何管控风险：采用先建设环形 3DC 容灾，再做业务迁移的方案，解决迁移过程应用容灾等级不降级问题。本项中个金核心系统，迁移前在传统架构下已是两地三中心架构（同城同步复制、异地异步复制）。

在新架构下采用华为存储搭建环形 3DC 容灾，不但容灾等级不降级，而且提高了核心业务容灾能力。具体在投产切换前，已完成亦庄—丰台同步复制，亦庄—合肥异步复制，丰台—合肥异地备链路的环形 3DC 建设，并通过了上线前 3 轮压力测试。投产当天业务切换到新架构时，核心业务直接跑在环形 3DC 容灾架构中。

（3）问题三：如何管理好、用好环形 3DC？

个金核心系统业务分布式设计，通过 Oracle ASM 镜像技术，亦庄/丰台数据中心分为 A、B 两个区域，合肥数据中心做 A 区域异步复制，底层通过存储实现三个数据中心数据复制，形成两地三中心五副本保护。

容灾切换管理邮储银行需求：

需求一：亦庄、丰台、合肥三个数据中心都要具备容灾管理功能，同时业务要能按 A 区域、B 区域，按某一业务模块整体或单独管理的能力。

需求二：具备支持正常容灾切换演练能力。

需求三：日常业务需求要求同城丰台，异地合肥有开库、验库能力。

结合客户需求，当前的容灾管理平台无法满足个性化诉求。华为基于存储，联合研发和交付团队，为邮储银行定制开发了容灾管理脚本，满足以上具体诉求。以下是部分脚本界面。

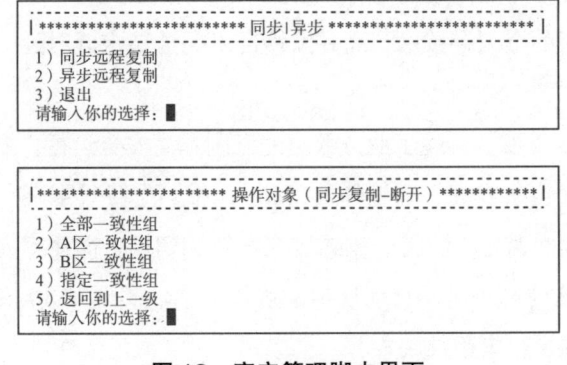

```
|*********************** 同步|异步 ***********************|
1) 同步远程复制
2) 异步远程复制
3) 退出
请输入你的选择：

|******************* 操作对象（同步复制-断开）***********|
1) 全部一致性组
2) A区一致性组
3) B区一致性组
4) 指定一致性组
5) 返回到上一级
请输入你的选择：
```

图 12　容灾管理脚本界面

（4）问题四：传统机械硬盘到全闪存，给我们带来怎样的"美丽的烦恼"？

问题描述：7 月 11 日，业务顺利迁移到新架构，白天联机交易稳定，无故障，无交易失败，响应时间稳定在 1ms 左右。7 月 12 日凌晨，新架构下第一个批量开始。7 月 12 日 00：30 前后，前端业务反馈，瞬间出现部分联机业务超时，有交易失败的现象。第一时间怀疑网络有不稳定，检查同城波峰设备、核心网络设备、存储交换机设备，均无异常报警。唯一在华为存储系统监控到，问题时间段，存储响应时间从正常的 1ms，陡增到 20ms。异常点时延走势如图 12 所示。

问题原因：全闪存盘读写能力是传统机械硬盘数倍，甚至十几倍。在问题发生时间段，运维系统有定时备份作业启动，备份作业第一步是删除旧数据，删除对于存储来讲就是一个写动作，这个动作相当于对数据盘做一次巨量写，对机械盘来讲会慢慢执行并完成这个动作，外面业务感知不到。但对全闪存读写能力极强的存储介质，这个命令将在极短的时间执行完成。

问题思考：闪存盘读写时延都大大缩短，业务提速也很明显。但需要我们注意的是日常运维中，类似上述问题中的定时备份要做好错时提交。

三、全闪容灾核心生产系统的优势

1. 核心账务系统采用全国产硬件建设，性能/安全性均有大幅的提升。
2. 采用账户分片，成功实现了应用服务器从小型机下移到 X86 服务器，同时实现了个业务库的数据隔离与安全。
3. 采用全新的全闪存技术，高并发情况下保证稳定低时延，确保核心账务系统平稳运行。
4. 采用环形 3DC，实现了业务数据的三副本高安全运行。
5. 采用华为自研容灾管理软件 BCManager，支持对生产中心和灾备中心设备的统一管理和监控，支持一键式容灾演练和切换，简化容灾业务管理。并支持利用 API 构建脚本满足自动切换的逻辑需求。实现对 30 多套存储的同时监控与管理，减少容灾运维成本。

四、为核心业务提高效率

项目部署后，邮储银行核心业务系统的整体性能至少提升了 20%，而且稳定性非常好。对邮储 6.2 亿用户和 18 亿账户提供核心账务支持，支持超过 4

万机构接入、14 万柜员、13 万 ATM，CRS 以及银联、网联的业务操作，预计每天可支持超过 7 亿笔交易。

3DC 容灾实现了存储层的同城 RPO=0，分钟级 RTO；1000km 异地秒级 RPO。其中同城链路：60km，时延低于 1.0ms。异地链路：1000km，时延低于 4ms，异步复制周期 1min。

数据存储绿色节能。得益于芯片化、电子化的结构，在相同的存储容量下闪存介质本身的能耗是传统机械硬盘的 1/3。另外，由于在空间体积上的高密度，采用闪存化的存储系统建设，大幅节省数据中心的占地消耗。

项目收获，从一个传统架构到新架构，如容灾架构的变化、业务连续性的变化、机械硬盘到全闪存的变化，等等。这些变化中最直接的就是运行维护的变化、灾备演练变化，应急预案的调整，新架构的稳定运行需要一个"磨合期"，是业务与新架构的磨合，是人与新架构的磨合。

五、向国产化、高性能化、高可用化迈进

未来邮储银行基础设施在当前的基础上，可进一步向三个方向发展：

1）进一步加大国产化比例，采用 NVMe over Fabric 技术，将现有存储网络从 Fibre Channel 替换为无损以太网，从而实现数据中心全以太化。该技术的实施不仅能将存储网络 TCO 降低 30%，并且能实现数据中心全国产化。

2）新型介质 SCM（Storage Class Memory）的使用。SCM 的性能介于内存和闪存之间，读写速率超闪存 100 倍左右。采用高速存储分级算法，可将存储性能提升 10 到 30 倍。

3）采用本地跨阵列双活 + 同城容灾 + 异地容灾的三层容灾模式，进一步提升整系统的可用性。

本项目的成功落地，是邮储银行未来向云核心转型迈出的大胆而又坚实的一步。是对传统核心未来走向的一次成功实践。

Digital Economy + Technology for Good

数字经济 + 科技向善

神州信息

BaaS 平台 Sm@rtGAS

一、区块链技术的兴起与产品宗旨

（一）区块链技术的兴起

2016 年，国务院发布《"十三五"国家信息化规划》，其中第四部分重大任务和重点工程中，明确指出要强化区块链等战略性前沿技术并进行超前布局。而后，工信部联合多家知名企业编写区块链技术白皮书，白皮书指出了区块链的核心技术路径以及未来区块链技术标准化方向和进程。信通院为此密集调研以制定技术标准。

2017 年，国务院发布《关于进一步扩大和升级信息消费持续释放内需潜力的指导意见》，意见指出要开展给予区块链、人工智能等新技术的试点应用。

2019 年 10 月 24 日下午，中共中央政治局就区块链技术发展现状和趋势进行第十八次集体学习。中共中央总书记习近平在主持学习时强调，区块链技术的集成应用在新的技术革新和产业变革中起着重要作用。我们要把区块链作为核心技术自主创新的重要突破口，明确主攻方向，加大投入力度，着力攻克一批关键核心技术，加快推动区块链技术和产业创新发展。

（二）产品宗旨

通过建设 Sm@rtGAS 技术平台，为金融机构和其它企业提供各种区块链应用模式下完整的落地实现基础平台。支持企业级的业务系统集成、灵活开发和安全运维。通过构建灵活、高效、易用的技术平台，屏蔽底层区块链的复杂度，降低开发者门槛，提高区块链应用的开发效率。

二、建设开发友好的区块链底层平台

（一）业务方案

Sm@rtGAS 为业务的发展提供了区块链技术应用的基础，并构建了在供应链金融、农产品溯源、农业金融服务、电子签购单等众多领域的业务应用。作为区块链底层平台，屏蔽了区块链底层的复杂度，降低开发者的门槛，大幅提高区块链应用的开发效率。提供对应用的功能支持，主要包括：

- 智能合约：智能合约也称为链上代码，其实质是在区块链节点上运行的分布式交易程序，用以自动执行特定的业务规则，最终会更新账本的状态。智能合约分为公开、保密和访问控制几种类型。只有发布了智能合约，才能在区块链平台上进行数据的保存、交易等操作。在该功能域中提供了对智能合约审核、智能合约发布、智能合约虚拟机、智能合约运行、智能合约升级、智能合约注销、智能合约模板等功能的支持。
- 共识机制：共识机制是区块链中核心的技术点。可插拔的共识机制，支持 PBFT、Raft 和 rPBFT 共识算法，交易确认时延低、吞吐量高，并具有最终一致性。其中 PBFT 和 rPBFT 可解决拜占庭问题，安全性更高。多方参与的节点在预设规则下，通过节点间的交互对数据、行为或流程达成一致的过程称为共识。该功能域中的共识管理对区块链网络中达成共识采用的共识算法进行管理与实现，实现对共识算法的模块化支持，方便切换不同共识算法实现。
- 安全认证：本区块链平台是权限区块链，具有身份识别能力。在账本各类事件和交易中，参与者和对象都具有明确的身份信息。身份认证服务管理着系统中各种实体、参与者和对象的身份信息，验证者在网络建立的时候可以确定参加交易的权限级别。新节点接入集群、事务在集群中被执行都需要通过认证。集群内的各节点都知道彼此的身份（证书和公钥）。任何新节点要接入集群，都需要向管理员申请授权证书，然后将

Digital Economy + Technology for Good
数字经济 + 科技向善

授权证书和自己的证书、公钥发送到 CA 中心进行验证。该功域提供：节点管理、访问控制、流量控制等功能。

- 账本管理：平台包含完善的账本存储管理机制，以应对区块链的高冗余存储，保证区块链平台的扩展性和稳定性。该功能域包含：分层存储、数据备份等功能。

- 运维监控：对区块链体系、网络、节点进行可视化应用和日志系统的综合监控，各类异常的实时报警与通知。支持根据不同业务领域需求进行综合监控扩展。

同时,, 平台提供丰富的服务接口，方便应用建设时，调用相应接口，实现业务逻辑和流程。

提供众多的场景合约模板和智能合约开发工具，更好地支持应用系统使用智能合约的特性。

平台兼容多种底层区块链平台，提供区块链平台的异构集成能力，真正意义上实现基于多种区块链底层产品的支撑。

（二）技术方案

1. 平台架构

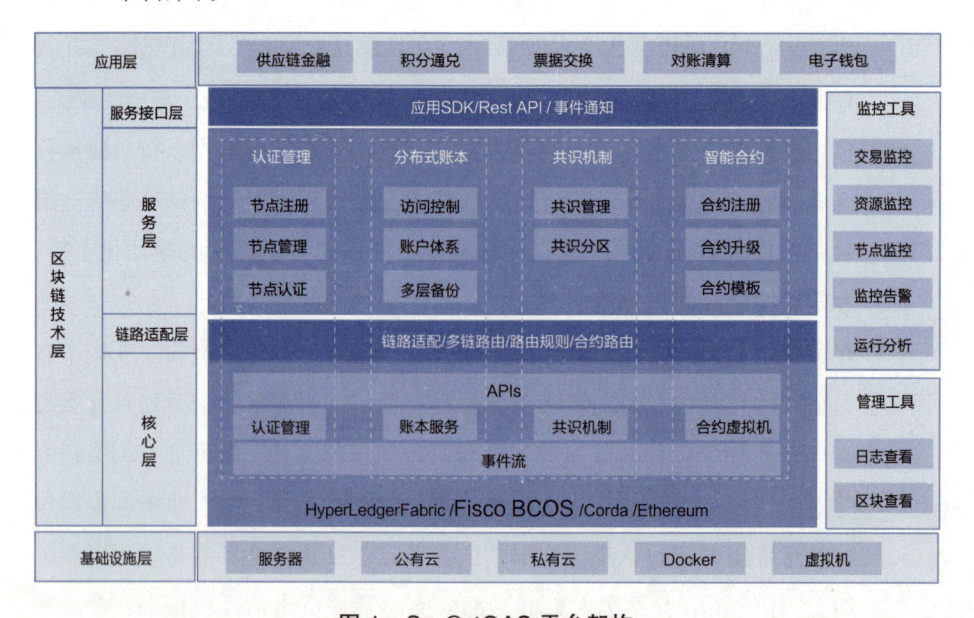

应用层	供应链金融	积分通兑	票据交换	对账清算	电子钱包	
区块链技术层	服务接口层	应用SDK/Rest API / 事件通知				监控工具
	服务层	认证管理	分布式账本	共识机制	智能合约	交易监控
		节点注册	访问控制	共识管理	合约注册	资源监控
		节点管理	账户体系	共识分区	合约升级	节点监控
		节点认证	多层备份		合约模板	监控告警
	链路适配层	链路适配/多链路由/路由规则/合约路由				运行分析
	核心层	APIs				管理工具
		认证管理	账本服务	共识机制	合约虚拟机	日志查看
		事件流				区块查看
		HyperLedgerFabric /Fisco BCOS /Corda /Ethereum				
基础设施层	服务器	公有云	私有云	Docker	虚拟机	

图 1　Sm@rtGAS 平台架构

- 核心层

核心层是一个完整的区块链协议体系，提供分布式账本、智能合约、共识机制、授权认证、合约虚拟机等的基础性通用功能。

为了运行数字智能合约，区块链系统必须具备可编译、解析、执行计算机代码的编译器和执行器，统称为虚拟机体系。合约编写完毕后，用编译器编译，发送部署交易将合约部署到区块链系统上，部署交易共识通过后，系统给合约分配一个唯一地址和保存合约的二进制代码，当某个合约被另一个交易调用后，虚拟机执行器从合约存储里加载代码并执行，并输出执行结果。在强调安全性、事务性和一致性的区块链系统里，虚拟机应具有沙盒特征，屏蔽类似随机数、系统时间、外部文件系统、网络等可能导致不确定性的因素，且可以抵抗恶意代码的侵入，以保证在不同节点上同一个交易和同一个合约的执行生成的结果是一致的，执行过程是安全的。

在多方合作中，多个参与方希望共同维护和共享一份及时、正确、安全的分布式账本，以消除信息不对称，提升运作效率，保证资金和业务安全。而区块链通常被认为是用于构建"分布式共享账本"的一种核心技术，通过链式的区块数据结构、多方共识机制、智能合约、世界状态存储等一系列技术的共同作用，可实现一致、可信、事务安全、难以篡改可追溯的共享账本。

- 跨链适配层

跨链适配层提供对多种异构区块链底层平台的适配集成能力。

- 服务层

服务层是一个完整的区块链企业应用基础服务的支撑体系，包括了安全认证管理、访问控制、账户体系、备份机制、共识适配管理、智能合约生命周期管理等基础服务功能。

在采用公私钥体系的区块链系统里，用户创建一个公私钥对，经过 hash 等算法换算即得到一个唯一性的地址串，代表这个用户的账户，用户用该私钥管理这个账户里的资产。用户账户在链上不一定有对应的存储空间，而是由智能合约管理用户在链上的数据，因此这种用户账户也会被称为"外部账户"。

对智能合约来说，一个智能合约被部署后，在链上就有了一个唯一的地址，也称为合约账户，指向这个合约的状态位、二进制代码、相关状态数据的索引等。智能合约运行过程中，会通过这个地址加载二进制代码，根据状态数据索引去访问世界状态存储里对应的数据，根据运行结果将数据写入世界状态存储，更新合约账户里的状态数据索引。智能合约被注销时，主要是更新合约账户里的合约状态位，将其置为无效，一般不会直接清除该合约账户的实际数据。

- 服务接口层

服务接口层是一个完整的区块链底层技术平台对外集成协议体系。包括了 API、SDK 和事件集成机制。

- 管理监控层

包含对区块链节点管理以及运行状态和资源状态的监控。区块链平台提供了一整套运维部署工具，并引入了合约命名服务、数据归档和迁移、合约生命周期管理等工具来提升运维效率。

2. 部署架构

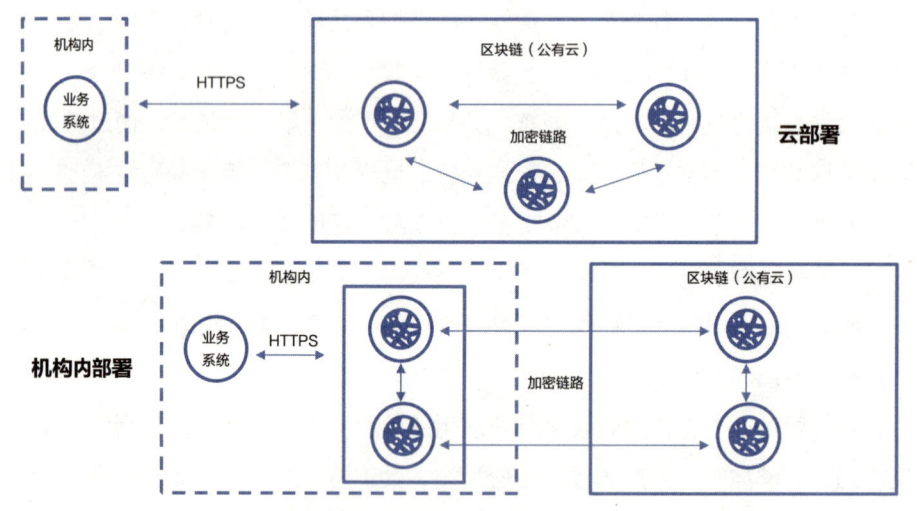

- 支持云部署

区块链及其节点全部部署在公有云，机构内业务系统通过 HTTPS 协议，调用区块链业务处理。区块链上节点间通过加密链路进行通信和业务处理。

- 支持机构内部署

区块链节点部署在机构内，业务系统通过 HTTPS 协议与部署在机构内的节点通信，这些节点通过加密链路与部署在公有云上的区块链节点通信，进行业务处理。

（三）建设与实施

产品业务特点和价值主要包括：

- **适应业务发展趋势，支持区块链应用场景的落地实现**

随着业务的发展，从支持传统积分业务、票据业务，到支持数字人民币业务等，区块链平台可以支持基于区块链的应用场景的落地实现。

- **遵循开放的架构体系和技术标准**

平台遵循开放的架构体系和技术标准，可以进行灵活的设计和开发。

- **高性能和高扩展性的架构设计**

平台提供高性能和高扩展性的设计，在突破区块链效率较低的问题上，表现出良好的性能。同时，其高可扩展性，可以为更为广泛的应用提供使用的条件和基础。

- **高产品化成熟度**

平台产品化程度高，自 2016 年开始，产品逐步成熟，并实施了众多案例，更加打磨了产品化成熟度。

- **低实施风险**

产品成熟度高，在与其他系统的集成过程中，具有较低的实施风险。

项目落地实施过程中，需要关注如下几个方面：

— 区块链的选择。平台本身兼容多种底层区块链，因此，需要客户提前考虑各底层平台的优势特点，结合自身的业务需求进行选择。

— 项目沟通协调。因为区块链项目一般涉及相关联参与方比较多，需要沟通协调和配合测试等事项繁杂，需要在项目实施过程中，进行有效的项目管理，保证各方按照进度和要求进行实施。

— 政策风险。区块链支持的业务，如数字货币业务等，是否可以作为区块链典型业务，扩大推广，也是要考虑的问题。

三、神州区块链平台的创新与优势

神州信息区块链平台在兼容底层多种区块链产品的基础上，具备自身独特的创新点和特点，从而为众多区块链应用提供良好支撑。

（一）高可扩展

Sm@rtGAS 是遵循去模块化高可扩展的设计原则，同时支持区块链应用在该技术上直接开发落地以及原有系统通过集成方式完成接入两种模式。

- 系统提供一组完备的开发接口（API）、开发工具包（SDK）、应用工具等技术组件以支持任何区块链应用场景在平台上的落地。工具包的使用，极大地提高了开发的效率，降低了使用的难度，可以有效地辅助业务落地。
- 对供应链金融，电子票据等金融业务场景中的服务进行标准化治理和封装，并对外提供统一的标准接口，支持与这些业务系统间的企业级集成，降低业务落地的难度。系统集成了众多合约模板，可快速进行区块链应用开发，提供 IDE 后，可以由业务系统自己选择、自己开发。
- 系统支持跨链适配能力，除了自身的标准区块链，还应支持对多种异构的区块链（Ethereum，HyperLedger Fabric，FISCO BCOS 等）的应用集成。可以有效地支持业务应用的落地，支持不同客户对区块链底层技术的选择和偏好。同时，在横向进行扩展的同时，利用跨链适配能力，有效提高性能。

（二）高性能

神州信息区块链平台通过自身的高性能，支持各类应用的快速发展和实践落地。

Sm@rtGAS 平台采用模块化构建，可以根据实际业务需要部署引用，整个产品的架构非常灵活，也非常易于各种应用场景的集成。

在系统的架构上，平台支持多链并行的部署架构，一个链条的处理能力按现有技术在 1000TPS 左右，通过交易链条和信息链条的拆分，将智能合约分布到不同的链条上等技术，可以提升整个系统的处理能力。并且可以做到秒级确认。

另外，通过共识节点的控制，可以实现有限去中心的链条，确保链条性能的稳定性，不会因为随着业务的拓展，新加入节点后出现系统运行越来越慢等情况。

（三）高安全

Sm@rtGAS 所有数据的传输、处理、交换都必须在良好的安全环境下进行，因此，必须建立一套完整的安全机制，以确保整个系统的安全运行。

- 多维度的安全管控，在应用层提供准入授权机制；在服务层提供访问控制、流量监控；在网络层提供 IP 校验、通信加密。
- 在交易数据传播过程中，数据安全传输的基础是数据加密和数字签名。系统通过非对称加密的数字签名保证业务请求在传输过程中的安全性，通过共识机制保证各节点的数据不可篡改性。
- 提供特定的数据访问保护，以保障数据的隐私。支持特定数据仅有参与各方可以访问，参与各方可以通过多方密钥交换机制以特定协议生成共同的密钥，密钥无须经过网络传送或多方发送，保护了密钥的安全和密钥的获取范围，更好地保护了交易各方数据隐私。
- 提供可靠的密钥管理机制，可通过密钥中心对节点私钥、存储加密密钥、CA 证书密钥进行保护。节点只存储密文密钥、可以防止明文密钥的泄露。

（四）易用性

系统屏蔽底层操作，通过页面操作配置的方式，提供良好的使用体验。便于用户进行开发、测试、调整、排查问题等。

- 系统参数化配置，系统提供灵活的参数配置界面，保存既生效，通过参数调整快速地解决问题。
- 提供可视化、易操作的开发、管理、监控平台，便于系统实施中所需的开发、配置、管理、维护，帮助相关人员使用。
- 支持个人和机构用户管理。

（五）多链并行

- 系统具备完备的多链并行、跨链交易、混链适配的能力，可在多个区块链上并行进行处理。
- 在多链并行的过程中，提供一致性保障，以便业务完成。

（六）灵活共识

- 系统具备插件式的共识组件，可灵活地适配各种场景的共识使用，极大地支持了业务应用的开发和使用。
- 支持 PBFT、RAFT、POW 等多种共识机制。

四、为各行各业提供定制化区块链平台

（一）应用推广

目前，基于 Sm@rtGAS 的多种应用场景已经先后在各类型企业落地并获得良好效果。解决了区块链应用使用之前，存在的问题。

1. 基于区块链的农业金融平台

现有农业金融服务产品，一般出现业务办理过程复杂、各方信息不对称、业务办理效率低等问题，农户需要贷款往往需要在各机构之间往返多次，耗时时间长，耗费精力多，这些问题的出现，对农业和农村的金融服务触达，提出了更高的要求。

基于区块链的农业金融平台主要是围绕农民土地经营承包权、宅基地使用权、农房所有权、农民集体经济合作社股权、农业科技企业知识产权、农村集体产权等交易环节产生的登记鉴证、交易结算以及衍生的金融服务。通过建设产权交易平台实现权益的区块链管理、线上交易、线上抵质押融资。

构建于 Sm@rtGAS 平台上的应用，通过农权信息的上链，将产权交易中心、村委会、农民、农企、银行等多方参与者连接在一起，通过数据的推送和共享，通过区块链技术构建快捷、高效、安全的两权抵押业务流程。基于区块链的两权抵押业务全流程采用线上技术，实现企业和客户办理贷款业务时让数据多跑路，让客户少跑路。原有流程中村委会在农权平台进行抵押申请；产权交易中心进行抵押和审批；农户进行抵押贷款申请；银行抵押信息查询，贷款

办理。现在，上述各节点信息上链共享，共同构成整个业务流程的各个环节，实现一站式金融服务。此业务已经在某农信社落地实施。

2. 农产品溯源平台

农产品是关乎人民生活的大计。随着生活水平的提高，人们对农产品的产地、质量等多个指标更为关注，一些品牌也出现了假冒伪劣产品等情况。因此，如何界定产品的真实来源，质量是否得到检测，如何方便地将相关信息提供给消费者，也是消费者关心的问题。

基于区块链的农产品溯源平台，是有效地解决这个问题的方法之一。农产品 ID 是产品溯源的唯一标志，具备唯一性、随机性、安全性和不可破译性，是农产品防伪和溯源的基础条件。在农业产业的种植、原料仓储、加工、质检、物流、商品仓储、零售、配送的全链条过程中，实现一物一码，信息上链。向前追溯，可查看物流过程，运输链条是否完整；查看质量检测结果，可判断质量检测是否合格；查看加工企业的原料包装、生产批次，判断是否合格；查看原产地种植信息，判断农户信息和生产信息、产量信息，可以严控源头，在任一环节均可进行追溯。消费者可以通过扫码等方式，查看农产品的溯源信息，为农产品的安全可靠生产认证；经销商可以根据销售和仓储的信息，进行仓单质押，获取更多金融服务；金融机构可以根据产业链的上下游，对农民、农企、经销商进行授信。溯源可以向消费者展示过程中的所有环节，为产品进行产地、质量的认证，为其增加附加值。溯源过程则可以为生产企业、经销商提供交易信息、合同信息。经销商和生产企业可以进行仓单质押贷款。结合农户的信息，农户也可以进行贷款申请。此业务正在某农业大省的茶叶单品中落地实施。

3. 供应链金融场景应用

供应链金融是银行提供金融服务的重要业务形式之一，目前，很多银行都为供应链金融量身定制了业务流程和产品，结合合同发生、票据流转、应收账款抵押等形式，为核心企业及其上下游合作企业提供授信和相关金融服务。但是，相关信息的及时、准确、真实获取一直是供应链金融需要解决的关键问题之一。金融机构花费很大的人力和财力，确认信息以降低授信风险。在基于区块链的供应链金融业务流程中：

Digital Economy + Technology for Good
数字经济 + 科技向善

- 资产数字化

利用区块链的智能合约技术，完成核心企业与供应商的合同签订，确保交易来源合法性和正确性。核心企业根据合同应收账款发放"信用金"。"信用金"的发放基于核心企业的信用背书。这是核心企业可产生的信用额度。"信用金"使用 UTXO 账户模型，实现"信用金"的可拆分可转让，供应链上下游企业可将这部分再融资，进行仓单质押。解决多级上游供应商的融资难问题。每次"信用金"有据可寻，方便溯源。"信用金"与合同对银行透明，结合 UTXO 特性防止双花。通过 UTXO 账户模型，实现"票据"的快速开立和托管。

- 流程自动化

通过智能合约实现供应链流程的自动流转和规范化。通过区块链技术，将数字资产、流动资产、固定资产进行数字化后，形成数字化资产。数字化资产具有可持有、可拆分、可流程、可抵押融资、可收益的特点。平台除了提供核心企业产业链数据整合和风险评估外，将通过区块链技术实现资产的数字化融资和流转。

在供应链金融场景中，链上供应商、物流企业、银行、核心企业、保险机构、监管机构、经销商等各个环节的参与者，均进行了信息共享和流程流转。在链上信息不可篡改的前提下，为上下游企业、核心企业的信用信息的留存提供了有力支持。

4. 电子签购单应用

某银行的外卡签购单业务，在具体操作时，外卡组织/发卡行向收单行发送调单请求时，收单行需要下发调取交易凭证请求到分行处理，分行接到请求再联系商户调取交易凭证，在银行机构内部，流程较长，信息流断裂，严重影响了业务的处理和客户的感受。

构建基于区块链的电子签购单平台，可以将签购单信息进行上链和分发，实现所有链上节点的共享，使得无论哪里收到商户调单的请求，无论签购单在哪里，都可以实现快速查询、快速提供、快速响应。解决了原来效率低、时间长的问题，快速高效地提升了客户的体验，获得良好反响。此项目已在某国有大型银行落地。

（二）效益分析

在平台推广实施的过程中，解决了用户现有的问题，提高了业务处理的效率，促进了业务发展，获得了良好的反馈和效益，为未来的推广奠定了基础。

农业金融平台的实施过程中，原有流程长、效率低、客户跑断腿的问题得到了极大解决。通过产权抵押，银行联动相关机构，进行审批和放款，极大地提高了业务办理的效率，使原来几天的业务在十几分钟内就可办理完成。原来需要跑多个地方，进行资料申请、整理、提交、审批等流程，现在在银行一个地方就可以全部完成，客户获得了一站式的业务体验，不仅提高了业务办理量、处理效率，而且促进了金融业务在农村的触达，在促进农村金融体系建设、推进乡村振兴战略方面起到了推动作用。同时，原有情况下，农民普遍缺乏信用积累，甚至有些农民没有账户，农民的金融诉求难以得到满足，缺乏信用则存在很大风险，银行很难对其进行贷款和金融服务，其风控体系和业务要求，无法满足农民的金融需求。平台系统的建设，积累了农民和其他主体的信息和信用要素，构建了农民的信用基础，在业务办理的过程中，为农民积累信用，构建涉农风控基础，为未来农村金融的发展建设助力信用体系建设。

在农产品溯源方面，原本存在对明星农产品的假冒伪劣现象，例如，对某大闸蟹、某东北大米的假冒行为。而消费者在购买时，无法识别农产品的产地、质量，往往花了冤枉钱却买不到真正的明星农产品。通过农产品溯源平台的建设，解决了消费者的知情权和识别问题，由于农产品的唯一性和特殊性，通过技术手段进行记录和追溯，解决了原本的识别难、假冒多的问题。同时，构建了农产品相关的关联方的信用体系，在农户、收购商、加工商、经销商等各个环节，建立信用链条，一旦失信，记录将无法篡改，失去参与资格，违约成本高昂。在整个社会，逐渐建立正向的信用机制，促进农产品甚至整个农业产业的诚信信用建设。

在电子签购单应用方面，原来处理签购单查询确认需要几天，不仅流程长，而且效率低。现在，只需要几分钟即可获得处理结果，极大地提高了业务办理的效率。

在区块链应用逐渐发展的今天，使用区块链技术将成为创新应用的有力武器，也成为构建诚信社会的有效工具。未来，在社区建设、农业发展、物流仓储、企业交易等各个领域，会有越来越多的区块链技术应用，解决社会和生产生活的各个问题。

五、为区块链应用的良好发展提供土壤

神州信息 BaaS 平台 Sm@rtGAS，通过夯实基础，构建能力，致力于为各类应用、各种行业、各种场景提供良好的基础平台和框架，既方便应用的扩展和灵活开发，也提供兼容多种区块链的能力，将为未来迅速扩张的区块链应用提供良好发展的土壤和助力。将在数字货币、数字资产、智慧社区等多方面进行建设和发力。在"十四五"建设的宏伟蓝图之下，为落实国家关于区块链技术应发挥重点作用的要求，神州信息 BaaS 平台 Sm@rtGAS，将发挥越来越重要的作用，在未来区块链应用的浪潮中，成为有力支撑的中流砥柱。

中企云链

供应链金融应用中间件的模式创新

一、云链中间件助力解决中小微企业融资难题

中小微企业作为我国最重要的市场主体，占工商注册企业总数的近99%，对我国GDP的贡献超60%，然而有超50%的中小微企业融资需求未被很好地满足（数据来源：国家统计局），这是由于中小企业缺乏健全的经营管理和财务制度，主体信用评级低，且缺乏合格的贷款抵押物，面临融资难、融资贵的难题。

供应链金融有效利用产业链中核心企业的信用资产，实现核心企业信用向产业链上下游的传递和穿透，为中小微企业的融资申请提供真实贸易背景数据支撑和核心企业信用背书，有效缓解企业流动性不足的问题。中企云链立足于供应链金融产业，以科技创新解决供应链各主体信息孤岛问题，实现核心企业信用跨级传递、票据应用场景化线上化，为供应链金融业务提质提效。

随着产业互联网程度的加深，产融交易数据逐渐成为企业机构的数字资产和生产要素，这也为数据的存储、加工、传递等业务过程的安全性和可靠性提出了新的要求，中企云链积极探索金融科技场景赋能解决方案，助力释放数据价值，搭建产融价值可信互联互通的新型基础设施环境。

产业应用和供应链金融平台的规模化，以及客户需求的多元化、个性化进一步推动了产品服务的标准化、模块化，中企云链通过整合自身产品和技术能力，搭建八大中间件服务，简化传统应收账款融资流程，助力产品的快速部署和使用。

二、区块链技术底层支撑的中企云链"八大中间件"模式

(一)构建全流程闭环服务,服务数字化应用场景

中企云链成立于 2015 年,是由中国中车联合众多央企、国企、民企,以及工商银行、邮储银行等金融机构,经国务院国资委批复成立的一家国有控股混合所有制企业。旨在充分发挥大型国企在产业链中的核心作用,全方位服务于产业链上每一个经济体,建立和谐、健康、良性的产业生态圈。中企云链平台依托众多大型企业的资源优势,秉承不断开拓进取的创新理念,实现传统产业与互联网和金融的相互融合,在健全的风控体系基础上为众多产业领域中的企业提供可信赖、最便捷、最专业的金融信息服务。

云链平台运营 6 年以来,已积累注册用户近 10 万家,累计为核心企业云信确权超过 3000 亿,融资超过 1900 亿,免费帮助中小企业清理三角债超过 9500 亿。其中 100 万元以下的融资占 86%,30 万元以下的融资占 54%。[①]

中企云链在业务运营过程中积累了大量的行业场景和用户资源,通过平台模式构建数字化应用场景,向下集成运营、技术和数据能力,通过云链中间件服务架构,向上为核心企业、金融机构、财务公司、政府平台等输出模块化的服务,构建以电子确权凭证确权、拆分、流转、保理融资、还款清算为核心应用的全流程闭环服务,实现业务流程的简化和平台的快速搭建及部署。

中企云链在业内首创了应收账款电子确权凭证"云信"模式。云信是中企云链平台上流转的企业信用,产业链中核心企业和集团公司通过中企云链平台,将其优质的企业信用转化为可流转、可拆分、可融资的创新金融信息服务。云信作为新型电子结算工具,具备可随意拆分、高可靠性、高流通性的优势,极大拓宽产业链主体机构融资渠道,提高灵活性。在业务流程上,核心企业先在云链平台进行注册认证,经平台审核后,银行为企业提供授信额度,核心企业根据应付金额开立云信并转让给上游供应商,供应商接收云信后可将云信支付给上游结算,或申请贴现和融资,到期后核心企业偿付云信并清分至持有方。

---

① 以上业务数据截至 2021 年 5 月。

在云信模式下，产业风险受到银行授信、核心企业承诺付款、银行自动支付清算等多层防控保护。

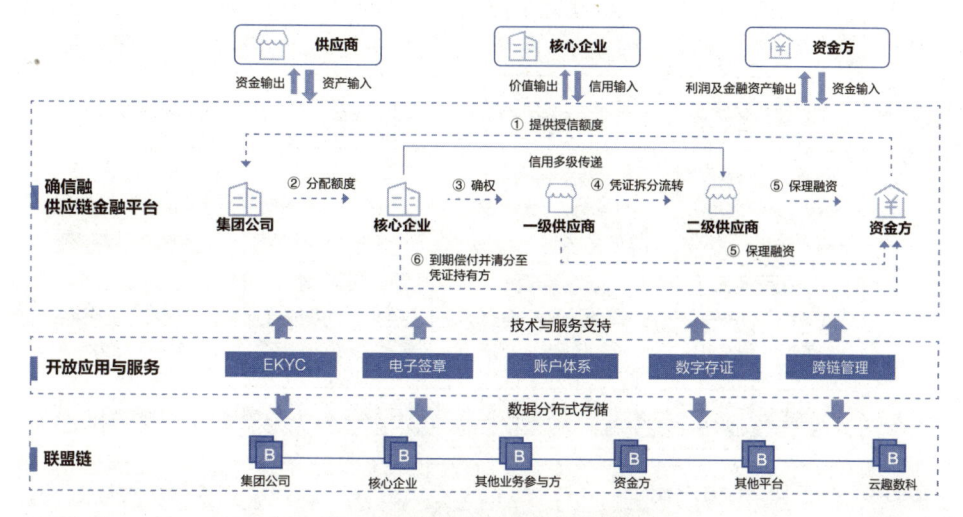

图 1　云信模式业务流程架构图

在整体的流程架构上，中企云链云信模式充分依托底层区块链分布式账本联盟链——云存证，实现所有产融数据的分布式可信存储，通过EKYC、电子签章、数字存证等开放应用服务平台为整体业务流程提供技术与服务支撑，赋能核心企业信用的多级传递和穿透，实现产业链中资产端和资金端的资源有效对接和可信数据传递。

（二）区块链技术底层支撑与各类云综合部署的金融科技融合创新

1. 云链八大中间件的技术架构

为解决传统应收账款类融资业务流程烦琐的问题，中企云链构建了"云链中间件"架构，将服务切分为8大类（以下简称八大中间件），将企业应收账款融资的8个业务环节简化为3个，帮助企业快速搭建平台，构建以电子确权凭证的确权、拆分、流转、保理融资、还款清算为核心应用的全流程闭环服务。

云链中间件是中企云链所有技术和产品的输出平台，也是公司在产业互联网领域商业逻辑创新、实践的集合与输出平台，旨在通过二次创新和定制化开发，帮助客户独立开展供应链金融业务，并为其提供基础设施服务，是中企云链对外

Digital Economy + Technology for Good
数字经济 + 科技向善

开展商业模式输出、科技赋能、提供定制化开发等服务的载体和基础。中企云链现有云信、云证、云租、票转信等系列产品均基于此平台进行开发和运营。

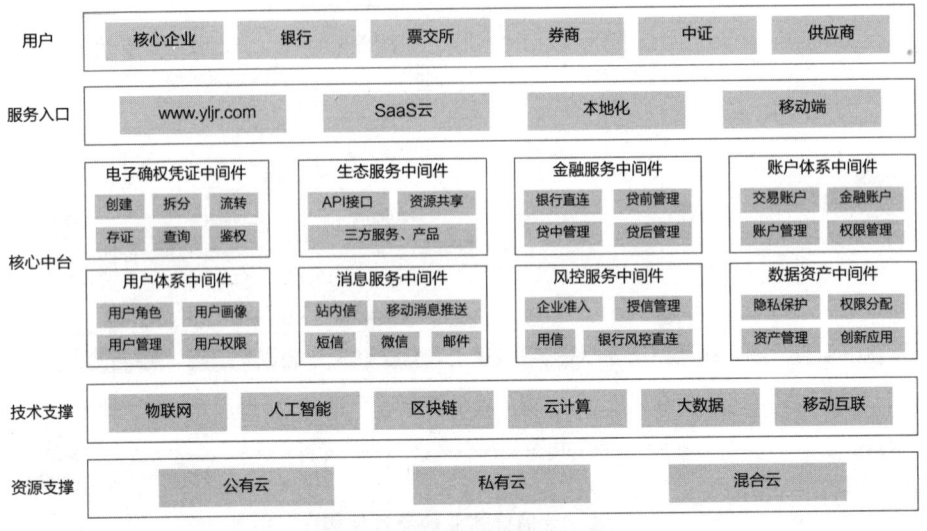

用户	核心企业	银行	票交所	券商	中证	供应商
服务入口	www.yljr.com		SaaS云		本地化	移动端

核心中台：
- 电子确权凭证中间件：创建、拆分、流转、存证、查询、鉴权
- 生态服务中间件：API接口、资源共享、三方服务、产品
- 金融服务中间件：银行直连、贷前管理、贷中管理、贷后管理
- 账户体系中间件：交易账户、金融账户、账户管理、权限管理
- 用户体系中间件：用户角色、用户画像、用户管理、用户权限
- 消息服务中间件：站内信、移动消息推送、短信、微信、邮件
- 风控服务中间件：企业准入、授信管理、用信、银行风控直连
- 数据资产中间件：隐私保护、权限分配、资产管理、创新应用

技术支撑	物联网	人工智能	区块链	云计算	大数据	移动互联
资源支撑	公有云		私有云		混合云	

图 2　云链中间件架构示意图

　　云链八大中间件基于金融科技融合创新，尤其是区块链技术的底层支撑，通过公有云、私有云、混合云的部署模式，为核心企业、银行、供应商等业务参与方提供全流程、可信安全的供应链金融闭环服务。

　　电子确权凭证中间件为业务相关方提供基于电子加密、区块链等技术支撑的企业间交易确权凭证的创建、拆分、流转、存证、查询、鉴权服务，确保中企云链电子确权凭证全生命周期的可信开立、拆分、安全流转、融资，以及全流程溯源和透明化监管。

　　生态服务中间件旨在围绕企业间交易场景构建供应链金融生态服务体系，通过 API 接口技术，整合第三方企业产品与服务，实现服务资源和产品的有效共享，最大限度为客户提供优质、可信且全面的系统化金融服务。

　　金融服务中间件链接业务场景中的资金需求方、资产方和资金方，为银行等金融机构提供基于电子确权凭证的贷前、贷中、贷后全流程管理服务，并为资产方和服务需求方提供近百家银行融资系统的直连服务，打造供应链金融服务的高效、可信、安全通道。

　　账户体系中间件整合并打通服务生态内各企业主体的账户信息，为联盟内平台及企业提供基于交易场景与金融服务的账户体系，解决企业在不同平台身份信息割裂的问题，实现账户信息和权限的同一管理。

用户体系中间件利用安全可信的数据采集和分析技术，实现企业用户的角色判定、画像绘制、权限和功能管理，为金融服务、生态服务提供多角色、多权限、可扩展的用户管理服务。

消息服务中间件为业务相关方提供满足风控及业务合规性要求的站内信、移动端推送消息、短信、微信、邮件等消息送达通道。

风控服务中间件是中企云链作为科技服务提供方，整合自身及三方服务的运营和风险把控能力，为金融机构、核心企业等的业务全流程风险管理提供金融服务级别的企业准入、授信管理、用信管理，以及近百家银行的风控系统直连服务。

数据资产中间件基于自主国产 hyperchain 区块联盟链技术平台，将产融业务数据实时上链，为业务主体提供数字化的数字资产存证及增值服务，以隐私保护技术、区块链加密技术等为依托，提供数据资产管理服务，并基于数据所有权、查询权、使用权的"三权分立"主张，帮助企业实现数据资产创新应用。

依据企业客户自身的业务特性和应用需求不同，云链中间件为产业伙伴提供公有云、本地化部署以及 SaaS 化部署三种服务模式。匹配三种不同的合作模式，云链中间件可实现针对用户入口、应用、数据存储方式的灵活配置，并借助区块链底层穿透，实现不同业务间基于数据加密和隐私保护的数据共享，即公有云、私有云、SaaS 方在入口、应用、数据存储上各自隔离，但业务和数据应用上借助区块链技术实现共享，最大限度激发数据资产活力。

2. 云链八大中间件的三大关键创新技术

中企云链八大中间件应用创新能够为客户企业的数据及业务共享互通，打造高效、可信、可持续的金融服务联盟生态，依托区块链技术和自主研发创新的加密及隐私保护技术，为供应链金融产融生态平衡发展创造基础设施环境。具体来说，云链八大中间件使用的关键创新技术如下：

一是共识机制。共识机制是区块链系统能够稳定、可靠运行的核心关键技术，主要解决两个基本问题。一方面，设立公平的数据写入权利，为了避免不同的区块链账本出现数据混乱的问题，每次只挑选一个网络节点负责写入数据；另一方面，确定数据在链条的同步机制，为避免出现伪造、篡改、新增数据的情况，必须设计可靠的验证机制，使所有网络节点能够快速验证接收到的数据是由被挑选的网络节点写入的。

二是随机因子加密。依托中企云链金融科技创新主体——杭州云链趣链数字科技有限公司的产融新基建技术能力支持，中企云链的区块链相关产品和业务都使用了随机因子加密技术，确保数据资产在存储、传输和使用过程中的隐私性和安全性。

在随机因子加密的技术保护下，相关业务所有产融数据都经过了至少3层加密。首先，中企云链使用的区块链底层hyperchain自带加密功能，上链数据都经过国密算法加密，以密文形式存储在区块账本内；其次，数据上链之前，通过智能合约生产随机加密密钥，并使用该密钥将上链数据做加密；最后，为了避免用户通过暴力溯源和暴力破解的方式，从区块链源头区块查询该密钥信息，系统通过随机因子专利技术，将区块链头部区块进行归档且物理删除，彻底删除区块链源头，杜绝暴力溯源和暴力破解的根源。

三是数据分权治理。当前针对隐私数据采用加密合约方式，所有上链数据都会进行加密，区块链上不保存明文数据。数据上链时通过智能合约生成随机密钥，进行数据加密，再将加密后的数据上链存储。在查询数据时，再通过智能合约获取解密的密钥，进行解密，最后将数据反馈给应用层。完整的隐私保护不仅仅是通过加密一层措施进行，还结合了账户体系、权限动态控制列表方式进行。

三、云链中间件创新性地解决了供应链金融一系列现实问题

（一）IABCD技术的融合创新应用

1. 区块链技术四大创新点

传统业务存在供应商、保理商、核心企业、银行等供应链金融主体企业在不同平台重复登录注册、提交业务资料、审核等问题，中企云链八大中间件基于区块链联盟链的应用，解决供应链业务流程长、资料多、融资难等现实问题，

实现"最多跑一次"的业务目标。具体来说，业务所涉及的区块链技术创新点有如下几点：

一是数据不可篡改和可溯源。基于区块链技术，各参与方成为区块链网络中的节点，完整记录业务过程中各环节数据，不会因为某一方篡改合约、数据库或者其他的信息不对称问题导致其他业务参与方的利益损失，便于监管与审计资金流和信息流。

二是数据分布式存储。信息和数据的分布式存储确保数据的完整性，交易记账由分布在不同地方的多个节点共同完成，避免了单一记账人被控制贿赂而记假账的可能性。由于记账节点足够多，理论上讲除非所有的节点被破坏，否则账目就不会丢失，从而保证了账目数据的安全性。

三是交易智能合约化。所有交易通过智能合约实现，且指令自动执行，降低业务的履约和操作风险。在设置条件时，只有交易在满足条件的情况下才会执行，降低交易对手方风险。

四是整体业务降本增效。区块链技术可在不损害数据的保密性情况下，通过程序化记录、储存、传递、核实、分析信息数据，从而形成信用。应用在金融业务上不仅带来非常可观的成本节约，而且能够大大简化交易流程，自动化执行合约，提升了交易效率，减少资金闲置成本。

2. 技术创新助力业务转型升级

在技术创新上，中企云链八大中间件通过IABCD技术的融合创新应用，实现业务在灵活性、智能化、安全性和开放性四方面的转型升级。

一是灵活性。云链中间件可快速与企业ERP等内部系统高效连接，适应实体企业个性化应用场景，并通过SaaS云、私有化等多种部署模式，满足各类企业客户需求。在金融科技赋能领域，结合区块链技术，保障数据真实、无篡改、可追溯。

二是智能化。中企云链通过综合应用OCR及大数据分析等AI技术，提升资产审核效率，满足供应商融资小额、高频需求，从而提升整体融资效率。

三是安全性。云链中间件引入多平台数据校验、CFCA电子签章等金融科技手段，构建金融级风控屏障，业务上线5年实现零逾期、零违约、零纠纷。

四是开放性。中企云链运用云原生技术架构，所有创新业务的搭建和运营都基于国有自主知识产权的底层区块链技术平台，支持跨组织、跨平台业务的高效、可信连接，为赋能产融价值互联网的搭建提供新型基础设施建设服务。

（二）云链中间件创新地解决应收账款融资业务三大难题

中企云链八大中间件是公司平台服务、科技创新、运营能力等的整合输出平台，在业务流程、平台运营等领域实现了模式的创新升级。在业务流程及模式创新领域，中企云链中间件通过整合大企业、银行的资源和业务流程，将传统企业应收账款融资的 8 个业务环节优化为 3 个环节，创新性地解决了核心企业确权难、对融资企业风控难、银行尽调复杂三大业务难题。

在传统的保理类业务中，核心企业占有优势地位，具有较强的议价权，且担心由于拖欠账款会影响商业信誉，故不愿意增加确权流程，中企云链基于中间件架构实现银行系统、供应链金融平台和企业 ERP 的可信直连，安全调取企业系统中的业务和履约数据，降低核心企业确权流程复杂度和履约成本的同时，大大提高业务的可信度。同时基于金融科技的融合应用，实现供应链金融贷前、贷中、贷后全生命周期可视化监控管理，此外通过平台类服务连接信审机构、担保机构、政务平台、监管机构等第三方服务机构和平台，实现对融资业务的可信、高效穿透式风险管理。供应链金融平台业务均基于真实贸易场景和真实业务关系，通过业务流程和企业画像的绘制，为产业链中的融资业务提供增信渠道和工具。基于实现信审、尽调环节的线上化和部分线上化，以及审单和运营服务的共享，大大降低了银行机构尽调的复杂度，减少流程耗时耗资。

此外，结合类"金融工场"的组织运营模式，组建了庞大的资料审核团队降低资金方成本，综合应用大数据、人工智能等科技手段建设智能审单平台，通过"智能审单平台 + 人工核验"相结合的方式，为金融机构提供审单服务，标准化、智能化地解决了平台客户小额高频的融资需求，并最终实现平台融资 T+0 放款。

四、云链中间件以互联网思维建立信用流转共享服务机制

中企云链中间件作为中企云链创新商业模式的承载和输出平台，本着打造"互利互惠、协同共享、富有竞争力"的链属企业生态圈的核心理念，通过聚集工业制造、建筑、能源、军工、现代服务等央地大型核心企业产业资源与大银行等金融资源，以互联网思维建立信用流转共享服务机制。

云链中间件平台所提供的核心企业电子确权凭证在线确权、流转、融资的供应链金融应用模式已得到了行业的广泛认可，已服务超过1000家核心企业机构，科技赋能包括河北交通投资集团、雄安集团、安徽移动、陕西隆基建设集团有限公司、郑州银行、桂林银行、乌鲁木齐银行等多家银行机构的供应链金融平台，为客户机构提供以区块链技术为依托的产融数据分布式存储和安全加密服务，基于大数据、云计算技术的企业数字资产激活和创设服务，依托人工智能及相关技术手段升级运营能力，赋能智能文件识别、智能审单等业务运营功能的实现。

目前基于中企云链中间件构建的供应链金融平台已服务超过1000家核心企业，均为大型央国企、上市公司和行业龙头，并与31家银行实现系统直连，与超过100家银行有业务合作，为产业链上95000多家中小企业提供专业的全线上应收账款反向保理服务。截至2021年5月，仅中企云链公有云平台就已累计免费帮助产业链上企业清理三角债超过9500亿元。截至目前，中企云链已基于中间件服务能力输出了多个行业最佳实践，助力郑州银行建设了以电子结算凭证"鼎e信"作为信用载体的"云商"供应链金融平台；搭建工商银行"云信贷"产业业务平台；通过中信银行与核心企业供应链金融平台对接，为链上企业提供"信e链——应付流转融通"融资模式；将中国光大银行保理业务通过"阳光融e链"延伸到供应链各类产品服务；为民生银行搭建应收账款类融资服务平台"信融E"，深度赋能核心企业与金融机构数字化和供应链金融平台化转型，为中国的普惠金融制度建设和业务运行贡献科技能力。

通过云链八大中间件的部署和实施，实现中企云链创新力、研发力、运营力、共享力的整合和对外输出。在业务创新方面，在国内首创以应收账款电子确权凭证"云信"为载体的核心企业信用开立、流转、拆分、融资的商业模式；

在研发领域，八大中间件是云链产品的集中输出平台，也是中企云链商业模式创新、应用实践及技术能力的整合平台；在平台运营上，中企云链平台已稳定运营四年，累计交易额 2000 亿元人民币，拥有成熟稳定的运营服务能力；共享能力是中企云链打造产融协同生态服务的重要基础能力，通过市场营销、风控合规、业务运营、资金端对接等服务能力的共享，赋能生态主体之间业务、数据、运营的高效互联互通。

五、中企云链将深度探索区块链技术在供应链金融场景的应用

未来中企云链中间件将充分发挥自身在大数据、云计算、人工智能、物联网、区块链等方面的金融科技能力，坚持"场景驱动，解决真问题、创造价值"的理念，以连接、计算和场景为抓手，聚焦资金、资产两端业务连接的信任薄弱环节，运用大数据技术发现信用，应用区块联盟链技术建立信任，在网络世界里建立起与现实商业环境相仿的镜像产业生态，为产业链两端构建起高效的、基于信任的连接，实现金融科技的产业协同融合，价值赋能。

在技术创新上，中企云链将深度探索区块链技术在供应链金融场景的创新应用。当前区块链技术的产业应用已逐步趋于成熟，利用区块链技术的高安全性、隐私性和节点共识机制，为供应链金融多主体互联和联盟生态的打造创造高效可靠的基础设施环境。未来，中企云链将进一步探索联盟链的技术、推广和运营模式，基于区块链微节点快速部署系统、平台和联盟链之间的对接服务，持续创新产融价值互联网新基建系列解决方案，推动中国产融生态群的建设。

在产品和场景业务发展上，中企云链将始终以国家发展战略为指导方向，秉承合法合规开展创新的业务理念。

首先，中企云链将立足于以科技创新赋能的金融服务，加速实体经济和产业的转型升级，助力供应链金融普惠中小微企业机构。未来，中企云链将携手其他金融机构、政府部门、科技公司、集团企业等相关主体，依照政策法规鼓励和规章制度引导，创设应收账款类、存货类、订单类供应链金融产品及票据类创新产品，为提升中小微企业融资效率、降低融资成本和投入提供安全可靠

的产品服务，缓解企业在业务交易过程中的流动性问题，增强产业链供应链整体结构韧性，赋能相关产业和集团业务的可持续发展。

其次，绿色金融与低碳业务，是中企云链在对外业务领域拓张和对内流程与技术创新上的发展方向。通过区块链、大数据、人工智能等技术的融合创新，助力业务流程的缩减和业务效率的提升，进一步赋能新能源、环保回收等绿色产业的市场拓展和业务铺设，促进国家"碳达峰、碳中和"战略的快速、有序推进。

最后，中企云链将进一步整合自身场景和科技能力，为数字城市的现代化、数字化转型提供科技力量，并赋能乡村、城郊等地区的产业结构升级，以科技服务推动自动化生产和产业智能化发展，努力探索因地制宜的农业供应链金融解决方案，为"乡村振兴"国家发展战略贡献解决方案和建设实施能力。

Digital Economy + Technology for Good

数字经济 + 科技向善

华控清交

PrivPy 金融数据融合基础设施平台

一、金融数据融合应用与隐私安全之间的矛盾

数据作为数字经济时代涌现的新型生产要素，是新时期社会价值和财富创造的关键驱动力。习近平总书记在中共中央政治局第二次集体学习中强调，"在互联网经济时代，数据是新的生产要素，是基础性资源和战略性资源，也是重要生产力，要构建以数据为关键要素的数字经济"。2020 年 5 月 11 日，中共中央国务院在《关于新时代加快完善社会主义市场经济体制的意见》中进一步明确提出，"加快培育发展数据要素市场，建立数据资源清单管理机制，完善数据权属界定、开放共享、交易流通等标准和措施，发挥社会数据资源价值"。在百年未有之大变局中，我国面临全新的战略机遇，构建超大规模数据要素市场将成为中国引领世界经济增长的重要驱动力。

金融业历来具有数字基因，特别是随着金融与移动互联网、大数据、人工智能等技术的融合应用逐步深入，其数据密集型特征越来越明显。同时，随着存量时代的到来，金融机构面临着负债和客户增长不足、精准信贷投放乏力、风险管理日趋重要、用户对数字化金融服务需求越发多元等多种挑战。因此，通过全方位大规模数据融合应用，实现风险管理实时化、决策支持智能化、资源配置精准化，逐渐成为金融机构提升金融产品和服务质量的重要突破口。全面用好数据要素，充分挖掘数据要素价值红利，是金融业高质量转型发展的必然要求。

然而，由于数据要素本身的特点，其在开发利用过程中却仍面临许多难题。如数据融合应用过程中的数据泄露、滥用现象时有发生，对金融消费者隐私保护、金融机构声誉维护以及社会各界对数据安全合规应用的信心等带来较大负面影响。与此同时，部分互联网巨头依托自有海量数据建立起商业竞争护城河，数据

寡头垄断、数据孤岛与数据鸿沟等瓶颈问题凸显，阻碍了数据在全社会共享流通，数据要素价值难以有效发挥。此外，数据安全融合的新技术、新方法整体处于探索之中，金融机构面临数据跨界融合不足、数据应用能力不够等一系列挑战。

人民银行等金融监管部门高度重视数据安全融合应用。2019年8月，人民银行发布《金融科技（FinTech）发展规划（2019—2021年）》，提出将金融科技打造成为金融高质量发展的新引擎，并在"科学规划运用大数据"相关要求中明确提出，打通金融业数据融合应用通道，破除不同金融业态的数据壁垒，化解信息孤岛，制定数据融合应用标准规范，发挥金融大数据的集聚和增值作用，推动形成金融业数据融合应用新格局，对金融业加强数据要素融合应用提出了要求、指明了方向。

在此背景下，华控清交信息科技（北京）有限公司（以下简称华控清交）积极探索国家数据要素化的前沿理论及技术支撑，得出"数据流通的主体不是明文数据本身，而是数据的特定使用价值（使用权），数据流通需要基础设施实现规模经济"等具体结论。在此基础上，围绕金融行业数据融合应用的迫切需求，华控清交自主研发了基于多方计算技术的PrivPy金融数据要素融合基础设施平台，能在数据密文上直接进行计算并得出正确的密文计算结果，数据在整个计算过程中无须解密，从而实现数据的"可用不可见，可控可计量"，有效解决了金融数据融合应用与隐私安全之间的矛盾，为金融业融合数据、打破数据壁垒、连接数据孤岛创造条件，为金融业构建自主可控的数据融合基础设施提供抓手，将有效推动金融业数字化转型、智能升级、融合创新，为金融行业引领国家数据生产要素实践奠定技术基础。

二、PrivPy多方计算技术实现"数据可用不可见"

（一）平台技术原理

PrivPy金融数据要素融合基础设施平台底层基于多方计算技术（Multi-party Computation，MPC）。该技术是现代密码学的一个重要分支，其理论最早由全球唯一华裔图灵奖获得者、清华大学交叉信息研究院院长——姚期智院士提出，它使得多个参与方可以协同计算一个以各自数据密文作为输入的指定函数，可得到和明文计算相同的结果。实现多方计算技术的机制包括秘密共享、混淆电路、不经意传输、同态加密基于等。这些机制都是密码学技术的综合运用，是不完全依赖计算环境安全且保证数据可用的高安全级别数学变换。通用多方计算采用重载最基本的加法（或者 XOR）、乘法（或者 AND）及比较运算达成，任何计算逻辑均可在此基础上复合而成。

（二）平台技术创新点

多方计算是专门为数据安全融合而生的技术，其突出特征是可使多个非互信数据源和使用方之间既分享数据，又保证被分享的数据不流失，而且可以规定数据的用途和用量。其安全假设是不信任硬件、不信任软件、不信任人。因此，即使在一方甚至多方被攻击的情况下，多方计算技术仍能保证这些输入不被意外泄露，同时保证计算结果的正确性。多方计算是对明文计算的有力补充，适用于高敏感度和高价值关键数据的计算，能够有效化解数据隐私保护与数据融合之间的矛盾。

随着计算机理论和技术的飞速发展，目前多方计算已经具备了初步实用性，应用手段也正在不断取得突破。华控清交作为清华大学转化科研成果而成立的企业，综合运用多方计算等多种密码学理论和技术，从数据运算的底层，把数据可见的具体信息和不用看见就可以用于计算的使用价值区分开来，实现"数据可用不可见、用途可控可计量"。PrivPy 创造了一个用于开发制造隐私计算应用的通用平台，大大降低了开发隐私计算应用的技术门槛，使掌握通用编程语言的普通程序员可以像在明文环境里一样开发"数据可用不可见"的隐私计算应用；通过对密码学理论实现、底层协议、分布式计算、系统、编译、算法和芯片等全方位的持续优化和创新，把多方计算的性能耗费从明文的 5—6 个数量级降低到了目前的 10—50 倍，并创造了明文和密文的混合运算，大幅提高计算性能和应用的灵活性，大大降低多方计算的应用成本（时间耗费），实现了多方计算金融应用的实用化，实现了完全自主可控的、原创性的、具有自主知识产权的、世界领先的计算机和数据科学的底层技术和基础性产品。

三、PrivPy 涉及多种数据安全融合技术

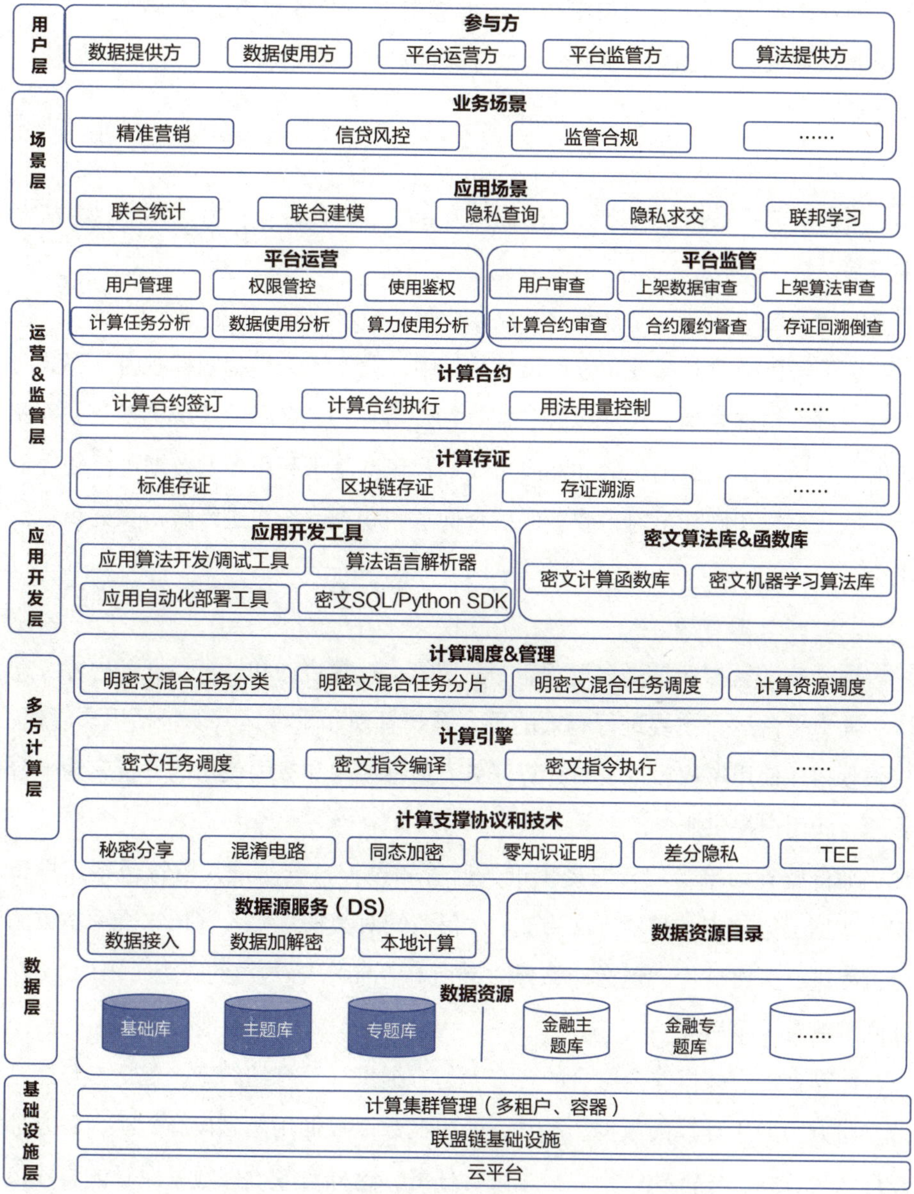

用户层 - 参与方: 数据提供方 | 数据使用方 | 平台运营方 | 平台监管方 | 算法提供方

场景层:
- 业务场景: 精准营销 | 信贷风控 | 监管合规 | ……
- 应用场景: 联合统计 | 联合建模 | 隐私查询 | 隐私求交 | 联邦学习

运营&监管层:
- 平台运营: 用户管理 | 权限管控 | 使用鉴权 | 计算任务分析 | 数据使用分析 | 算力使用分析
- 平台监管: 用户审查 | 上架数据审查 | 上架算法审查 | 计算合约审查 | 合约履约督查 | 存证回溯倒查
- 计算合约: 计算合约签订 | 计算合约执行 | 用法用量控制 | ……
- 计算存证: 标准存证 | 区块链存证 | 存证溯源 | ……

应用开发层:
- 应用开发工具: 应用算法开发/调试工具 | 算法语言解析器 | 应用自动化部署工具 | 密文SQL/Python SDK
- 密文算法库&函数库: 密文计算函数库 | 密文机器学习算法库

多方计算层:
- 计算调度&管理: 明密文混合任务分类 | 明密文混合任务分片 | 明密文混合任务调度 | 计算资源调度
- 计算引擎: 密文任务调度 | 密文指令编译 | 密文指令执行 | ……
- 计算支撑协议和技术: 秘密分享 | 混淆电路 | 同态加密 | 零知识证明 | 差分隐私 | TEE

数据层:
- 数据源服务（DS）: 数据接入 | 数据加解密 | 本地计算
- 数据资源目录
- 数据资源: 基础库 | 主题库 | 专题库 | 金融主题库 | 金融专题库 | ……

基础设施层: 计算集群管理（多租户、容器） | 联盟链基础设施 | 云平台

图 1　PrivPy 数据融合基础设施平台总体架构

（一）平台总体架构

结合金融数据开发利用平台的数据部门多、业务交叉大等特点，PrivPy 金融数据要素融合基础设施平台会涉及多种数据安全融合技术。其总体架构如图 1 所示。

1. 用户层

用户层包括数据使用方、数据提供方、平台运营方、平台监管方、算法提供方等。

2. 场景层

场景层包括业务场景和应用场景。其中，业务场景将金融行业内外部数据融合，进行精准营销、风险风控、监管治理等业务；应用场景是从多个业务领域的业务场景中抽象出来的共性应用模式，包括基于利用多方数据进行联合统计、联合建模和联邦学习，或者保护查询意图和查询结果进行隐私查询和隐私求交。

3. 运营 & 监管层

运营 & 监管层包括平台运营、平台监管、计算合约和计算存证等内容。

其中平台运营主要进行有效的平台系统管理和平台运营。包括用户管理、权限管控和使用鉴权，以及对计算任务、数据使用和算力使用的分析，为平台管理方和用户提供服务。

平台监管为平台监管方提供准入监管和过程监管。准入监管包括用户审查、数据上架审查和算法上架审查；过程监管对数据从接入到计算合约结束的全过程进行严格监管，包括计算合约审查（事前）、合约履约督查（事中）、存证回溯倒查（事后）。

计算合约为数据安全融合的各个参与方提供计算合约约定，包括参与计算各参与方、用于计算的数据、算法、使用次数以及使用基础设施资源，各方都签订认可合约，才能执行相应数据融合任务，这样有效确保数据保管的责任边界，包括多方计算合约签订、多方计算合约执行以及用法用量控制。

计算存证满足用户对关键信息，如接入和解密的数据、相关业务操作的记录等进行不可篡改的存证，以备后期审计的需求。全面记录从计算合约开始到计算合约完成的全生命周期过程，多维度抓取存证信息，如数据、算法、计算结果、交易信息等。支持区块链（联盟链）存证，将记录日志上链，各方均可以读取，但是无法篡改内容，实现问题溯源和倒查。

4. 应用开发层

应用开发层包括应用开发工具和密文算法库 & 函数库。

其中应用开发工具为开发密文计算应用提供一整套研发、测试、部署和发布的环境和工具，支持应用从研发到发布的整个流程。应用算法开发/调试工具是密文计算应用算法开发/调试集成开发环境（IDE）。算法语言解析器支持用 SQL、Python 语言编写的密文计算脚本的解析和优化。应用自动化部署工具支持自动化部署、发布密文计算应用。密文 SQL/Python SDK 为用户开发基于 SQL 和 Python 密文计算应用，提供密文 SQL/Python SDK。密文算法库 & 函数库为用户提供常用的近 400 个密文计算函数库、机器学习和深度学习算法库，直接用于业务应用模型算法开发，大大降低用户研发成本。

5. 多方计算层

多方计算层实现多方数据安全融合计算。计算调度 & 管理模块支持明文密文协同计算，根据数据的隐私性要求以及任务的实际情况灵活进行明文计算以及密文计算，对计算任务和计算资源进行有效组织、划分和调度，在保证数据隐私性的前提下最大限度地提升计算效率。

明密文混合任务分类模块将计算任务中包含的任务单元按照明文和密文进行分类。

明密文混合任务分片模块根据明密文任务量的大小，按照算力资源分配标准，将任务量分为若干数量的部分。

明密文混合任务调度模块对明密文计算任务运行过程进行统一调度。

计算资源调度模块将明密文任务需要资源向计算集群申请租户以及相应的计算资源。

计算引擎模块负责进行密文计算和密文分片任务内部计算容器的调度，包括密文指令编译、密文指令执行和密文任务调度。

计算支撑协议和技术模块支撑多方计算的相关协议和计算，包括秘密分享、混淆电路、同态加密、TEE、零知识证明和差分隐私。

6. 数据层

数据层包括数据源管理服务、数据资源目录和数据资源。其中数据源管理服务，接入数据提供方的数据，并进行加解密，并与数据提供方本地计算服务进行对接。数据资源目录是各个数据提供方提供的开放共享数据资源（数据、模型）的清单合集，主要由数据的元数据和样例数据组成，数据提供方将开放共享的数据资源的元数据发布上来，对数据使用方提供访问服务。数据资源是指各个数据提供方的开放共享数据资源，包括数据基础库、主题库和专题库。

7. 基础设施层

基础设施层包括计算集群管理、联盟链基础设施和云平台。其中计算集群管理是基于多租户和容器，为多方数据融合计算提供计算引擎单元，支持海量数据的大规模任务并行计算。联盟链基础设施为区块链存证提供联盟链基础设施。云平台提供计算、存储、网络等基础设施服务。

（二）平台业务流程

PrivPy 金融数据要素融合基础设施平台业务流程概要如下图所示：

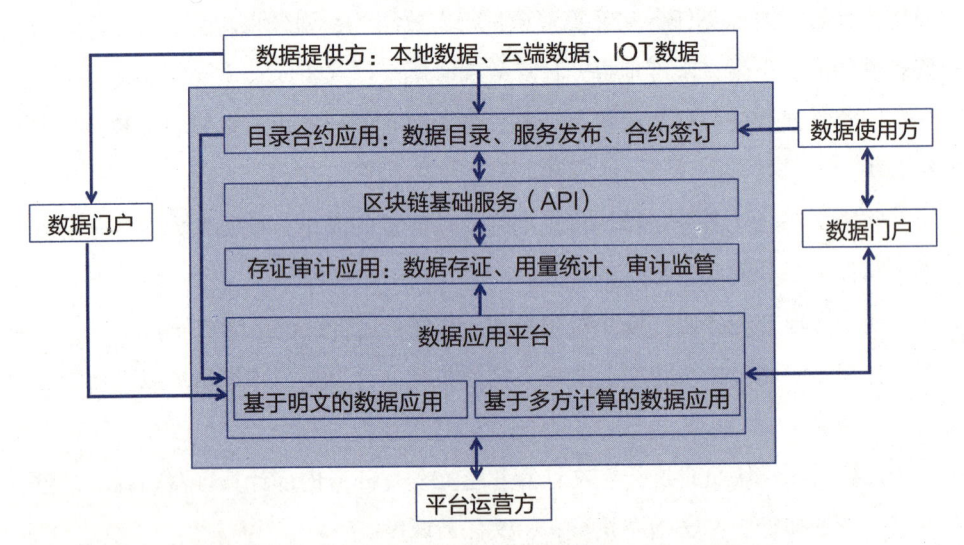

图2 PrivPy 金融数据要素融合基础设施平台业务流程

1. 单次数据合作的业务流程

首先，数据/算法提供方将数据/算法作为服务发布至数据目录应用，发布的服务包括元数据信息、数据使用方式等信息。这些服务信息记录在区块链基础服务中。

其次，数据使用方查看数据目录，根据应用场景选择数据/算法。数据使用方与数据/算法提供方之间订立合约，合约信息同样记录在区块链基础服务中。

最后，各方执行合约。目录合约应用根据合约内容，在数据应用平台发起相应类型的数据合作任务。数据应用平台通过数据门户获得各方数据，完成数据合作任务，将结果发送给数据使用方。合约执行过程中的各环节信息均通过存证审计应用记录在区块链基础服务中。

2. 数据安全融合涉及的其他模块

数据接入节点是指对原有金融数据要素融合基础设施平台里新注册数据或存量数据，增加数据安全融合选项后，将数据信息和样例数据同步到金融数据要素融合基础设施平台。并在正式使用时，通过数据接入节点实现数据的密文化后接入平台。

算法审核模块是指金融数据使用方通过数据安全融合方式使用数据时，会通过样例数据对算法进行审核，只有通过审核该算法无误后，数据提供方才能正常使用该算法。

隐私计算节点模块实现对密文数据的计算，通过审批过的算法得到密文数据计算结果。

数据解密节点模块对密文计算结果进行解密。

（三）平台业务形态

在 PrivPy 金融数据要素融合基础设施平台的数据应用架构中，包含以下几个逻辑参与方。当然一个逻辑参与方可能有多个角色，同时一个角色也可能是多个逻辑参与方。具体见图 3。

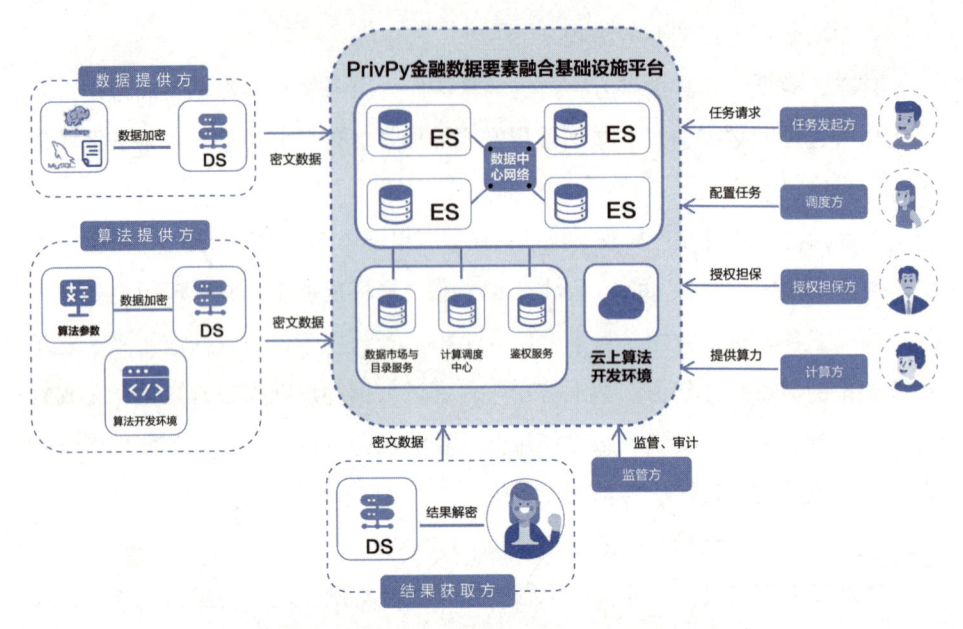

图3 PrivPy 金融数据要素融合基础设施平台业务形态

1. 数据提供方

每个需要进行数据共享的参与方都是数据提供方，每个数据提供方都会部署数据接入模块。该数据接入模块，可以实现数据的密文接入，或者对接数据提供方本身的明文算力资源实现联邦学习+隐私计算功能。

2. 算法提供方

算法提供方提供数据使用的算法或模型，并提供数据使用说明，帮助数据使用方快速读懂该算法的数据使用方式。算法提供方也可以是数据提供方，其算法参数也可以通过数据接入模块进行保护。

3. 计算方

PrivPy 金融数据要素融合基础设施平台本身就是计算方，主要提供算力。保证各种业务场景都能有足够的算力来实现，如明文场景的算力、密文场景的算力、明密文场景的算力等。算力可以通过计算集群的扩展而提高。

4. 任务发起方

任务发起方一般是数据需求方，数据需求方通过浏览数据目录区块链后，对所需的数据进行申请，发起任务。

5.调度方

PrivPy 金融数据要素融合基础设施平台上可能会有很多并行的任务在同时进行，调度方负责配置任务调度，实现所有任务的有序进行。调度方一般是 PrivPy 金融数据要素融合基础设施平台的管理方。

6.授权担保方

对一些特定的数据（一般是敏感数据）的使用，可能需要由授权担保方来担保数据不被非法使用。

7.监管方

监管方提供整个平台的数据使用和任务的审计和监管作用。

8.结果获取方

结果获取方一般也是数据的实际需求方。发起的任务计算得到的结果会发给结果获得方。

各参与方的关系可以参考图 4。

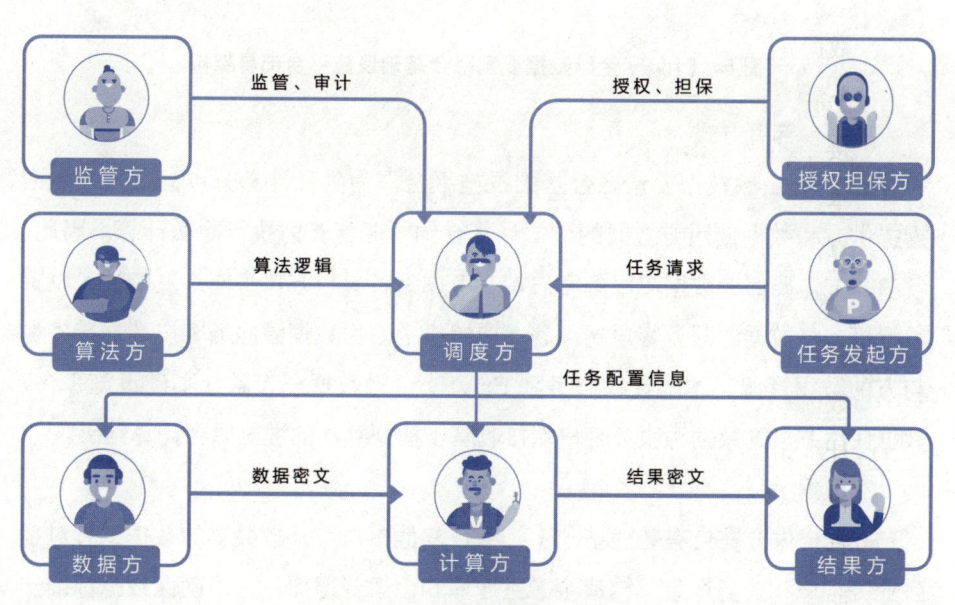

图 4 PrivPy 金融数据要素融合基础设施平台各参与方关系

（四）平台部署架构

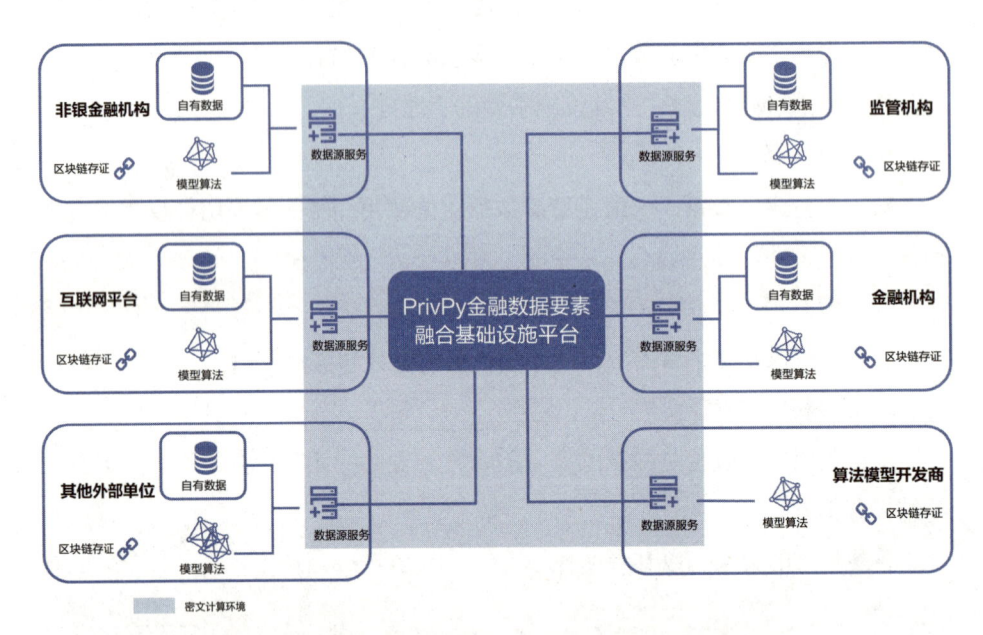

图 5　PrivPy 金融数据要素融合基础设施平台部署架构

1. 平台部署方式

PrivPy 金融数据要素融合基础设施平台作为隐私计算节点，负责按照数据提供方和数据使用方之间的数据计算合约，调配算力执行隐私计算。因此，各参与方需要部署数据源服务客户端。考虑到各参与方自身网络复杂性，设置前置机，将数据源服务客户端部署在前置机上。由数据源服务客户端连接各参与方的数据资源、本地计算服务到 PrivPy 金融数据要素融合基础设施平台，数据使用方通过数据源服务客户端接收基于模型算法的数据融合计算结果。

2. 数据

数据提供方在自有数据基础上，结合其他参与方开放共享的数据，针对金融业务领域和业务场景，构建金融主题库和金融专题库。为了确保数据标准一致和数据融合计算的正常进行，各数据提供方的数据必须按照统一标准进行数据治理和加工之后，才能进行数据融合计算。

3. 安全

部署架构如图 5，图中阴影部分全部为密文环境，数据以加密的方式进行传输、存储和计算，数据只能以密文形态流出数据提供方，确保从数据接入到获得计算结果全过程的数据安全和隐私不泄露。

4. 区块链存证

在金融数据共享核心参与方上部署联盟链共识节点，实现链上数据共识和记账功能，提供精简的共识服务。在一般参与方上部署联盟链成员节点。区块链（联盟链）存证，将记录日志上链，再参与各方分布式存储，各方均可以读取，但是无法篡改内容，实现问题溯源和倒查。

（五）平台特性

以数据安全融合技术和区块链为基础的金融数据要素融合基础设施平台具备以下特性：

一是安全性，保证数据隐私安全。通过多方计算协议保证参与方隐私数据（含敏感算法参数）不会被其他参与方获取，同时保证计算结果明文只被指定方获取。支持数据使用授权，为数据输入方提供隐私数据的使用授权功能。

二是通用性。支持多种数据接入，为数据提供方提供数据库等常用数据格式的输入转化功能，将用户原始数据转化为密文，将最终计算结果转化为明文，支持多种数据类型和算法类型。

三是可扩展性。面向大数据平台上层应用，系统支持参与方数量动态扩展、应用服务类型扩展、接入数据类型扩展、算法服务类型扩展等。

四是兼容性。能够与现有的大数据存储、计算平台进行对接，代理计算模式亦可物理地分布式部署。

五是易用性。面向上层应用，封装常用基础函数和算法库，提供易于开发、调试的编程环境，使开发者易于在大数据平台上开发应用。

（六）平台主要功能

一是隐匿查询。数据查询方通过平台可以在隐藏自身查询意图的情况下获得预期查询结果，并不暴露出结果以外的其他信息。通常，查询方面对的场景特点是查询数据量大、数据持续更新。

二是联合统计。数据查询方通过平台可以在保障数据安全下自动联合计算，在此过程中，各方数据对其他方和平台保密，统计的算法参数也可以保密。

三是联合建模。建模方通过平台可以在不泄露明文数据的情况下，实现多个数据方的数据特征变量共享，以获得更好的模型，释放数据融合价值。

四是数据交易。数据供给方和数据需求方通过平台可以实现规定数据用途、用量等"特定数据使用权"的数据交易。

（七）平台应用方向

1. 构建企业级金融数据融合基础设施

企业级金融数据融合基础设施是金融机构为实现业务的数据化升级或为解决企业集团各子公司之间、企业内各业务部门间数据支撑的业务协同需求而搭建的金融数据融合基础设施。其特点在于数据提供方、数据使用方、平台运营方之间相互信任，但又受不同监管机构管理，依据相关规定数据不能直接明文融合。

目前华控清交在企业级金融数据融合基础设施层面，已落地金融应用场景如下：

（1）生物特征安全识别

某银行探索解决智慧餐饮人脸识别场景的隐私保护问题，联合华控清交试点建设了基于隐私保护的人脸识别验证数据安全融合平台。平台依托多方计算技术将用户在人脸注册、存储和识别过程中的人脸图像转换为人脸密文，并实时在多方安全计算节点分散存储和协同计算。在整个计算过程中，平台方不能得到任何明文数据，避免人脸特征数据库被盗取的风险，有效保障人脸特征的隐私安全，帮助银行构建兼顾安全与便捷的多元化身份认证体系。

（2）科创企业信用评估

某银行作为全国首家以科技金融为主要特色的法人银行，致力于通过解决科创企业面临融资难、融资贵问题，践行"科创普惠金融"而打造"创业者的银行"。然而评估科创企业信用状况的金融数据和非金融数据分散在金融机构、征信机构、税务部门、法院、工商部门、与企业有业务经营关联的核心企业等不同机构中。该银行通过基于多方计算的PrivPy金融数据要素融合基础设施平台，金融机构可以在保护各数据方隐私安全不泄露的前提下，融合内外部可靠数据源全景数据，为优化科创企业信用评估模型提供支持，在此过程中也能动态监测企业运营状况，防范金融风险。

（3）集团内数据安全融合

集团某企业在推进资管业务过程中，需要了解客户在集团内部各产品线的授信总额，但同时面临集团内部数据互不连通的信息孤岛问题。该企业集团内部主体众多、业务种类多样，由于相关合规管理要求，明文数据直接流通受到严格限制。为在集团内部共享信息、发挥协同效应，该集团联合华控清交建设了基于多方计算的PrivPy金融数据要素融合基础设施平台，并基于该平台实现了客户授信总额联合统计场景试点，保障数据安全融合共享。

2.构建行业级金融数据融合基础设施

行业级金融数据融合基础设施是为解决金融行业发展普遍面临的业务瓶颈而搭建的数据融合应用联盟。其特点在于各参与角色之间有一定的信任度，但由相关协会、主导机构等作为主要发起方，承担行业级基础设施的建设和运营职责。目前华控清交在行业级金融数据融合基础设施层面，和某国家级互联网金融协会合作，已落地或探索的金融应用场景如下：

（1）理财合格投资者认证

当前个人投资者在购买资管产品时，必须对投资经验和所持金融资产进行声明承诺，因而需要向金融机构申请开具资产证明、收入证明等进行合格投资者身份认证。而这一过程，不仅会涉及个人资产数据隐私泄露，同时还给金融机构带来巨大人力审核成本，并且存在监管风险隐患。通过基于多方计算的PrivPy金融数据要素融合基础设施平台，能够在保护申请者数据隐私的前提下，自动联合计算金融资产或收入状况信息，判断投资者所开具的资产证明信息是否属实，同时全流程可验证、可追溯、可解释、可审计、可监管。该平台上线后，可有效帮助金融机构减少人工成本，同时增强合格投资者认证监管的穿透力和有效性。

（2）多头借贷隐私查询平台

金融机构希望从其他更广泛的机构查询其借款人资信情况（尤其是尚未接入征信系统的机构），避免借款人多头借贷而无法偿还的信用风险。但该机构（即查询方）不希望其他机构获知借款人身份，担心他们同为贷款机构，知道用户信息后可能抢先贷款给借款人。同时，其他贷款机构也不希望暴露其客户的贷款数据。通过基于多方计算的 PrivPy 金融数据要素融合基础设施平台，在保证借款人、查询方、其他贷款机构多方数据隐私安全的前提下实现对个人借贷情况的综合评估。

（3）穿透式金融监管

某行业协会拟对下属互联网金融登记披露服务平台进行升级，该平台已积淀了服务单位开展互联网金融业务时客户个人基本信息、服务合同等信息流数据，但受限于资金流水数据的敏感性，服务单位合作的资金存管银行难以将原文分享给行业协会，平台难以实现资金流穿透的监管。华控清交帮助该协会建立基于多方计算的互联网金融登记披露服务平台，服务单位及其资金存管银行可分别将业务资金流水数据以密文形式分享至服务平台进行对账验证，并将对账结果上链，由此加强信息流、资金流的统一性和穿透性监管。

3. 构建行业间数据融合基础设施

行业间数据融合基础设施是在各行业、各区域间建立的包括算法、模型、参数等数据资源共享流通的基础设施，其特点是参与各方来自不同行业、互不信任，但可通过本行业较有公信力的第三方组织连接起来，实现行业间的数据密文融合流通。目前华控清交在行业间金融数据融合基础设施层面，已落地政务金融数据融合平台。

如某地方政府为推进政府大数据资源的高效安全融合利用，提升政府服务能力和效率，与华控清交合作开发基于多方计算的政务金融数据安全融合平台，开放给该市金融机构使用。在该平台上，金融机构可实现包括人口信息、工商税务、社保、车辆及交通等政务数据的密文查询和调用，从而更精准地判断用户画像、评估用户风险承受能力及信用履约能力，开展精准获客营销、风险防控以及安全合规等业务，实现了政务数据在金融领域的安全共享及应用。

（八）项目风险点评估及防范措施

1. 金融数据安全风险

项目应用过程中可能存在用户数据的泄露、篡改和滥用风险。防范措施包括遵循"用户授权、最小够用、全程防护"原则，充分评估潜在风险，加强数据全生命周期安全管理，严防用户数据的泄露、篡改和滥用风险。数据采集时，通过隐私政策文件方式明示用户数据采集和使用目的、方式以及范围，获取用户授权后方可采集。数据存储时，通过数据泛化等技术将原始信息进行脱敏，并与关联性较高的敏感信息进行安全隔离、分散存储，严控访问权限，降低数据泄露风险。数据传输时，采用加密通道进行数据传输。数据使用时，借助多方计算等技术，在不归集、不共享原始数据前提下，仅向外提供脱敏后的计算结果。

2. 网络通信风险

目前业务的部署模型为通信密集型，对于网络的要求相对较高，如果产生剧烈网络波动可能产生不可预知的影响。防范措施包括建立网络维护和预警机制。建立主备网络，网络部署过程中尽量将通信流程设计为局域网访问，并使用网络专线进行外部访问；建立网络日常维护和监控的章程，做到及时告警。

3. 创新业务风险

创新应用上线运行后，可能面临网络攻击、业务连续性中断等风险，亟须采取措施加强风险监控预警与处置。防范措施包括在项目实施过程中，按照《金融科技创新风险监控规范》（JR/T 0200—2020）建立健全风险防控机制，掌握创新应用风险态势，保障业务安全稳定运行，保护金融消费者合法权益。

四、PrivPy 助力金融机构、金融监管、金融消费者共赢

（一）促进金融业数字化转型

基于多方计算的 PrivPy 金融数据要素融合基础设施平台，可以在确保安全合规前提下推动金融业数据要素融合应用。一是有助于打消从业机构数据泄露顾虑，引导其转变经营理念、提高数据要素融合积极性；二是有助于疏通金融业数据要素融合应用通道，打破数据壁垒和信息孤岛，推动建立健全跨部门、跨行业、跨领域的数据要素融合应用机制；三是有助于培育依法合规、安全可控、广泛参与的金融业数据要素融合应用生态，激发市场守正创新活力和能力，更好地发挥数据纽带作用，推动各项数字技术与金融领域深度融合；四是有助于金融业数字化转型，进一步构建适应数字经济发展需要的金融市场结构，提

高金融产品和服务的个性化、差异化、定制化水平，促进金融发展更好地适应经济高质量发展要求。

（二）增强数字普惠金融能力

数字普惠金融旨在发挥数字金融低成本、低门槛、高效率、广覆盖等特点，利用数字技术促进普惠金融发展。基于多方计算的 PrivPy 金融数据要素融合基础设施平台，可以在确保安全合规前提下推动金融业数据要素融合应用，加强各类金融数据和替代数据融合应用，有助于更好地为小微企业、农民、城镇低收入人群、贫困人群和残疾人、老年人等提供金融服务，特别是为历史数据不足的弱势群体和长尾人群提供便捷安全、价格合理的金融产品和服务，缓解数字鸿沟和金融排斥问题，提高金融产品和服务可得性，提升人民群众对金融服务的获得感和满意度。

（三）提升穿透式金融监管效能

当前，金融科技方兴未艾，在推动金融业态深刻变革的同时，也给金融监管带来新的挑战。基于多方计算的 PrivPy 金融数据要素融合基础设施平台，可以在确保安全合规前提下推动金融业数据要素融合应用，助力打破数据孤岛，有助于提升金融行业整体数据质量，便于金融管理部门更好地采集监管所需数据，增强对金融市场的动态感知能力。并综合运用大数据、人工智能等技术完善金融形势分析和风险控制模型，提升监管政策的专业性、统一性和及时性，推动金融监管模式向事前、事中监管转变，开展穿透式金融监管以及提高精准识别、防范和化解金融风险的能力。

（四）保护金融消费者数据隐私安全

金融消费者是金融市场的重要参与者和金融业持续健康发展的推动者，我国历来重视加强对信息安全权等金融消费者各项基本权利的保障工作。当前，数据要素重要性日益凸显，从业机构开展数据要素融合的需求日益强烈，加强金融消费者数据保护也显得越发重要。基于多方计算的 PrivPy 金融数据要素融合基础设施平台，可以在确保安全合规前提下，推动金融业数据要素融合应用，既有助于为依法合规经营的从业机构提供安全可靠的数据要素融合途径，避免金融市场因部分违规使用数据机构的不当竞争而导致"劣币驱逐良币"，也有助于在数据要素融合过程中增强金融消费者数据隐私安全，为金融消费者提供更加合规安全的金融产品和服务，更好地落实保障金融消费者信息安全权等要求。

五、依托高层次人才，在"安全区"进行守正创新

（一）构建高层次科技人才梯队

充足的人才储备是 PrivPy 金融数据要素融合基础设施平台得以持续突破和创新的基本前提。华控清交的技术研究和开发骨干人才多来自清华大学姚班精英，公司在技术研发方面已硕果累累，目前已获得多项软著权、发明专利等，涵盖系统架构、核心协议、认证授权、隐私查询、分散存储、密文数组操作、密文算法调试和可视化等。高素质的研发团队使项目的创新性及稳定性在业内一直处于领先水平。

（二）打造产学研一体化创新体系

华控清交结合了学术界深厚的理论成果和工业界丰富的工程经验，形成了产学研一体的研发机制。团队以技术人员为核心，又引进了具有丰富金融经验的资深人员，以科研项目等方式汲取金融行业尖端智慧。同时，公司与五道口金融学院联合开展金融科技研究，开设多方计算金融应用课程，反哺金融行业正确把握数据安全融合的大趋势，这些从组织、运营、行业教育等方面推进了 PrivPy 金融数据要素融合基础设施平台的顺利建设。

（三）坚守金融风险防范底线

在 PrivPy 金融数据要素融合基础设施平台建设过程中，华控清交建立了完备的风险防控准备，合理甄选适配不同搭建环境的综合技术，谨慎选择平台应用场景，并通过试运行等机制在充分验证的前提下进行服务推广。在项目建

设过程中，应用员工的决策能力辅助过滤技术风险，降低人工操作风险。通过业务调研、制度建设、模式验证等一整套技术应用评估流程，紧扣提质增效的核心目标，坚守风险防范的原则，在安全区进行守正创新。

六、未来各方要重点关注标准、协作等一系列问题

华控清交 PrivPy 金融数据要素融合基础设施平台，有效解决了金融业数据要素融合应用和安全合规的矛盾，在银行、证券、保险、财富管理、监管科技等领域具有广泛应用前景，但项目在实施过程中也发现了一些问题，并提出了一些具体建议。

（一）完善金融数据安全融合相关标准

目前业界已就金融数据安全融合开展了许多实践，技术路径诸如多方计算等隐私计算技术也处于大规模商业化应用的临界点，相关法律制度、部门规章、标准的制定有利于推动数据安全合规融合。我国在金融业数据安全融合应用方面已有较好的法律基础，多方计算金融应用技术规范等行业标准已经出台，但不同规定对安全保护和融合应用的侧重程度存在一定差异，仍需进一步明确对兼顾安全保护和融合应用的多方计算的统筹考虑。

（二）加强数据跨行业跨领域协调

金融业数据安全合规融合应用涉及银证保等不同细分行业，以及医疗、教育等不同领域的数据，面临兼顾不同行业和领域数据管理差异性的挑战，需进一步推动相关管理部门加强沟通，提高不同领域数据管理规定的协调性，促进数据跨行业、跨领域安全合规融合应用。

（三）建立规范有序的经营环境

数字化时代，数据大规模保存、复制、传播的难度进一步降低，数据违规使用的隐蔽性也有所提高。部分从业机构通过违规留存、购买、出售数据不当牟利，间接增大了守法合规机构面临的竞争压力，甚至导致逆向淘汰。因此，

仍需进一步加大对违规用数行为的打击惩处力度，推动行业经营环境持续净化。

（四）提高金融消费者素养

近年来，我国金融业快速发展，金融产品日益丰富，金融服务普惠性增强，人民群众的金融服务可得性不断提高，同时提升金融消费者素养也日益迫切。部分金融消费者金融知识储备不足，对所办理的金融业务了解不够，在协议签署过程中过于依赖业务人员或应用程序的指引，遭遇违规采数用数等不当经营行为时，防范识别的意识和能力也亟须加强。

Digital Economy + Technology for Good

数字经济 + 科技向善

同盾科技

知识图谱平台在银行风控领域中的应用

一、银行风险防控面临的挑战

金融机构的风险防控正面临多方面的挑战。首先是来自外部的经营环境，企业跨地域、集团化经营已经成为常态，而企业之间关系错综复杂，风险传导机制更加复杂；其次，从金融内部来看，传统的风控手段更多聚焦于客户个体的维度，缺少对于客群整体维度的关注，无法全面、动态地感知系统性风险变化，无法在对应的业务环节中及时加以干预，容易造成风险的累积和系统性风险的爆发；最后，来自外部监管的要求，相应的监管机构多次提出要建立长效机制，防范区域性、系统性风险发生。

2020年，某股份制银行明确了三类业务定位，即突出零售、做强对公、做优同业，实现高质量发展的"全新一跃"。为了更好贯彻数字化建设目标，该行统筹规划，致力于打造一个涵盖线上、线下各类零售金融、非金融交易的预警、处置、事后分析的全流程智能风险管理体系，但是在建设过程中，该行遇到了几只"拦路虎"。

（一）数据缺乏有效的内外部整合

行内大量的金融数据都沉积在文档、PDF文件、图像和视频中，成为了"结构化数据之墙"，同时由不同渠道而流入银行系统的多源、多模态数据无法有效与行内数据相适配。行内数据分布于各业务系统未充分利用，公私、存贷数据分隔，未形成有效知识积累。

（二）无法及时有效应对新型欺诈风险

随着科技的发展和黑产的产业链日趋成熟，个人金融服务领域的诈骗、套现、薅羊毛、盗卡盗刷等欺诈行为屡见不鲜，传统的风险防控手段无法及时、准确评估客户风险，进而无法有效应对新型的欺诈手段。

（三）缺乏全流程的风险监控体系

传统风控模式轻策略重运营，轻线上重线下，在获客—预筛—审批—授信—交易等各个环节都面临不同的困境。比如在审批环节，传统模式下不仅审核周期长，同时也缺乏早期逾期预警的能力；在交易环节，对于新型欺诈手段防控识别能力不足，对恶意透支、套现或其他高风险客户团体诈骗风险预警响应慢；在贷后环节，缺乏对逾期客户和失联客户的提前预判能力。

基于此，该股份制银行与同盾科技共同启动了"基于知识图谱的安全金融服务"项目，通过知识图谱技术，整合行内外数据并进行深入挖掘，打通公私、存贷关系，建立包含企业、个人、事件的关系图谱，构建全行风险识别、风险传导、风险监控的统一平台。在贷前，可以构建贷前风控模型，以关联的视角有力补充当前的风控策略仅考虑个体单一视角的不足；在贷中，运用风险传播模型、可视化关联分析识别潜在风险；在贷后，基于关联视角构建失联客户信息修复，为贷后管理提供支撑。这为该行实施积极主动的风险管理，提高风险防控能力，守住不发生系统性金融风险的底线提供支持。

二、金融科技应用场景——同盾科技"云图"

（一）"云图"知识图谱场景对象

2020年，同盾科技"云图"与某股份制银行启动了"基于知识图谱的安全金融服务"项目，通过知识图谱技术[1]，整合行内外数据并进行深入挖掘，打通公私、存贷关系，建立包含企业、个人、事件的关系图谱，构建全行风险识

---

[1] 马忠贵，倪润宇，余开航. 知识图谱的最新进展、关键技术和挑战［J］. 工程科学报，2020（10）：1254-1266.

别、风险传导、风险监控的统一平台。

通过知识图谱的数据建模过程，将该行原有多业务、多渠道、多管理系统的多源复杂异构数据，抽离成符合银行自身业务特色的各类实体、关系及属性，结合指标、规则、模型体系，围绕客户准入筛查、尽调强化、违约客户识别、不良贷款预警、行业信息分析、组合风险管理等业务场景落地了多个优质应用。

1. 内控合规

整合银行内外数据针对不同场景构建知识图谱，在此基础之上通过规则策略和模型，识别员工违规行为，例如，识别客户经理违规操作，挖掘内外部可疑资金关系。

2. 对公图谱

将多源数据源融合构建企业统一知识库，实现营销／风险事件的动态联动，提升客户洞察力，例如，企业风险传导分析，潜在营销机会挖掘，企业统一画像等。

3. 信贷风控

以手机号、设备、IP、公司、地址等构建知识图谱，提供贷前贷后风控能力，例如，贷前反欺诈、贷后交互管理、风控特征工程、可视化关联分析、疑似欺诈群体挖掘等。

4. 交易图谱

利用资金往来交易、黑名单、欺诈案件库、交易IP地址及设备信息构建交易图谱，提供自定义案件排查、实体关联分析以及事前关联指标服务。

5. 信用卡积分套利

自动挖掘并关联风险特征，构建基于关联关系的排查工具，识别恶意集中兑换的场景并进行事后管控；整理和分析挖掘客户关联特征，反哺事中风控策略，提升积分套利场景下的排查分析效率与风险管控能力。

（二）"云图"知识图谱构建与应用解决方案

同盾协助该行打造的一体化知识图谱构建与应用解决方案，通过提供统一的知识图谱构建平台、多态知识存储体系、知识图谱计算挖掘框架和应用产品方案，运用知识抽取、知识计算、语义分析等人工智能技术，能提供高效、灵活、智能的知识加工和应用能力，能从数据中快速提炼知识，实现业务上的智能决策。[1]

从架构上看，同盾协助该行建设的知识图谱的基础数据层由大数据平台来提供支撑；知识加工层支持多源、多模态数据的能力，能从结构化、半结构化、非结构化文本以及图像、语音等数据中加工支持，与知识加工直接相关的部分包括实体识别、关系抽取、表格解析、规则学习、推理技术等；核心技术层内置了知识推理、群组挖掘、指标计算、标签挖掘、图结构挖掘、图深度学习等图计算引擎，可以通过配置化实现挖掘功能；应用层则与反欺诈、风控、营销、监管等不同的场景密切连接。整体来说，在平台和架构先进性方面，体现了灵活、通用、技术和业务上高可扩展性等特点。

该项目包含知识图谱构建平台、图谱可视化及智能分析等标准产品、场景化应用级产品方案三大核心模块，也代表着知识图谱从构建到应用的三个核心环节。第一个是知识图谱的构建平台，构建平台可以应用异构数据，运用知识的手段构建知识图谱。[2] 第二个是同盾研发的多态存储体系，以存储为中心，辅助结果的存储介质打造混合、综合的存储体系。在第一个模块构建好的知识图谱就可以存储在这里，支撑上层运算和最终的业务运用。第三个是知识计算平台，在这里可以实现包括知识推理、隐形关系挖掘、标签计算、个体挖掘和群体挖掘等功能。

第一步，完成多源、多模态数据的接入，并对数据进行加工、处理，识别并抽取其中的知识，生成知识图谱。

---

[1] Ian Goodfellow, Yoshua Bengio, Aaron Courville. 深度学习 [M]. 北京：人民邮电出版社，2017.

[2] 雷丰羽. 知识图谱在金融信贷领域的应用 [J]. 现代商业，2018（10）：89-90.

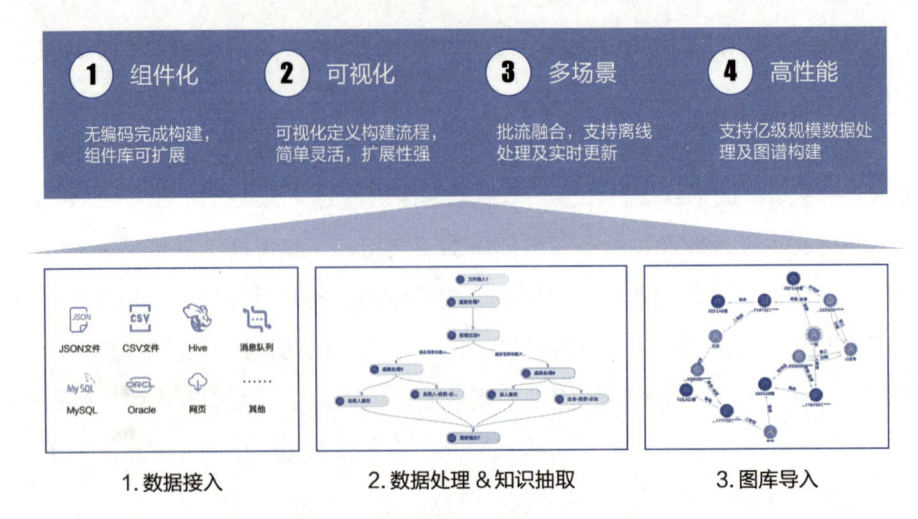

图 1　同盾科技知识图谱构建平台

第二步，挖掘特定图结构模式，动态更新属性、建立关系或者发现异常关联等，如下图所示。

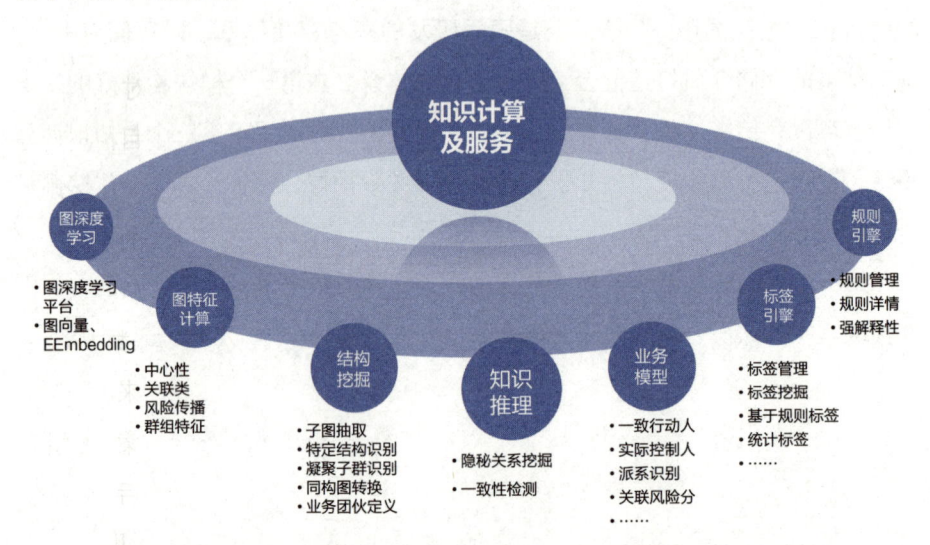

图 2　挖掘计算、图深度学习提升知识应用能力（对知识进行挖掘）

第三步，建立好知识图谱之后，可以基于图谱进行图挖掘和指标分析，结合特定业务场景进行建模、可视化分析或者与决策引擎对接使用。[①]

---

① 陈婕. 知识图谱提升商业银行反欺诈手段[J]. 中国科技纵横, 2019（22）: 251–252, 254.

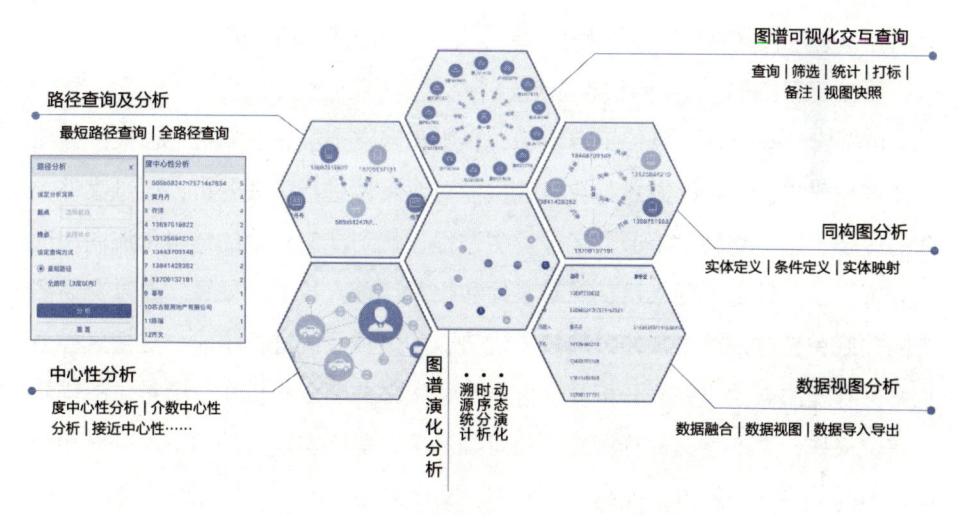

图 3 可视化智能分析套件（对知识进行展示）

（三）同盾科技知识图谱项目建设与实施

项目实施周期：一期 6 个月，二期 3 个月，三期 3 个月。

同盾科技协助该股份制银行打造的全行级知识图谱平台，针对银行的业务、系统、数据等情况进行全面而细致的梳理，并结合银行的经营目标和未来发展战略，制定出一套完善的场景落地解决方案。

围绕行方数据情况，同盾科技知识图谱技术团队进行四个层面的"摸底排查"与图谱建设：

基于行方数据生态现状，分析转账交易包括对公和个人的出入账数据来源，如果分散在各个系统需考虑合并相关系统数据。评估转账交易的数据来源是否包含案件分析排查的相关实体和关系要素，如设备、IP 等，以及补全方案。将涉及黑名单、案件等信息也纳入交易图谱的采集范围。在完成了这两步之后，就代表着前期的准备工作基本完成了，接下来就是关键的知识图谱的构建和应用。

第一层面：构建基础关系网络。

知识图谱的构建是一项庞杂而浩大的工程，将整个过程简化来说，就是结合文本、图片等非结构化数据抽取技术，完成结构化与非结构化信息融合，将融合后的信息编织成"实体—关系—实体"的拓扑关系网，当输入"种子数据/线索"，则由点及面、抽丝剥茧，最终顺藤摸瓜找到与之有关联的所有信息，并通过图计算、知识表示和机器学习等技术进行黑中介团伙等的智能化挖掘分析。

第二层面：自定义案件核查应用。

可疑案件来自零售风控平台识别、客服和网点上报、公安机关通报的涉赌涉诈通报账户，传统的方式是业务人员需要对案件进行关联分析，通过案件关联的设备、IP、交易对手追溯案件发生过程，找到涉案资金的链路和流向，形成分析报告，锁定可疑人员，并对案件和相关可疑人员进行处置。通过交易图谱的关联关系链条深层次挖掘的技术优势，和风控系统进行集成，支持风控系统案件管理的自动化关联分析及业务自定义案件的溯源分析和可疑对象的排除和定位操作，并产生案件分析报告和可疑名单，最终实现案件的快速响应和处理，提高风控管理能力，提高工作效率，实现自动化与人工处置的结合。

第三层面：实体关联智能分析。

实体关联智能分析提供实体检索和实体关联分析两项能力，图谱构建平台配置检索实体和条件，业务用户可输入实体的识别代码进行搜索，搜索到的实体，进入关联分析可视化界面，查看实体关联关系，进行路径分析、时序分析、数据融合、实体关系过滤等图谱操作。

第四层面：事前关联图谱指标服务

事前关联图谱指标服务主要是在数据的纵向挖掘上，补充关联信息等衍生指标，构建立体的、全方位的防御体系，也是交易图谱平台的建设目标。依托知识图谱技术，通过对积累案件的排查和特征研究，总结出不同类型案件的关联风险特征，进而将这些特征落地成关联指标，通过 API 应用到风控的策略，弥补案件的防御漏洞，增强对相关案件的防御能力。

此外，同盾科技还积极应用项目实施过程中遇到的网络攻击、业务连续性中断等方面风险，通过健全的算法及机制将其一一破解。

风险点一：基于知识计算引擎挖掘出的风险指标，可能因历史数据不够精确或其他突发情况而引起风险评估效果偏差问题。

防范措施：1.对算法效果进行人工及时监控，如发现算法或数据异常，及时进行系统优化，避免因脏数据或算法精确性问题影响决策效果。2.针对样本集不够准确的问题，由行内相关授权人员，对于历史集进行有监督学习，提升训练效果，提高准确率。

风险点二：创新应用上线运行后，可能面临网络攻击、业务连续性中断等方面风险，亟须采取措施加强风险监控预警与处置。

防范措施：在项目实施过程中，将按照《金融科技创新风险监控规范》建立健全风险防控机制，掌握创新应用风险态势，保障业务安全稳定运行，保护金融消费者合法权益。

三、知识图谱场景化应用

同盾科技"云图"具备高效、灵活、智能的知识加工和应用能力，帮助客户快速从数据中提炼知识，实现业务上的智能决策。

优势一：灵活的产品架构。

支持在同盾云端、客户本地端和两端融合三种部署方式，高效、快速搭建知识图谱平台及应用；配置化、插件化的产品架构适配能力强，灵活度高，扩展性强；与同盾机器学习平台、大数据计算平台等无缝整合，可快速搭建平台级知识图谱。

优势二：强大的知识计算引擎。

自动不停歇的从数据到知识、从知识到服务的计算引擎，具备处理文本、语言、视频等多模态的结构化、半结构化和非结构化数据的自然语言处理技术，可提供基于图谱的建模、推理等知识计算和学习服务。

优势三：场景化解决方案及模型。

基于丰富的图查询、图分析和图挖掘技术，通过社区检测、关键节点分析、关联分析、特殊结构发现等场景化算法和模型，提供风控和营销等场景化决策服务。

优势四：智能的可视化交互应用。

可视化的知识展示，可直观反映其现实世界的逻辑关系，提供丰富的定位、筛选、布局、时序演化、关系挖掘、地址聚类等智能分析功能，帮助业务人员作出高效准确的决策。

在该项目中，同盾科技"云图"与深度学习相结合，以恶意欺诈账户为分析源，从多个维度挖掘关系属性，实现多源数据融合构建领域知识图谱，并利用AI算法智能识别出强相关联账户，从复杂的关系网络中推理出隐藏关系，协助该行识别出欺诈团伙。

（一）全面建设全网信贷关系图谱

在内融合包括行方交易、客户、信贷在内的自有业务数据，在外引入工商、司法、人行征信、海关、税务等相关信息，依托于统一的知识图谱构建平台，形成全网信贷图谱和客户关系图谱。同时，使用可视化的图谱构建配置、图谱管理和配置化的知识展示功能，业务人员可根据需求指定分析对象，快速生成图谱，分析指定对象的关联关系。相对于传统的单点式风控模式，本项目从更多维度实现对用户的风险挖掘、风险分析，降低群体性业务风险发生概率。

（二）自定义案件核查

零售交易场景中，可疑案件来自零售风控平台识别、客服和网点上报、公安机关通报的涉赌涉诈通报账户，传统的方式是业务人员需要对案件进行关联分析，通过案件关联的设备、IP、交易对手追溯案件发生过程，找到涉案资金的链路和流向，形成分析报告，锁定可疑人员，并对案件和相关可疑人员进行处置。通过交易图谱的关联关系链条深层次挖掘的技术优势，和风控系统进行集成，支持风控系统案件管理的自动化关联分析及业务自定义案件的溯源分析和可疑对象的排除和定位操作，并产生案件分析报告和可疑名单，最终实现案件的快速响应和处理，提高风控管理能力，提高工作效率，实现自动化与人工处置的结合。

（三）事前关联图谱指标服务

事前关联图谱指标服务主要是在数据的纵向挖掘上，补充关联信息等衍生指标，构建立体的、全方位的防御体系，也是交易图谱平台的建设目标。依托知识图谱技术，通过对积累案件的排查和特征研究，总结出不同类型案件的关联风险特征，进而将这些特征落地成关联指标，通过API应用到风控的策略中，弥补案件的防御漏洞，增强对相关案件的防御能力。

四、"云图"知识图谱技术多面解决方案

同盾科技协助该股份制银行打造的全行级知识图谱平台上线后，该行数据使用效率、数据资产管理能力跃升上新台阶，各部门的反欺诈策略与模型实现共享，打破了原先反欺诈风险防范时部门间的信息壁垒，使得反欺诈方面的工作效率大幅提升，使欺诈行为在发生之前就能被识别并做对应处置。

经由知识图谱的引入，该行初步实现了在观察视角上从"个人维度"到"全局关系"的转变，反欺诈手段"由点到面"的提升，个体隐藏关联欺诈风险"由浅到深"的挖掘，为数字化发展战略提供重要帮助，为银行数字化转型的建设提供重要基础。

引入外部互联网数据：提供全国工商企业信息查询，包含行内客户与行外客户和海量外部互联网数据，工商、涉诉、舆情等多维度数据，并融合行内信息，保持信息自动更新。

（一）客户统一视图

整合行内外数据，打通公私、存贷关系，建立包含企业、个人、事件的关系图谱，深度挖掘客户关系，生成客户画像、集团派系等内容，为风险营销提供辅助信息。

（二）智能风控

通过智能模型、风险规则、名单检测等多种智能风险检测手段多管齐下，实现风险的精准识别。同时为适应产品快速创新需求及外部风险形势的变化，支持风险模型及规则的灵活配置部署。业务人员可基于共享的风险信息，在线进行模型挖掘、灵活配置、实时上线，使其可随时根据新的风险形势上线模型及规则。

（三）风险防控机制

将风险管控有效融入业务流程中，支撑事前、事中、事后"三位一体"的风险防控机制，将传统的以事后监控分析为主的风险管理模式转变为事前、事

中和事后风险防控的协同模式，前移监控关口，提升风险监控效能。

（四）建立外部舆情机制

对市场舆情风险及时监控，实现舆情风险推送。同时，通过邮件方式将外部风险信息推送至管理层邮箱，及时发现风险并做出相应决策，确保风险被及时遏制。

（五）信用卡积分套利效果

自上线以来，该行信用卡积分套利风险排查与管控能力上了一个新台阶，业务人员风险排查工作效率提升数倍。目前，基于"云图"知识图谱技术挖掘出的疑似风险订单管控率效能翻倍，业务时效提升3倍以上，已挖掘出数百个可疑风险群体。

依托"云图"知识图谱技术，同盾将与该行探索多业务场景下的解决方案。除了内控合规、零售交易、零售信贷、信用卡积分套利、对公集团授信风控等场景应用外，也将在信用卡失联修复、涉赌涉诈、反洗钱、小微营销等领域做更多规划。

五、同盾知识图谱产品体系未来发展

目前，同盾知识图谱产品体系已经在银行、保险、汽车金融、互联网等领域得到广泛应用，为客户智能反欺诈、信贷风控和智能决策提供了强有力的科技支撑，知识图谱作为知识的一种形式，当前已经在语义搜索、智能问答、大数据分析等技术领域发挥出越来越大的价值，同盾会进行持续探索，充分融合机器学习、深度学习等技术手段，让知识图谱在更多领域发挥作用，助推企业智能化转型。

Nuance

创新基于声纹识别的支付解决方案

Nuance 为全球最大的语音识别技术研发公司，其核心技术是语音识别、语音合成、自然语言处理、声纹识别、语音交互和图像处理。2020 年 Nuance 以 2.15 亿美元收购客服解决方案提供商 TouchCommerce。Nuance 和 TouchCommerce 优势较为互补，前者的优势在于语音识别、语义处理技术，而后者拥有客服解决方案经验，TouchCommerce 的线上线下服务数据可为 Nuance 提供针对性的数据训练，两者结合将有助于进一步提升人工智能客服的智能程度和适用范围。

现阶段，声纹识别技术在支付领域的应用主要基于声纹的无光线依赖、无接触、不易仿冒、侵犯性较低等天然优势，但也比较少见，其主要应用于智能音响等身份安全性要求并不太高的场景。主要原因在于：一是声纹识别系统受用户发声时状态影响较大，如人的身体状态、情绪波动等，都会影响声纹识别的准确性；二是声纹识别系统容易受环境干扰，环境的嘈杂程度、采音传音设备都会在一定程度上对识别系统进行干扰。

一、技术应用

2015 年，荷兰国际集团借助 Nuance 的声纹验证技术实现支付，主要通过声纹验证替代 PIN 码及密码提供移动银行支付体验。

Nuance 拥有独特的自动语音识别（ASR）技术，其 Nuance Recognizer 技术具有业界最高的识别准确率。一是海量词汇、独立于讲话者的健壮识别功能。Nuance 系统能可靠地对多种语言进行大词汇量的识别，并可提供识别结果的置信度。该系统对商业上使用的大量词汇能够提供准确的语音识别技术。利用 Nuance 系统开发的应用程序，在市场上具有最高的准确率。生产中的应用程序经测试，准确性超过 96%。二是基于主机的客户/服务机结构。Nuance 系统基于开放式客户/服务机结构，特别为大型应用程序所需的健壮性和可伸缩性而设计。呼叫者的讲话由客户端收集，而识别和鉴别处理的负载被平均分配到网络上多个分开的服务器上。三是 N-Best 处理。对于有些应用程序，可能需要识别引擎产生可能的识别结果集，而不是一个最好的结果。Nuance 系统的 N-Best 识别处理方法便有这个功能，它提供了可能的识别结果列表，并按可能性从高到低排列。四是语法概率。Nuance 系统允许对呼叫者所讲的特定词语或短语在语法中的概率进行指定。当被提及的词语或短语的概率可根据实际使用进行估计时，非常有用。对语法识别增加概率可提高识别的准确率和速度。五是降低噪声。当接入的呼叫包含稳定的背景噪声时，Nuance 系统通过一种机制，使识别服务器更准确地进行识别。识别服务器将接入的话语进行增强，以有效地将语气、嗡嗡声、哼叫声、嘘嘘声等噪声过滤。如果相当数量的电话均含有稳定的背景噪声，比如在汽车上免提打电话时，这个机制效果较理想。此外，Recognizer 技术支持 VoiceXML、EMMA、SRGS、SISR、NLSML 和 MRCPv2 等新兴和公认的标准。

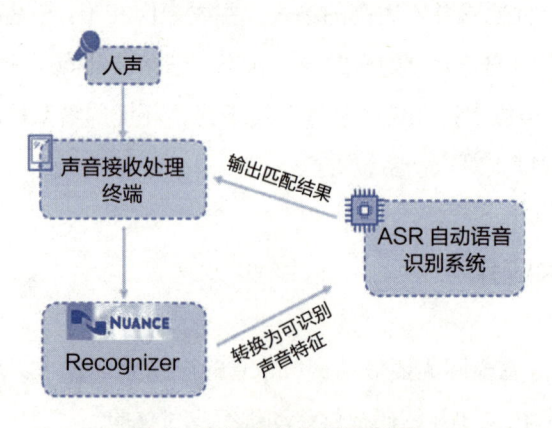

图 1　声纹支付流程示意图

资料来源：网络公开资料，京东数科研究院整理

二、竞争优势

全球80%以上的语音识别都使用过Nuance识别引擎技术，Nuance为苹果、亚马逊、三星、诺基亚等科技巨头提供过语音技术解决方案，支持全球50种语言，有近20亿用户。Nuance成立了四个业务部门，其中医疗业务部是收入最多的部门，主要提供医疗中的病历管理及手册转录服务。该部门的业务是为临床专业人士提供语音导航文件系统和应用程序，Nuance的医疗应用可与其他公司的医师档案记录工具相整合，实现病人在不同临床系统、不同医疗平台、院内院外的电子病历记录完整性，有效提升医师的诊断效率。数据统计称，医生每年使用Nuance的临床语音识别技术产品记录近1亿病人的数据。根据市场反馈，94%的医疗机构正在考虑或有强烈兴趣使用临床语音识别技术。医疗业务不仅让其找到了持续造血的新源头，而且为医疗机构解决了实际问题。此外，电信运营商和银行也是其重点客户。

第二个业务部门是企业业务部。企业业务部的一项重要产品就是Nuance Recognizer（呼叫中心自助服务解决方案），全球绝大多数电信运营商、银行均采用了该呼叫中心解决方案，Nuance语音解决方案每年自动处理超过120亿次电话呼入互动业务。随着人工智能客服的兴起，Nuance也通过收购TouchCommerce等相关公司来紧锣密鼓地布局此项业务，推进呼叫中心实现无人化智能服务。

除了企业级重型产品外，Nuance还推出较为常见的语音转文本和输入法软件。此外，Nuance还针对客户服务提供了Nina虚拟助手、会话式IVR（忽视语音应答）、托管平台等系列解决方案。用户熟悉的车载语音助手Dragon Drive（声龙驾驶）也被多家汽车厂商采用，该产品与Google Now相似，驾驶员可通过语音的方式安排日程、订餐、听歌、导航等。

Nuance持续大力研发语音技术。近年来，Nuance研发出最新的声纹技术，通过声音来记录和判断用户身份。该技术的落地应用可为客户量身定制电话客户服务解决方案，通过分析呼叫者与座席自然交谈期间的语音内容来验证合法呼叫者的身份，实时检测已知欺诈者，并提升语音产品的安全性。

Nuance技术市场需求的不断提升得益于虚拟语音助手的不断发展和日益

采用、对电子医疗档案富有意义的使用、生物识别安全、与物联网更加人性化的交互、人们对更加安全智能的互联汽车的需求等。为了继续实现技术的潜能，Nuance不断对人工智能、神经网络，以及机器学习方面的研发举措进行投资，让人类语言更易于机器理解与沟通。Nuance的语音、自然语言理解以及手势技术已被深度集成于全球领先公司和医院的产品、服务以及应用程序之中，这方面的案例包括：

宝马——建立了长期合作关系，致力于通过语音、自然语言以及应用程序服务提供更加安全、更加智能的互联汽车体验，其中包括BMW7系；

三星——建立了不断扩张的客户关系，在一系列三星设备和消费电子产品以及多功能打印和医疗保健解决方案中采用了Nuance技术；

Aldebaran——利用语音创新让Nao、Pepper等机器人能够聆听、理解并做出回应，打造更加人性化的体验；

宏利金融——全球金融机构，利用Nuance的自然语言交互式语音应答（IVR）和声纹验证解决方案打造更加人性化、对话型的客户体验；

德国司法部——数千名法律专业人士每天利用Dragon Legal（声龙法务）以口述的方式记录他们的报告，从而缩减案件办理时间；

Cerner and Epic——使用Nuance临床语音识别技术减轻医生在台式电脑和移动设备上进行文档记录的负担；

匹兹堡大学医学中心——建立了广泛的合作伙伴关系，致力于打造临床文档记录和医疗智能解决方案，匹兹堡大学医学中心医院都部署了Nuance技术。

三、安全保障

目前声纹支付的安全性还处在有优势也有劣势的阶段。一方面，相比面部识别、指纹识别，声纹识别具有动态性强的优势，每个人的说话习惯和发音方式都难以被模仿。另一方面，声纹识别对于硬件要求较高，需要较为精密的收音、传音设备，安全性优势门槛较高，难以同时兼顾安全性和便捷性。在全球范围内，声纹识别技术以VXML standards、MRC- Pv2 protocol等认证标准为主。

四、总结

　　Nuance 从语音技术发家起步，经历多次波折后逐渐将其技术整合到服务和流程当中，并独立开发出行业解决方案为客户提供强大的产品支持。如今，医疗保健、电信、金融、移动应用等行业内成千上万的公司均通过自然语言的交互方式便能利用 Nuance 产品带来的多维度服务。Nuance 为处于转型阶段的语音技术企业提供高价值的借鉴意义。